現代人のための
イスラーム入門

クルアーンからその真髄を
解き明かす一二章

ガーズィー・ビン・ムハンマド王子
小杉 泰　池端蕗子 訳

中央公論新社

HRH PRINCE GHAZI BIN MUHAMMAD

A Thinking Person's Guide to Islam

The Essence of Islam in 12 Verses from the Qur'an

Forward by

HM KING ABDULLAH II IBN AL-HUSSEIN

現代人のためのイスラーム入門——クルアーンからその真髄を解き明かす一二章

بسم الله الرحمن الرحيم

「慈愛あまねく慈悲深きアッラーの御名によって」

読者の皆さまへ

　今日のムスリム〔イスラーム教徒〕は、いつもイスラームが「何でないか」を説明しなければならなくなっている〔たとえば「テロとは関係ない」というように〕。それは、ごく一部のムスリムがイスラームを曲解して、誤った姿を広めているからである。彼らがそのような行動をしているため、ほとんどの非ムスリムは、イスラームが聖典クルアーンの中でどう教えられているのか、実際にこれまでどうであったのかということと、今日流布されている曲解との間の本当の違いが何であるか、よく理解していない。本書でこれから述べるのは、イスラームが実際に「何であるか」――そして、歴史の中でどうであったのか――であり、イスラームが「何でないか」をも含めて、前向きに描こうと思う。

　一二の章において、一二の重要な問題を論じるにあたって、各章の初めにクルアーンの章句を挙げている。それぞれの章句についてのアラビア語書道の作品を各章の途中に掲載した（フリー・イスラミック・カリグラフィー・ドット・コムで、いずれも無料で提供している）。それをご覧になれば、それぞれの章句がムスリムにどのような視覚的・心情的なインパクトを与えるかを感じていただけることと思う。私が取り上げる一二の章句は、クルアーンの中で最もよく知られている章句というわけではない。もっと有名な章句を解説する書物はたくさん存在している。より知られていない章句に焦点を当てることで、諸問題を新しい視点から論じることができるのではないかと思う。もちろん、どの章句であれ、クルアーンの章句には権威があり、確かな典拠となる。

一二の章は、それぞれ独立したものとして書かれているので、どの章からでもお読みいただくことができる。実際、多くの読者は今日では、そのようにして本を読む。それぞれの章はおおむね短いが、クルアーンとシャリーアに関する章〔第6章、第10章〕は例外的に長い（それだけ、たくさんの誤解を解きほぐさなければならないため）。内容上独立した付録「「イスラーム国」という危機」において、「イスラーム国」（あるいはＩＳＩＳ、ＩＳ、〔アラビア語の略称で〕ダーイシュ）の最初の二年間について、政治や現代事情について関心のある読者のために、かなり詳細に論じた。ほかにも論じるべきことはいろいろあるが、本書が長くなりすぎないように割愛した。

本書は、いくつかの重要で、おそらく非常に複雑な思想を扱っているものの、文体は平易となるように心がけ、脚注、末尾注、文献リストなどはあえて付さなかった。クルアーン、預言者ムハンマドの言葉〔ハディース〕、詩などの引用はたくさんあるが、イスラームに関する書物ではごく普通のことである。アリストテレスは『詩学』の中で、こう述べている――「詩作は歴史記述と比べ、より哲学的でもあるし、真剣に取り組む意義もより大きい。というのも、詩作はむしろ普遍的な事柄を語るのに対し、歴史記述は個別的な事柄を語るからであ

る」〔『詩学』三浦洋訳、光文社古典新訳文庫、二〇一九年、七一頁〕。

本書は、イスラームという宗教、その実態、それをめぐる誤解について、この問題を考えようとする現代人に向けて入門書として書かれた。物事について深く考えないというのが、イスラームを誤解しているムスリムとイスラームを曲解する非ムスリムが共通しておこなっていることである。それゆえ、本書は「考える人のためのイスラーム案内」〔原題〕と題した〔訳書の題名は日本の事情に合わせた〕。

目次

装丁・本文組　細野綾子

慈愛あまねく慈悲深きアッラーの御名によって
諸世界の養育主アッラーに称えあれ
諸預言者と諸使徒の封印〔ムハンマド〕に祝福と平安あれ

アブドゥッラー二世・イブン・フサイン〔ヨルダン国王〕による序文

序文

今日、世界は分岐点に差しかかっている。イスラームは世界人口の四分の一を占めているというのに、わずかな少数のムスリムがそれを乗っ取って、他の世界の人びととの永続的な紛争に巻き込もうとしているかのようである。彼ら〔過激派〕は、それを三つのやり方でおこなっている。第一に、イスラームの教えを誤解と聖典の誤った解釈でねじ曲げ、ゆがめている。第二に、他のムスリムを攻撃し、彼らを無情に扱って恐怖に陥れることで、自分たちの仲間に引き込もうとしている。第三に、数多くの非ムスリムにできる限り公然と激しくテロ攻撃を仕掛けて殺害することで、過剰な反応を呼び込むか、ムスリム全体に非難が集中するようにして、より多くのムスリムが自分たちの側に加わるようにしている。神のご加護によって、彼らが成功しないことを願う。

必要なハードパワーを用いた戦略を〔過激派に対して〕使うことに加えて、より重要な、ムスリムも非ムスリムもしなければならないことは、イスラームについてこれまでの実像と今後のあるべき姿について明確な理解をすることであろう。そのためには、イスラームがいかにゆがめられ、悪用されているか、そしてなぜ、そのような歪曲と悪用が広がっているのかについても、理解する必要がある。本書『現代人のためのイスラーム入門』は、それらのことすべてを説明するために書かれた。

著者は私のいとこにあたるガーズィー・ビン・ムハンマド王子であり、イスラーム学者である彼は現在、私の宗教・文化問題首席顧問を務めている。私の信じるところでは、ガーズィーは世界最高のイスラーム大学であるアズハル大学からの博士号と、西洋における最も優れた大学の一つである英国のケンブリッジ大学からの博士号とを併せ持った稀有な存在である。ガーズィーは、ヨルダンにおいても国際的にも、イスラームおよび宗教対話について長らく豊かな経験を積んできた。イスラームについては、きわめて有能かつ個人的にも指導力を発揮して、二〇〇四年のアンマン宣言（およびそれに付随する「三点に関する決議」）、タフスィール・ドット・コム（世界最大のクルアーン解釈のオンライン・サイト）、フリー・イスラミック・カリグラフィー・ドット・コム〔無料のアラビア語書道サイト〕、ヨルダンの世界イスラーム諸学教育大学の設立などで大きな成果を上げてきた。宗教対話に関しては、ヨルダン川でのイエス・キリストの洗礼場所〔二〇世紀末発見され、二〇一五年にユネスコ世界遺産に指定された〕の整備、二〇〇七年の「共通のことば」イニシアティブ〔イスラーム・キリスト教の対話〕などに大きな貢献をなし、また二〇一〇年には「国連世界諸宗教調和週間」を確立する上で貴重な貢献をした。

一七〇九年に〔後に『ガリバー旅行記』で有名になる〕ジョナサン・スウィフトは、Thoughts on Various Subjects の中で、「私たちは〔他者を〕憎むのに十分なほどに宗教を持っているが、互いに愛し合うには十分なほどではない」と記した。悲しいことに、これは今日の状況にも当てはまると思われる。本書がそれを正すのに、大きな役割を果たしてくれることを願っている。

アブドゥッラー二世・イブン・フサイン

謝辞

本書はいく人もの編集者と傑出した学者の校閲を受けました。彼らに深謝するとともに、彼らのために神の報奨を祈ります。言うまでもなく、本書の中に誤りがあるとすれば、そのすべては私自身〔著者〕の責に帰します。神が私をお赦しくださいますように。

〔原文での〕引用文の翻訳について

本書の中の引用は、特に断っている場合を除いて、著者自身の訳によるか、先訳があっても私自身が修正を加え、著者の責に帰する訳となっている。クルアーンについては、王立アール・アル＝バイト訳（タフスィール・ドット・コムを参照のこと）に主として依拠しているが、時に多くの優れた先行する英訳を参照して、私自身が修正を加えた。ただし、誤りを犯さないために、章句を全面的に自分の新訳とすることはしていない。

日本語訳について

原著者の希望に沿って、平易な文体とそのリズムを損なわないように、邦訳にあたっても、訳注を付すことは控え、どうしても補足が必要な箇所については〔　〕内に訳者の言葉を補った。本文中の（　）は原著者による補足である。また、引用文の中の「……」は、引用した原著者による省略を意味している。

クルアーンの引用箇所は、アラビア語原典から訳者が直訳した。イスラームの聖典であるクルアーンは、固有の章名を持つ一一四章から成り、各章は番号を付された節から成る。原著ではイスラーム世界での慣例に従って章番号は付されていないが、読者の便宜のために章名の後に［　］で番号も併記した。

ハディース（預言者言行録）の引用箇所は、『ムハンマドのことば――ハディース』（小杉泰編訳、岩波文庫、二〇一九年）の中にある場合はそれを用い、ない場合はアラビア語原典にあたって訳出した。なお、ハディースの出典はいずれも特定の編纂者によるハディース集となっている。たとえば「ブハーリー『真正集』」と表記されているのは、ブハーリーという編纂者による『真正集』というハディース集を指している。ハディース集には種々の様式があり、『真正集』のほかに『スンナ集』『ムスナド』『ハディース補遺集』などが登場する。ハディースの構成について関心をお持ちの読者は、前出の『ムハンマドのことば――ハディース』の編訳者解説をご参照ください。

聖書からの引用については、『聖書　聖書協会共同訳』（日本聖書協会、二〇一八年）を用いた。その他の引用についても、すでに日本語訳がある場合はそれを参照し、ない場合は適宜、日本語訳した。

アラビア語の人名や用語等の表記法は『岩波イスラーム辞典』に従っている。イスラームでは、預言者ムハンマドの名が言及される時は必ずその直後に「彼の上にアッラーの祝福と平安あれ」という祈禱句を差し込むのが慣例であり、原著ではムハンマドの名の後にアラビア語のこの祈禱句をロゴにしたものが印刷されているが、邦訳では省略した。

原著は初版が二〇一七年一月に刊行された。本書は、二〇一八年七月の改訂二版から翻訳した。

第1章

宗教とは何か

これ〔この教え〕はまことに、いにしえの啓典の中にある。
（至高者章〔八七章〕一八節）

人類は、これまで宗教なしには存在してこなかった。確かに今日では、宗教を無視してその生涯を終える人もいる。一九〜二〇世紀において――おそらく歴史上初めて――無神論的な国が現れ、世俗化する国々も現れた。事実として、宗教など存在しない方がいいと思う人もいる。現在の世界人口において、おそらく五パーセントが無神論者で、おそらく一〇パーセントが確信的に無宗教である。さらに言えば、事実として宗教が――というより宗教の誤った使い方が――多くの苦悩を生み出してきた側面もある。他方、非常に確かなことは、共産主義や、おそらくはナチズムも含む無神論的イデオロギーに基づく政権が、いったん権力を握ると、より大きな苦悩を生み出してきたことである。これらの諸政権は、しばしば自らの無神論的思想を「宗教」的なものにまで祭り上げた。はっきりしているのは、人類の大多数が今日でも宗教を好んでおり、これまでもそうだったということである。少なくとも、現在（ヒジュラ暦一四三七年／西暦二〇一六年）において世界人口七四億人のうち約八五パーセントがいずれかの宗教に属している。

　これまでの一〇〇〇年間と同様に、現在、世界最大の宗教はキリスト教とイスラームである。キリスト教は世界のおよそ三分の一を構成している。ムスリム〔イスラーム教徒〕は世界の四分の一を構成している。合わせて、両者は世界人口の五五パーセントを占めている。つまり、過去二〇〇年の間の近代科学技術の到来にもかかわらず、宗教は決して消え去ることはなかった。そして今日、宗教は、歴史を形作る上で、相変わらず大きな力を発揮しているように見える。

　宗教は、人間の本性の一部に違いない。明らかに、人間の内奥には宗教を——あるいは信仰そのものを——求める生来の深い希求が存在している。そして明らかに、宗教はその人間の深いニーズを満たしてきた。〔イギリスの小説家で『嵐が丘』の著者〕エミリー・ブロンテ（一八一八～一八四八）は、詩「私の魂は卑怯ではない」の中で次のように記している。

わたしの魂は 卑怯ではない
世の嵐に悩む領域で 怯えおののく者ではない

わたしには 天の栄光の輝きが見え
また「信仰」がひとしく「恐怖」からわたしを護り輝く

（『詩集』川股陽太郎・橋本清一訳、『ブロンテ全集10』みすず書房、一九九六年、一一〇八頁）

いずれにしても、宗教は人生における事実であり、歴史的な事実である。見通すことができる近未来において宗教が消滅しそうにない以上、宗教とは本当は何であるかを知ることが、世界中の誰にとっても不可欠である。以下では、イスラームにおいて宗教がどのように捉えられているか、またイスラームそのものがどのように捉えられているかについて、クルアーンと預言者ムハンマドの言行録（ハディース）に基づいてひもといていこう。イスラームは最後に登場した主要な世界宗教であるから、ムスリムであっても非ムスリムであっても、世界中の人びとが、イスラームについての簡潔で正確な説明を受けるべきであろう。

「宗教」という語は何を意味するか？

「宗教」を意味するアラビア語は「ディーン」である。もともとの意味は「謙虚」、「制限」、「服従」であり、「債務」を表す「ダイン」の語とも関連する。考え方としては、私たちは神の支配下にあるのだから謙虚に自制していなければならない、ということである。さらに言えば、私たちは神に――被造物として――債務を負っているので、宗教〔ディーン〕とは私たちが神との間に取り結ぶ自然な関係である。

英語の「宗教〔リリジョン〕」は、現在その意味をめぐって議論がおこなわれている。この語は元来、「再び結ぶ」または「再び縛る」を意味するラテン語の「re-ligio」に由来する。つまり、〔人と楽園とを結ぶ〕絆である。ここには、その絆が私たちを神と結びつけ、やがて再び結びつけることになるということが含意されている。

要するに、定義からしても、真の宗教とは、人間を神と結びつけるものであり――したがって人間を救済や楽園と結びつけるものであり――それは神と人間の本質的な関係に由来しているのである。

「神の言葉」としてのクルアーンにおいて神は、さまざまな一神教の中に時を超えたメッセージが存在していると言う。神はこのように述べている〔クルアーンは「神の言葉」自体と見なされているのでムスリムはクルアーン引用の際には「神が述べている」と表現する〕。

これ〔この教え〕はまことに、いにしえの啓典の中にある、
アブラハムやモーセの啓典の中に。
（至高者章〔八七章〕一八～一九節）

この「モーセの啓典」とはトーラー〔律法〕、つまり旧約聖書の最初のモーセ五書のことで、それ自体が聖書の冒頭部分をなしている。「アブラハムの啓典」は今日では失われており、

トーラーに吸収された可能性もある。いずれにせよ、これらは本質的には同じメッセージを含んでいたことがわかる。

そのメッセージとは何か？　これについて神は、上に引用した章句の直前で説明している。神はこのように述べる。

〔自らを〕清めた者は成功を収め、
自分の主の御名を唱念し、礼拝する。
いな、あなたたち〔の多く〕は現世の生活の方を好んでいる。
来世こそ、もっとよきもので、ずっと永続する。
これ〔この教え〕はまことに、いにしえの啓典の中にある、
アブラハムやモーセの啓典の中に。

（至高者章〔八七章〕一四～一九節）

つまり、一神教における本質的なメッセージは、次から構成される――㈠唯一神を信じること、㈡来世（および最後の審判）を信じること、㈢神に対する祈りと唱念、㈣我執《がしゅう》と悪から魂を浄化すること（すなわち善をなすこと）、の四つである。一神教における本質的なメッセージは、善のための教え、方法、そして実践で構成されているとも言える。

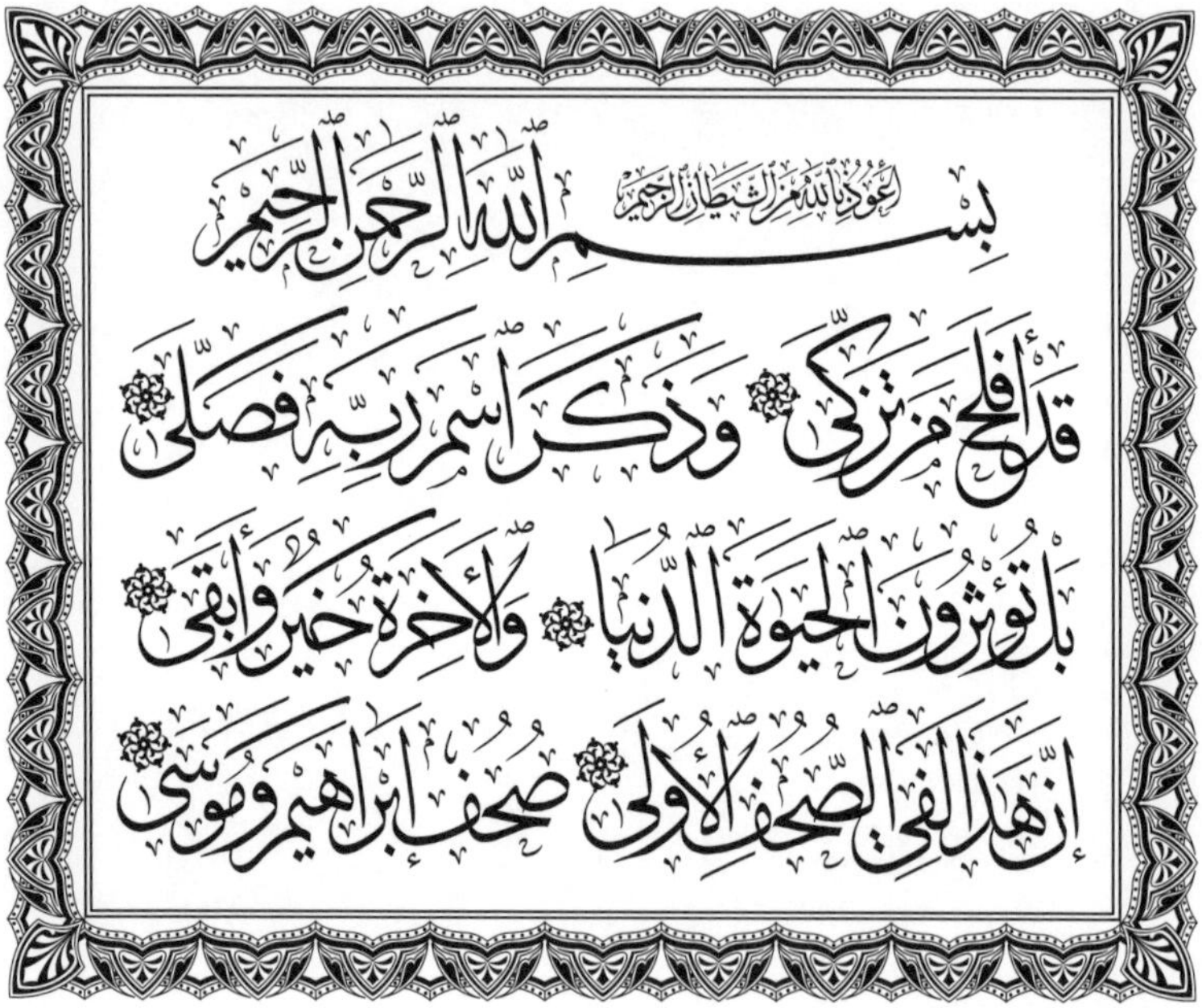

至高者章［八七章］一四～一九節

なぜこれを知ることが重要か

このことを知るのが重要なのは、宗教の目的とは、根本的に他者を道徳的および精神的に「助ける」ことだということが、ここからわかるからである。宗教とは、現世と来世において人びとを助けることを意味している。宗教とは、良き事のために力を尽くすことを意味する。もう一つ、このことを知るのが重要である理由は、宗教が人間の生活を律する「十全な人生計画」であることが、ここからわかるからである。というのも、宗教は真実のビジョンと行為の規範を提供し、社会生活のすべてを包摂するものだからである。この人生計画は、非常に強力である。大きな力があるところには、大きな危険も存在している。言いかえれば、宗教は良き事のための大きな力であると考えられるが、その大きさゆえに、悪用された場合には非常に危険なものとなりうる。したがって、宗教について正しく理解することは、人間にとってこの上なく重要なのである。

第2章 イスラームとは何か

まことにわれこそは、アッラーである。われ以外に神はない。それゆえ、われを崇拝し、礼拝の務めを守って、〔われを〕思い出しなさい。
（ターハー章〔二〇章〕一四節）

「イスラーム」という言葉は、次第に多くの異なる意味を持つようになったため、人びとは意味の違いに混乱している。第一に、アラビア語における「イスラーム」という字義通りの意味〔帰依〕が存在する。第二に、イスラームという宗教がある。これはクルアーンとハディースを典拠とする教義体系としてのイスラームである。つまり、ムスリムが信じるべきことと、実践すべき務めである。そしてこれは、神〔の言葉〕と預言者ムハンマドの言行〔が規範〕である。第三に、歴史の流れの中で、イスラームという宗教によって作られた文明や文化がある。これはムスリムたちが言ってきたことやおこなってきたこと、そして現在おこなっていることであり、正しい場合も誤っている場合もある。重要なのは、第二と第三の言葉の意味を区別することである。さもなければ、イスラームという宗教が実際には非難しているおこない〔暴力など〕が、あたかもイスラームの教えであるかのようにみなされることも起きて、一部のムスリムがイスラーム全体の名誉を汚してしまうことになる。

「イスラーム」の語義

アラビア語における「イスラーム」の語の意味は、「身の向きを変える」、「観念する」、「傾聴し、帰依する」である。この意味は、アブラハムに関する神の言葉〔クルアーン〕によく示されている。

> 主〔アッラー〕が彼〔アブラハム〕に向かって、「帰依しなさい」と命じた時を思いおこしなさい。彼〔アブラハム〕は、「私は諸世界の主に帰依します」と言った。（雌牛章〔二章〕一三一節）

「イスラーム」という語の根源〔語根＝単語が派生する根幹をなす子音〕は、アラビア語における三つの子音「s-l-m」である。「s-l-m」という語根は、基本的に二つのことを意味する。それは、㈠「欠けたところがないこと」、そしてこれから転じた「安全」「安心」「幸福」、㈡「平和（サラーム）」である。したがって、「s-l-m」におけるこの二つの語根的な意味は、イスラームという宗教のコ

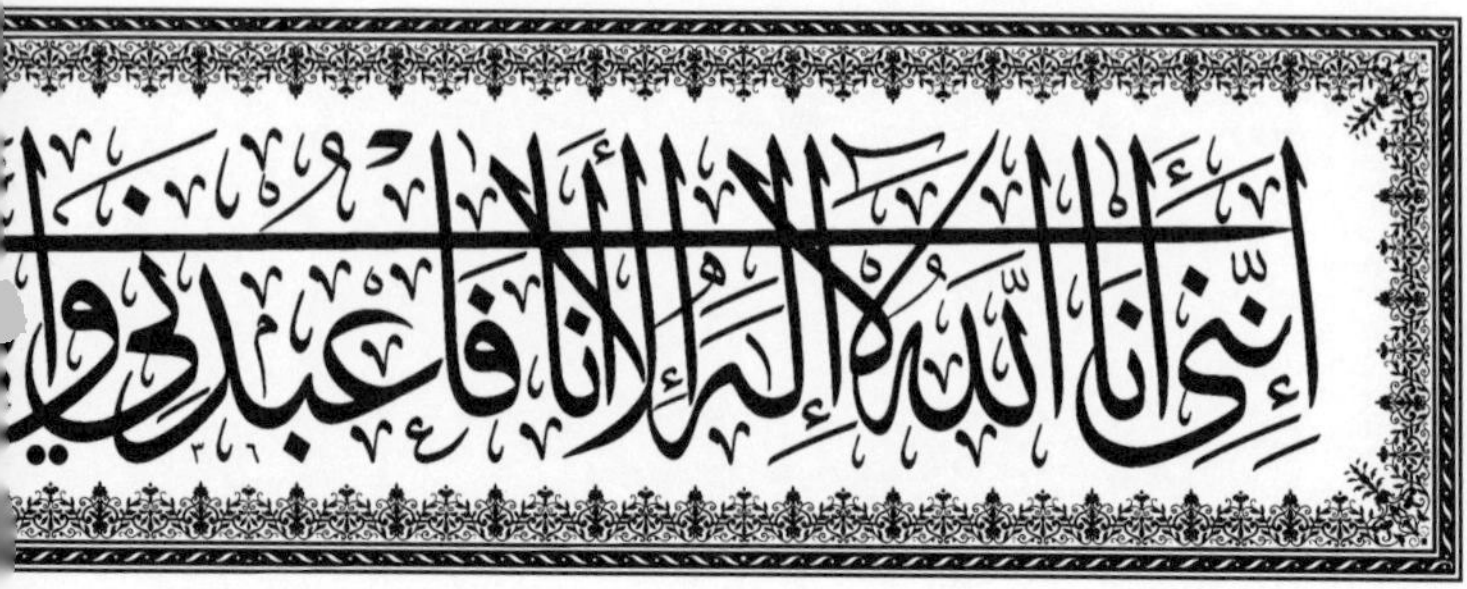

ターハー章［二〇章］一四節

ンセプトそのものに〔本来的に〕組み込まれている。

預言者ムハンマドは、（真の）ムスリムとは何かを定義づける際に、最初の意味（＝安心）を示唆している。「ムスリム〔イスラーム教徒〕とは、その舌〔言葉〕と手〔行為〕から、すべての人が安全である人のことである」（〔このハディースの出典は〕ナサーイー『スンナ集』、イブン・マージャ『スンナ集』、イブン・ハンバル『ムスナド』）。

第二の意味（＝平和）は、イスラームに特徴的なあいさつ、すなわち「アッサラーム・アライクム（平和があなたたちの上にありますように）」という言葉に、よく示されている。神はクルアーンにおいて、このように述べている――「それゆえ〔他の人びとの〕家に入る時は、アッラーから祝福された良い言葉で、人びとにあいさつしなさい」（光章〔二四章〕六一節）。実際には、クルアーンによれば、これは信徒だけの間のあいさつではなく（女性章〔四章〕九四節など）、イスラーム以前の預言者たちのあいさつでもあり（マルヤム章〔一九章〕一五節）、天使たちのあいさつでもあり（蜜蜂章〔一六章〕三二節）、そして神自身のあいさつでもある（ヤースィーン章〔三六章〕五八節）。以下のように、これは神の慈悲を伝えるあいさつなのである。

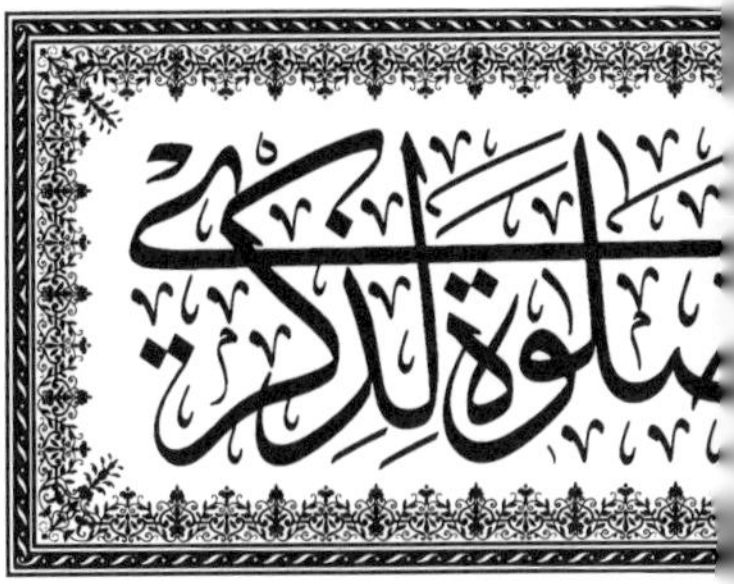

わが印（啓示の意）を信じる人があなたのもとに来たならば、言いなさい。「あなたたちに平安がありますように。あなたたちの主（アッラー）は、慈悲をみずからの務めと定めました。あなたたちの中で無知から悪事をおこなった人は、悔い改めて正しく生きるならば（赦されるでしょう）、まことにかれ（アッラー）は限りなくお赦しになる方であり慈悲深い」と。

（家畜章〔六章〕五四節）

「アッサラーム（平安・平安者）」は、クルアーンにおける神の美名の一つであり（集合章〔五九章〕二三節）、クルアーンの中で楽園は「ダールッサラーム（平安の館）」と呼ばれる（ユーヌス章〔一〇章〕二五節など）。ここに意味されているのは、「ムスリム」とは、神に帰依し、（内なる）平安を見出す人ということである。

注意すべきことは、「イスラーム」は「イスティスラーム（屈服）」とは違うという点である。イスティスラームの語は、「諦める、放棄する、降伏する、屈服する」などを意味する。「イスラーム」という言葉が言語学的に意味するのは、「ムスリム（イスラームを生きる人）」が㈠自ら進んで自らの意思を――というより、おのれ自身を――神へと委ね、それによって安全・安心になり（そして他者も自分から守られ）、㈡（内なる）平安を見出すということに尽きる。ムスリムは、降伏するのでもなく、自己を失うわけでもない。むしろ、〔帰依によって〕ムスリムは（真の）自己を獲得するのである。

文明としてのイスラーム

イスラームの歴史と文明に目を向ければ、周知の通り、イスラームはまず宗教として六一〇年頃、アラビア半島西部の都市マッカにおいて始まった。気高きアラブの民で、アブラハムの息子イシュマエルの子孫であった四〇歳頃の男性〔ムハンマド〕は、孤独な黙想をするうちに神から啓示を受け取るようになった。彼は啓示の内容を伝えようとしたが、一族の大半は偶像崇拝をおこなっており、（少なくとも最初は）彼を拒絶した。マッカで一三年間迫害を受けた後、彼は北方の都市ヤスリブ（後にマディーナと改称）に逃れ、この地で迎え入れられた。この出来事はヒジュラ〔聖遷〕として知られており、これがイスラームの暦の起点となっている。この地で彼は、彼のメッセージを信じたマディーナの人びと、マッカ出身者〔移住者〕、そしてその周辺の人びとと一緒に、新しい共同体を立ち上げた。マッカの指導者とその同盟者たちは、マディーナにまで彼を追撃し、この地で彼に対し戦いを挑んだ。やがて一〇年が過ぎ、彼はこの世を去ったが、この時にはアラビア半島のほとんどが彼の宗教に帰依していた。彼が受けた啓示は、クルアーンとして知られている。この男性がアブドゥッラーの息子、ムハンマドであった。彼は、人類史において最も大きな影響力を持った男性であった。

預言者ムハンマドによってもたらされたこの宗教は、イスラームと呼ばれた。これが、偉大な預言者たちによって繰り返しもたらされてきた同じ一神教に属する諸宗教の中で、最後の神託であった。これは、歴史上最も偉大な文明の一つを形作った。わずか一〇〇年のうちに、イスラームは中東、アジア、アフリカの大部分、そしてヨーロッパの一部にも広がった。過去一三〇〇年間、これらの地域は多かれ少なかれムスリム人口を擁し続け、今日ではムスリムは世界人口の約四分の一を構成している。イスラームは史上二番目に規模の大きい宗教であり〔一番目はキリスト教〕、現在最も急速に拡大している宗教である。そして世界中で最も広範囲に実践されている宗教となっている。一般的にムスリムたちは、他の宗教の信徒の大半と比べれば、より宗教に熱心である。

一九世紀初頭に西欧の近代科学の影響が及ぶ以前は、イスラーム文明は主にクルアーンによって形作られた。クルアーンの中で啓示された最初の言葉は、「イクラウ！（読め、または、唱えよ）」であった（凝血章〔九六章〕一節）。ここから、イスラーム文明は学問の文明となった。この学問とは、宗教学だけに限定されるものではなかった。イスラーム文明は、古代ギリシアやその他の古典古代の学問を継承し、〔大量に〕翻訳し、発展させた。預言者ムハンマドはこのように述べている――「知とは、信者にとって無主のラクダのようなものです。どこで見つけたとしても、〔見つけた者に〕それを所有する権利があります」（ティルミズィー『スンナ集』、イブン・マージャ『スンナ集』）。イスラーム文明は――クルアーンの世界観や宇宙論の中で――人間にとって便利、または有益であると思われるような、それまでにない形態の知識をも発展させた。そこには、天文学、数学、代数学（アルジェブラという言葉はこれ自体がアラビア語起源である）、医学、薬学、光学、農学、生物学、地理学、化学、音楽学、詩学、社会学、心理学、歴史学、法学、そしてその他多くの学問分野が含まれている。神はクルアーンにおいてこのように述べている――「〔ムハンマドよ、彼らに〕言いなさい、『知っている者と、知らない者とは同じであろうか』と。訓戒を受け入れるのは、思慮ある人びとだけである」（集団章［三九章］九節）。

クルアーンの朗誦と理解を継承するために、イスラーム文明は記号論、語源学、解釈学、修辞学、論理学、文法学、発声法、音声学、韻律、和声、朗誦、正字法、書道、手稿本製作術、製本、装丁、彩色技術などの学術分野を発展させた。この結果として生まれたさまざまな宝物は、世界の偉大な博物館の多くに所蔵され、貴重品として扱われている。イスラーム文明における芸術もまた、クルアーンを取り巻く形で発展した。イスラームには、基本的に二種類の素晴らしい芸術がある。それは、カリグラフィー〔書道〕と建築である。一方は、クルアーンを美しい文字の中に「住まわせる」ために発展した。もう一方は、クルアーンを美しい朗誦と祈りの中に「住まわせる」ために、つまりモスク建築のために発展した。また、預言者ムハンマドが発した言葉を保存し、理解するために、歴史学、伝承学、史料批判、預言者伝など多くの学問も発展した。

クルアーンが法と秩序、商い、文書による記録、衛生管理、もてなし、倹約、精神性、そして（防衛的）戦争を推奨したために、イスラーム文化は整然と秩序正しく、商業的、組織的で、清潔で（どの都市にも公衆浴場がある）、慈善活動にあふれ、簡素で、精神的で、かつ勇敢なものとなった。信徒たちは信仰の上で兄弟（あるいは姉妹）なので（部屋章〔四九章〕一〇節）、イスラーム社会には公的な社会階級が生まれにくかった。すべてのムスリムたちは少なくとも理論上は一つの共同体を成しているため（雌牛章〔二章〕一四三節）、その代表者はしばしば単に象徴的存在であったり、その地位をめぐる権力闘争がおこなわれたりしたものの、常に一人の世界的な指導者（カリフ位）が存在した（一九二四年まで。少なくともスンナ派ムスリムにとっては）。ムスリムはハッジ（マッカへの巡礼）のために旅をしなければならなかったので、イスラーム世界全体を通して、旅行や移住が盛んにおこなわれた。最後に、イスラーム文明はアラビア語を共通語（リンガ・フランカ）としていたため、長距離を隔てていたとしても（伝書鳩や陸路・海路の駅逓制度により）イスラーム世界内部ではたくさんのコミュニケーションがおこなわれた。要するに、イスラーム文明は学問豊かで、秩序よく均整が取れ、おおむね安定して、満ち足りたものであった。

一七九八年にナポレオンがエジプトに侵攻して以降、そしてその後の植民地時代の間に、伝統的なイスラーム文明はすっかり変化してしまった。ナポレオン軍は、二〇〇〇年前のアレクサンドロス大王にも引けを取らない速度で世界を制覇していった。しかし、その次の二〇〇年においては、これまで六〇〇〇年間にわたって人類が築いた高度文明のどれと比較しても、すべての分野においてそれ以上の大きな変化が目撃されることとなった。その変化の中には、たとえば電気、写真、電信、列車や鉄道工場、機械と大量生産、蒸気船、重火器や機関銃、ラジオ、電話、映画、テレビ、自動車、飛行機、原子爆弾、ロケット、潜水艦、そして想像されうるすべての科学分野、特に物理学、エネルギー学、農業、医学の分野における偉大な諸発見が挙げられる。これらの発明は、近代教育、世俗的政治文化、グローバルな資本主義、大衆文化、欧米的服装、炭酸飲料やファストフード、ポップミュージック、ハリウッド映画、欧米スポーツのグローバル化などを伴って到来した。

二〇世紀末までには、さらにコンピューター、宇宙飛行、インターネット、ロボット、超伝導体、遺伝子工学、ポルノの蔓延、パーソナルコンピューター、衛星通信などがこれに加わった。二一世紀初頭の一五年間には、スマートフォン、そしてフェイスブックやツイッター、ユーチューブなどのソーシャルメディアが勃興し、グローバル文化、環境破壊、ドローン、ハイテク義肢、ウェアラブル技術、その他数え切れないほど多くのものが登場した。重要なことは、このようなすべての物事によって、ムスリム、非ムスリムが何と言おうと、今日のムスリムの文明はそのすべての内容において、もはや純粋で精神的な「イスラーム性」を失ってしまい、再び回復することもない、ということである。現代の状況はクルアーンから有機的に生じたものではなかったし、「有益な知」というイスラームの概念を反映することさえしていない。今日のムスリムの文明は、良かれ悪しかれ、必然的に現代のグローバルな文明、テクノロジーの一部となっている。もちろん、ムスリムは既知の世界全体に広がったし、誰とでも商売をし、誰とでも知識を交換してきたという意味で、イスラーム文明は常に「グローバル」なものであった。しかし、今日のムスリムは、少なくとも自らが主体となって作り出したものではない「グローバル」文明の一部となっている。

宗教としてのイスラーム

次は、おそらく預言者ムハンマドの言葉の中で最も有名で重要なものである。その中で、彼は大天使ガブリエル〔ジブリール〕本人に対して、宗教としてのイスラームを定義づけている。このハディースは「〔大天使〕ジブリールの伝承」ないしは「ガブリエル来訪の出来事」として知られている。これは、後にイスラームの第二代正統カリフとなったウマル・イブン・ハッタープによって、次のように伝えられている。

> ウマルは、次のように伝えている――ある日〔マディーナで〕、アッラーの使徒といっしょに座っていると、真っ白な服を着た黒髪の男性がやってきました。旅をしてきた様子は微塵も見られませんでしたが、私たちの誰もその男性に見覚えがありませんでした。
>
> 彼はアッラーの使徒〔ムハンマド〕の前に膝詰めで座り、両手を腿の上に置いて、「ムハンマドよ、イスラームについて教えてください」と問いました。アッラーの使徒は答えました。「イスラームとは、『アッラーのほかに神なし、ムハンマドはアッラーの使徒なり』と証言し、礼拝を確立し、ザカート〔喜捨〕を支払い、ラマダーン月の断食をおこない、できるならば聖殿〔カアバ〕に巡礼に行くことです」。すると、その男性は「まことにあなたは真実を

述べました」と言いました。私たちは、その人物が問いを発し、それに対する〔ムハンマドの〕答えを正しいと断じたことに驚きました。

彼は続いて、「イーマーン〔信仰〕について教えてください」と問いました。彼〔ムハンマド〕は答えました。「アッラー、天使たち、諸啓典、使徒たち、最後の日〔終末〕を信じ、定命〔運命〕を、それがよい定めでも悪い定めでも、信じることです」。

その男性は「まことにあなたは真実を述べました。次に、イフサーン〔美徳〕について教えてください」と言いました。彼〔ムハンマド〕は答えました。「アッラーを自分が見ているかのように崇拝することです。あなたに見えなかったとしても、かれ〔アッラー〕は必ずあなたをご覧になっています」。

続いて、男性は「終末について、教えてください」と問いました。彼〔ムハンマド〕は「問われた者〔私〕が問う者よりも知っていることではありません」と答えました。男性は、「では、〔終末の〕兆候について教えてください」と問いました。彼〔ムハンマド〕は、「やがて、子どもが親の主人のように振る舞い、裸足のみすぼらしい羊飼いたちが高い建物を競って建てるのを見ることでしょう」と答えました。

その男性が立ち去っても、私はじっと動かずにいました。彼〔ムハンマド〕は私に「ウマルよ、問いかけた者が誰か、わかりますか」と尋ねました。私が「アッラーとアッラーの使徒こそがご存じです」と答えると、彼は「あれこそはジブリール〔大天使〕、あなたたちの宗教についてあなたたちに教えるためにいらしたのです」と言いました。

（ブハーリー『真正集』、ムスリム『真正集』）

要するに、イスラームという宗教全体には、三つの「段階」または「次元」がある。すなわち、イスラーム〔帰依、信仰実践〕、イーマーン（信仰、安全を指し、宗教学者によって「心から従うこと」と定義づけられる）、そしてイフサーン（美質、美徳、さらには美しい振る舞いのことを指す）である。〔三つのうちの第一の〕イスラームの実践には、わずか五つの「基本的な柱」のみがある。預言者ムハンマドはこのように述べている。

イスラームは五つ〔の柱〕の上に建てられています。すなわち、「アッラーのほかに神なし、ムハンマドはアッラーの使徒なり」と証言すること、礼拝を確立すること、ザカート〔喜捨〕を支払うこと、聖殿〔カアバ〕へ巡礼すること、ラマダーン月に断食することです。

（ブハーリー『真正集』）

このうち大前提となる柱は、「二つの信仰告白〔シャハーダ〕」、つまり「ラー・イラーハ・イッラッラー、ムハンマド・ラスールッラー（アッラーのほかに神なし、ムハンマドはアッラーの使徒なり）」と証言することである。これがイスラームの必須条件となっている。この他のすべての柱も必要ではあるが、他はそれを遂行するのに十分なだけの健康状態や資産を持っているかどうかによる（ただし、身体に不自由があっても動かずに礼拝をおこなうことは可能である）。イスラーム法（シャリーア）には多くの決まりがあるが、クルアーンと、預言者ムハンマドの慣行（スンナ）、そしてイスラームの五つの柱〔五行〕が、最低限の生活をしている個人にとっては（特に、誠実で高潔であれば）、十分な義務である。その例として、預言者ムハンマドがした問答が次のように伝えられている。

　アッラーの使徒〔ムハンマド〕のもとに、一人のぼさぼさ頭の男性がナジュド地方からやってきました。私たちは彼の大きな声を聞きましたが、彼が近くにやって来るまでは何と言っているのか分かりませんでした。やがて、私たちは彼がイスラームについて質問しているのだと分かりました。神の使徒は「あなたは一昼夜に五回、正しく礼拝をおこなわなければいけません」と言いました。その男性は「その他〔の礼拝〕はありますか」と尋ねました。神の使徒は「いいえ。ただし、自発的な礼拝は別として」と答えました。彼はさらに「あなたはラマダーン月の間には断食をしなければいけません」と言いました。男性は「その他の断食はありますか」と尋ねました。神の使徒〔ムハンマド〕は「いいえ。ただし、自発的な断食は別として」と答えました。神の使徒〔ムハンマド〕はさらに、男性に対してザカート〔喜捨〕の義務を伝えました。男性は「それ以外に私が支払うべきものはありますか」と尋ねました。神の使徒〔ムハンマド〕は「いいえ。ただし、自ら施しをする場合は別として」と答えました。そして男性はこう言いながら立ち去りました――「神に誓って！　私はそれ以上もせず、それ以下もしないでしょう」。〔それを聞いて〕神の使徒〔ムハンマド〕は「もし彼の言葉が真実なら

〔言った通りに実践するならば〕、彼は成功するでしょう〔楽園に迎え入れられるでしょう〕と言いました。（ブハーリー『真正集』）

イーマーン（信仰）には六つの信仰箇条がある。それは、㈠神、㈡諸天使、㈢諸啓典、㈣諸使徒、㈤最後の〔審判の〕日、㈥定命〔運命〕を（心で）信じることである。イーマーンとイスラームの違いは、イスラームが行為の実践を意味するのに対し、イーマーンは信仰の状態、つまり存在の状態を意味するものだということである。神はこのように述べている。

〔沙漠の〕アラブたちは、「私たちは信仰しました」と言う。〔彼らに〕伝えなさい――「あなたたちは〔まだ〕信じたのではありません。〔代わりに〕『私たちは帰依しました』と言いなさい。信仰はまだあなたたちの心の中に入ってはいません。もし、あなたたちがアッラーとその使徒に従うならば、かれ〔アッラー〕はあなたたちのおこないについて、いささかも〔報奨を〕軽減なさることはないでしょう〔十全に報奨をくださるでしょう〕。まことにアッラーは限りなくお赦しになり、慈悲深い。（部屋章［四九章］一四節）

イフサーンとは、美徳または美質を意味する。実を言えば、この言葉に完全に対応する英語は存在しない。最も近いヨーロッパの言語はおそらく古代ギリシア語のアレテ（aretē）である。イフサーンの語の根幹となる三つの子音〔語根〕は、「h-s-n」で、これは本来「美」を意味する。ただし、アラビア語には美を意味する言葉は二つあり、それは「ジャマール」と

「フスン」である。ジャマールが一つの美、一種類の美を表す際に用いられるのに対し、〔イフサーンと結びついた〕フスンは一種類にとどまらない美について用いられる。したがって、イフサーンは（内的な）多種多様な美〔善と〕を意味するのであり、それゆえ優れた信仰行為による有徳をも意味する。内的な美こそが美徳であり、人の美質であり、良さである。これは必然的に、他の人とうるわしい関係を持つことをも意味する。実のところ、神は他人に優しく接する人間〔有徳な者〕を愛される。神は次のように述べている。

アッラーのために〔あなたたちが得た財から〕施しなさい。自らの手で自分を破滅させるようなことをしてはなりません。そして、善いことをしなさい。まことにアッラーは、善行する人びとを愛される。

（雌牛章［二章］一九五節）

イスラームの儀礼における内的な意味

イスラーム、イーマーン、イフサーンにおける儀礼や義務は、無作為なものでも、恣意《しい》的なものでもない。これらの儀礼・義務にはそれぞれ特有の内的な意味があり、それらの意味はすべて互いに補完し合って十全なものとなっている。これらは神の意思によって、人間のすべての側面に寄与するように設計されている。これらをおこなうことで――きちんと実践することで――人間は次第に精神的に変容していく。

クルアーンにおいて、人間は誰しも一つの身体、それぞれの心（良心と我執を有する）、そして神がアダム〔人類の祖〕に吹き込んだ霊を持っているとされる（サジュダ章〔三二章〕九節）。また人間の魂には、いくつかの明白な機能がある。それはたとえば、知性や理知（アラビア語でアクル）、意思、感情、言語能力、想像力、記憶力である。また、人間は、体中に血液を送り込む肉体的な心臓だけでなく、「精神的な」心も持っており、それを通して精神的現実を「見る」、つまり知ることもできる。神はこのように述べている――「彼らは地上を旅して、心で考え、またその耳で聞かなかったのであろうか。何も見なかったのは、彼らの目ではなく、むしろ胸のうちにある心なのである」（巡礼章〔二二章〕四六節）。

〔五行は次のように位置づけられる〕㈠二つの信仰告白の内なる意味は、神を認めることである。これは、意思と知性に働きかけ、それらを神へと向ける。預言者ムハンマドは次のように述べている――「私は『アッラーのほかに神なく、私がアッラーの使徒である』と証言します。この二つ〔の信仰告白〕とともにアッラーとまみえるしもべ〔人間〕は、この二つを疑わない限り、誰もが楽園に入ります」（ムスリム『真正集』）。

㈡一日五回の礼拝〔サラート〕が持つ内なる意味は、神を愛することである。これは、（礼拝の動きを通じて）身体と言語能力、想像力、（特に礼拝の中でクルアーンを朗誦することを通じて）記憶力に働きかけ、それらを神へと向ける。預言者ムハンマドは次のように述べている――「礼拝は宗教の基柱である」（ブハーリー『真正集』、ムスリム『真正集』）。礼拝に欠かせない一つの側面は、清め（前もっておこなう儀式的清め）である。これは浄化によって、個々人の手足に働きかける。これが意味するのは、人を自身の我執や過去の罪から切り離すことであり、人の良心に働きかけ、心を神へと向ける。預言者ムハンマドは次のように言った――「清潔は信仰の半分〔の価値を持つ〕」（ムスリム『真正集』）。

㈢ザカート（義務的な喜捨）を納めることの内なる意味は、俗世のこだわりを捨てることであり、感情の機能に働きかける（動詞の「ザッカー」の原義は「清める」の意）。預言者ムハンマドは次のように述べている――「火獄から自らを守りうる人は、たとえナツメヤシの半分〔の喜捨〕でも、〔善行を〕実践しなさい」（ムスリム『真正集』）。

㈣毎年ラマダーン月に断食することの内なる意味は〔俗世からの〕離脱であり、断食は身体と自我に働きかける。神は「聖なるハディース（ハディース・クドゥスィーといって、神自身が真の語り手であるが預言者が伝えた伝承）」の中で次のように述べている――「人間のすべての営みは自分自身のためのものであるが、断食はただわれ〔アッラー〕のためだけのものである。そしてわれはそれをおこなう者に報奨を与えよう」（ブハーリー『真正集』、ムスリム『真正集』）。

㈤マッカのカアバ聖殿へ巡礼することの内なる意味は、自分自身の（精神的な）心へと還り、そして神のもとへ還ることである。カアバ聖殿は、マッカの中心に位置する、黒い幕で覆われた神秘的な立方体である。聖殿はハディース（ムスリム『真正集』）の中で、「神の家（バイトゥッラー）」と呼ばれている。これは地上で最初の祈りの家であったし（イムラーン家章〔三章〕九六節)、諸天使、そしてその後〔人類の祖の〕アダムがここへ巡礼をおこなった(バイハキー『大スンナ集』)。後にアブラハムとイシュマエルによって、より高く基礎が築かれた(雌牛章〔二章〕一二七節)。この聖殿は(精神的な)心の、外部的でマクロコスモス的な象徴である。おそらく、それゆえに預言者ムハンマドは次のように述べたのである――「純粋な〔過ちのない〕大巡礼〔ハッジ〕には、ただ楽園の報奨があります」(ムスリム『真正集』)。

信仰(イーマーン)は、心の中に位置している。すでに引用した中に「……信仰はまだあなたたちの心の中に入ってはいません」(部屋章〔四九章〕一四節)という神の言葉〔クルアーンの章句〕があった。信仰によって、魂はよりよいものへと変化する。預言者ムハンマドは次のように述べている――「信仰する者は親しみやすい。誰とも親しまず誰にも親しまれない者に善はない」(イブン・ハンバル『ムスナド』)。

また、クルアーンの五〇以上の章句において、「信じる者」という言葉の直後に「よいおこないをする」という言葉が連続した形で登場する。言いかえれば、信仰によって魂が変化すると、自ずとよいおこないが導かれる。これこそが信仰の内なる意味である。確かに、預言者ムハンマドは、(真の)信仰(イーマーン)の定義を、「安全」を意味するイーマーンの語源と結びつけて次のように述べている――「信徒とは、皆がその人を信頼して生命と財産を託す人である」(ナサーイー『スンナ集』、ハーキム『ハディース補遺集』)。

最後に、イフサーン(美徳・美質)――神を見ているかのように神を崇拝すること――の内なる意味は、明らかに精神の完全な変容である。神はクルアーンの中で次のように述べている。

「アッラーに心をこめて帰依し、善いおこないに励む者以上に美しい者があろうか」

（女性章［四章］一二五節）

まとめると、イスラーム、イーマーン、イフサーンは、それぞれの儀礼と義務が注意深く組み合わせられたジグソーパズルのようで、すべてのパーツにはまるべき場所がある。正しく組み合わされると、道徳的にも精神的にもあるべき姿の人間――身体、魂、霊――の十全な姿が映し出される。

イスラームは、個々人が共通して持つ本来的な人間性のために作られている。それはまさに人の根源的な性質に基づいている。だからこそ、イスラームは、特定の時や場所に限定されることがない。また、だからこそ、イスラームには聖職者やカーストが存在せず、特定の国、民族、人種に限定されることもないのである。いつの時代であれ、どこにいたとしても、イスラームは人をよりよくすることを目指す。

✻

クルアーンの中で、「聖なるトゥワーの渓谷」〔神がモーセに語りかけた場所〕で、神はモーセに対して次のように述べている。

まことにわれはアッラーであり、われのほかに神はない。だからわれに仕え、われを祈念して礼拝の務めを守りなさい。

（ターハー章〔二〇章〕一四節）

実にこの言葉は、イスラームの本質を表している。ここにイスラーム、イーマーン、イフサーンの儀礼と義務についての教えが凝縮されている。

「われのほかに神はない」――つまり、神の唯一性は、後に述べるように、イスラームの本質的な教義である。したがって、神の使徒モーセに対するこの言葉は「唯一なる神以外に神はなく、ムハンマドは神の使徒である」という〔イスラームの〕二つの信仰告白を、まさに前もって示していた。

「まことにわれはアッラーであり」――ここで「まことに」と強調しているのは、神を実際に信じること（イーマーン）の必要性を含意している。これは、聖書を継承するクルアーンの言葉であり、したがって神の諸使徒、諸啓典、それらをもたらした諸天使への信仰をも含意している。興味深い点として指摘できるのは、真に神だけが絶対的な意味で「われは」と〔自身を主語にして〕言うことができるということである。なぜなら、人間やその他の被造物は一時の存在であり、常に変転し、永遠に存在するわけではないからである。このことは最後の審判の日、および天命、定命〔運命／神の定め〕への信仰をも含意している。

「だからわれに仕え〔なさい〕」――この言葉はイスラームの〔信仰告白以外の〕四つの柱（礼拝、喜捨、断食、巡礼）を含意している。これらはすべて、広義において「〔神に〕仕える」行為であるからである。

「われを祈念して礼拝の務めを守りなさい」――これは明白にイフサーン（美徳、美質）――神を見ているかのように神を崇拝すること――を含意している。これは同時に、イスラーム第二の柱である礼拝を強調している。

このように、イスラーム、イーマーン、イフサーンのすべては、クルアーンの短いたった一節の中に見事に要約されている。ここに、イスラームという宗教の統一性と簡潔さが示されている。

＊

この章句は、モーセに対する語りかけという形で、もう一つ本質的な問題を提起している。それは、イスラームが根本的には新しい宗教ではなく、そう主張しているわけでもないということである。クルアーンにおいて、神は預言者ムハンマドに対し次のように述べている――「言いなさい、『私は使徒たちの中の新奇な者ではない』と」（砂丘章〔四六章〕九節）。つまり、一神教は、神の使徒たち全員がもたらした宗教であった。クルアーンの中で神はこのように述べている――「あなた以前にも、われ〔アッラー〕が遣わした使徒にはいずれにも『われ以外に神はない、だからわれに仕えなさい』と啓示した」（諸預言者章［二一章］二五節）。イスラームはアブラハムの一神教を再び示したものであり、アブラハムは（他の預言者と同様に）唯一神に身を捧げた人であった。これがまさに「ムスリム〔帰依者〕」の語の真の意味である。クルアーンの中で神はこのように述べている――「アブラハムはユダヤ教でもキリスト教徒でもなかった。むしろ彼は帰依する純粋な一神教徒であり、多神教徒の仲間ではなかった」（イムラーン家章［三章］六七節）。結果として、ムスリムは神の諸啓典すべてを原型のままで信じている。神は次のように述べている。

> 言いなさい、「私たちはアッラーを信じ、私たちに下された啓示を信じ、またアブラハム、イシュマエル、イサク、ヤコブ、および諸支族に下された啓示を信じ、またモーセとイエスと（その他の）預言者たちが主から授かった啓示を信じます。私たちは彼ら（預言者たち）の間に、どんな区別もしません。私たちはただ、かれ〔アッラー〕に帰依します」と。
>
> （イムラーン家章［三章］八四〜八五節）

ある意味では、イスラームは宗教である以上、排他的である。神はこのように述べている――「まことにアッラーのみもとの教えは、イスラームである」（イムラーン家章［三章］一九節）。他方で、別の意味では、イスラームが宗教である以上、包摂的である。信仰心をもってイスラームを実践する者は、他人が何と言おうと報奨を受けることになる。神はこのように述べている。

これはあなたたちの願望によるものではなく、また啓典の民の願望でもない。誰でも悪事をおこなう者は、その報いを受ける。アッラーのほかには、保護者も援助者も見いだせない。誰でも信仰して正しいおこないに励む者は、男性でも女性でも楽園に入り、いささかも不当に扱われることはない。

（女性章［四章］一二三～一二四節）

なぜこれを知ることが重要なのか

これらすべてを知ることは、多くさまざまな、しかしとても大切な理由により、重要である。

一、これこそが、原理におけるイスラームとは何かをよく示している。本書の狙いは、イスラームとは何であるかを説明することである。世界中の誰もが、世界人口の四分の一を占めるこの宗教について知るべきであろう。

二、イスラームは国民国家ではない。諸国の集合体でもない。世界の一地域でもない。一部族や、諸部族の集合体でもない。そして人種でもない。実を言えば、ムスリムは二〇世紀に至るまで、世界の歴史の中で人種を理由に差別をおこなわなかった唯一の人びとであると言うことができる。これは、クルアーンの中で神がこのように述べているからである。

人びと〔人類〕よ、われ〔アッラー〕は一人の男性と一人の女性からあなたたちを創造し、諸民族と諸部族とをなした。あなたたちを互いに知り合うようにさせるためである。アッラーのみもとで最も貴い人は、あなたたちの中で最も主を畏れる人である。まことにアッラーは全知にして、あらゆることに通暁している。

（部屋章［四九章］一三節）

さらに預言者ムハンマドは次のように述べている（そして、誰かがこのような発言をおこない、この原理をこれほど明確に提示したのは、人類史上初めてのことであった）。

人びとよ、まことにあなたたちの主は唯一であり、あなたたちの父〔アダム〕はただ一人である。いかなるアラブ人もアジャム〔非アラブ〕の人より優れているわけではなく、いかなるアジャムの人もアラブ人より優れているわけではない。赤い人は黒い人より〔アラビア語では肌の色を赤・黒で表現〕優れているわけではなく、黒い人も赤い人より優れているわけではない。ただ、篤信によるほかには。

（イブン・ハンバル『ムスナド』）

したがって、イスラームは普遍的な宗教であり、肌の色や人種、国、地域を理由に区別したりはしない。空間によって制限されることも、時間によって廃《すた》れることもない。科学と矛盾することもなく、〔新しい〕技術によって廃れることもない。今ここに存在し、そしてあらゆる場所に存在する。
三、イスラームは明瞭であり、誰にでも理解できる。イスラームは七世紀アラビア半島の人工的な儀礼を手あたりしだいに集めたものではない。むしろ、それは人間の身体、倫理、精神のための十全で、互いに連関したプログラムである。イスラームはありのままの人間皆に訴えかけ、人間が魂と心でもって今すぐに神の前に立ち、彼らにとって可能なことをすべて実現するよう導こうとする。
四、イスラームは赦しを提示するもので、救済のための計画である。預言者ムハンマドはこのように述べている――「神の赦しを願って『ラー・イラーハ・イッラッラー（アッラーのほかに神なし）』と唱える者が火獄へ行くことを、アッラーはお認めにならない」（ブハーリー『真正集』）。これを一見すると、あいまいなよい意志によってこの言葉を唱えるだけで、これまでおこなった悪事、これからしようとしている悪事の報いを受けずに済むことを意味しているように感じられるかもしれない。一見すると、必要なのは論理的、神学的な真理について心の中で同意することだけで、あとは望むままにどんな状態で何をしてもよく、それが他者や自分にどんな影響を及ぼすことになってもよい、と言っているように思うかもしれない。しかし実際には、少なくとも死後ただちに救済されようと思うならば、そのような理解は全くの誤りである。イスラームには〔天国でも地獄でもない〕煉獄のような概念は存在しない。しかし、信者が償いの済んでいない自身の大罪に向き合わねばならず、神によって最終的に赦されるまでの間、その大罪のために〔火獄で〕苦しめられるという考え方がある。さらに、「神の赦しを願って」という条件は、人びとがきわめて誠実でなければならないことを意味している。完全に誠実であるということは、そのために一定のことをしなければならないということである。それは、倫理的・精神的な変化をもたらすものである。そしてこれが肝心な点である――ムスリムであることは魂の向上を要求する。魂はよい方向に変化しなければならない、または生涯そのように努めなければならない。クルアーンの中でモーセはこのように述べている――「わたしは二つの海が出会う所に行き着くまでは、何年かかっても（旅を）やめないであろう」（洞窟章［一八章］六〇節）。

第3章 あなたたちの主は誰か

彼〔ファラオ〕は言った、「モーセよ、あなたたちの主は誰であるか？」。彼は〔答えて〕言った、「私たちの主こそは、万物に創造をもたらし、さらに導きを授ける方である」。
（ターハー章〔二〇章〕四九〜五〇節）

クルアーンの中で預言者モーセと問答を交わすファラオ〔古代エジプトの王〕はこのように尋ねている——「モーセよ、あなたたちの主は誰であるか？」（ターハー章〔二〇章〕四九節）。

これはつまり、「神とは誰か」という最も大きな問いである。この問いはモーセにとって挑戦であり、罠である。もちろんこれは、ファラオが罠にかけることを意図した質問である。「誰か」と問うことによって、ファラオは神が人であることを想定している。しかし、神は人ではない。神は本質的に超越的な存在であり、したがってこの世に存在するいかなる物や人とも似ておらず、完全に異なる存在である。神は自身についてこのように述べている——

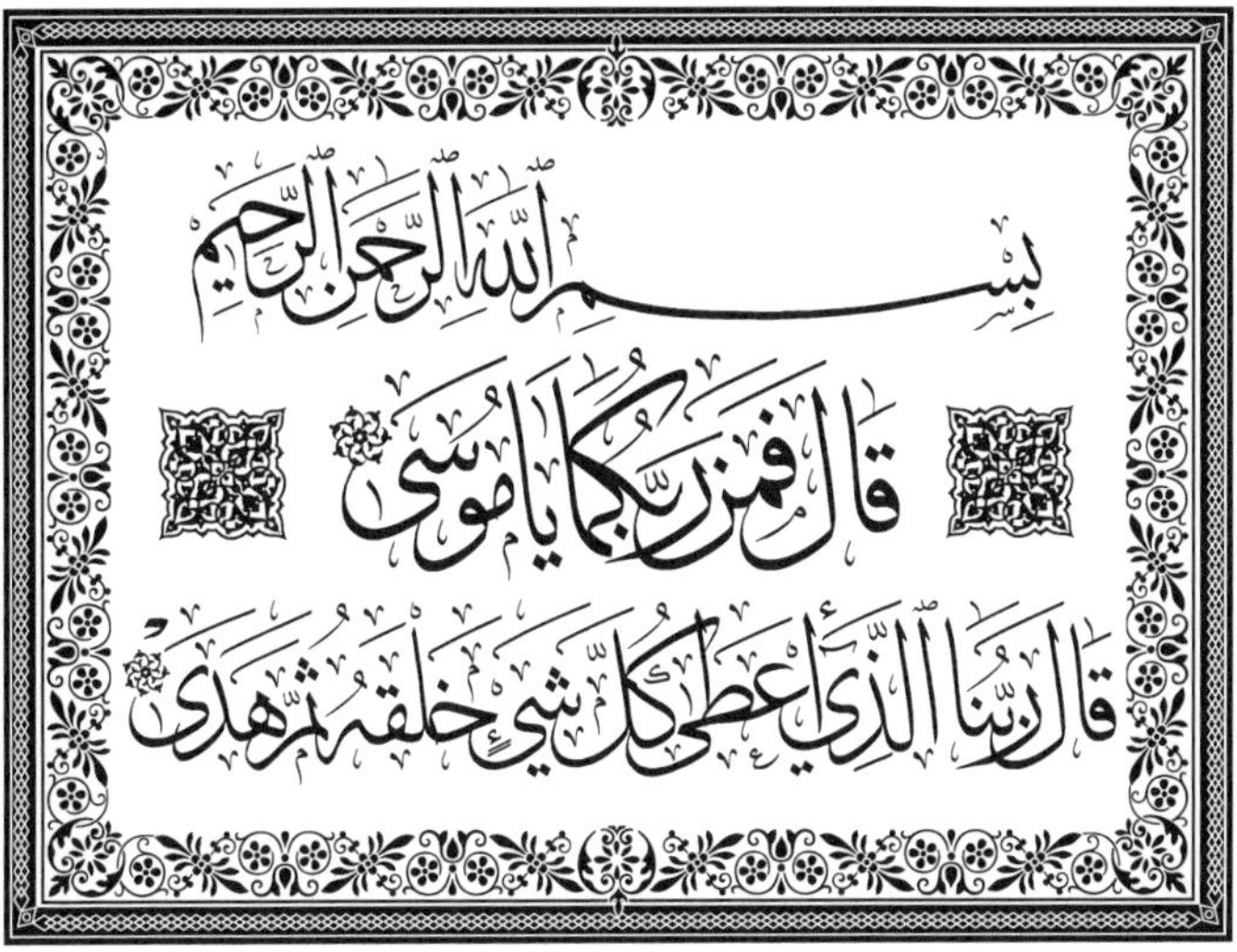

ターハー章［二〇章］四九〜五〇節

「かれに比べられるものは何一つない」（協議章〔四二章〕一一節）。

　しかし、神は「名前」を持ってもいる。神はそのいくつかの名前を啓示によって伝えている。クルアーンの中でこの物語の直前に、神はこのように述べる――「アッラーはかれのほかに神なき方である。最も美しい御名はかれ〔アッラー〕に属する」（ターハー章〔二〇章〕八節）。これらの御名は、人びとに神の本質が何かを教えてくれる。預言者ムハンマドは、有名な二つの伝承（ティルミズィー『スンナ集』とイブン・マージャ『スンナ集』）でわずかに異なる二組の九九の御名を述べている。一方で、クルアーンの中には、御名はさまざまな形で合計一五〇ほど存在する。また、預言者ムハンマドが言及した、クルアーンには登場しない御名が七〇ある（これで、クルアーンと預言者ムハンマドの言葉とを合わせて二二〇ほどの神の御名が存在することとなる)。この中には、「恕免《じょめん》者〔ガフール〕」、「全知者〔アーリム〕」、「比類なき強力者〔アズィーズ〕」などの御名が含まれる。これらは神がどのような存在で、何をおこなうのかについて、何らかの言及をおこなうものである。ファラオの問いは、モーセが受けた啓示が本物であることを示すよう挑戦するものでもあった。彼はモーセに対し、神の性質を本当に知っていることを証明するよう挑んだのであった。モーセは次のように答える。

彼は〔答えて〕言った、「私たちの主こそは、万物に創造をもたらし、さらに導きを授ける方である」。

(ターハー章〔二〇章〕五〇節)

この短い答えは、想定外のものであり、尋常ではない。しかし、これはこれまでに語られた言葉の中で、より完璧で深淵な神学的真理を表現する一つであろう。これは神の「最も本質的な」性質として慈悲と愛を示している。そしてこれは、慈悲と愛が何かを定義している。さらにこれは〔万物の〕存在の秘密をも含んでいる。

厳密には、どのように慈悲と愛は定義されているだろうか？　実際には、慈悲や愛とは何なのか？　次ではこれについて議論していこう。

慈悲

神を表すアラビア語の名前は、単に「アッラー」である。しかしクルアーンでは、この名前は、もう一つの名前である「ラフマーン」と等格である。これは「すべてに慈悲を与える方」「慈愛者」を意味する。神はこのように述べている――「言いなさい、『アッラーに祈りなさい。あるいは、ラフマーン〔慈愛者〕に祈りなさい。どの御名でかれに祈るのであれ、最も美しい御名はすべて、かれに属する』と」（夜の旅章〔一七章〕一一〇節）。これは慈悲が神の本質であることを意味している。神は実際に次のように述べている――「あなたがたの主は、慈悲を自らの務めと定めた」（家畜章〔六章〕五四節）。預言者ムハンマドはこのように述べた――「〔天地〕創造を終えた時、アッラーは、玉座の上方にあるかれの書に『まことにわが慈悲は、わが怒りにまさる』とお書きになりました」（ブハーリー『真正集』、ムスリム『真正集』）。

神の慈悲はすべてを包み込む。神はこのように述べている――「……われの慈悲は、すべてのものをあまねく包摂する」（高壁章〔七章〕一五六節）。慈悲は、すべての物事に神が授ける恩恵の根底にある。神はこのように述べている――「われ〔アッラー〕はすべての人に、これらの人にもあれらの人にも、あなたの主〔アッラー〕の恩恵を広く授ける。あなたの主〔アッラー〕の恩恵は限りない」（夜の旅章〔一七章〕二〇節）。これは創造の根源を示している。神は慈悲ゆえに人間を創造した。神はこのように述べる——「慈愛あまねき方、かれはクルアーンを教えられた。かれは人間を創造し、彼〔人間〕に明証を教えた」（慈愛者章〔五五章〕一～四節）。

慈悲が、クルアーンの根底にある。クルアーンの一一四章のうち一一三章は「慈愛あまねく慈悲深きアッラーの御名において（ビスミッラーヒッラフマーニッラヒーム）」という言葉で始まる。ここから推論されることは、クルアーン（そしてイスラーム）は九九パーセント以上が慈悲に関するもので、正義の応報は（これも本当は慈悲なのであるが）一パーセントにも満たないということである。冒頭にこの定型句がない唯一の例外は第九章（悔悟章〔九章〕）で、これは争いや正戦について説明する章である。しかし、この章では「失われている」定型句も後に（蟻章〔二七章〕三〇節において）「再登場する」。すなわち、遅れることはあっても与えられないことはない。

慈悲は遅れることはあっても、制限されたり与えられなかったりはしないものである。慈悲は思いやりと善良さから何かを与えることを意味する。預言者ムハンマドの言葉の中で最も重要なものとして、イスラームを学ぶ学生たちに長らく最初に教えられてきたのは、次の言葉である。

> 慈悲深い人びとは、慈愛者〔ラフマーン〕から慈悲を受ける。地上の民〔人間〕に慈悲を示しなさい。そうすればあなたたちは天上の方〔アッラー〕から慈悲を受けるであろう。
>
> （ティルミズィー『スンナ集』）

愛

慈悲は愛の一種だが、愛は特別な種類の慈悲である。「愛情者〔ワドゥード〕」もクルアーンにおける神の御名の一つである。「かれは限りなくお赦しになる方にして愛情者。荘厳なる玉座の主」（星座章〔八五章〕一四～一五節）。神の「玉座」とは被造物のすべてであり、「かれ〔アッラー〕の台座は、諸天と地のすべてを覆っている」（雌牛章〔二章〕二五五節）。それゆえ、神はその慈悲を〔個別の〕「物事」に与えるのに対し、神はその愛をすべてに対して、つまり全体としての被造物に与える。慈悲は部分的な贈り物を意味し、愛は全体的な贈り物を意味する。慈悲は何かを与えることを意味し、愛は自らを与えることを意味する。〔イギリスの詩人・画家である〕ウィリアム・ブレイクは一九七四年に『経験の歌』の中で次のようにうたっている。

愛はみずからを喜ばせようとは求めず、
おのれのことは少しも気にかけず、
他のために安らぎを与え、
地獄の絶望のなかに天国をつくる

〔『対訳　ブレイク詩集――イギリス詩人選(四)』松島正一編、岩波文庫、二〇〇四年、八七頁〕

また、〔イスラームの神秘主義詩人である〕ジャラールッディーン・ルーミー（ヒジュラ暦六七二年／西暦一二七三年没）はこのように記している（『精神的マスナヴィー』1, 2246）。

　財を与えることは富める者にふさわしい
　愛ある者の贈り物は魂そのものを与えること

したがって、人びとが慈悲深い時には、お互いに対して優しく、動物や植物に対してさえ優しくなる。一方で、誰かを、あるいは何かを真に愛する時には、自分の時間を捧げるものである。自分が持つすべてのものを与え、自分自身のすべてを与える。ロマンティックに恋に落ちることで、まさにこのような愛に至ることもある。〔イギリスの詩人である〕クリスティーナ・ロセッティ（一八三〇～一八九四年）は、まさにこのような愛について（一四行詩「私があなたを先に愛したのです。けれども後からあなたの愛が～」の中で）雄弁に証言している。

　まさに愛は「私のもの」も「あなたのもの」も区別をしないのだから
　自由な愛は別個の「私」と「あなた」とは無縁のもの。
　　愛においては一人は二人、二人は一人なのだから
　豊かな愛には「私のものでないあなたのもの」などない。
　二人とも強い愛を持つ　長く続く愛を持つ。

それは私たちを一つにする愛。
〔『クリスティーナ・ロセッティ叙情詩とソネット選』橘川寿子訳、音羽書房鶴見書店、二〇一一年、三九頁〕

このように、恋愛における愛もきわめて強力な愛となり得るし、精神的に有益にもなる。〔ペルシアの神秘主義詩人である〕ヌールッディーン・ジャーミー（ヒジュラ暦八一七～八九七年／西暦一四一四～一四九二年）は次のように記している（『ユースフとズライハ』、プロローグより）。

君は多くの理想を追うこともできようが、ただ愛だけが君を君自身から解き放つことであろう。それ故に、かりに地上の愛と見えるものでも、愛を避けてはいけない――それが最終の真実に導く唯一の道なのだから。
〔『ユースフとズライハ』岡田恵美子訳、平凡社、二〇一二年、二二～二三頁〕

しかしながら、人間同士が抱く愛もきわめて強力になりうるとはいえ、最も偉大な愛というわけではない。人間が抱くことのできる最も偉大な愛は神に対するものであり、人間同士のものではない。神はクルアーンの中でこのように述べている。

人びとの中には、アッラーのほかに同位者〔他の神〕を立て、アッラーを愛するようにそれらを愛する者がいる。信仰する者たちは、いっそう強くアッラーを熱愛する。

（雌牛章［二章］一六五節）

多くの人びとは他者に対して、愛をとても強烈に感じる。しかし、前述のように神への激しい愛を知る者はほとんどいない。それでは、どうすればそれを理解できるだろうか？ それを理解するには、愛が何をしてくれるかだけでなく、愛とは何かを知る必要がある。

愛とは感情であるから、言葉を超えた何かがそこにはある。しかし、預言者ムハンマドは言った――「神は美しく、美を愛する」（ムスリム『真正集』）。これは人の愛は、美に対する愛であることを意味する。そして美の機能とは、まさに美を愛する者をたやすく引き寄せることである。神はクルアーンの中でこのように述べている――「施しをして主を畏れる者、また至善を信じる者には、われ〔アッラー〕は彼〔の道〕を容易にするであろう」（夜章［九二章］五～七節）。

美には二つの種類がある――外面的な美と、内面的な美である。外面的な美とは造形の美しさであり、内面的な美とは魂の美しさである。

預言者ムハンマドはこのようにも述べている――「神はあなたたちの姿や財産を見るのではなく、あなたたちの心とおこないを見ている」（ムスリム『真正集』）。これは内面的な美が、いずれは変化し続ける外面的な美よりもはるかに重要であることを意味している。それゆえ、クルアーンにおいて神が（特に）愛すると言った「内面が美しい」人びとには、八つのカテゴリーがある。

この八つのカテゴリーはさまざまな種類の美質から構成されており、その美質とは内面的な美、魂の美しさ以外のなにものでもない。具体的に言えば、㈠「（神を）信頼する者たち」（イムラーン家章〔三章〕一五九節）、㈡「自らを浄化する者たち」または「自らを清める者たち」（雌牛章〔二章〕二二二節、悔悟章〔九章〕一〇八節）、㈢悔悟する者たち（雌牛章〔二章〕二二二節）、㈣「公平なる者たち」（食卓章〔五章〕四二節、部屋章〔四九章〕九節、試問される女性章〔六〇章〕八節）、㈤「堅固な建造物のようにしっかりと戦列を組んで神のために戦う者たち」（戦列章〔六一章〕四節）、㈥「忍耐する者たち」（イムラーン家章〔三章〕一四六節）、㈦「神を畏れる者たち」（イムラーン家章〔三章〕七六節、悔悟章〔九章〕四・七節）、そして㈧「有徳の者たち」（雌牛章〔二章〕一九五節、イムラーン家章〔三章〕一三四・一四八節、食卓章〔五章〕一三・九三節）である。

上記八つのグループは、すべて内面的な美の種類であり、これは神が特に内的な美を愛するからである。このように、愛とは（さまざまな種類の）美への愛として理解することができる。まさに預言者ムハンマドが言ったように、愛とはこのような美に自己を捧げることであるのだから。

恋愛や夫婦の愛では、人は相手の外面的な美と内面的な美を合わせて、その人を愛する。身も心も愛するのである。外面的な美は非常に直接的に人を惹きつける。しかし愛すべき人格がなければ、そこにあるのは欲望だけで愛ではない。あるいは仮に愛があったとしても長続きはしない。それが自然で普通なことである。ただし、外面的な美や内面の美徳でさえ、結局は限りがある。しかし、神の美には限りがない。アッラーの美は無限であり、その属性は完全で美しい。神はこのように述べている――「最も美しい御名はアッラーに属する。それでこれら〔の御名〕で、かれ〔アッラー〕に祈りなさい」（高壁章〔七章〕一八〇節）。それゆえ、アッラーの美は比べようもなく人間の美よりも偉大である。これで、「信仰する者たちは、いっそう強くアッラーを熱愛する」（雌牛章〔二章〕一六五節）ことの理由が説明される。

＊

憎しみも、人間の強い感情となることがある。それは人の心を完全に支配することができるし、時としてそれは実際に起こる。〔アメリカの詩人である〕ロバート・フロスト（一八七四～一九六三年）は、彼の詩「火と氷」の中で、次のように記している。

世界は火で終わるという人がいる。
氷だという人もいる。
欲望を味わった経験からすると、
私は火を唱えるほうに加担したい。
だがもし世界が二度滅びるのならば、
私は憎しみも知り抜いているので、

破壊にかけては氷も
あなどれない、
十分にやれると言いたい。

〔『対訳 フロスト詩集――アメリカ詩人選(四)』川本皓嗣編、岩波文庫、二〇一八年、一三七頁〕

しかし、憎しみは決して愛ほど強力にはならない。その理由は、憎しみが神の性質ではないからである。クルアーンのどこにも、神が誰かを憎むということは記されていない。クルアーンのどこにも、預言者の言葉のどこにも、憎しみがアッラーに属する性質だとは述べられていない。確かに、クルアーンの中で神は、邪悪な特定のおこない〔殺人、孤児の財産の横領、不正な取引など〕を神自身にとって嫌われるものであると言い（夜の旅章〔一七章〕三八節）、かれはある種の悪事をおこなう者たちと罪人たちを「愛さない（ラー・ユヒッブ）」としている（拙著『聖クルアーンにおける愛』〔アラビア語版二〇〇九年、英語版二〇一〇年〕を参照）。しかし、神はそのような者として誰かを憎むとは決して言っていない。「愛さない」ことは「憎む」ことと同じではない。「憎む」ことは否定的だが、「愛さない」ことは単に中立である。さらに神は、さまざまな悪事をおこなう限りにおいてその人びとを「愛さない」と言っているだけで、彼らの個々人を指して言っているわけではない。おそらく、ここには偉大な教訓がある。人びとが憎むべきは邪悪な行為であり、それをおこなう人びとではないということである。「罪」を憎んでも「罪人」を憎んではならない。そして将来には、実際に彼らを愛するかもしれない。神は次のように述べている。

アッラーは、あなたたちとあなたたちが〔まい〕敵意を持つ者たちとの間に、愛情を起こさせるかもしれない。まことにアッラーは全能である。またアッラーは限りなくお赦しになり、慈悲深い。アッラーは、宗教についてあなたたちに戦いを仕掛けたり、あなたたちを住まいから追放するようなことをしなかった者たちに対して、あなたたちが彼らに親切にしたり、彼らに対して公正にすることを禁じてはいない。まことにアッラーは公正な者を好まれる。

（試問される女性章〔六〇章〕七〜八節）

＊

モーセが「私たちの主こそは、万物に創造をもたらし、さらに導きを授ける方である」（ターハー章〔二〇章〕五〇節）と言った時、彼は神を慈悲と愛によって特徴づけた。人びとは自分で自分を創ったのではない。神が人びとを創造したのである。それゆえ、人びとは神を必要としている——「人びとよ、あなたたちはアッラーに頼る以外にすべのない者である。アッラーこそは、富裕な自足者にして最も称賛に値する方である」（創造主章〔三五章〕一五節）。神は人びとに存在と本性を与え、個々人を創造した。これは人びとにとって、神が与えた最初の偉大な贈り物であった。神は彼らにそれぞれの「自我」を与えた。これは慈悲による無償の贈り物であった。そして神は彼らを自身のもとへと導き、人びとに神自身を知らしめた。これは神が与えた第二の偉大な贈り物であった。これは愛による贈り物であった。このことが、「あなたたちの主は誰か」というファラオの質問に対してモーセが答えたことであり、神はこの慈悲と愛という二つの本質的な性質によって知られる。モーセはファラオに対し、神とは「誰」ではなく、神の慈悲と愛こそが神を解き明かすものであると答えたのである。

なぜこれを知ることが大切か

第一に、このことを知るのが大切なのは、それによって大きな安心感がもたらされるからである。後述するように、これは神がこの世界を創造した理由を説明している。また、慈悲と愛がすべての性質の中で最も本質的であることを示している。それらが万物生成の原理なのである。それらが神の行為の真の目的であり、人間の行為の真の目的となるべきものである。それらが宗教、特にイスラームの存在理由である。神は次のように述べている――「確かに、あなたたちの主〔アッラー〕から明証、導き、慈悲がもたらされた」（家畜章〔六章〕一五七節）。愛と慈悲が万物の目的であり、本質であることを知ることによって、この世界は無意味なものではなく、本当は美しいものであると安心することができるであろう。

第二に、愛と慈悲がすべての性質の中で最も本質的であると知ることが重要なのは、それによって物事の正誤、あるいはそれが真実かどうかを知る基準として愛と慈悲を得ることができるからである。それは、モーセがファラオに対して語っていたことである。そしてそれは、クルアーンが私たちに語っていることである。

＊

しかし、どうやらファラオにとって、この話は十分ではなかった。彼はこんな問いかけもしている――「それでは『諸世界の主』とは何か」と。ファラオとモーセは次のような問答をする。

> ファラオは言った、「諸世界の主とは何か」と。彼〔モーセ〕は〔答えて〕言った、「諸天と大地、そしてその間のすべてのものの主であられる。あなたたちがもし〔これを〕悟るならば」と。彼〔ファラオ〕は左右の者に向かって言った、「汝らも聞いたか」と。彼〔モーセ〕は言った、「〔神は〕あなたたちの主であり、あなたたちのいにしえの祖先の主でもあられる」と。彼〔ファラオ〕は言った、「汝らに遣わされたこの使徒は、魔性に取り憑かれている」と。彼〔モーセ〕は言った、「〔神は〕東と西の主であり、またその間にあるすべてのものの主であられる。あなたたちがもし〔それを〕理解するならば」と。
>
> （詩人たち章〔二六章〕二三〜二八節）

このファラオの問いも、また誤りである。「何」という言葉は、神には当てはまらない。神は「物」ではない。しかしファラオの問いは「物」を暗示しているため、モーセはすべての「物」を基本にして答える。創造されたすべてのものは神の行為である。創造は神の行為の一つである。神の御名と属性は、神の行為において具現する。神は次のように述べている――「さあアッラーの慈悲の跡をよく見なさい。かれ〔アッラー〕がいかに、死んだ大地をよみがえらせるかを」（ルーム章〔三〇章〕五〇節）。一部の人びとにとっては、神の行為は被造物を通して明らかにされる。他の者たちにとっては、それらの物によって神の行為はかえってわからなくなる。モーセがファラオに語ったのはこのことである。

最初に、モーセは「諸天と大地、そしてその間のすべてのものの主」と言う。つまり、神の存在は物の存在によって示されている。ただしこれは、「あなたたちがもし〔これを〕悟るならば」という条件が付く。そして物の限りない多様性は神の無限性から生まれ、それを映し出している。次にモーセは「あなたたちの主であり、あなたたちのいにしえの祖先の主」と言う。つまり、時そのものの儚《はかな》さが神の永遠性を示し、人の儚い姿が、永遠なる創造者としての主を明らかにする。最後にモーセは「東と西の主であり、またその間にあるすべてのものの主」と言う。つまり、空間が神の無限性を示している。このように、物と人、時間と空間、これらすべてが神を指し示す。これらはすべての「物」を含んでいるので、「万物」が神を指し示すことになる。二つは「中身」であり、二つは「容器」である。中身とは、物、つまり物質と形で形成されるもの、そして人間のことである。容器とは、時間と空間のことである。物質は神の存在を明らかにし、形〔の無限性〕は神の無限性を明らかにする。人間〔の存在〕は、創造者と主を明らかにする。時間は神の永遠性を明らかにする。空間は神の無限性を明らかにする。ただし、「あなたたちがもし〔それを〕理解するならば」と条件が付く。この時、モーセはファラオに対して、完璧な哲学的で形而上学的な答えを返している。これが完璧な哲学的回答であるのは、この答えが事実上、後に「古典的な神の証明」として知られるもの（宇宙論的・目的論的・存在論的な神の証明）をすべて含んでいるからである。さらに重要な点は、これが完璧な形而上学的回答であることである。なぜなら、モーセはこの答えを通してファラオに対し、物の形而上学的な「透明性」から神の実在についてよく考えるよう促しているからである。しかし、それでもファラオにはそれがわからない。彼はモーセのことを「魔性に取り憑かれている」と言うが、実際に〔現世に〕取り憑かれているのはファラオの方なのである。創造においては、万物が神の属性を映し出す。万物は、その存在を通して神の存在を映し出すことによって、神の栄光を称える。神の慈悲と愛を映し出すことによって、それらは神を賛美する。なぜなら、何かを賛美することはその良さを示すことであるからである。神はこのように述べている。

> 七つの天と大地、またその間にあるすべてのものたちが、かれ〔創造主〕を称える。何ものも、かれを称えて唱念しないものはない。しかし、あなたたちは彼らの唱念を理解しない。まことにかれは優しき方にして、限りなくお赦しになる。
>
> （夜の旅章〔一七章〕四四節）

✻

これらすべてを知ることが有益で、しかも美しいことであるとわかった。しかし、すべてのムスリムが神について知らなければいけないことは、何であろうか。知っておくべき最低限のことは、何であろうか。イスラームの教義とイーマーン（信仰）の箇条についてはすでに述べた。これらはイスラームにおいて救済のために必要なものである。一方で、神について知らなければならない最低限の信条（アキーダ）とは何だろうか。彼らは神学や哲学について、何か知らなければならないのだろうか。

ムスリムの学者たちが信条の要約として書き記した論述がたくさん存在している。最初期のものの一つに、〔最初の法学派の祖である〕アブー・ハニーファ（ヒジュラ暦一五〇年／西暦七六七年没）の『大法学』がある。正統派の（クルアーンに依拠する）スンナ派神学（いわゆるムウタズィラ学派の神学や理性主義に相対する立場として）の典型的な論述は、〔二大神学派の創設者である〕アブー・ハサン・アシュアリー（ヒジュラ暦三二四年／西暦九三五年没）やアブー・マンスール・マートゥリーディー（ヒジュラ暦三三三年／西暦九四四年没）によって示されている。イスラーム神学の短い要約で、おそらく最もよく知られ、広く読まれているのは、〔ハナフィー学派の法学者である〕イマーム・ジャアファル・タハーウィー（ヒジュラ暦三二一年／西暦九三三年没）の『タハーウィー信条（アキーダ・タハーウィーヤ）』と、〔後の神学者である〕ブルハーヌッディーン・ラカーニー（ヒジュラ暦一〇四一年／西暦一六三一年没）の教訓的な詩『一神教の宝石（ジャウハラ・アッ＝タウヒード）』であろう。典型的なものとして、神学的信条は次のように述べられる。

至高のアッラーは唯一神であり、それは単に数の問題ではなく、神には並ぶものがないことによる。神は生むこともないし生まれることもない。神に並ぶものはなく、比べうるものもない。神はその創造物の何とも似ておらず、創造物の何も神とは似ていない。

（アブー・ハニーファ『大法学』第一章）

最初期のムスリムたちの間では、当然このような論述は存在しなかった。のちに他の宗教、特に神学論争でムスリムに挑んだキリスト教との接触を通して、これらの記述は必要となった。当初は二つの文が信条として提示された。一つは否定文で、もう一つは肯定文である。否定文とは、まさにイスラームの第一にして最大の信仰箇条である。それが証言するのは、「アッラーのほかに神なし（ラー・イラーハ・イッラッラー）」ということである。神はこのように述べている――「それゆえ、知りなさい。アッラーのほかに神はないことを」（ムハンマド章〔四七章〕一九節）。二つ目はクルアーンの中で最も短い章の一つである。すなわち、「言いなさい、『かれはアッラー、絶対無比者。アッラーは永遠の自存者。生みもせず、生まれもしない。かれに比べうるものは何もない』と」（純正章〔一一二章〕一～四節）。この二つが初期のムスリムたちが信条とみなしていたものである。そして実際に、これらを合わせ

بسم الله الرحمن الرحيم

قل هو الله أحد ۝ الله

الصمد ۝ لم يلد ولم يولد ۝

ولم يكن له كفوا أحد ۝

純正章［一一二章］一〜四節

るとイスラームの信条の完璧な要約となる。ここには、イスラームの神学と哲学の本質と原理が含まれている。この中には、すべてのムスリムが神について知るべき最低限の内容が含まれている。実際に、〔後代の神学者である〕ユースフ・サヌースィー（ヒジュラ暦九四〇年／西暦一四九〇年没）の『明証の母』、イマーム・バジュリー（ヒジュラ暦一二七六年／西暦一八六〇年没）によるラカーニーの『一神教の宝石』の注釈書をそれぞれ参照しさえすれば、後述する神学のすべての内容が基本的にシャハーダ〔信仰告白〕と〔クルアーンの〕純正章〔一一二章〕の解説から構成されていることがわかるであろう。

　イスラームは、どれほど複雑なことでも、それを完全に理解しようと探求する者のためには詳細に説明するが、一方で最も深遠で複雑な真実をすべての人にとって理解しやすく、たどり着きやすいものにもしてくれる。すべての人間は真実を知る必要があり、だからイスラームは真実を単純なものにするのである。

第4章 なぜ神は人を創ったか

〔彼ら＝人類＝は互いに相違している。〕あなたの主〔アッラー〕が慈悲をかけてくださる人を別として。かれ〔アッラー〕はそうなるように、彼ら〔人類〕を創造した。（フード章〔一一章〕一一九節）

神はなぜ、人間を創造したのか。これが次の大いなる問いである。この問いには、存在の秘密が隠されている。前述の通り、神は慈悲ゆえに人間を創造した。人間の創造の目的も、慈悲だったのであろうか。

クルアーンのほぼすべての章が「慈愛あまねく慈悲深きアッラーの御名において（ビスミッラーヒッラフマーニッラヒーム）」という言葉で始まることはすでに述べた。神の御名である「慈愛者（ラフマーン）」と「慈悲者（ラヒーム）」との違いは何だろうか。イスラーム学者の中には、「慈愛者」はあるがままの神自身を意味すると述べる者もいる。彼らによれば、

「慈悲者」は人間や命ある者に慈悲を与える存在としての神を意味する。これは、神が人間や命ある者を創造したのはそれらに対して「慈悲者」となるためであることを示唆している。本章冒頭で引用した章句は、同じことを言っていると考えられる。前の章句から続けると次のようになる。

> あなたの主〔アッラー〕はそうお望みであったならば、人類を一つのウンマ〔共同体〕になされただろう。しかし、彼らは互いに相違している。あなたの主〔アッラー〕が慈悲をかけてくださる人を別として。かれ〔アッラー〕はそうなるように、彼ら〔人類〕を創造した。
> （フード章〔一一章〕一一八〜一一九節）

イスラーム学者によっては、「そうなる」とは「慈悲をかける」を意味すると解釈する。それは預言者〔ムハンマド〕のいとこであるイブン・アッバースの見解であった。言いかえれば、神は慈悲のために人間を創造したのである。

　これはクルアーンの他の章句の言葉と一致している――「ジン〔幽精〕と人間を創ったのは、ただわれを崇拝させるためである」（撒き散らす風章〔五一章〕五六節）。この章句に言及して、イブン・アッバースは「神を崇拝すること」とは「神を知ること」であると述べている。しかし、「神を崇拝する」ことは「神を知る」ことよりも包括的である。なぜなら、「神を崇拝する」ことには、神についてほとんど知識のない、無分別な信仰が含まれるからである。ま

フード章［一一章］一一八〜一一九節

たこれは、神が私たちを創ったのは、私たちが神を愛するためであることも意味する。神を愛することなく神を崇拝できる者など、いるであろうか。さらに言えば、神を愛することなく神を知ることができる者など、いるであろうか。そして神を愛することは神に愛されることをも意味する。神はこのように約束している――「やがてアッラーは自らが愛し、彼らもかれ〔アッラー〕を愛する民を連れてくるであろう」（食卓章〔五章〕五四節）。

つまり、神が私たちを創ったのは、私たちが神を崇拝し、神を愛し、それによって神が私たちに慈悲を与え、私たちを愛するためである。なぜなら、第3章で述べたように、愛とは特別な種類の慈悲だからである。実際に、イスラームの歴史において無数のムスリムたちが言葉にできないほど神を愛してきた。一方で、その愛を言葉で表現しようとしてきた人びとも無数にいる。たとえば〔ハムダーン朝の貴公子で詩人であった〕アブー・フィーラース・ハムダーニー（ヒジュラ暦三五七年／西暦九六八年没）の詩がある。

あなたが優しければ、人生が厳しくてもかまわない
あなたが喜んでいるのなら、男たちが私に激怒してもかまわない
私とあなたの間ですべてがうまくいっているのであれば、
わたしと世の中の間ですべてが滅びてもかまわない
あなたから愛が得られるなら、すべては容易だ
地上のすべてのものが、私にとっては土くれにすぎない

学者たちの中には、「そうなる〔ように創られた〕」という言葉（上に引用したフード章〔一一章〕一一九節）は、「互いに相違している」という言葉を指していると言う者もいる。言いかえれば、神は人間を、自由に「反目し合える」ように創ったのである。つまり、神は人間を自由な存在として創造したということである。ここでの精神的な自由とは〔本来は〕我執と欲望からの自由であり、我執と欲望に従う自由ではない。しかし、精神的な自由には、道徳的選択をする自由も必要であり、このことは〔道徳的に〕間違った選択をする自由もあるということを意味している。

　これら二つの見解は、両方とも解釈として正しい。それが大多数のイスラーム学者たちの見解である。神は、神の慈悲（と愛）のために人びとを創造した。それは私たちの人生における目的であり、〔私たちの〕「実在の神秘」である。一方で、神はまた、人間を自由であるようにも創造した。人間は神の慈悲（と愛）を拒むことさえ自由である。善を拒むことも自由、悪となるも自由である。自由が存在するためには、悪も可能でなければならない。悪は自由の不幸な副産物と言えるかもしれない。

他人への優しさ

神を崇拝することは必然的に他者を愛することをも意味する。神は次のように述べている。

「信仰して善行に励む人びとには、慈愛者〔ラフマーン＝アッラー〕は愛情を与えるであろう」

（マルヤム章［一九章］九六節）

そして預言者ムハンマドはこのように述べた。

私の魂がその手の中にある方〔アッラー〕にかけて、あなたたちの誰も信仰するまでは楽園に入ることはありません。互いを愛するようになるまでは〔本当に〕信仰しているとは言えません。

（ムスリム『真正集』）

すなわち、神を崇拝することは単に祈ることだけではない。人間は、孤独の中で祈ったり断食したりして生きるために創造されたのではない。イスラームにおいては、他者を断絶する苦しい生き方は存在しない。人間は、神に対する愛の一つとして他者に優しくするよう創られた。実際に、神は次のように述べている。

篤信とは、あなたたちの顔を東や西に向けることではない。むしろ、篤信とは、アッラーと最後の〔審判の〕日、天使たち、諸啓典、諸預言者を信じ、その財産をそれ〔財産〕への愛着にもかかわらず、近親、孤児、困窮者、旅人、〔助けを〕請う人、奴隷〔の解放〕のために費やし、礼拝の務めを守り、定めの喜捨を支払い、約束した時はその約束を守り、苦難と逆境と危難に際してはよく忍耐する者〔を指す〕。これらの者こそ誠実であり、これらの者こそ〔主を〕畏れる者である。

（雌牛章〔二章〕一七七節）

言いかえれば、人間は常に祈り、断食して過ごすことはできないにしても、他者に不親切にしたり苛立ったりしてはならないということである。他者に対する優しさなしには、本当の信仰心は存在しない。それどころか、真の信仰心とは必然的に、他者に対する善行と優しさを伴うものである。なぜなら、優しさは愛の結実であり、結果だからである。預言者ムハンマドは「アッラーは優しく、すべてのことにおいて優しさをお好みになる」（ブハーリー『真正集』、ムスリム『真正集』）と言った。私たちは、互いに優しくするようにも創られたのである。私たちは隣人に対して、誰であっても、何を信仰していようと、優しくするように創られた。このこともまた、実在の神秘の一部である。

なぜこれを知ることが重要か

神が慈悲のために私たちを創造したと知ることが重要なのは、このことが私たちを安心させ、私たちが神を愛し神に希望を託す助けとなるからである。これは神を信頼する助けとなり、そのこと自体が自分の人生に満足する助けとなる。またこれは、目に見えない神からの助力とともに、私たちが抱える多くの問題を解決へと導いてくれる。神は次のように述べている。

> アッラーを畏れる者には、かれ〔アッラー〕は出口〔解決〕を授け、〔その人が〕思いもしないところから糧を授ける。アッラーを信頼する者にとって、かれ〔アッラー〕こそが取り分である。アッラーは必ず自らの命令を完遂する。アッラーはすべてのことに期限を定めた。
>
> （離婚章〔六五章〕二〜三節）

神が慈悲のために私たちを創造したと知ることが重要であるもう一つの理由は、それによって私たちが自分も慈悲を実践しなければならないことを思い出すからである。慈悲を実践することなしに自分だけが慈悲を受けることは、神からであれ他者からであれ望みようがない。預言者ムハンマドは「人びとに慈悲深くない者には、神は慈悲を与えない」（ブハーリー『真正集』、ムスリム『真正集』）と述べている。同様に重要なことは、神は愛のために私たちを創造したのであり、だからこそ私たちは他者を愛せると知ることである。さらに加えて重要なことは、愛は必然的に他者に優しくすることを意味するのであり、だからこそ私たちの愛は〔実際に〕他者に対する利益となり、単なるあいまいな感情にとどまらないと知ることである。

最後にもう一つ重要なのは、神は慈悲のために私たちを創造し、だからこそ私たちは自分自身や他者について、特に宗教的な事柄に関して、むずかしく考えずに受け止めて良いと知ることである。多くの敬虔な人びと、さらには一部の学者までが、宗教を不必要にむずかしくしている。彼らは形式主義的な態度を取って、きわめて複雑な詳細にこだわり、宗教上の規則を過度に強調する。彼らは物事を必要以上に複雑にしている。時に、物事を実践不可能にさえしている。彼らの発言を聞いていると、神が人間を罰することができるように、人間が失敗するのを待ち構えていて「私たちを懲らしめよう」としているかのような印象を与える。彼らは、人びとの宗教的な態度が厳格で極端であるほど敬虔であると信じているようである。彼らはまた、宗教において最も容易で有効な道を探し求める人たちを見下して、密かに自分たちがそうした人たちよりも優れていると考える。しかし、神は慈悲のために私たちを創造したのであって、つまり、神が望んでいるのは私たちにとって物事が容易になることなのである。神は実際にこのように述べている――「アッラーはあなたたちに容易さを望み、困難を望んでいない」（雌牛章［二章］一八五節）。同様に、預言者ムハンマドはこのように述べた――物事を易しくして、決して厳しくしてはなりません。よい知らせを〔人びとに〕伝えてください。〔彼らが〕逃げたくなるようなことを言ってはなりません」（ブハーリー『真正集』、ムスリム『真正集』）。さらに、預言者自身について、「罪深いものでない限り、選択肢が二つある時は常にそのうちの容易な方を選択した」（ブハーリー『真正集』、ムスリム『真正集』）と記録されている。

第5章

楽園と火獄とは何か

〔アッラーは人間に告げる〕「あなたの記録を読みなさい！今日〔審判の日に至って〕は、あなたの魂があなたの清算者となる」。
（夜の旅章〔一七章〕一四節）

人間の命そのものは、神の霊〔からの吹き込み〕と人間の肉体が一体となって生じる。肉体は、もともとは土くれであるが、精液を介して〔肉体を〕再生産する。神は自身を次のような存在であると述べる。

〔アッラーは〕すべてのものの創造を最もよい形でおこない、土から人間の創造を始めた。かれ〔アッラー〕はいやしい水〔精液〕からその子孫が生まれるようにし、それから彼の形を整え、自ら〔アッラー〕の霊を彼に吹き込んだ。またあなたたちに聴覚、視覚、心を授けた。〔しかし〕あな

たたちはほとんど感謝もしない。（サジュダ章［三二章］七〜九節）

ところが神は、死を通して私たちの魂を肉体と現世から引き離し、私たちの魂を神のもとへと還す。

最初にあなたたち〔の創造〕を始めたように、あなたたちは〔アッラーへと〕還る。（高壁章［七章］二九節）

死後のさまざまな段階、そして楽園と火獄は、死後のこの還りゆく過程で起こることである。クルアーンには楽園と火獄について多くの記述がある。そしてそれがどのようなものか描かれている。楽園は美しく、素晴らしい。火獄は恐ろしく、苦しい。しかし、この楽園と火獄とは一体何か。楽園と火獄は真実である。これらは客観的な真実と言える。神は次のように述べている。

その日が来れば、どの魂もかれ〔アッラー〕の許しなしには語りもしない。彼らの中には、不幸な者も、幸福な者もいる。〔人生が〕不幸に終わった者たちは火獄の中にいて、うめき声をあげ、泣き叫ぶ。彼らは、天地が続く限りそこに永遠に住む。ただあなたの主〔アッラー〕がお望みになることを除いて。まことに、あなたの主〔アッラー〕は〔何事も〕望みのままに執行される。〔人生が〕幸せに終わった者たちは楽園の中にいて、天地が続く限りその中に永遠に住む。ただあなたの主〔アッラー〕がお望みになることを除いて。〔それは〕途切れることなき贈り物。

（フード章［一一章］一〇五〜一〇八節）

その一方で、楽園と火獄は主観的な真実でもある。人びとは死後の世界において自らを裁くことになる。神は次のように述べている。

人間一人ひとりに、われ〔アッラー〕はその首に〔運命の〕予兆を結び付けた。復活の日には、〔生前の所業の〕記録が開示されて、人はそれを目の当たりに見る。〔アッラーは人間に告げる〕「あなたの記録を読みなさい！　今日〔審判の日に至って〕は、あなたの魂があなたの清算者となる」。

（夜の旅章［一七章］一三〜一四節）

つまり、楽園と火獄は客観的でもあり、主観的でもある。最後の審判の日は現実のもので客観的である。しかし、そこには自分自身の裁きもある。内的な裁きも存在しているのである。これは良心の裁きである。クルアーンにおいて、良心は「自責する魂」と呼ばれる。自責こそ良心がおこなうことである。つまり、良心が自らを責めるのである。次の神の誓言は、人間の良心と最後の審判の日の両者にかけてなされている。

われ〔アッラー〕は、復活の日にかけて誓う。また、自責する魂にかけて誓う。

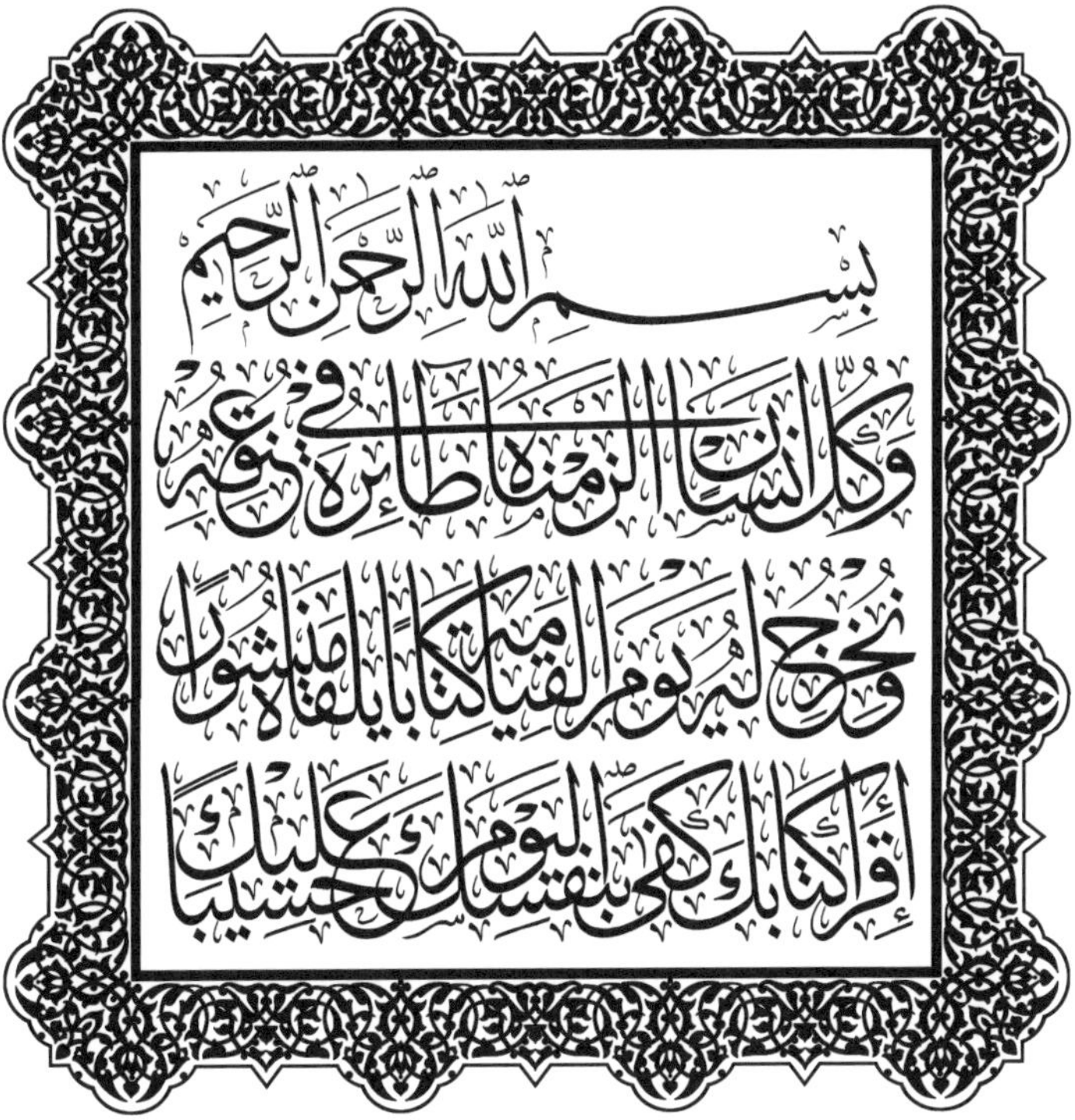

夜の旅章［一七章］一三～一四節

つまり楽園と火獄は、神による審判の結果であるだけでなく、人間による自分自身の裁きの結果でもある。それらは内的でもあるし、外的でもある。それどころか、これらの〔クルアーン復活章［七五章］の〕二つの節に示唆されているように、復活の日とそこで起きるさまざまな出来事と、人間の魂とそのさまざまな機能（とその個別の状態）との間には一定の対応関係がある。おそらく、復活の日とは、いわば人類の遍在的な良心を指すのであり、逆に個々人の良心とは、いわば個々の内面に生じる復活の日である。預言者ムハンマドの娘婿で従弟のアリー・イブン・アビー・ターリブは彼の詩集『ディーワーン』の中で次のように述べている。

あなたの癒しはあなたの中にある――あなたがどんなに辛くても
あなたの病いはあなたの中から――たとえあなたが気がつかなくても
あなたはちっぽけな肉体でしかないと思うのか？
あなたの中には、偉大な世界が包み込まれている

しかし来世では、私たちの内面に今あるものが、外面となる。神は次のように述べている。

微塵の重さでも、〔現世で〕善をおこなった者は、それを見る。微塵の重さでも、〔現世で〕悪

をおこなった者は、それを見る。（地震章［九九章］七〜八節）

また胸〔内面〕の内にあるものが、顕わにされる。（疾駆する馬章［一〇〇章］一〇節）

不義者に対して言われる――「あなたたちが〔現世のおこないで〕得たこと〔に対して〕の罰を味わいなさい」と。（集団章［三九章］二四節）

実際に、クルアーンの中で神は、人びとがおこなったことと等価の報奨や罰を人びとに与えるとは決して言っていない。神は常に、人びとがおこなったことに応じて報奨や罰を与えると言うか、または単に「人びとがおこなったこと」が彼らを罰すると言う。たとえば神は次のように述べている。

すべての魂は、〔現世で〕おこなったことが〔すべて〕応報される。かれ〔アッラー〕は彼らがおこなっていることを知悉している。（集団章［三九章］七〇節）

私たちのおこないそのもの――その記録は私たちの内側にある――が私たちに返って来るのである。人生を通しておこなってきたすべてのことが、善いことも悪いこともすべて、私たちの所に返って来て、〔来世での〕幸福か不幸かをもたらす。なぜなら、こうしたおこないは私たちの一部となっているからである。したがって、私たちが他者に対しておこなってきたことはすべて、自分自身でも経験することとなる。神は次のように述べている――「彼らのおこなったこと〔すべて〕を、彼らは目の前に見る」（洞窟章［一八章］四九節）。つまり、たとえ目に見えなくても、今はまだ十分に理解していないとしても、事実として、私たちが他者に対しておこなうことはすべて、自分自身におこなっているのである。神は次のように述べている。

〔あなたたちは〕アッラーに還される日を畏れなさい。その後で、すべての魂は自分が稼いだものの応報を受け、誰も不当に扱われることはない。

（雌牛章［二章］二八一節）

＊

私たちが生涯の間に自分自身を裁く時、私たちは責任逃れをしがちである。自身に対して甘くなるのである。何か悪いことをした時はわかっていても、自分に対して言い訳をする。神は次のように述べている。

いな、人間は自ら〔の魂〕をよく知っている。たとえ言い訳を並べ立てるとしても。

（復活章［七五章］一四〜一五節）

時々、私たちは死後の世界を本当は信じていないかのように振る舞うことがある。また、死後の世界について考える時は、自身に「心配ない、大丈夫だろう」と言い聞かせる。クルアーンの中には、友人と言い合う一人の男の話が登場する。

〔男性は言った。〕「終末がまもなく来るとも思いません。もし、かりに私が主のもとに戻されるとしても、きっとこれよりも良い所を見出すにちがいありません」と。（洞窟章〔一八章〕三六節）

しかし、実際には来世においてこのように自分自身を裁くことはない。死とは魂が肉体から切り離され、現世からも切り離されることであるから、来世では肉体と現世による雑念は取り除かれる。その時には誰もが内面の洞察力で物事を見る。内なる視覚は鋭い。

〔審判の日に、彼らに声がかけられる。〕「あなたは、このこと〔審判〕に無頓着であった。われ〔アッラー〕があなたから覆いを取り除いたゆえ、今日は、あなたの視覚は鋭い」。（カーフ章〔五〇章〕二二節）

最後には真実が明らかになるだろう。死後の世界があることは真実である。そして、死後の世界は真実から構成される世界である。神は次のように述べている。

彼らはあなた〔ムハンマド〕に問うでしょう、「それは真実なのですか」と。言いなさい。「その通りです。私の主〔アッラー〕にかけて、それはたしかに真実です。あなたたちは〔その真実から〕

逃れられません」と。

（ユーヌス章［一〇章］五三節）

＊

そうは言っても、イスラームにおいて重要なのは、絶望することなく、神が慈悲のために人間を創造したと思い出すことである。これが意味するのは、人間が自らの数え切れない罪を悔い改めるなら、神はそれを赦すということ、赦すことを好むということである。神はこのように述べている。

〔アッラーは次のように宣言なさったと〕言いなさい、「自らの魂に対してふらちであった〔罪を犯した〕、わがしもべたちよ、それでもアッラーの慈悲に対して絶望してはならない」。まことにアッラーはすべての罪を赦される。かれは限りなくお赦しになる方にして、慈悲深い。〔しもべたちよ〕懲罰が来る前に、あなたたちの主〔アッラー〕に悔悟して還り、かれ〔アッラー〕に帰依しなさい。〔懲罰が来た後では〕あなたたちには何の助けも与えられない。

（集団章［三九章］五三〜五四節）

このように、神は人びとが後悔するすべてのことを消し去ることができるし、ただ神だけが、人びとを自身の悪行のすべてから解き放つことができる。次の詩は、偉大なイスラーム学者アブー・ハーミド・ガザーリー（ヒジュラ暦五〇五年／西暦一一一一年没）の死後、その枕の下から発見されたと言われるものである。

兄弟たちに言ってくれ、彼らは私が死んでいるのを見て
私のために涙を流し、悲しみの中で私を哀悼している
あなたたちが埋葬しようとしているこの遺体を、私と思うのでしょうか？
神に誓って、あの死者は私ではない
私は霊界にあり、この私の体は
ひととき私の住まい、私の衣だった
私は隠された宝、帷《とばり》となる護符は
私を埋めた土くれ
私は殻に閉じ込められた真珠だった
だがそこからもう抜け出た、〔現世の〕清算は残っているものの
私は鳥であり、これはかつて私の鳥かご
それは私の獄《ひとや》だった、だがもはやそれを後にした
私は神に感謝する、私を解き放ち、
私のために天の高みに住まいを作ってくれる
今までは、私はあなたたちの間で死人
だが私は命を得て、死に装束を脱ぎ捨てた

（ガザーリー「《カスィーダ詩》
兄弟たちに言ってくれ」より）

なぜこれを知ることが重要なのか

重要なことは、神が慈悲のために私たちを創造したと知り、そして私たちが罪を犯した時には神は私たちを赦すことを望んでいると知ることである。これは人間の希望の礎《いしずえ》である。このことがもたらす知識と希望なしには、人間の存在は――今この瞬間も、未来においても――荒涼とした現実となり、未来はさらに荒涼としたものになるであろう。

しかし、重要なのは最後の審判が客観的であると知ることである。なぜなら、最後の審判が客観的であるなら、私たちはそれを変えることもできず、それを避けたいと語り合うことも懇願することもできず、それから逃げることもできないからである。私たちはそれを少しは恐れる必要がある。この種の恐れは、肯定的なもので、否定的なものではない。恐れによって、私たちは怠けないよう心がけ、常に最善を尽くすようになるからである。私たちはよいおこないをして、常に他人に親切にして、最善を尽くす。この種の恐れは、体の痛みに似ている。少しは苦痛を感じるかもしれないが、それによって自分自身を傷つけない方法がわかるようになり、究極的には自分自身を救う方法がわかるようになる。このことこそが体の痛み、そして恐れが存在することの神意である。

同様に重要なのは、最後の審判が主観的であると知ることである。なぜなら、最後の審判が主観的であるなら、私たちは自らに科される正当で当然な罰について神を責めることはできないからである。神は慈悲のために私たちを創造したが、神は私たちを自由なものとしても創造した。その慈悲を通して、神は私たちに警告し、私たちを導く。だから、私たちは自らが自由に選んだ悪いおこないを理由に神を責めることはできない。神が全能であるからといって、私たちは自分自身のおこないを〔神のせいにして〕正当化することはできない。実際に、神は次のように述べている。

〔アッラーに偶像を〕並置する者たちは言う、「もしアッラーがそうお望みであったならば、私たちも私たちの祖先たちも、かれ〔アッラー〕をさしおいて何かを崇拝することはなかったし、かれ〔アッラー〕以外の何かを聖なるものにすることもなかった」と。彼ら以前の者たちもそう言った。使徒たちに明白な〔啓示の〕伝達以外の務めがあるであろうか。（蜜蜂章〔一六章〕三五節）

私たちが他者に対しておこなった悪いことについて責任を負うのは、神ではない。それは私たちが自由意思でおこなったことである。すでに私たちは、それらをおこなってはいけないという正当な警告を受け取っていた。だから私たちがどのような罰を受けようと、それはすべて自分自身のせいである。私たちは自分自身で責任を取らなければならない。自分を誤った道に進めたのは神ではなく自分自身なのである。神は次のように述べている――「アッラーは決して、人びとに不義を与えることはない。しかし、人びと自身が不義を働く」（ユーヌス章〔一〇章〕四四節）。

最後に重要なことは、最後の審判が客観的でもあり、主観的でもあると知ることである。なぜなら、これを知ることで、クルアーンやハディースの中で語られた来世に関する出来事が、より理解しやすくなるからである。来世の段階は、次のようにさまざまに与えられる――㈠墓、㈡〔終末における〕二度のラッパの音（この時すべての死者が生き返る）、㈢（新しい）肉体の復活、㈣すべての人類の集結、㈤〔善行・悪行を量る〕秤、㈥審判〔神の裁き〕、㈦個々人の記録の開示、㈧（預言者ムハンマドの）祝福された泉、㈨火獄への橋（これは「一本の髪の毛よりも細く、刃よりも鋭い」）、そして最後に㈩楽園あるいは火獄へと行き着く。明らかにこれらの段階は、もともとそれぞれと対応するものがあり、人間そのものの構造の中にあらかじめ示されている（このことは第2章でも議論した通りである）。具体的に言えば、以上の段階は以下のものとそれぞれ対応している――㈠（肉体から離れた）魂、㈡〔現世での〕最後の息と〔復活後の〕最初の息、㈢肉体、㈣心臓、㈤私たちのおこない、㈥「自責する魂」または良心（これについては前述した）〔八四頁参照〕、㈦記憶、㈧「平安な魂」、㈨理性、そして㈩霊である。言いかえれば、来世におけるいくつかの重要な出来事は、決して無目的なものではなく、自分自身についてよく知ることによってよりきちんと理解しうるものである。神は次のように述べている。

> 地上には、確証を持つ人びとへの種々の徴《しるし》がある。また、あなたたちの魂の中にも〔徴が〕ある。あなたたちは〔それを〕見ないのであろうか。そして天には、あなたたちへの糧と、あなたたちに約束されたものがある。
>
> （撒き散らす風章［五一章］二〇～二二節）

第6章 クルアーンとは何か

われ〔アッラー〕は、あなたたちに啓典を下した。その中には、あなたたちへの訓戒がある。あなたたちは考えないのであろうか。

（諸預言者章〔二一章〕一〇節）

啓示としてのクルアーン

クルアーンはイスラームについて最も誤解されている部分である。その誤解のしかたはムスリムも非ムスリムも同様であるため、少し詳細に議論する必要がある。正確に言うならば、クルアーンとは何か。クルアーンの中では、およそ五五の異なる語彙でそれが説明される（たとえば、フダー〔導き〕、ラフマ〔慈悲〕、ブシュラー〔吉報〕、ヌール〔光〕、ズィクル〔想起〕など）。しかし一言で言うならば、クルアーンとは、神から預言者ムハンマドに、あるいは神から大天使ジブリールを通して預言者ムハンマドに、直接アラビア語で啓示されたものである。後

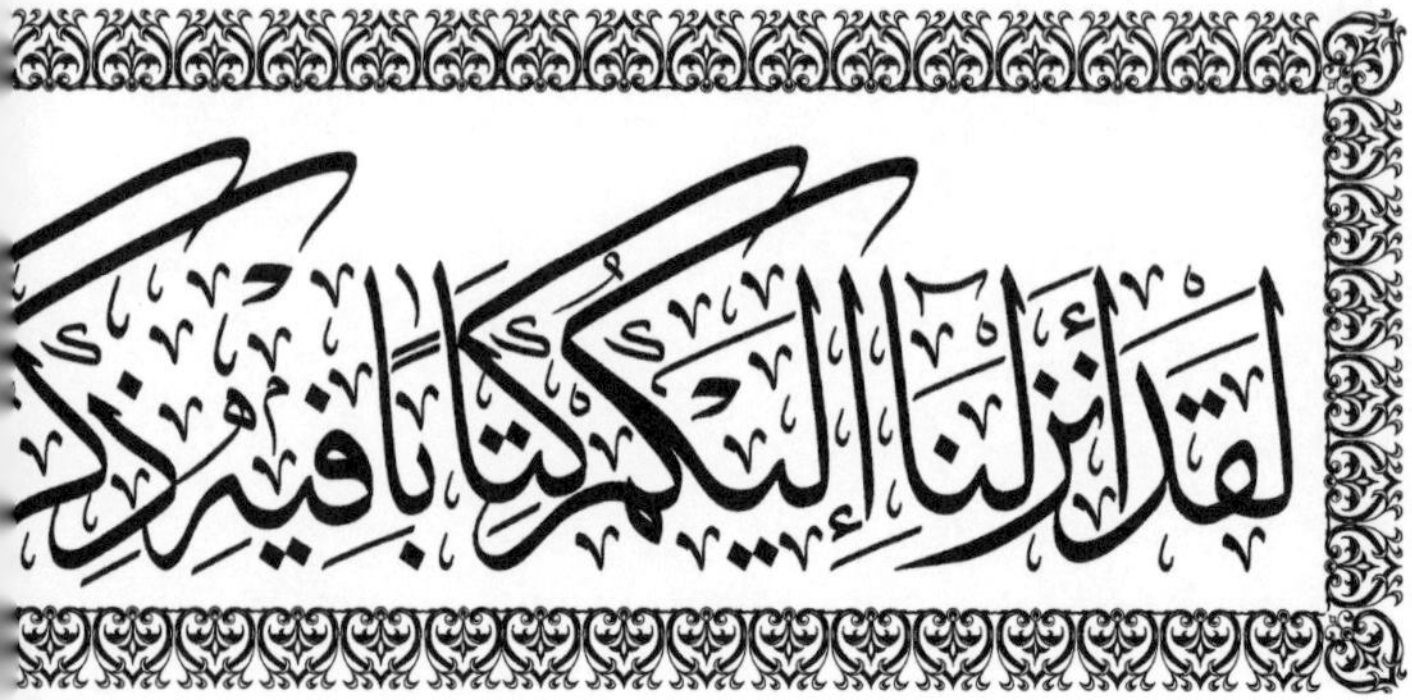

諸預言者章［二一章］一〇節

述する通り、それは疑いなく、確実に〔クルアーンを伝えるムスリムたちの〕「膨大な証言」を通じて伝達され、そして書物（ムスハフ）の形で書き記された（もちろんアラビア語で）。その起源、目的、形態、受容は、以下の章句において見事に要約されている。

〔これは〕慈愛あまねく慈悲深き方からの啓示である。徴《しるし》が解明された啓典である。知識ある民へのアラビア語の朗誦する啓典〔クルアーン〕であり、吉報を伝え、警告を与えるものである。〔にもかかわらず〕多くの者は背を向けて聞こうとはしない。

（解明章［四一章］二〜四節）

しかし、それは歴史上で唯一の神の啓示ではない。神はクルアーンの中で次のように述べている。

かれ〔アッラー〕は真理をもってあなたに啓典を下し、その以前にあったもの〔啓示〕を再確認し、〔かつては〕律法と福音を下された。

（イムラーン家章［三章］三節）

これは、イスラームがそれ以前の諸啓示とそれによってもたらされた諸宗教を認め、尊重するということを意味している。おそらく、神がクルアーンを、それ以前の諸啓示を「守るもの」と呼んだのはこれが理由であろう。

われ〔アッラー〕は真理によって、あなたに啓典を下した。以前の啓典を再確認し、それらを守るためである。それゆえ、アッラーが下したものによって、彼らの間を裁きなさい。彼らの私欲に従って、あなたに与えられた真理から逸れてはならない。われ〔アッラー〕は、あなたたち〔人類の諸宗教〕のそれぞれに、法と道とを定めた。もしアッラーがそうお望みであったならば、あなたたち〔人類〕を一つの共同体〔ウンマ〕にしたであろう。〔そうしなかったのは〕かれ〔アッラー〕があなたたちに与えたものによって、あなたたちを試すためである。だから、互いに競って善行を励みなさい。あなたたちは〔いずれは〕皆がアッラーに還り、その時かれ〔アッラー〕は、あなたたちが意見を違《たが》えていたことについて〔真実を〕告げるであろう。（食卓章〔五章〕四八節）

アラビア語

クルアーンそのものの話をする前に、クルアーンが啓示されるのに用いられた言語である古典アラビア語について、いくつかの点を明確にしておく必要がある。実際に、クルアーンがクルアーン以前の啓示を「守るもの」であることは、ある意味ではアラビア語そのものが守られていたことによってのみ可能となった。ほとんどの人は逆だと考えているが、古代の言語は現代語よりも正確で複雑な傾向がある。古代の言語は、人間の思考のエネルギーと才能とが最大限に口承文化に注がれていた時代を反映している。プラトンは『クラテュロス』〔初期の対話篇の一つ。副題「名前の正しさについて」〕の中で、古代ギリシア語の言葉の語源と意味は名付けられたものと不思議なほどに一体化し、その音、形、動きを正確に反映していたことを示唆している。

このことは確かに古典アラビア語にも当てはまる。それは、フェルディナン・ド・ソシュール（一八五七〜一九一三年）が現代語について議論したような、「シニフィアン〔記号表現〕」と「シニフィエ〔記号内容〕」の恣意的なお約束、瞬間的な「結びつき」ではない。むしろ、アラビア語の二八文字それぞれは、独自の音、性質、発声箇所を伴う発音方法、そして筆記体をも通して、占星術の二八宿と関連付けられており、月下にあるもの、すなわちこの世のものすべてと関連付けられている。これらはさらに特定の原型的な意味を反映し、究極的には一つの神の美名ないしは複数の神の美名を表す（クルアーンで特定の「独立した文字」〔神秘文字ともされる〕が特定の章の始めに用いられているのは、この発想と関係しているかもしれない）。個々の文字がそれらによって構成される言葉の意味をもたらす。そこで、たとえば（文字単体が持つ意味として）アリフ〔アラビア語のアルファベットではAに相当〕は、ある言葉の超越性、能動性、卓越性、男らしさといった概念を示し、バー〔B〕は、受動性、受容性をもたらし、ハー〔H〕は息または空気の概念を、ラー〔R〕は動きを、カーフ〔Q〕は力を、カーフ〔K〕は弱さまたは細さを、ミーム〔M〕は終わりや死の概念を示す。ここから、次に言葉になると、原型的な響きから明瞭に構成された特定の意味を持つこととなる。つまり、同じ語根の文字〔基本は三文字〕が同じでも順番が異なる言葉は意味が似通う場合が多いことや、あるいは〔三つのうちの〕一文字が変わることで意味がそれに応じて変わることもある（ヘブライ語におけるテムラ〔ユダヤ神秘主義の中の数秘学〕と同じように）。たとえば、「ka-la-ma」は「言葉」を意味するカリマ「kalima」の三語根である。このカーフ〔K〕を、（より重い）カーフ〔Q〕の文字に置き換えると、「qa-la-ma」となり、これは「ペン（qalam）」の語根である。ペンとは言葉を書き記すもので、これは言葉を「より重く」、より永続的なものにする。そしてこれはまさにカーフ〔Q〕という文字の本質と一致するものである。要するに、アラビア語において（そしておそらく他の古代言語においても）言葉とは、不思議なほど名付けられたものを映し出す鏡であり、でたらめで常に変化する裏表のある名札などではなく、その意味はアルファベットにおける文字の音と本質から生じている。

ところで、アラブ人には二種類ある、と伝統的に言われてきた。アラビア半島北部のアラブ人であった「アラブ化したアラブ人」と、アラビア半島南部の「純粋なアラブ人」である。「アラブ化したアラブ人」は、その祖先をたどると、アブラハム（紀元前二一〇〇年頃）の息子イシュマエル（アラビア語ではイスマーイール）に行き着く。一方で「純粋なアラブ人」は、その血筋をさかのぼるとさらに昔の先祖であるカフターンにたどり着く。〔旧約聖書の〕「創世記」において、カフターンは「ヨクタン」と呼ばれ、ノア（ヌーフ）の息子セムの息子アルパクシャドの息子シェラの息子エベルの息子であった（「創世記」一〇：二一～三〇）。同様に「創世記」によれば、アブラハムの曾祖父の祖父ペレグは、ヨクタンの兄弟であった。

アラビア語を話した最初の人物は、タバリーの不朽の名著『〔諸使徒と諸王の〕歴史』によれば、（セムの息子アルパクシャドの息子シェラの息子エベルの息子である）カフターンの息子ヤアルブ（「創世記」におけるヨバブ）であった。ヨクタンの息子たちの時代について述べている「創世記」（一〇：三一）が、このことをはっきりと述べている――「これらは、その氏族と言語に従った、それぞれの地域と国ごとのセムの子孫である」。

アラビア語は古代アッカド語、アラム語、ヘブライ語と同じセム語族に属する。そして、アラビア語はアブラハム自身よりも少なくとも三世代は古いので、ムスリムの学者たちは現存するすべての言語の中でアラビア語が最も古いと主張してきた。記録にないほどはるか昔のアラビア語の時代には、双数形、不規則複数形、複数の複数形（たとえば、男〔ラジュル〕、男たち〔リジャール〕、たくさんの男たち〔リジャーラート〕）、強意形のような非常に原初的な語形が保たれていた。ヘブライ語などの他の古代に発する言語でさえ、こうした語形のほとんどが失われていた。このことには歴史的な証拠も存在する――（アラビア半島東部の）ハサー地方には、紀元前八〇〇年代にさかのぼるアラビア語碑文が存在し、これには少なくとも紀元前八五三年にさかのぼるアラブ人の手によるアッカド語の記述が残されている。さらにさかのぼれば、シナイ沙漠で発見された（現在カイロ博物館に展示されている）アラビア文字の原型によるエッチングもあり、これはシナイ半島にあったファラオ〔エジプト国王〕のトルコ石鉱山で働くアラブ人労働者たちが紀元前一八五〇年頃に書いたとされている（T・A・イスマーイールの『インド・ヨーロッパ語族の始祖としての古代アラビア語』を参照のこと）。世界最古の言語の一つアッカド語（これは少なくとも紀元前二五〇〇年にさかのぼる）とほぼ同時代に、アラビア語が絶対に存在していなかったと言いきる根拠はどこにもない。それどころか、「創世記」（一〇：一〜一〇）によれば、首都アッカドを築いたニムロドは、ノアの息子のハムの息子クシュの息子であり、したがってヨクタンのまたいとこにあたり、しかもおそらくは同時代の人物だったと思われる（少なくとも聖書の系図によればそうであるが、ユダヤ教の聖書解釈やクルアーンの注釈書の伝統では、ニムロドはアブラハムの時代まで生きていたとされる）。

〔古代から〕アラビア語が保持されてきた理由については、数千年の間、アラビア語を話すベドウィン〔遊牧民〕がアラビア沙漠の中で、まるでほぼ難攻不落の孤島のように、他のもっと力ある文明から孤立していたという事実によって、歴史的には説明される。かの地で、彼らは油断なく、誇り高く、自らの口承文化を守り、それによってアラビア語の純度が守られた。実際に、アラブ人たちはアラビア語の崇高さと内包される意味の豊かさを誇りとしていた。イスラーム以前のジャーヒリーヤ〔無明時代〕の詩で、特に有名な「ムアッラカート詩」〔カアバ聖殿に掲げられた優れた詩〕にあるような美しく、複雑な言葉遣いと膨大な語彙を見れば、このことは容易に推察される。これらの詩は、アラビア半島におけるアラビア語の最も優れた表現として、毎年顕彰され、その後マッカのカアバ聖殿に掲示されるという最高の栄誉が与えられた（名前の由来となった「ムアッラカート」とは文字通り「掲示」または「吊るされたもの」の意味である）。

さて、預言者ムハンマドは、前述の通りイシュマエルの直系の子孫であったが、詩のコンテストが開かれていたマッカの出身であり、彼と彼の一族であるクライシュ族がアラビア半島において最も優れ、最も純粋なアラビア語を話していたであろうことは容易に推察できる。

付言すれば、人間の最初の言語はもともと神からアダムへの啓示、または、少なくともインスピレーションによるものであったと、クルアーンは私たちに教えている。神はクルアーンの中で次のように述べている。

かれ〔アッラー〕はアーダム〔アダム〕にすべての名を教え、次にそれを天使たちに示し、「もし、あなたたちが真実を言っているならば、これらの名をわれ〔アッラー〕に告げなさい」と言った。彼らは〔答えて〕「あなたの栄光を称えます。あなたが私たちに教えたもののほかには、何の知識もありません。まことにあなたは全知者、英明者です」と言った。かれ〔アッラー〕は「アーダムよ、それらの名を彼ら〔天使〕に告げなさい」と命じた。そこで、アーダムがそれらの名を彼らに告げると、かれ〔アッラー〕は〔天使たちに〕「われは天と地の奥義を知悉《ちしつ》しており、あなたたちが顕すことも隠すことも知悉していると教えたではないか」と言った。

（雌牛章〔二章〕三一～三三節）

ここから、アラビア語が、そしておそらく他の古代言語も、インスピレーションが元となった言語であったことが推察できる。そうでなければ、言葉は、その名付けたもの、音、形、動きと、どうして「一体」となれただろうか。そうでなければ、どうしてアラビア語が啓示の器となることができただろうか。結局のところ、神は次のように述べている。

もし、われ〔アッラー〕がこのクルアーンを山に下したならば、アッラーへの畏れから山が畏れおののき砕け散るのを見るであろう。このようなたとえを、われ〔アッラー〕は人間に示す。おそらく、彼らは熟考するであろう。（集合章〔五九章〕二一節）

クルアーンのアラビア語

クルアーンのアラビア語は非常に独特であるため、これを別の言語で説明するのは難しい。それは、アラビア語の用い方においてさえ独特であり、イスラーム以前の詩（これには少なくとも二万篇という大量の文献が現存する）と異なるのみならず、ハディース集におけるアラビア語とも異なっている。クルアーンのアラビア語は、聖書のアラビア語訳（最初のものは九世紀にさかのぼる）よりも古く、すべての聖書の言語および翻訳とも大きく異なっている。それでも、クルアーンについて、いくつかの点を述べることはできる。

第一に、クルアーンのアラビア語は口語アラビア語とは同じように発音されないし、読まれることもない。そもそも、アラビア語には二八文字あるが（三つの母音は文字としては書かれない〔母音記号として振られる〕）、その各々を、喉、口、舌、歯、唇、そして鼻の一七の異なる箇所から発声しなければならない。この発声法を専門とする学問（マハーリジュ・アル＝フルーフ）があり、これは子どもたちにも教えられている。そしてこの学問のおかげで、この古典的な言語は、時を経てもあらゆる場所で同じように発音されている。

クルアーンのアラビア語には、標準アラビア語とも違う読み方がある。異なる文字や単語の組み合わせに関して、発音の特別な規則がある。この朗誦法（タジュウィード、またはタルティール）は、クルアーンのまさに最初の啓示に定められ（衣をかぶる者章［七三章］四節を参照）、預言者とその教友らが実践していたものである。その規則はあまりに複雑でここでは説明できないが、そうした規則には、文を読む上で連続性を持たせ、言葉がより流暢に続くようにしたり、耳障りな音のぶつかり合いをなくしたり、いっそう朗々と読むことで、荘厳な音節を強調したりする効果がある。章句を朗誦する速度には自然な差異があるものの、すべての文字、すべての言葉は比較的ゆっくりと、そして完璧に明瞭に発音される。〔クルアーンを朗誦する際には〕意図的に、周期的な休止符があり、その沈黙の間に、朗誦する人は（朗誦とは別に）息をつぐことができるだけでなく、聞き手や読み手の心に〔意味を〕深く浸透させることができる。最後に、特定の文字の組み合わせの場合、または特定の位置にある場合に、長母音、特に（Aの音を示す）アリフを長く伸ばさなければならない決まりがある〔標準語の二倍、四倍など〕。これはクルアーンの響きに、いわば超越性をめざす絶え間ない叫びを吹き込む。したがって、クルアーンの朗誦の全体的な効果は、一種の悲しみ（フズン）だと言われるが、それは現世のものの喪失からくる悲しみではない。むしろ、それは神、神の美質、聖なるもの、そして楽園への憧れからくるものである。さらに、言語の響きそのものが美しいだけでなく荘厳である。それには威厳と厳粛さを伴った壮麗さがある。それは詩的な流れ、韻律、リズムに満ちており、技巧や単調な音の繰り返し、気まぐれは存在しない。それは穏やかながらも計り知れない力がある。おそらくこのような理由から、アラビア語を理解しないとしても、そしてムスリムの八〇パーセント〔非アラブ人のムスリム〕がアラビア語を話せないとしても、クルアーンを傾聴すること自体が、啓示の四つある目的のうちの一つとされる（他の三つは、人びとの魂を清めること、彼らに啓典を教えること、彼らに英知を授けることである）。神はクルアーンの中でこのように述べている。

アッラーは信徒たちに恩寵を与え、彼ら自身の中から使徒を遣わした。彼〔ムハンマド〕は彼らにかれ〔アッラー〕の徴《しるし》〔クルアーン〕を読み聞かせ、彼らを清め、彼らの啓典と英知を教えた。以前は、彼らは明らかな迷妄の中にいた。

（イムラーン家章〔三章〕一六四節）

クルアーンの言語について言うべき第二の点は、それが自然のイメージ、特に沙漠、山、空、そして海のイメージに満ちていること、そして、その美しさをまさに言葉の中に、特定の節や章の見事な流れの中に閉じ込め、再現しているように見えるということである。しかし、叙情的になった後には、単純で実際的なテーマと言語にいつも回帰する。最終的には、現世のものや通俗なものを、崇高なものや天上的なものへの架け橋にして、これもまた

〔聞く者に〕憧れや切望を引き起こすのである。

第三には、クルアーンの言語は、比較的簡単な語彙から成る（アラビア語で可能な合計七万通りの語根の組み合わせのうち一八一〇しか含まれていない）。それにもかかわらず、その形には多くの変化がある。いくつかの節は非常に短い（含まれる単語の数において最も短いものでは一単語だけの慈愛者章〔五五章〕一節があり、独立した文字〔神秘文字〕で構成される章には、最も短い節としてターハー章〔二〇章〕一節、ヤースィーン章〔三六章〕一節があり、二文字の長さがある場合として、赦す者章〔四〇章〕一節、解明章〔四一章〕一節、協議章〔四二章〕一節、装飾章〔四三章〕一節、煙章〔四四章〕一節、跪く章〔四五章〕一節、砂丘章〔四六章〕一節がある）。その一方で、いくつかの章句はとても長い（最も長い雌牛章〔二章〕二八二節は一頁全体に及ぶ一五行の長さがある）。同じように、とても短い章もあれば（最も短いものは三節で二行の長さ）、とても長い章もある（最も長い雌牛章〔二章〕は五〇頁近い）。いくつかの章ではすべての節が、おおむね同じ長さである。他の章では、かなり章句の長さが異なる場合もある。いくつかの章では、すべての章句が同じリズムと文字で終わる（たとえば五四番目の月章〔五四章〕には五五の節があり、その終わりはすべて子音に続くラー〔R〕の文字となっている）。さまざまなリズムを多用する章もある。叙情的に流れる章もあれば、もっと規則的でスタッカートのような韻律の章もある。両者の間はめまぐるしい変化に満ちており、それぞれに隠された意味と意図的な効果がある。しかし、こうした変化にもかかわらず、語調や味わいには常に明瞭な一貫性があり、だからこそ紛れもなくすべてが同じ一つの「啓典」を成している。

さらに、クルアーン全体は明らかに統一体であるが、それぞれの章（スーラ）はしばしば、クルアーンの他の章には見られない独自の用語や言語構成を含んでいる。事実として、「スーラ」という単語は「〔囲いの〕壁」を意味するアラビア語の「スール」と同根であり、これはクルアーンの各章がそれぞれ、特有の特別な独自性を有していることを示唆している。これは個々の節（アーヤ）のレベルでも見られる。クルアーンの個々の節はアーヤ（「徴《しるし》」の意）と呼ばれる。これは、それぞれの節そのものが「奇跡」であることを示唆している。クルアーンの中で同じ表現が繰り返される章句もあるが、実際には、これらは異なる文脈において異なることを意味している。一方で、言語的にも内容的にも、それぞれの形で明確に独自で奇跡的な章句もある。たとえば、雌牛章〔二章〕二五五節は「台座の節（アーヤ・アル＝クルスィー）」と呼ばれ、ムスリム『真正集』によればクルアーンの中で「最も偉大な節」とされ、神の属性をきわめて独特で体系的な形で表現している。同様に、「光の節（アーヤ・アン＝ヌール）」（光章〔二四章〕三五節）は、神の光に関する独特の比喩を示している。一方でこれらと異なるのは「負債の節（アーヤ・アッ＝ダイン）」（雌牛章〔二章〕二八二節）で、これは独特の長い節であるが、実践的な言語によって、仲たがいせずに負債を記録する方法について申し分ない指示を与えている。他にも、このような例はたくさんある。

第四に、言語そのものが「明瞭なアラブの言葉」（詩人たち章〔二六章〕一九五節）である。内的な多様性にもかかわらず、クルアーンで使用されるのは比較的少ない数の、複雑ではないさまざまな語彙である（現代の口語アラビア語と厳密には同じ意味ではないにしても）。さらに言えば、クルアーンは「覚えやすい」（月章〔五四章〕一七・二二・三二・四〇節）。その証拠に、クルアーン全体を暗記したムスリムが何百万人と存在する。クルアーンは単純で力強い文体であり、自然に肩肘張らずして説得力があるだけに、いっそう力強い。クルアーンには新造語（すなわち、楽園や火獄のような〔当時の〕新しいアラビア語単語）や、新しい活用語、また多くの新しい言語表現（その多くはクルアーン全体の中で一度しか言及されない）が含まれている。しかし、それらはすぐに理解できるし、文脈から意味は明瞭である。クルアーンは、簡潔にして雄弁である。何かを言うために必要以上の言葉を用いないので、重複がない。同意反復せずに重要な相違点を明らかにするような同義語が、クルアーンには存在する。言いかえれば、クルアーンがわずかに意味の異なる言葉を用いて同じようなことを繰り返しているかのように見えても、実際にはそうではない。むしろ、何らかの微妙な、しかし正確な区別がなされている。このことを驚くほど明確に示している文献が、ハキーム・ティルミズィー（ヒジュラ暦三二〇年／西暦九三二年没）の『同義語不可の書』や『〔語義の〕差異の解明の書』、そしてラーギブ・イスファハーニー（ヒジュラ暦五〇二年／西暦一一〇九年没）の『クルアーン語彙辞典』である。

第五に、クルアーンの言語の明瞭さに関して言えば、特に神の存在（たとえば蟻章〔二七章〕六〇～六五節、蜘蛛章〔二九章〕六一節、山章〔五二章〕三五～三七節、ユーヌス章〔一〇章〕三一～三六節）や神の唯一性（たとえば夜の旅章〔一七章〕四〇～四三節、信徒たち章〔二三章〕八四～九一節）の証明に関して、クルアーンには理性的言語や論理的帰納法が時折、しかし非の打ち所なく用いられている。しかし、この言語はごく自然に流れ、形式的な論理やもっともらしい論法のように長々と論じることが決してないため、読み手や聞き手が訓練された論理学者でもない限り、クルアーンの中でそのような正確な論理的証明が用いられていることには気づかない。

　最後に、クルアーンの言語そのものが、その内容の真実性を反映している。たとえば、クルアーンで用いられる比喩、直喩と暗喩は、それが示すものと正確に一致して、その真の性質を明るみに出すという意味で完璧であるのみならず、人間の内面ともしばしば一致するという意味でも完璧である。その内容の深遠さ、高貴さ、そして一貫性は、その語調における深さ、荘厳さ、そして調和においても維持されている。一方で、形式や節の長さにおける劇的な変化や突然の転換は、真実の、途方に暮れるほどの複雑さを反映し、〔読み手や聞き手に〕衝撃や瞑想を引き起こす。ここで詳述することも可能だが、クルアーンの言語と構造には、根源的な人間の魂、より正確に言えば霊の性質と深い構造を反映する何かがあると言うにとどめておこう。これがそうなるのは必然的なことで、その理由は、魂が人間一人ひとりの霊の容れ物であり、クルアーンがアラビア語による普遍的な霊性を表現しているからである。ちなみにこれが、学者やクルアーン朗誦者が、クルアーン朗誦を楽曲や旋律に乗せることを伝統的に、本能的に、徹底的に拒否してきた最も深い理由である。音楽は魂とその感情に影響を与えるが、クルアーンは霊を目覚めさせることを目的としている。

　こうしたことすべてが、クルアーンにおける直接的な「挑戦」の意義を説明するが、その挑戦は一度も応えられていない。誰もクルアーンのような本を生み出すことはできなかったし（〔挑戦が述べられているのは〕夜の旅章〔一七章〕八八～八九節、物語章〔二八章〕四九節）、または同じような一〇章だけでさえできなかったし（フード章〔一一章〕一三～一四節）、究極的には同じようなたった一章でさえ誰も生み出すことはできない（雌牛章〔二章〕二三～二四節、ユーヌス章〔一〇章〕三七～三八節）。なぜなら、クルアーンは真に唯一無二であり、それは単に内容においてだけでなく（それは「天と地の真義を知っている方〔アッラー〕によって下された」（識別章〔二五章〕六節）、その言語においても唯一無二だからである。アラビア語を本当に知っている人であれば、誰でもこのことがわかる。

もう一つ言うべきことは、何百万人という聡明な人びとが進んで、そして好んで、クルアーンを学び、読み、朗誦し、熟考することに生涯を費やしているし、過去のいつの時代にも費やしてきた、ということである。一部の人間は、三日ごとに全文を読み、子ども時代から始めてこれを一〇〇歳になるまで続けている（それによって一生の間にクルアーンを一万回読むことができる）。教養があり、教えを実践しているほとんどのムスリムは一か月に一回読み終えるので、一生の間に（七〇歳まで生きるとして）およそ五〇〇～七〇〇回は読むことになる。先に述べたようなことがすべて本当でないなら、ムスリムたちはこれに飽きるはずであるが、誰も飽きる人はいない。むしろ、彼らは読むたびに新しい意味を見出し、クルアーンをますます深く愛するようになる。おそらく、これがクルアーンの最も比類なき点であるし、まさに預言者ムハンマドは次のように述べている――「〔クルアーンを〕知る者は……絶えず繰り返し読んでも飽きることがなく、新鮮な驚嘆も決して尽きることがない」（ティルミズィー『スンナ集』）。

クルアーンを読む上で妨げとなるもの

クルアーンは、言語においてだけでなく、形式においても唯一無二のものである。それ以前の啓示とはいくらか異なるが、それはクルアーンがアラビア語であるからだけではない。生まれてから一度もクルアーンを読んだことがない人びとが（ムスリムであっても）集中してこれを読み始めると、最初の反応はたいてい驚いたり、混乱したりもするものである。全く意味が理解できない人もいる。この理由は、クルアーンを読む上で克服しなければならない障壁がいくつか存在するからである。そのような障壁は克服が難しいわけではないが、それがどのようなものかを知ることは大いに役立つ。

事実として、人びとがクルアーンを理解するのを妨げる障壁には三種類ある。それは㈠読む行為における障壁、㈡読者自身の中にある障壁、㈢クルアーンの文章そのものにおける障壁である。

まず㈠読む行為における障壁については、簡潔に言うと次のようになる。

(a) クルアーンは、古典的なアラビア語で、〔マッカの〕クライシュ族の方言である（ただし、外来語も少し含まれている）。これは現代の口語とも、標準語とも異なる。それは言語的にあまりに豊かで、正確に翻訳することができない（したがって「翻訳」とされるものはすべて「解釈」にすぎない）。クルアーンのアラビア語は、アラビア語を母語とする人でさえ、新たに学ぶ必要がある。そうは言っても、一般的に難解なのは、限られた数のアラビア語語彙である。

(b)クルアーンは、口承文化の中に生まれた口承の啓示であった。独自の規則に従って読み上げられる朗誦を聞かなければ、読者は章句の調べを聞き逃すのみならず、言葉の力や響き、そしてそれら相互の内的な結びつきをも聞き逃すことになる。

(c)現代の教育によって、人びとは単純で短い文章を好み、すぐにすべての情報が提供されて、言葉以上の意味は示さないようなものを望むようになっている。こうした文章には、たいてい、主要な点をまとめた概要まで付いている。しかし、クルアーンはゆっくりと深く読まなければならない。なぜなら、それを著したのは全知の神であり、言葉が有する言語学上可能な多義性はすべて、著者である神があらかじめ意図したものであるからである。また、クルアーンは象徴、直喩、暗喩、寓意、暗示、糸口、引喩、そして内面的な言及に満ちている。おそらくこれは、特定の真理は表面的な言葉だけでは十分に伝えられないからである。さらに、クルアーンは短い文章ではない。ほとんどのアラビア語版で六〇〇頁あり、それについて熟考し始めるだけで時間と忍耐が必要となる。実際のところ、ほとんどの信心深いムスリムは子ども時代にクルアーンを学び（世界で）およそ一〇〇〜一〇〇〇万人のムスリムがクルアーンを暗記している）、毎日三〇分～一時間かけてクルアーンを朗誦して、生涯を過ごす。

(d) クルアーン〔の記載〕は「年代順」ではなく「単系的な」文章でもない。聖書は基本的に歴史的で、年代順に並べられた文章である。発端（「創世記」）から始まり、ヘブライ人預言者たちの終わりまでまっすぐ進んでいく。ただし、時間を超越した「英知の書」（「詩編」など）の幕間はある。そして新約聖書ではイエスの物語が語られ、次にその弟子たち、そして黙示録で、いわば「将来を見て」終わる。しかし、クルアーンは啓示された順序で並べられておらず、出来事への言及も年代順ではない。歴史について言えば、クルアーンは、聖なる歴史さえも語ろうとしない。むしろ、その内容は超時間的で、少なくとも非年代学的である。したがって、何度も何度も同じ主題に回帰する。同様に、系統的な哲学の解説（たとえばプラトンの『対話篇』）でもないし、道徳や神学の解説（たとえばプロティノスの『エンネアデス』）でもないし、最終的には宇宙論や論理学の解説（たとえばアリストテレスの『形而上学』や『オルガノン』）でもない。むしろ、クルアーンは異なる種類の英知が全体にちりばめられているものであり、読者はそれらをつなぎ合わせなければならない。

(e) クルアーンは「作用する」文章であって、「思索的な」文章ではない。それを読むことによって〔人びとに〕変化がもたらされ、知識が与えられることを意図するものである。初学者のように取り組まなければならず、暇つぶしに批評する映画評論家のようであってはならない。このような姿勢と意図がなければ、通常の本を読む場合とは異なり、クルアーンは人を変化させることもないし、知識を与えることさえない。それは単に読者の先入観を確認させるだけとなる。神はこのように述べている――「われ〔アッラー〕はこのクルアーンで、彼らが考えるように〔訓戒を〕繰り返した。〔しかし〕彼らはただ、離反を強めただけであった」（夜の旅章〔一七章〕四一節）。

(二)読者自身の中にある障壁について言えば、それは以下から生じる。

(a)〔現代の〕読者とクルアーンの啓示との間で、時代、場所、文化、環境、経験、状況が大きく異なっていること。

(b)注意散漫、気が散ること、集中力の欠如、空想、身体の機能や要求による中断、忍耐力の欠如、不適切な目的、素直さの欠如、謙虚さの欠如、霊的な真実に対する無知、これらすべてによって、クルアーンについて熟考できなくなったり、それについて黙想できなくなったりする。しかし、神は人びとに、クルアーンにおける神の徴《しるし》（アーヤ）を「熟考」し（蜜蜂章〔一六章〕四三～四四節、集合章〔五九章〕二一節、雷章〔一三章〕三節、イムラーン家章〔三章〕一九〇～一九二節を参照）、クルアーンを「熟慮」するよう（女性章〔四章〕八二節、信徒たち章〔二三章〕六八節、サード章〔三八章〕二九節、ムハンマド章〔四七章〕二四節を参照）求めている。これら二つの違いは、「熟考すること」が能動的なのに対し（ラーギブ・イスファハーニーの『クルアーン語彙辞典』によれば、これは心の中で情景を思い浮かべることが必要となる）、「熟慮すること（タダッブル）」はより受動的である（ドゥブルの字義は何かの「底」であり、したがってタダッブルは「それに背を向ける」ことのほか、「何かの裏に届く」ことをも意味する）。いずれも聞き手の心に、雨のように降り注ぐ輝かしく驚くべき直観的洞察や、また何らかの内的な沈黙のうちのひらめく理解をもたらすことができる。そして、それによって聞き手は、たちまちのうちに多くの物事を、その複合的な結びつきと同時に理解する。神はクルアーンの中でこのように述べている。

アッラーが、その胸をイスラームへと開いた者は、その主〔アッラー〕からの光に導かれている。災いなるかな、アッラーを想起することに心を閉ざす者。それらの者は明らかな迷妄の中にいる。アッラーは最もよき言葉を、互いに似た語句が対となった啓典として下した。自らの主〔アッラー〕を畏れる者たちは、〔啓典によって〕肌は震え、やがてアッラーを想起して肌も心も和らぐ。それこそアッラーの導きであり、お望みの者をお導きになる。アッラーが迷わせた者には、導く者はいない。

（集団章〔三九章〕二二～二三節）

(c) クルアーンが人びとに課す要求――クルアーンは法だけでなく倫理原則をも説き勧めるものであり、それらはかなり厳しい要求になりうる。それによって、魂の中にはこうした要求に対してしり込みすることもあるに違いない。この理由は、人間の自我というものが、指図されたり、〔自分の人生の〕「安全地帯」を離れたり、ましてやその在り方を完全に変える必要に迫られたりすることを嫌がるからである。

最後に、㈢クルアーンの文章そのものにおける障壁についてである。これにはいくつかの障壁が神意によって存在し、これに慣れていく必要がある。それは以下の通りである。

(a) 絶え間ない変化（アラビア語でイルティファートと呼ばれる）が、主題についてだけでなく、語りの調子についても存在する。語り手の代名詞までが頻繁に変化する。神はある時には神自身を「かれ」と言い、ある時には「われ」と言い、神自身の名前〔神の美名〕で呼ぶこともある。神は明らかに、複数の代名詞でも一つの視点でも限定することも包含することもできない上に、それぞれの変化すべてに英知と意味が含まれている。クルアーンでは、語りかける対象が急に変化することもある。時に預言者、時に信徒たち、時に不信仰者たち、そして時には皆に対して語りかける。これらの変化はそれぞれ、何か新しいものに注意を引きつける。そうすることで、読み手（または聞き手）自身について何かを示すために、彼らを精神的な習慣から引き離して驚かせる。

(b) クルアーンは、初めのうちには、一見不明瞭な文や繰り返し、途切れた文、短縮や省略が多く含まれるように見える。これらにもそれぞれ特定の英知と意味が含まれており、その理解が必要となる。そうした表現によって、人びとは立ち止まって深く考えることを余儀なくされる。これこそがおそらく、そうした表現がそこにある理由であろう。それらの表現は、外側から見るとただの石だが、割ると思いがけなく美しい水晶の模様が現れる晶洞石《しょうどうせき》のようなものである。

(c) 現代の読者にとって、奇妙でありえないと思えるようなことも多くある。そのうち、いくつかについてはすでに言及したし（死後の世界のはっきりした説明など）、後述するものもある（シャリーア、ジハード、および「心」について）。中には、七世紀アラビアの状況を反映していると思われるものもある（たとえば、自然の沙漠環境の記述や、古代のアラブ人や聖書の預言者たちの物語、さらに商売の情景なども）。心にとどめておくべき重要な点は、クルアーンはすべての人間に対して語りかけようとしているということで、人びとのメンタリティ、教育水準、教養、洗練などは大いに異なっているし、精神性に関する主題についての違いはいっそう大きい。それゆえ、クルアーンは、ありとあらゆる人びとに対して語りかける何かを包摂しているのである。

クルアーンの主題

クルアーンとは、何について語るものであろうか。クルアーンの主題とは、何か。アブー・ハーミド・ガザーリー〔前出。九〇頁〕の著書『クルアーンの珠玉』によれば、クルアーンの六二三六節はすべて、たった六つの基本的な主題のうちのいずれか一つ（中には二つ以上の場合もある）を扱っているという。その六つの主題とは、㈠神、神名、神の行為（神の創造を含む）、㈡神の叡智と神への道（特に神を想起することを通じて）、㈢死後と来世の描写、㈣イスラーム以前の預言者たち、使徒たち、賢人たち、そして同様に不信仰者たちや罪人たちの物語、㈤信仰のための論証と不信仰への論駁、㈥法、戒律、禁止事項、そして人生のための処方箋である。実際に、クルアーンの中でこれらの主題に該当しない章句を見つけることは、不可能ではないにしても困難である。その理由はガザーリーによれば次の通りである。

クルアーンの真髄は、しもべたち〔人間〕を神〔の信仰〕へと招待することにある。……このため、クルアーンの各章〔スーラ〕と各節〔アーヤ〕は、六つの種類に限られている。

（ガザーリー『クルアーンの珠玉』）

言いかえればクルアーンは、人びとにとって宗教的に有益な物事のみ――人びとが有益さを理解するかどうかにかかわらず――に焦点を当てている。宗教に有益ということは、精神的にも倫理的にも、社会生活においても有益ということである。それゆえに、その主題は㈠神、㈡神への道とその内なる現実、㈢神のもとへと還ること、㈣神への道を選んだ者たちと選ばなかった者たち、㈤神への道の真理についての論証とそれへの反駁への反論、㈥神への道の外面的な規則である。クルアーンは、精神的に役に立たない情報は提供しない。無益な事実や雑学を含まない。目的から逸れることもない。常に首尾一貫している。神はクルアーンの中でこのように述べている――「もしそれがアッラー以外のもとからだとすれば、必ずや彼らはその中に多くの矛盾を見出すであろう」（女性章〔四章〕八二節）。

鏡としてのクルアーン

クルアーンには、人間のあるべき美徳の姿が含まれており、それゆえに人間の精神的な可能性も含まれている。しかし、クルアーンには一般的な状態にある人間の魂の姿も含まれ、反映されている。したがって、クルアーンは人間の変化し続ける内的状態、感情、内面的なささやきを映し出す。それは人びとに、自分では見えない自身〔の姿〕を示す。これはクルアーンの章句が持つ意味の一つである。

われ〔アッラー〕は、あなたたちへの訓戒として啓典を下した。あなたたちは考えないのであろうか。（諸預言者章〔二一章〕一〇節）

ファフルッディーン・ラーズィーの偉大なる注釈書（『不可視界の鍵』）によれば、「あなたたちへの訓戒」とは、「あなたたちが神を想起すること」だけでなく「あなたたちの名誉と評判」をも意味しうる。言いかえれば、クルアーンは人びとに、自身の姿、なりうる姿、そしてそうなる方法を見せる、奇跡的な鏡のようなものである。この鏡をはっきりと見るには、精神と魂が平静な状態にあらねばならず、究極的には（第8章でも議論するように）、魂が純粋でなければならない。神はクルアーンの中でこのように述べている――「夜と昼に住むすべてのものは、かれに属する」（家畜章〔六章〕一三節）。人びとは（先に述べたように）内面が安らかな時にのみ、クルアーンについて、そしてクルアーンを通して自分自身について、正しく黙想し、理解することができる。実は、これは新しい考えではない。「詩編」四六：一一に、このように書かれている――「静まれ、私こそが神であると知れ。……」。ルーミーはこのすべてを次のように見事に要約している（『精神的マスナヴィー』1, 1538-1544)。

クルアーンは預言者たちのありさま（の記述）であり、
（彼らは）天主の聖なる海の魚である。
啓典を読んでもそれを受け入れないなら、
（本当に）自分が預言者や聖者を見たと思うのか。

しかし、物語を読むときに心を開いているなら、
鳥――あなたの魂――は、鳥かごの中で嘆き悲しむだろう。
鳥かごの中に捕らわれ、
逃げようとしない鳥、それは無知……。

外から声が聞こえる、彼らに霊の声が
語りかける、「これがあなたたちの逃げ道だ」
そうして私たちは狭いかごから逃げ出した。
このかごから逃げる道はほかにはない。

クルアーンの重要性

ムスリムたちにとって、そしてイスラーム世界にとってのクルアーンの重要性は、語り尽くせない。ムスリムは、前述のようにクルアーンを毎日朗誦するほか、ファーティハ〔開扉章 一章〕（クルアーンの最初の章）とクルアーンのそれ以外の章句を、毎日五回、礼拝のたびごとに朗誦する。宗教改革が起こるまでは、聖職者でないキリスト教徒は聖書を直接読むことが許されていなかった。しかも、聖書に含まれる単語はおよそ八〇万七〇〇〇語（旧約聖書に約六二万三〇〇〇語、新約聖書に約一八万四〇〇〇語）である。クルアーンはおよそ七万八〇〇〇語、または三七万五〇〇〇字分の長さ（現代のコンピューター上では三三万二七九五字）にすぎない。クルアーンには一一四章、六二三六の節しかなく、古典アラビア語における約七万の語根のうち、使われているのは約一八〇〇にすぎない（そのため、朗誦しやすく、暗記しやすい）。こうした事実を念頭に置けば、クルアーンが歴史上最も読まれている書物であることはすぐに明らかになる。また、クルアーンは確実に、歴史上最も暗記されている書物でもある。現在、クルアーンを完璧に暗記している人は一〇〇〇万人をはるかに上回り、おそらくその他に一〇〇〇万の人々が生涯の間に一度は学び、ほぼ完璧に暗記している。過去においては、さらに高い割合で（ムスリムの総数は現在よりも少なかったが）ムスリムたちがこれを暗記していた。というのも、それはすべての教育と読み書きの基本だったからである。

ファーティハ
〔開扉章〔一章〕〕

最後に、クルアーンほど多くの真摯な注釈書〔タフスィール〕が書かれた書物は、歴史上類を見ない。クルアーン全体に対する注釈書や解説書は、何万と存在している。それらはさまざまな観点から、すなわち言語学的、法学的、歴史学的、神学的、哲学的、精神的さらには科学的見地（またはその組み合わせ）から考察するものである。これらの多くは数千頁にわたる。おそらく歴史上最も影響力があり、有名なスンナ派の注釈書は、㈠ムハンマド・イブン・ジャリール・タバリー（ヒジュラ暦三一〇年／西暦九二三年没）の『クルアーン章句解釈に関する全解明』（歴史的）、㈡アブー・バクル・バイハキー（ヒジュラ暦四五八年／西暦一〇六六年没）のシャーフィイー法学派に基づく『クルアーンの法規定』（法学的）、㈢ファフルッディーン・ラーズィー〔前出。一一九頁〕の『不可視界の鍵』（神学的・哲学的）、㈣マフムード・ザマフシャリー（ヒジュラ暦五三八年／西暦一一四四年没）の『啓示の真理を開示するもの』（言語学的）、㈤ムハンマド・クルトゥビー（ヒジュラ暦六七一年／西暦一二七二年没）の『クルアーンの諸規定の集成』（法学的）、㈥ジャラールッディーン・マハッリー（ヒジュラ暦八六四年／西暦一四五九年没）およびジャラールッディーン・スユーティー（ヒジュラ暦九一一年／西暦一五〇五年没）による一巻本の「参考書」というべき、『ジャラーラーン啓典解釈』である。後述するように、イスラームはスンナ派とシーア派の二つに大別される。〔上記のスンナ派のタフスィールに対して〕シーア派の古典的タフスィールのうち、おそらく最も影響力があるのは、㈠アリー・ゴンミー（ヒジュラ暦三〇七年／西暦九八〇年没）の『タフスィール』、㈡ムハンマド・トゥースィー（ヒジュラ暦四五九年／西暦一〇六七年没）の『解明の書』、そして㈢ファドゥル・

タバルスィー（ヒジュラ暦五四八年／西暦一一五三年没）の『二海の邂逅点』である。しかしこのほかに、スンナ派にもシーア派にも、上記とほぼ同じくらい影響力と権威があるものが何十もある。現代でさえ、今も注釈書は書かれ続けている。注釈書に関する注釈書まであり、さらにそれらに関する注釈書まである。こうしたことから、神の歴史であれ、人間の歴史であれ、歴史上クルアーンほど読まれ、朗誦され、思考され、書物の題材とされ、熟考され、暗記された書物はないと言える。このような点において、クルアーンはムスリムにとってだけでなく、人間の歴史全般において最も重要な一冊の書物なのである。

クルアーンがイスラーム思想に与えた影響

クルアーンがムスリムの世界観を決定していることは、本書からも明らかなはずである。同様に、クルアーンがあらゆる事柄について何かを述べていることも明らかなはずである。神はこれについて、クルアーンの中で次のように述べている。

地上を歩む生きものも、双翼で飛ぶ鳥も、あなたたちと同じように共同体を成している。啓典の中にはわれ〔アッラー〕がおろそかにしたものは何もない。

（家畜章〔六章〕三八節）

ところで、クルアーンは明らかに、イスラームにおけるすべての宗教的学問（律法、神学、神聖なる法、精神的な実践と倫理）の基礎である。また、すでに述べたように、すべてのアラビア語の言語に関する学問（前出の、記号論、語源学、解釈学、修辞学、論理学、文法学、発声法、音声学、韻律、和声、朗誦、正字法、書道、手稿技術や製本、印刷、彩色技術を含む）の基礎でもある。しかし、あまり知られていないことは、それがすべてのイスラーム哲学に関する学問（たとえば、心理学、人類学、社会学、認識論、宇宙論、形而上学、夢判断、数秘学、恋愛論、時間論、論理学、認識論など）の基礎であることである。現代においては、クルアーンを自然科学と結び付けようとする人までいるが、これには議論の余地がある。なぜなら、自然科学は常に発展し、変化し続けるものだからである。したがって、もし科学がクルアーンの特定の章句の解釈と同一視されて、その後に科学〔の学説〕が変化すれば、これは大きな問題を生み出すことになってしまう。最後に、これはすでに述べたことであるが、クルアーンはイスラーム芸術、特に書道と建築の基礎となっている。さらに、クルアーンの正しい旋律での朗誦法（タジュウィード）は、崇高な聴覚芸術ということである。それ自体は音楽ではないが、多くの人びとがクルアーンを聞くのは、その独自で美しい響きに惹かれるからである。事実として、世界のイスラーム都市では、たとえ交通渋滞の〔喧騒の〕中でも、必ずや誰かがクルアーンの引き伸ばされた朗誦に聞き惚れていることであろう。たとえばそれは、二〇世紀エジプトの偉大なクルアーン朗誦者（たとえばアブドゥルバースィト・アブドゥッサマドや、マフムード・フサリー、ムハンマド・タブラーウィーなど）の朗誦である。

クルアーンは、日常におけるムスリムの考え方や態度にも強く影響する。クルアーンはあらゆる格言の究極的な源泉であり、あらゆる議論における締めくくりの言葉であり、あらゆる感情の表現様式である。確かに、ムスリムの人生におけるほとんどすべての側面に、クルアーンの表現が織り込まれており、したがってその影響を受けている。ムスリムはクルアーンの表現を日常的に用いており、アラビア語を話さない人でさえ、そうした表現が習慣となっている。クルアーン的なあいさつである「アッサラームアライクム」についてはすでに触れた〔二八頁〕。イスラーム文化において広く使われるクルアーンの言葉（実は、これらはすべて祈りの形をしている）についても見てみよう。

◎ビスミッラー（または、ビスミッラーヒッラフマーニッラヒーム）――意味は「アッラーの御名において」（または「慈愛あまねく慈悲深きアッラーの御名において」）――これは、何をする場合でもその最初に用いられる。

◎アルハムドゥリッラー（または、アルハムドゥリッラーヒ・ラッビルアーラミーン）――意味は「神に称えあれ」（または「諸世界の主である神に称えあれ」）――これは何をするにしてもその最後に、そしてすべての喜ばしい物事について用いられる。

◎インシャーアッラー――意味は「もし神がお望みなら」――これは未来のことについて話す時には、いつでも用いられる。

◎マーシャーアッラー――意味は「神がお望みになったことよ！」――これは何であれ、

美しいものについて話す時に用いられる。

◎ラー・クーワタ・イッラー・ビッラー（または、ラー・ハウラ・ワ・ラー・クーワタ・イッラー・ビッラー）——意味は「神による以外、いかなる力もない」（または「神による以外、いかなる力も権能もない」）——これは無力さを感じる時に用いられる。

◎タワッカルナー・アラッラー——意味は「私たちは神にすべてをお任せしました（します）」——これはどこへ行くにせよ、出発前に用いられる。

◎ハスビヤッラー（または、ハスブナッラーフ・ワ・ニアマルワキール）——意味は「神こそが私の取り分である」（または「神こそが私たちの取り分であり、お任せするに何と素晴らしい方であろうか」）——これは大きな困難や争いに直面した時に、忍耐や満足を表すために用いられる。

◎スブハーナッラー——意味は「神に栄光あれ」——これは何か驚くべきことについて話す時に用いられる。

◎アッラーフ・アクバル——意味は「神は最《も》偉大なり」——これは勝利の瞬間に（または何かを乗り越えようとする時、理解しようとする時に）用いられる。

◎タバーラカッラー——意味は「神の祝福がありますように」、または「神が祝福した」、または「神は崇高なり」（クルアーン識別章［二五章］一節や大権章［六七章］一節など）——これは特に北アフリカにおいて、すべての祝福や良い物事の源泉は神であることを示すために用いられる。

◎インナー・リッラーヒ・ワ・インナー・イライヒ・ラージウーン――意味は「私たちは神のものであり、私たちはかれへと還りゆく」――これは災難や誰かの死に際して用いられる。

◎ヤー・ラティーフ――意味は「おお、優しき方よ」――これは激しい苦痛に際して用いられる。

◎アウーズ・ビッラーヒ（または、アウーズビッラーヒ・ミナッシャイターニッラジーム）――意味は「私は神にご加護を求める」（または「私は神に、拒絶されたる悪魔からの庇護を求める」）――これは、何か邪悪な、または汚れたものと対峙した時に用いられる。

◎アッラーフンマ・サッリ・アラー・サイイディナー・ムハンマド――意味は「おお神よ、我らが主人ムハンマドを祝福してください」――気持ちを落ち着けようとする時や（たとえば怒っている時）、何かを思い出そうとする時に用いられる。

◎ラー・イラーハ・イッラッラー――意味は「アッラーのほかに神なし」――これは死の前に用いられる。

要するに、クルアーンはイスラームの精神生活、倫理、知識、学問、言語、ものの見方、社会的交流、芸術、そして文化の直接的な基礎となっている。

クルアーンの解釈

長い文章は、さまざまな形で誤った解釈をすることが可能である。誤った解釈を通して、文章が意図されたことと逆のことを言っているように見えることさえある。たとえば、ウィリアム・シェイクスピア（一六一六年没）の最も長い戯曲である『ハムレット』（これはクルアーンの半分の長さにすぎない）を取り上げてみよう。この中で、ハムレットはオフィーリアに対して重要な台詞を言う――「いくら美徳を接ぎ木してみたところで、元の台木の性質は必ず残るものだからな」（大場健治編・注『ハムレット』〈研究社シェイクスピア選集8〉、研究社、二〇〇四年、一六三頁）。このように文脈から切り離せば、「持って生まれた性質は直らない」とも、「美徳など幻想である」とも言っているように見える。その台詞が実際に言っていることは、そしてある意味では戯曲全体の要約と言えることは、「私たちの原罪の罪深さを逆転させるためには、性質を完全に変える必要がある」ということである。これは、一見意味していると思われることと逆の意味である。しかし、その文脈と、戯曲全体の構成を理解して初めて、このことが明らかになる。

他の例も見てみよう。今度は福音書（四つの福音書を合わせてもクルアーンより短い）から取り上げる。福音書全体の愛、平和、そして来世のメッセージはとても明白である。それにもかかわらず、イエスの言葉を容易に「つまみ食いする」ことができてしまう。「私が来たのは地上に平和をもたらすためだ、と思ってはならない。平和ではなく、剣《つるぎ》をもたらすために来たのだ」（「マタイによる福音書」一〇：三四）、「無理にでも人々を連れて来て……」（「ルカによる福音書」一四：二三）、「ところで、私が王になるのを望まなかったあの敵どもを、ここに引き出して、私の目の前で打ち殺せ」（「ルカによる福音書」一九：二七）。これらの言葉だけを見れば、イエスがキリスト教を人びとに強制し、さもなければ殺すために、全世界に対する戦いを許可したと断定されかねない。

同様の危険は、クルアーンの解釈においても存在する。しばしば「剣の節」と呼ばれるものを取り上げてみよう。

> 聖なる月々が過ぎたならば、多神教徒と遭遇したならば彼らを殺すか、捕らえるか、〔砦を〕包囲するか、見張れる場所ではどこでも彼らに備えなさい。しかし、彼らが悔悟して、礼拝の務めを守り、定めの喜捨を支払うならば、彼らの道を行かせなさい。まことにアッラーは限りなくお許しになる方にして、慈悲深い。（悔悟章〔九章〕五節）

この節は、一定の警告期間が経過したら総力戦で偶像崇拝者を殺すという明確な指示を与えるものである。しかし、この章句が登場するクルアーンの文章すべてを読めば、以下のような章句も読むことになる。

> あなたたちは、誓いを破って使徒を追放しようとした者たちと戦わないのであろうか。彼らから〔攻撃を〕始めた。あなたたちは、彼らを恐れているのか。あなたたちが信じる者であるならば、アッラーをこそ畏れるべきである。（悔悟章〔九章〕一三節）

この章句は、問題のこの戦いが防衛戦であったことを明らかにする。この戦いは、偶像崇拝者の側がムスリムに対して開始したものであった。そして偶像崇拝者の側は、不誠実にもムスリムとの休戦協定を破った。法的にも道徳的にも、これは〔攻撃とは〕全く異なる状況であった。さらに、この章句はある特定の場合と文脈を示しており、その時や文脈を超えて別の時や文脈に一般化したり拡大解釈したりすることは誤りである。したがって、ある文章から一つの章句を「つまみ食いする」ことはできないし、常に全体の文脈から状況を考慮する必要がある。

この点について完全に明らかにするために、より単純な例についても考えてみよう。クルアーンにはこのような節がある――「信仰する者よ、礼拝に近づいてはならない」(女性章〔四章〕四三節)。この節だけを聞いた人は、「礼拝は中止になった、祈る必要はない!」と断定しかねない。これはいかなる宗教でもおかしな考えである。しかし、実際にはこの節は、飲酒の段階的禁止を記す部分である。この章句の全体は次のようである――「信仰する者たちよ、礼拝に近付いてはならない、あなたたちが酔った時は自分の言うことが理解できるようになるまでは」(女性章〔四章〕四三節)。したがって、クルアーンから恣意的に、不完全に引用すると、完全なる誤解を招きかねない。

幸運にも、クルアーンそのものにおいて、クルアーン解釈のための規則が明確に説明されている。神は実際にクルアーンの中で誓っている――「さらにそれを解き明かすのは、われ

〔アッラー〕の務めである」（復活章〔七五章〕一九節）。こうした規則については、ここではあまり詳しく述べないが、次のようなことが含まれることだけ記しておこう。

一、前述の通り、何を調べる際にも、クルアーン（およびハディース）で言われていることの全体を考慮に入れなければならないし、単に自分が好むものを「つまみ食い」してはならない。神はクルアーンの中でこのように述べている――「あなたたちは啓典の一部分を信じて、一部分を信じないのか」（雌牛章〔二章〕八五節）。他の箇所では、神は、「クルアーンを（彼らの都合のよいように）断片的にした者たち」（ヒジュルの民章〔一五章〕九一節）に対して警告している。

二、同じく前述の通り、該当する場合は、個々の啓示の「契機」（アスバーブ・アン＝ヌズール）や、その文脈、歴史的要因を考慮に入れなければならない。クルアーンの中で、文脈を無視する人びとについて、神は明確に非難している――「彼らは〔啓典の中の〕字句の位置を改《かい》竄《ざん》し、与えられた訓戒の一部を忘れてしまった」（食卓章〔五章〕一三節）。

三、全体と文脈を考慮するという問題以前に、アラビア語そのものを習得していなければならない。クルアーンを解釈する者は誰でも、古典アラビア語について、そしてクルアーンの中で用いられる外来語についても、当然知っていなければならない。古典アラビア語の単語が実際に何を意味するかを知るのみならず、いくつかの単語には複数の意味があり、与えられた文脈においてはそのうち一つ以上の（しかし必ずしもその全部ではない）意味が該当するかもしれないということも、正確に知っていなければならない。神はクルアーンの中でこのように述べている――「ハー・ミーム。〔これは〕慈愛者、慈悲者からの啓示である。徴《しるし》が解明された啓典、知識ある民へのアラビア語のクルアーンである」（解明章〔四一章〕一～三節）。誰でも〔解釈者が〕知らなければならないのは、文法、修辞的技巧、言葉の比喩的用法（たとえば、誇張法、省略法、隠喩、換喩、提喩など）、統語論、そして最も重要な意味論（言葉の含意――これはイスラーム以前のアラビア詩の学問として知られている）および語源論（アラビア語単語の語源と語根の意味についての学問）についてである。神は次のように述べている――「〔アッラーは〕人間を創り、彼にことばを教えた」（慈愛者章〔五五章〕三～四節）。

四、クルアーンの章句のうち、たった五パーセントが法的規則に関するものである。これらの章句は一般的に意味が非常に明瞭である。残りは、真実、美徳、英知、導き、〔ムハンマドより〕これ以前の預言者たち、不信仰者たち、死後の世界などに関するものである。これらの残りの章句は、その多くがあいまいで、寓意的であったり象徴的であったりする。神はクルアーンの中でこのように述べている――「かれ〔アッラー〕こそは、啓典をあなたに下した。その中には明解な章句があって、それは啓典の母であり、他〔の章句〕はあいまいである」（イムラーン家章〔三章〕七節）。当然ながら、クルアーンを解釈する者は誰でも、その章句が法的なものであることや、啓示の理由〔機契〕について、正確に知っていなければならない。さらに、法的な章句には条件付きのものと無条件のものとがある。普遍的ないし一般的なものもあれば、特殊なものもある。

五、法に関する章句がすべて明解である一方で（その大多数は言語学的にも字義通りであるが、女性章〔四章〕一〇三節のように一部は比喩的である）、「あいまいな」章句には字義通りのものと、そうではないものとがある。たとえば、以下の章句は視力ではなく「眼識」に関するものであり、目の見えない人びとが批判されるという意味ではないことは明白である――「しかし現世で〔真実の〕見えない者は、来世でも見えず、道から迷い去る」（夜の旅章〔一七章〕七二節）。

六、あいまいな章句を象徴的、寓意的、あるいは類推的に解釈することは正当性があるが、それには条件が付く。すなわち、そのような解釈が言語学的に正しく、教義やシャリーアと矛盾せず、そしてたった一つの意味や教えに決定的に限定してしまわない場合に限ってである。預言者は「〔クルアーンの〕すべての節に外と内〔の意味〕がある」（イブン・ヒッバーン『真正集』）と言った。このハディースについて、ある注釈者は次のように述べている。

> 重要なことは、啓典と預言者のスンナを踏み越えないことであり、この章句の内なる意味は他でもないこの一つだけである、などと断定的に述べたりすべきではない。なぜなら、そのような解釈と、秘教主義者（バーティニーヤ）の解釈とには明白な違いがあるからである。その一つの例として、「かれ〔アッラー〕が天から雨を降らせれば、その量に応じて〔水が〕谷を流れる」（雷章〔一三章〕一七節）という章句に関するイブン・アッバースの言葉がある――「この章句における雨は知識を意味し、谷は心を意味する」。
>
> （アブドゥッラフマーン・アイダルース〔一七七八年没。イエメン出身のイスラーム学者・神秘家〕、『かぐわしい香り』I）

実際のところこれを知ると、クルアーンを読む際に以下のことがわかってくる。クルアーンの中の不信仰者たちについて読めば、同じようなものを読者自身も内面に抱えていることがわかるし、彼らの議論を読めば、それが読者自身の心の中でも聞こえることがわかる。預言者たちとその警告について読めば、それは読者自身の良心（ナフス・ラウワーマ〔自責する魂、八四頁参照〕）に映し出されていることがわかり、警告者たちが訪れる町とは読者自身の心のこととわかり、クルアーンの中で描かれる美徳と悪徳とは、読者自身の魂の中で常に起こっていることであるとわかる。これが、前述したクルアーンの「人びとが何たるか、何たりうるか、どうすればそうなれるかを現す奇跡的な鏡のようなもの」としてのもう一つの姿である。そしてこのことは本章の最初に引用した章句の中にも示唆されている――「われ〔アッラー〕は、あなたたちに啓典を下した。その中には、あなたたちへの訓戒がある。あなたたちは考えないのであろうか」（諸預言者章〔二一章〕一〇節）。

七、啓典の順序――クルアーンの章句の中には、他の章句を無効にする、またはそれにとって代わるものがある。他の章句を修正するだけのものもある。神はクルアーンの中で次のように述べている――「われ〔アッラー〕は〔啓示の〕どの節を取り消しても、また忘れさせても、それに優るか、またはそれと同様のものを授ける。あなたは、アッラーがすべてに全能であることを知らないのであろうか」（雌牛章〔二章〕一〇六節）。したがって、クルアーンを解釈する者は誰でも、クルアーンの法的な章句すべてについて啓示された順序を知る必要がある。

これらすべてを理解するのは大変そうに思えるかもしれないが、実際には中世または古典の初等教育においても、イスラーム世界においても西洋においても、こうした主題のほとんどが子どもたちや青年たちに思考の基本的手段として教えられていた。古典教育の「三本柱（トリビア）」、すなわち文法学、修辞学、論理学の三科目は、正式な教育の初歩にすぎないとみなされていた。それらのおかげで人びとは学習方法や理路整然と考える方法を学ぶことができるが、それらはあまりに初歩的とみなされていたため、英単語のトリビアは「重要でない」または「些細な」という意味になった。したがって、今日理解するのが難しいと（残念ながら）思われるような、テキストの解釈、特にクルアーンの解釈は、かつては自然で妥当なものとみなされていたのである。

さらに、クルアーンを解釈する者が知っておかなければならないことは、他にもいくつかある。たとえば、預言者自身による章句の説明について知っていること、古典的な注釈書を学んだ経験があること、どの節が一般的に適用するものでどの節が特定の状況に適応するものかを知っていること、クルアーン内部の相互参照関係について知っていること、クルアーンに余分なものはないと理解していること、法理論を全般的に知っていること、論理の法則を理解していることなどである。これらのことは、〔エジプトの百科全書的なイスラーム学者である〕スユーティーの『クルアーン学大全』などの書物において、明白に示されている。しかし、ここでの要点は以下の通りである。すなわち、誰もがクルアーンを読み、そこにさまざまな英知を求めることができるが、一方で、クルアーンに基づいて決定を下す資格があるのはほんの一握りの人だけで、資格のない者は決定を下そうとするべきでない。このことは薬に似ている。誰もが薬の真価を認め、その恩恵を得ることができるが、資格ある医者になるのは限られた人のみである。クルアーンは、資格ある教師の下で何年間も勉強しなければ体得できない。このことは特に、他者を害したり罰したりすることにつながる可能性のある解釈について当てはまる。預言者ムハンマドは、このことについて具体的に警告している。

クルアーンについて知識もなく語る者は、必ずや火獄の中に座らされるでしょう。
（ティルミズィー『スンナ集』、アブー・ダーウード『スンナ集』、イブン・ハンバル『ムスナド』）

しかし、幸運なことに、クルアーンについて質問する人のために、実用的な「嵐の時の港〔避難所〕」、すなわち安全な場所が存在している。アラブ世界には世界最古の大学が三つあり、それらはすべてイスラームの大学である。すなわち、チュニジアのチュニスにあるザイトゥーナ大学（ヒジュラ暦一二〇年／西暦七三七年設立）、モロッコのフェズにあるカラウィーイーン大学（一人のアラブ女性によって、西暦八五九年設立）、そしてエジプトのカイロにあるアズハル大学（西暦九七〇年設立、今や世界で最も大きな大学の一つでもある）の三大学である。アズハル大学は特に、最も偉大で最も名声のあるスンナ派の学びの砦とみなされており、世界で最も規模の大きな大学の一つでもある（四〇〇〇の教育施設、およそ五〇万人の大学生を擁し、系列校の生徒総数は二〇〇万人を超える）。したがって、〔クルアーンについて質問する時に〕最善なのは、このような学びの中心地、つまりそこの学者たち、そこで学んだ学者たち、またはより新しい機関（たとえば、インド亜大陸におけるデーオバンド派のダールルウルーム学院とその付属機関など）に属する学者たちに尋ねることである。

クルアーンの保存

最後に、クルアーンの保存について言及しておきたい。なぜなら、この話題について、今日困惑している人がいるからである。今日私たちが手にしているクルアーンは、預言者ムハンマドに啓示されたものと一字一句、全く同じものである。これは、世界の諸聖典の中でも、そしておそらく普通の本と比べても、特異なことである。すべての出版業者が知っているように、本というものはたいがいが複写、植字、印刷の過程で、編集されたり小さな間違いを含んだりするものであり、それはデジタル化の時代においても変わりない。

クルアーンが保存された過程は詳しく記録されており、歴史的に驚くべきことである。預言者が生きていた時代には、新しい章句が啓示されるたびに、彼の教友〔弟子〕たちが骨、石、木の厚板、板、葉、羊皮紙、子牛皮紙、獣皮にそれを書き留めて、預言者に対して読み上げて確認を取った（預言者自身は文字を読めなかった）。最初期の啓示も、このようにして書き留められた。教友（後の〔第二代正統〕カリフ）のウマル・イブン・ハッターブは、マッカでイスラームに改宗したが（西暦六一六年、イスラームの暦の始点となるマディーナへの移住の六年前のこと）、これは彼の妹婿のサイード・イブン・ザイドと彼の妹ファーティマの二人との口論の後のことであり、その時ファーティマは羊皮紙に書かれたターハー章［二〇章］を読んでいたという（イブン・ヒシャームの『預言者ムハンマド伝』〔全4巻、後藤明・医王秀行・高田康一・高野太輔訳、岩波書店、二〇一〇～一二年〕）。このことは、クルアーンが啓示の最初期に書き留められていたことを示している。

およそ六五人の教友たちが、さまざまな時期に啓示の記録者の役割を担った。各節、各章の正確な順序については、存命中は預言者ムハンマドが自ら指示した。また、彼の生涯において、預言者はクルアーン以外のいかなるものも（彼自身の言葉も含め）、クルアーンと併記することを禁じた。これは混乱を避けるためであった。このようにして、預言者自身の生涯の間に、すべてのクルアーンが書かれた状態で用意されていた。

新たな啓示は、預言者がヒジュラ暦一一年／西暦六三二年に亡くなる直前まで啓示され続けたため、彼の存命中には、これらの啓示が一冊の書物に集められることはなかった。しかも、預言者の死後まもなくに起こった戦闘において、クルアーンをすべて暗誦していた多くの教友が戦死した。教友たちは、本来の意味においての「大学」、すなわち「教師と学求者の共同体」（『エンサイクロペディア・ブリタニカ』第一一版、一九一一年、「大学」の項）であった。彼らはクルアーンについて知り、学んだのみならず、古典アラビア語の専門家であった。それというのも、アラビア語はイスラーム以前のアラブの民の口承文化における中心であり誇りであったからである。そのため、彼らが次第に世を去るにつれてクルアーンが失われてしまうのではないかという懸念が生じた。それゆえに、初代〔正統〕カリフであり、預言者ムハンマドの直接の後継者であったアブー・バクル・スィッディーク（在位ヒジュラ暦一一～一三年／西暦六三二～六三四年）は、主要なクルアーンの記録者の一人であったザイド・イブン・サービト（ザイド自身がクルアーンを完全に暗誦していた）に、すべての断片を集めて一つのフォリオ本〔二つ折りの本の形〕にまとめるという仕事を任せた。ザイドは比較的若い男性であったが、生前の預言者から信頼されており、それゆえに初期のムスリム共同体全体からも信頼されていた。また彼は、毎年のラマダーン月に大天使ジブリールが預言者に対しすべてのクルアーンを朗誦していた頃、その集いに出席する特権を得ていた数少ない一人でもあった。

　ザイドは、彼自身がクルアーンを完璧に暗記していたにもかかわらず、預言者の目の前で記録され、かつ預言者が確認した記録片のすべてを集めることに取り掛かり、二人の証人がそうであると宣誓する記録片以外は一切受け付けなかった。アブー・バクルは、ムスリムの共同体全体に招集をかけて、資格のある者は誰でも参加するよう呼びかけ、この作業はマディーナにある預言者モスクでおこなわれた。この結果、クルアーンの全体を集めたものが、正しい順番で、たった一つのフォリオ本にまとめられた。ただし、それぞれの「頁」のサイズは異なっていたという。このクルアーンの集結版は、スフフ（「諸頁」の意）と呼ばれた。これは完成後、預言者の未亡人〔の一人で、ウマルの娘〕であるハフサに渡され、保管された。

　第三代カリフ、ウスマーン・イブン・アッファーンの時代には、イスラームはアジアからアフリカまで、多くの遠い土地まで広がっていた。クルアーンが、さまざまな場所でさまざまなアラビア語方言で読まれている、という報告がウスマーンのもとに届いた。そこで、ウスマーンは、クルアーンを実際に一冊の書物（ムスハフ）にし、それが啓示されたままの形で、クライシュ族（預言者自身の一族）の方言で、保存することを決めた。ウスマーンはその書物の複製を作らせ、主要な各都市に送った。書かれた文章について絶対的に確信が持てるように、ウスマーンは独自に、アブー・バクルがおこなった収集と証言の作業全体を繰り返し、生き残っていた預言者の教友たちの助けを得て、聡明な教友たち一二人の委員会（ザイド・イブン・サービトを含む）がそれを監督した。それをハフサの「スフフ」と照合したところ、全く同一であった。ウスマーンはそれを、預言者のもう一人の未亡人アーイシャのもとに収集されていた資料とも照合した。次に、ウスマーンは、クルアーンのその他の残りの断片をすべて焼き払うか、あるいは彼が作成したムスハフと一致させるように命じた（誤記を恐れたためである）。そして、これらのムスハフの写本を作らせ、クーファ、バスラ、シリア、マッカ、バハレーン〔アラビア半島東部〕、エジプト、ジャズィーラ地方（現在の北イラク）、およびイエメンに送らせた（その一部は今日まで保存されている）。ウスマーンは、一つの写本を手元に置き、原本はマディーナに残した。それ以来、すべての世代のムスリムたちは、努力を惜しまず、クルアーンに変更を加えないように、一〇〇パーセント正確なクルアーンだけを出版するよう注力してきた。実際に、今日私たちが手にするクルアーンは、マディーナの原本と全く同一であり、地域的な違いはない。

アラビア語の文字の書記法も、クルアーンのテキストの正しい読み方を維持するために徐々に発達した。それはアラブの民ではない多くの人びとがイスラームに加わり、テキストを正しく発音するためにより多くの助けを必要としたからであった。また、ムスリムが音韻学という学問を作り上げたのは、クルアーンが必ず正しい方法（一〇のわずかに異なる読み方が記憶され認められたため、その範囲内の）で読まれ、発音されることを確実なものにするためであった。したがって、他の諸言語はすべて地域、場所、時間による方言を甘受しているのに対し（たとえばイギリス英語、アメリカ英語、オーストラリア英語、フランスのフランス語、カナダのフランス語など）、クルアーンのアラビア語は、いつでも、どこでも、どの人種でも同じ方法で書かれ、読まれている。これに反すると、どこの場所でもムスリムの共同体全体から怒りを買うおそれがある。さらに、クルアーンの章句は預言者の時代から一日も欠かさず、世界中のすべてのモスクで、毎日少なくとも三回（五回の礼拝のうちの三回）は声に出して読まれてきた。その読み方はどこでも、全く同じであった。

要するに、歴史上、保存においてこれほどの配慮と厳密さが注がれた文書はない。しかし、それにもかかわらず、この二〇〇年間の間、クルアーンの内容には変化があったと言おうとする東洋学者〔オリエンタリスト〕たちから絶え間ない集中攻撃があった。しかし、彼らの議論はすべて無駄に終わり、嫉妬深い不信、宣教的な熱意、あるいは単なる悪意さえあったかもしれないということが証明された（M・M・アザミーが著した『クルアーン章句の啓示と編纂の歴史』〔二〇〇三年刊〕を参照）。クルアーンは奇跡的に保存され、その保存に関する物語も保存されてきた。さらに、神は一四世紀も前に、クルアーンはそのものの中でまさにこれを約束していたのであり、そのこと自体がクルアーンの〔正当性の〕証拠の一つとなっている。神はこのように述べている。

まことに、われ〔アッラー〕こそがその訓戒〔クルアーン〕を下し、われこそがそれを護持する。
（ヒジュルの民章［一五章］九節）

なぜこれを知ることが重要なのか

理解すべきことは、このようにたくさんある。しかし、非常に重要なのは、それを明晰にしておくことである。自らの邪悪な行為や犯罪の権威がクルアーンであると主張する過激派によっておこなわれる戦乱やテロ行為が、世界中で発生している。このことの理由の一つは、単純にクルアーンについての無知である。過激派たちは資格のない無知な「シャイフ〔師とされる人たち〕」に耳を傾けており、この「シャイフ」はクルアーンやハディースについて独自の新奇で〔自分たちの好みに合う〕恣意的な解釈を提示し、非常に長い間ずっと続いてきたイスラーム学者たちのコンセンサスを拒絶する。クルアーンについて正当な解釈をするには、多くの努力と多くの知識が必要であるということを人びとが理解しない限り、こうした状況は解決されないであろう。神はクルアーンの中でこのように述べている——「アッラーのしもべ〔人間〕の中で、知識のある者だけがかれ〔アッラー〕を畏れる」（創造主章［三五章］二八節）。

第7章　預言者ムハンマドとは誰か

われがあなたを遣わしたのは、ただ諸世界への慈悲としてのみである。
（諸預言者章［二一章］一〇七節）

ムスリムにとって、預言者ムハンマドとは何者か

ここでの問いは「何者だったか」、ではない。これについてはすでに触れた〔三〇頁参照〕。彼は「何者であるか」。今日に至るまで、ムスリムにとってのロールモデルとなっている彼は、何者であろうか。そして、彼の永遠の宗教的真実において、彼は何者であろうか。

預言者ムハンマドを理解しない人びとは、非ムスリムでもムスリムでも、預言者は「何者だったか」としか尋ねない傾向があるが、これは全くの的外れである。このように問うと、

歴史的事実やその詳細が語られることになり、最初から疑ってかかるような動機でそれを見た場合や、当時の文脈や環境が理解されない場合には、誤って解釈されうる。

ムスリムたちは預言者を、人間としての美徳や霊的円熟が人格化されたものとして見ている。これこそが、ムスリムにとって彼が〔今も〕何者であるかの答えである。

人間の美徳

預言者ムハンマドは、アラビア半島の小さな沙漠の町、マッカ——もともとはバッカ〔創世記のバカの谷〕と呼ばれていた（クルアーンのイムラーン家章〔三章〕九六節、〔旧約聖書〕「詩編」八四：七を参照）——において、西暦五七〇年頃に生まれた。預言者はクライシュ族のハーシム家に属し、その先祖イスマーイールがこの沙漠に最初に定住した人物であった（「創世記」二一：二一、二五：一八を参照）。預言者ムハンマドに兄弟や姉妹はいなかった。彼の父は彼が生まれる前に亡くなり、母親も彼がまだ幼いうちに亡くなった。こうして彼は孤児となり、初めは父方の祖父アブドゥル・ムッタリブに、次いで祖父も亡くなった後は、父方のおじであるアブー・ターリブに育てられた。当時のほとんどのアラブの民と同様に、ムハンマドも読み書きを学ばなかったが、成長してからは商人となり、ほかの人〔投資者〕の請負人として、長く困難な沙漠の道を旅して〔隊商貿易で〕生計を立てた。ムハンマドは生まれつきとても正直で、マッカの人びとが彼を「アミーン」、つまり「信頼できる人」と呼ぶようになった。四〇歳までは、ムハンマドは平穏な暮らしを送っていた。

四〇歳の時、（日頃の習慣として）一人で瞑想している間に、神からビジョンを受け取り、啓示を受け取るようになった（これらが後にクルアーンとなる）。これらの啓示が預言者ムハンマドに対して命令したのは、マッカ社会に対して悪習を改めるよう呼びかけることであった。特に、啓示が彼に命令したことは、マッカの人びとに以下のことを呼びかけることであった。それは、石の偶像を崇拝することをやめて、代わりに唯一神（アラビア語でその名をアッラーという）を崇拝すること、生まれたばかりの女児を殺すのをやめること、孤児の世話をすること、女性たちを公平に扱うこと、貧者や弱者に施しをすること、そして善行として奴隷を解放することであった。マッカの族長たちは、ムハンマドのメッセージに対し敵意をもって対応した。なぜなら、それが彼らの暮らし方を変えるだけでなく、社会的・経済的特権をも脅かすと考えたからである。彼らは預言者に代表を送り、次のように提案した。


もしも財産が欲しくてこんなことをしているならば、お前のために財を集め、一番の金持ちにしてやろう。権威が欲しいのなら長としよう。王の位が欲しければ王にしてやろう。もしライー（彼らは憑くジンをライーとよんでいた）が憑いてお前にこんなことをさせているというなら――おそらくそうなのだろうが――ライーから解放されるか、手は尽くしたと言えるまで、治療のための費用を出してやろう。

（前掲『預言者ムハンマド伝1』二八二～二八三頁）

それでも彼は妥協せず、〔布教を〕続けた。すると、マッカの族長たちは、預言者とその信徒たちに対して、迫害と暴力でもって対応した。預言者に耳を傾けた人びとの多くは、屈辱を与えられ、排斥され、足蹴にされ、暴言や暴行を受け、ついには拷問されたり殺されたりした。約一二年、こうした攻撃（預言者自身の命を狙った一三回の暗殺未遂を含む）に辛抱強く耐えた後、西暦六二二年に、預言者はマッカの北二一〇マイル〔約三四〇キロ〕のところにある町（現在のマディーナ）へと移住した。その町の指導者たちが、預言者と彼に従う者が移住して、ここに定住するよう招き入れたのである。その地で預言者は、信徒たちを一つの共同体へと組織し、そしてここで初めて、武器を取るよう彼に命じる啓示（巡礼章〔二二章〕三九～四〇節）を受け取った後に、武力による戦いを始めた。マッカの人びとは、預言者とその共同体に対して徹底的な攻撃をおこない、他の部族にも同じように攻撃するよう扇動した。

　八年もたつと、預言者はアラビア半島で最も力のある指導者となった。彼は常に戦闘で勝利したわけではなかったが、常に人びとの心を勝ち取っていた。イスラームへの改宗者は、あらゆる場所からマディーナへどんどん流入した。そして預言者は、信徒たちを率いてマッカを解放しに向かった。預言者とその信徒たちが不必要な残虐行為、虐殺、苦痛を与えられてきたにもかかわらず、預言者は一滴の血も流さず、復讐もしなかった。彼は勝利の瞬間にマッカの人びとを咎めることすら拒否した。預言者は彼らに言った――「あなたたちに、我が兄弟〔預言者である〕ユースフ〔ヨセフ〕が言ったことを言いましょう――『今日はあなたたちを咎めることはしません。最も慈悲深き方アッラーはあなたたちをお赦しになるでしょう』」（バイハキー『大スンナ集』）。

預言者はさらに二年ほど、西暦六三二年まで生きた。勝利の後でも、彼はそれまでと同じような暮らしを送った。祈りと帰依のうちに暮らし、空腹な状態で（彼は腹部に石を当てて空腹を抑えていた）、祈りのために夜更けまで眠気と闘った。所有物のほとんどすべてを（わずかの身の回りの品を除いて）皆に与え、一組の着替えしか持たなかった。彼は純粋さを愛し、清潔さをも愛し、いつも身ぎれいにしていた。彼には愛する息子が三人いたが、三人とも幼いうちに亡くなり、四人の愛する娘のうち三人は、彼が生きている間に、子孫を残すことなく亡くなった。五〇歳になる頃までは、彼には一人だけの妻があり、このハディージャは彼よりも一五歳年上だった。二人が結婚した時、彼は二五歳、夫人は四〇歳で、彼女が亡くなるまでの二五年間、二人は仲睦まじく結婚生活を送った。彼女の死後、預言者は何人もの女性と再婚したが、たいていは部族間の同盟を固めるため（あるいは、二人目の妻、サウダの場合のように、寡婦を扶養するため）であった。預言者はこのように述べている――「あなたたちの中で最もよい人は、自分の妻に最もよくする人です」（ティルミズィー『スンナ集』）。

預言者は、人びと皆を愛した。実際に彼はいつも親切で、慈悲深く、すぐに赦し、それは戦いにおいてさえ同様であった。怒りを覚えた時でも、声を荒らげたり、かっとなったりすることはなかった。彼はおおらかで、親切で、友好的で、礼儀正しく、謙虚で、あらゆることにおいて穏健であった。彼はこう助言した――「人びとを最も楽園に入りやすくさせるのは、アッラーを畏れ（タクワー）、よい性格を持つことである」（ティルミズィー『スンナ集』）。彼は周囲の者に冗談を言うこともあったが、彼の威厳を損なうことは決してなかった。ウンム・アイマン・バカラという、預言者が子どもの頃から彼の一家の中で大切にされてきた女性が、彼の所へやって来て、乗用として成長したラクダを所望した際、彼はこのように答えた――「雌ラクダの子でなければ、あなたを乗らせるわけにはいきません」（イブン・ハンバル『ムスナド』、イブン・サアド『伝記集成』）。彼女は抗議したが、預言者が微笑むと、どんなラクダも雌ラクダの子であると気がついた。冗談を言う時でさえ、預言者は決して嘘をつかなかった。預言者はこのように述べている――「大罪の中で最も罪深いのは、偶像崇拝、殺人、親不孝、偽証です」（ブハーリー『真正集』）。また、こうも言っている――「私たちを騙す者は、私たちの仲間ではありません」（アブー・ダーウード『スンナ集』）。

　預言者は、自分がいつかは死ぬただの人間以上の者であるとは、決して主張しなかった。神はクルアーンの中で彼にこのように指示している――「言いなさい。『私はあなたがたと同じ人間にすぎない。ただ、あなたがたの神〔アッラー〕は、唯一の神であると、私に啓示されたのである。それゆえ、誰でも主との〔来世での〕会見を望む人は、正しいおこないをし、その主〔アッラー〕を崇拝するにあたって何一つ〔他の神を〕並べ立ててはいけない』と」（洞窟章〔一八章〕一一〇節）。さらに、預言者は善を愛した。彼はこのように述べている――「わが魂がその手中にある方〔アッラー〕にかけて、あなたたちは誰一人、自分のために欲するものを隣人のために欲するようになるまで、信徒とは言えません」（ムスリム『真正集』）。

こうした詳細から、ムスリムが彼について知っている人間としての美徳が簡潔に描かれる。これが、ムスリムたちにとって預言者ムハンマドが、今何者であるのかの答えである。二〇世紀には、偉大なヒンドゥー教の指導者であるマハトマ・ガンジーが、これを以下のように説明している。

> 私は、今日人類の何百万人もの人の心をつかんで離さず支配する人物〔ムハンマド〕の生涯の神髄を知りたいと思った。……私は、当時の世の中において、イスラームの地位を勝ち取ったのは剣ではなかったと、一層確信するようになった。それは預言者の厳格な質素さ、完全な無我、誓約に対する深い尊重、友人や信徒たちに対する激烈な献身、勇敢さ、剛胆さ、神と自らの使命に対する絶対的な信頼であった。あらゆる障壁を打破して破竹の勢いで進んだのは、剣ではなく、これらだったのである。（『私の投獄体験』）

精神的円熟

ここで述べるべきことは、預言者ムハンマドが言い、おこなったことはすべて、たった一つの動機に基づいていたということである。すなわち、すべては神のためになされた。神は彼に対し、このように述べている――「言いなさい、『私の礼拝と儀礼、私の生と死は、諸世界の主アッラーのものである』と」（家畜章［六章］一六二節）。預言者の献身の根本にあったのは、神への愛である。誰かを愛した時、人は愛する人について常に考え、愛する人のことを語り、愛する人と一緒にいようとするものである。神への愛も、これに似ている。預言者の妻アーイシャは、ムハンマドについてこのように述べている――「預言者は、いつでも神を思いおこしていました」（ムスリム『真正集』）。彼の生涯を特徴づけるのは、常に神を思っていた点である。いかなる圧力や環境にさらされても、彼は神を決して忘れず、裏切らなかった。これこそが精神的円熟であり、彼の宗教的真実において預言者ムハンマドが何者であるか、の答えである。したがって、神はクルアーンの中でこのように述べている。

まことにアッラーの使徒〔ムハンマド〕の中には、アッラーと終末の日を望み、アッラーを多く唱念する者にとって、よき模範がある。
（部族連合章［三三章］二一節）

預言者の使命

イスラームは、最後の世界宗教である。すなわち、イスラームは、生まれたカーストや人種、国籍に関係なく、人間は誰でも選んで（そして招かれて）加わることのできる、最後の宗教である。クルアーンの中で、預言者の使命は、聖書の預言を実現することであると説明されている。

彼ら〔信徒たち〕は無文字の預言者にして使徒に従っている。彼〔ムハンマド〕が彼らの持っている律法と福音の中に記されていることを、彼らは見いだす。彼〔ムハンマド〕は彼らに善を命じ、悪を禁じる。またよきものを合法〔ハラール〕とし、悪しきものを禁止〔ハラーム〕とする。また彼らから重荷と枷を取りのぞく。彼を信じる者は、彼を尊敬し、彼を助けて、彼に下された光に従っており、これらの人びとこそは成功者である。（高壁章〔七章〕一五七節）

律法と福音におけるこの記述とは、正確には何であろうか。

一、ムスリムの学者は、一つは「申命記」一八：一五であると主張している――「あなたの神、主は、あなたの中から、あなたの同胞の中から、私のような預言者をあなたのために立てられる。あなたがたは彼に聞き従わなければならない」。ここで述べられている預言者は明らかに、イエス・キリストではありえない。なぜなら、イエス・キリストはイスラエルの子らの同胞（つまり、イサクの兄弟であるイシュマエルの子孫）の出自ではなく、イスラエルの祝福された母親を介したイスラエルの真の子孫だったからである。同じ預言者についでは、「ヨハネによる福音書」一：二一および一：二五でも触れられている。ここでヨハネは「あなたは預言者か？」と尋ねた（この預言者はメシアでもエリヤでもない）。すると、彼は違うと答えるのである。同じことは、モーセとイエスの間に聖書に出てくる他のすべての預言者（彼らも皆イスラエルの民であった）についても言える。なお、イエスはモーセのようではなかった。神はクルアーンの中でこのように述べている――「マリアの子イエス、メシアは、アッラーの使徒である。マリアにかれ〔アッラー〕が授けたかれ〔アッラー〕の言葉であり、かれ〔アッラー〕からの霊である」（女性章〔四章〕一七一節）。

一方で、モーセは普通に生まれ、結婚し、子どもを生み、啓示を受け、人びとを導き、武器を取って戦い、普通に亡くなった。そして預言者ムハンマドは、これらすべての点においてモーセとより似通っていた。

二、ムスリムの学者は、ヤコブの死の際のシロに関する預言（「創世記」四九：一〇、クルアーン雌牛章〔二章〕一三三節におけるこれへの暗示も参照）を、預言者ムハンマドについての言及として解釈している――「王笏はユダから離れず　統治者の杖は足の間から離れない。シロが来るときまで、もろもろの民は彼に従う」。ダヴィデからイエス・キリストまでの時代の、ヘブライ王国の預言者たちと王たちは、ユダの「足の間」（すなわち腰）から生まれ出た者であった。そして、彼らの後に（現世の力を象徴する）杖と、（啓示された法の）立法者は、歴史上の一人の男性のもとへ行くこととなった。この男性が預言者ムハンマドであり、この預言がなされた場所――パレスチナまたはエジプト――において、彼に対して「もろもろの民は従う」ということである。

三、ムスリムの学者は、他にも預言者ムハンマドについての明らかな言及が聖書の中に存在すると主張している（この聖書には「詩編」の多くの節が含まれる。「申命記」三三：二、「イザヤ書」二一：七の「らくだの乗り手」、「イザヤ書」二一：一三～一六、「イザヤ書」二九：一二、

「イザヤ書」四二：一一～一七、さらに「雅歌」五：一六と「ハバクク書」三：三の中ではムハンマドの名がヘブライ語で特に呼ばれてさえいる)。

四、最後に、ムスリムの学者は、クルアーンと預言者ムハンマドについて、福音書の中のイエスの言葉の中で言及される「真理の御霊」(「聖霊」、文字通り「助け手」、「仲裁者」)であると考えている――「言っておきたいことはまだたくさんあるが、あなたがたは今はそれに堪えられない。しかし、その方《かた》、すなわち真理の霊が来ると、あなたがたをあらゆる真理に導いてくれる。その方《かた》は、勝手に語るのではなく、聞いたことを語り、これから起こることをあなたがたに告げるからである」(「ヨハネによる福音書」一六：一二～一三)。その理由は、この文章への暗示がクルアーンの中に存在するからである。

マルヤムの子イーサー〔マリアの子イエス〕が、こう言った時を思いおこしなさい――「イスラエルの子らよ、まことに私は、あなたたちに遣わされたアッラーの使徒であり、私以前に下された律法を追認する者であり、また私の後に使徒が来る吉報を伝える者である。その〔使徒の〕名前はアフマドである」。
(戦列章〔六一章〕六節)

「アフマド」は、クルアーンにおける預言者ムハンマドの名前である。最後の審判の日において、預言者は人びとにとっての「助け手」または「仲裁者」になる。さらに言えば、「それは自分から語るのではなく、その聞くところを語り、きたるべき事をあなたがたに知らせるであろう」というイエスの預言も、預言者ムハンマドの到来によって実現される。なぜなら、預言者ムハンマドは、まさにこの通りにクルアーンを受け取り、伝達したからである。このことは、クルアーン自体の中に以下のように説明されている。

彼〔ムハンマド〕は〔自分の〕欲望を語っているのではない。それはまぎれもなく、彼に伝えられた啓示にほかならない。強大な力あるもの〔大天使〕が、彼にそれを教えた。

（星章〔五三章〕三～五節）

上記はすべて、なぜ預言者ムハンマドが「預言者たちの封印」（部族連合章〔三三章〕四〇節）と呼ばれているかを説明するものである。「封印」（ハータム）は、「最後」を意味すると同時に「最高点」をも意味する。これはまた、なぜイスラームが最後の世界宗教であるのか、したがって、なぜムスリムはイスラームが他のすべての宗教に取って代わったと信じるのかについても説明する。明らかに、最後の預言者は最後の宗教を意味する（なぜなら、真の預言者だけが本物の宗教をもたらすのであるから）。これが預言者ムハンマドの使命であった。神はクルアーンの中で彼に対しこのように述べている。

預言者〔ムハンマド〕よ、まことにわれ〔アッラー〕は、あなたを証人として、吉報の伝達者として、警告者として遣わし、アッラーへとかれ〔アッラー〕の許しを得て人びとを招く者、光り輝く灯りとして、遣わした。

（部族連合章［三三章］四五～四六節）

預言者ムハンマドへの愛

ムスリムは、その信仰の一部として、預言者ムハンマドを愛する。神は言う――「預言者は、信徒にとって彼ら自身よりも近くにいる」（部族連合章［三三章］六節）と。この愛は、単に彼の使命が重要であるからだけではない。むしろ、これは預言者がその使命を遂行した過程が理由であり、預言者の彼らに対する愛、そしてまた、神のムハンマドに対する愛が理由である。これは、イスラームの祈禱文学における巨大な主題であり、歴史上（今日に至るまで）何百万とはいかないまでも何万もの、預言者への愛から生まれた美しい詩と祈禱句が、ムスリムによって記されている。おそらく最も有名な詩は、ベルベル系の詩人シャラフッディーン・ブースィーリー（ヒジュラ暦六〇八～六九三年／西暦一二一一～一二九四年）の『ブルダ〔外套〕』であり、おそらく最も有名な連禱は、ムハンマド・ジャズーリー（ヒジュラ暦八〇七～八七〇年／西暦一四〇四～一四六五年）の『善行への手引き』である。とはいえ、ここでは神の言葉を引用すれば十分であろう。

今あなたたちのもとに、あなたたちの間から使徒がやって来た。彼はあなたたちの苦悩に心を痛め、あなたたちを心配し、信徒に対しては優しく慈悲深い。（悔悟章［九章］一二八節）

この愛は、死後も最後の審判の日まで続くものである。そしてムスリムは、預言者が自分たちの罪が許されるように審判の日に祈ってくれると信じている。したがって、預言者は現世においてだけでなく、来世においても、ムスリムに対して慈悲深い人である。そのため、ムスリムは自分たちの預言者に対する祝福と平安の祈りを常におこなっており、クルアーン（部族連合章［三三章］五六節）でもそうするように命じられている。このことは、預言者が、感覚を持つ全生物と――これはきわめて今日的な話題でもあるが――あらゆる自然環境（そして精神的環境）に対する慈悲を教えたことと合わさって、次の神の言葉を説明している――「われ〔アッラー〕があなたを遣わしたのは、ただ諸世界への慈悲としてである」（諸預言者章［二一章］一〇七節）。そして、このような啓典に由来する言葉は、黄金律として、預言者ムハンマド――あるいは宗教としてのイスラーム全般――について言われている言葉が適切かどうかを判断する上での物差しとなる。

預言者ムハンマドの言葉

クルアーンに次いで、預言者ムハンマドの言葉（ハディース）と指導は、イスラーム法（シャリーア）の最も重要な法源である。その理由は、クルアーンの中で神がこのように述べているからである――「使徒〔ムハンマド〕があなたたちにもたらしたものは、それを取り、あなた

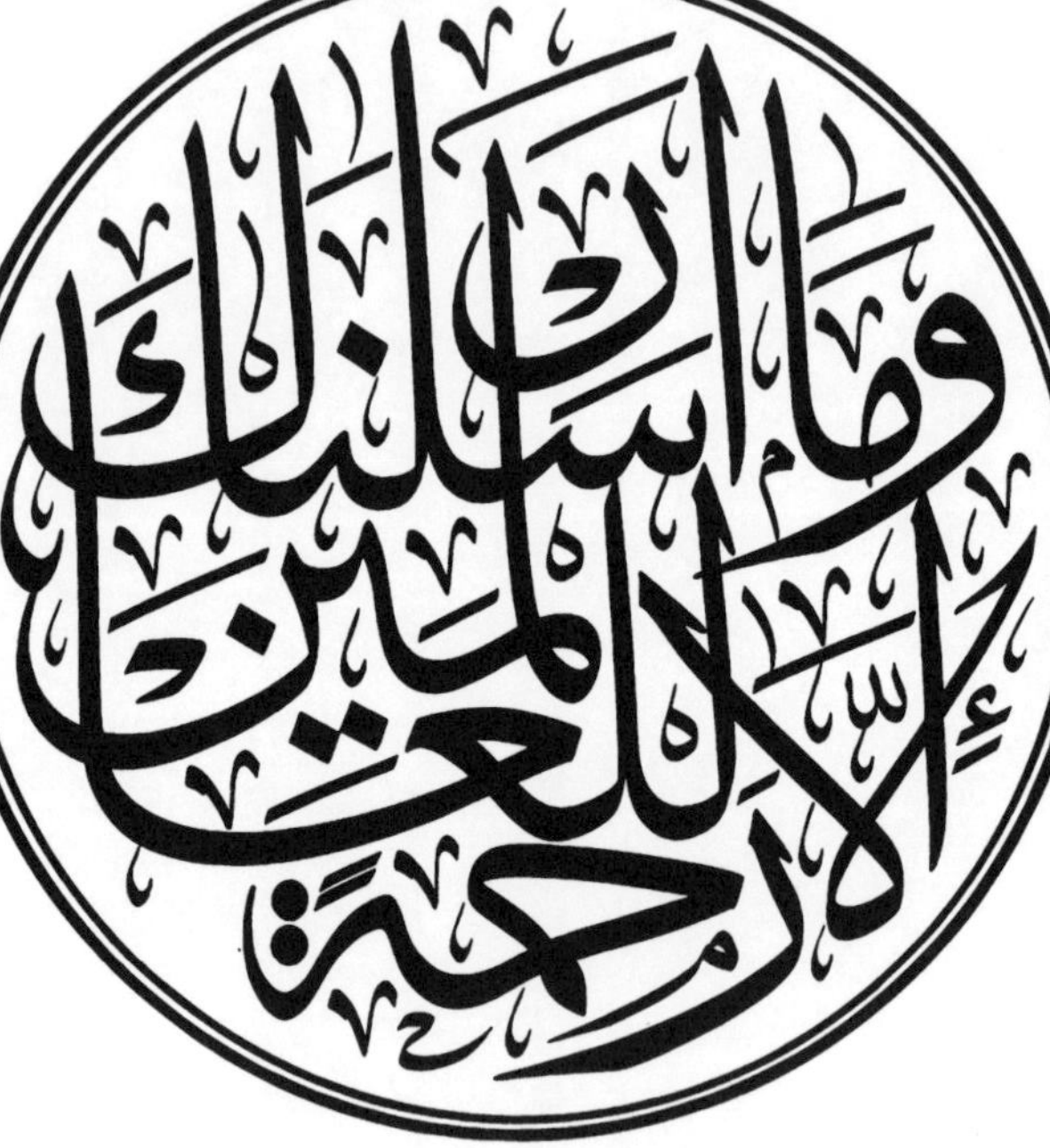

諸預言者章［二一章］一〇七節

たちに禁じたものは、それを避けなさい」（集合章〔五九章〕七節）。ハディースは、イスラームを実践する際の詳細な指示、道徳的指針、教義、一般的な文化と知識の重要な源泉である。したがって、ハディース学はイスラーム学の根幹であり、宗教としてのイスラームはハディースを考慮に入れなければ正しく理解することはできない。本書では、すでに多くのハディースを引用してきた。ここで言うべきことは、ハディースが概して含蓄ある名句であること、そして多くのハディースが英知、道徳的明快さ、精神的指針をもたらす名言であるということである。例として、以下のハディースだけ引用しておこう（道徳的行為と善良さを強調している点で特徴的である）。

誰かが〔他の〕信徒の現世の苦しみを一つ取り除いてあげたならば、アッラーはその人から復活の日の苦しみの一つを取り除いてくださいます。他の人の困苦を和らげてあげたならば、アッラーはその人に現世と来世で容易さをくださいます。〔他の〕ムスリムを覆ってあげるならば、アッラーがその人を現世と来世で覆ってくださいます。アッラーは、同胞を助けるしもべ〔人間〕をお助けになります。誰かが知識を求める道を歩むならば、アッラーはその人の楽園への道を容易にしてくださいます。人びとがアッラーの館〔モスク〕の一つに集って、アッラーの書〔クルアーン〕を朗誦して、それを互いに学び合うならば、〔アッラーは〕必ずサキーナ〔平穏〕を彼らにお下しになり、彼らを慈悲で包んでくださり、天使たちが彼らを取り囲みます。アッラーは彼らを、かれ〔アッラー〕のみもとに置かれる者たちのなかにお入れになります。自らのおこないで〔歩みを〕遅くする人は、たとえ優れた血統でも、それを早めることはできません。

（ムスリム『真正集』）

しかし、ハディース学それ自体は、イスラーム学の中で、おそらく最も複雑で議論の多い（そして後述するように、危険性を孕む）分野である。その理由は、預言者のものとされる言葉は五〇万以上存在し、その多くは明らかに偽物であるという点にある。二〇万以上（スユーティーは二〇万のハディースを記憶したと伝えられている）のテキストについて、イスラーム学者はさらなる精査のため、十分に真剣に検討したが、これらの大多数（おそらく三分の二以上）は、異なる伝承経路であるか異なる言い回しの、同じハディースである。したがって、完全に別々のハディースとして数えられるものは、およそ四万から六万存在している。どのハディースが真正かを決定することが、イスラームにおける重要かつ複雑で、今も続いている学問である。学者たちは、ハディースを数多くの微細に異なるカテゴリーに分類したが、そのカテゴリーは明らかな偽物から完全に真正なものまで、さまざまであった。これは専門家が扱う範疇であり、論理的、伝記学的、歴史的、心理学的、倫理的な判断と議論を要する。そこでは、ハディースの本文（マトン）について知っているだけでなく、伝承経路（イスナード）についても知っていることが要求される。およそ二万人の男女の名前が伝承経路に登場し、ハディース学者は彼ら一人一人について研究をおこなった。彼らが信頼できる人物かどうかを知るため、いつの時代に生き、どこを旅し、誰と会って誰から学んだか、嘘をついたことがあるか、記憶力が正しいかどうかについて研究した。偉大なハディース学者のアリー・ダーラクトニー（ヒジュラ暦三八五年／西暦九九五年没）は、かりに二万人の伝承者全員が奇跡的にとある丘の上で彼の目の前に集合したならば、全員について一人一人の名前、その父親の名前、その部族の名前を呼ぶことができ、また彼らが信頼できる人物かどうか言うことができたと伝えられている。

概して言えば、スンナ派の学者が常に依拠するハディース集は五〇以上あり、その他にもこれまでに書き起こされたものは二〇〇ないしはそれ以上存在する。歴史的に見て、それ以前に記録されたことがない新規のハディースも含んだ最後のハディース集は、一般的にアブー・バクル・バイハキー（ヒジュラ暦四五八年／西暦一〇六六年没）のものであると考えられる。日常的に用いられる五〇のハディース集のうち、九つのハディース集（ブハーリー『真正集』、ムスリム『真正集』、アブー・ダーウード『スンナ集』、ナサーイー『スンナ集』、ティルミズィー『スンナ集』、イブン・マージャ『スンナ集』、ダーリミー『スンナ集』、イブン・ハンバル『ムスナド』、マーリク『ムワッタア』）が、学者が最も信頼しているものである（これには約五万のハディースが含まれる）。

これらの九つのうち、一般的には特に二つのハディース集が（わずかに有名な例外はあるものの）真正であるとされている。その二つとは、ブハーリー（ヒジュラ暦二五六年／西暦八七〇年没）と、その弟子ムスリム・イブン・ハッジャージュ（ヒジュラ暦二六一年／西暦八七五年没）のサヒーフ（真正）なハディース集である。ブハーリーの『真正集』にはおよそ七三九七のハディースが収録されており、そのうち二六〇二のハディースが他のハディース集にない独自のものである。ムスリムの『真正集』にはおよそ一万二〇〇〇のハディースが収録されており、そのうち四〇〇〇ほどが他にない独自のものである。これら二つの『真正集』については、膨大な数の注釈書が書かれているが、最も有名なものはおそらく、イブン・ハジャル・アスカラーニー（ヒジュラ暦八五二年／西暦一四四九年没）が著したブハーリー『真正集』についての網羅的な注釈書と、ヤフヤー・ナワウィー（ヒジュラ暦六七六年／西暦一二七七年没）が著したムスリム『真正集』についての注釈書である。これら二つのハディース集の両方に掲載されているハディースは二三二六ほどあり、それらは輪をかけてより正確なハディースと考えられている。このようなハディースはアラビア語で「〔学者たちの評価が〕一致している」という意味の「ムッタファク・アライヒ」と呼ばれる。しかし、おそらくすべての中で最も正確なものは、（ハディースの総体から選ばれた）一〇かそれ以上のもの、それぞれ全く異なるが信頼に足る伝承経路から伝えられたハディースである（ブハーリーやムスリムのハディースのいくつかはこのカテゴリーにも属する）。これらのハディースは、「大量に伝承された」という意味の「ムタワーティル」と呼ばれる。これらは明らかに捏造するのが不可能なものであり、したがってイスラームの教義に用いられるが、教義に用いられるムタワーティルは多くはない（スユーティーは、その著書『ムタワーティル・ハディースにおける散花収穫の書』の中で、わずかに一一一のムタワーティル・ハディースを語っている）。

最後に記しておきたいことは、クルアーンの章句が啓示されて以降、数多くのムスリムによって一言一句そのままに朗誦されていたのに対し、ハディースは通常、個々人によって私的に記憶されたということである。したがって、ハディースは（ムタワーティル・ハディースでさえ）、すべてが一言一句違わず記憶されたわけではない。むしろ、その〔語句というよりは〕意味が記憶されたのである。学者たちは常にこのことを考慮に入れている。なぜなら、教友たちはハディースについてそれぞれ異なる理解をしたかもしれないし、文脈を誤っていたかもしれないし、言葉の意味を誤解した可能性すらあるからである。預言者ムハンマドの妻アーイシャは、有名な話として、女性の地位に関する重要なハディースを一部の年上の教友たちが誤解した（それゆえに誤って伝えた）ことについて、この問題がいかに重大な事態になりうるかを正確に示しながら、批判をおこなっている。

預言者ムハンマドの模倣

書物としてのハディースは、法規定だけでなく、「スンナ」――預言者ムハンマドの慣習――の基礎となっている。前述の通り、預言者ムハンマドは人類にとっての完璧なロールモデル――人間の美徳と精神的円熟の模範――とされる。名もなきアラブの詩人はこのように記した。

ムハンマドは人であったが

人びとのようではなく
石たちの間のルビーのよう

したがって、自発的に彼の慣習にならうこと、特に崇拝と献身に関してならうことは、我執に打ち勝って有徳（イフサーン）となるための最善の方法であると考えられる。第2章で触れたように、「有徳な者」（ムフスィヌーン）は神に愛される。したがって、スンナに誠実に従うことは、イフサーンと同義であり、神からより愛されることとも同義である。神はこのことを、クルアーンの中で以下のように明言している。

言いなさい、「あなたたちがアッラーを愛しているならば、私に従いなさい。そうすればアッラーもあなたたちを愛し、あなたたちの罪を赦すでしょう。アッラーは限りなくお赦しになる方であり、慈悲深い」。
（イムラーン家章［三章］三一節）

以上が、なぜムスリムは預言者ムハンマドがおこなったことを何でもならおうとするのかの説明である。なぜ、ムスリムはこうした振る舞いを美徳と精神的円熟の典型として、または少なくともそこへ向かうための優れた方法としてみなすのかも、以上で説明される。誠実に美徳を実践することは、美徳について学び、美徳によって自己変革するための最良の方法なのである。

＊

なぜこれを知ることが重要なのか

なぜこうしたすべてを知ることが重要かという理由は、たくさんある。第一に、最も明らかなこととして、預言者ムハンマドについて何かしら理解しなければ、宗教としてのイスラームは決して理解できない。イスラームは、信仰告白の一つ目「ラー・イラーハ・イッラッラー（アッラーのほかに神なし）」だけによって集約されるものではなく、二つ目の「ムハンマド・ラスールッラー（ムハンマドはアッラーの使徒なり）」が一つ目と一緒になって集約されるものである。西暦八世紀にマーシア王国〔当時のイングランド七王国の一つ〕でオファ王（在位西暦七五七〜七九六年）が、おそらく商業目的で鋳造した金貨に（アラビア語で）「ラー・イラーハ・イッラッラー」と刻印されたものがあり、それは現在大英博物館で保管されている。ここ〔信仰告白の二つ目〕に、イスラームと他のすべての宗教との違いが表れる。他の宗教も、「〔唯一の〕神のほかに神はなし」と信じているかもしれないし、実際にそう信じる宗教も存在するが、ムスリムの独自性は「ムハンマドは神の使徒なり」と信じることにある。したがって、預言者ムハンマドについて何かしら知らなければ、イスラームについて本当に理解することは何もできないのである。

第二に、ダマスカスの聖ヨハネ（西暦七四九年没）に始まり、今日の右翼的なイスラモフォビア（イスラーム恐怖症）に至るまで、長らく続いている誤解がある。その誤解とは、激しい否定的な言説とまではいかないにしても、特定のキリスト教徒やユダヤ教徒の東洋学者〔オリエンタリスト〕の文筆家が預言者ムハンマドや、彼の行動、動機について記したことに由来する誤解である。こうした誤った理解と記述は、欧米の文化やメディア、心性の中に深く浸透してしまっている。これについては、すでに一九六〇年にノーマン・ダニエルが、イスラームと欧米に関する優れた研究『イスラームと西洋――イメージの創造』〔エジンバラ大学出版〕の中で詳しく述べている。したがって、知っておくべき重要なことは、ムスリムが預言者ムハンマドのことを考えている時には、たいてい彼らは、非ムスリムが考えた、あるいは今も考えているイメージとは全く異なる人物のことを思っているということである。神はクルアーンの中でこのように述べている――「また彼ら〔信仰しない人びと〕の中には、あなたを見る者がある。しかし、あなたは目の見えない者を導くことができるであろうか、彼らが見えていないとしたら〔見る力を創ることができるのはアッラーだけである〕」（ユーヌス章［一〇章］四三節）。もし非ムスリムが、ムスリムの見ているのと同じ人物を見るなら、間違いなく、預言者ムハンマドについて彼らは全く違った見方をするだろう。預言者自身は次のように述べている――「私が遣わされたのは、よき人格を完成させるためにほかならない」（マーリク『ムワッタア』、イブン・ハンバル『ムスナド』、ブハーリー『アダブ・ムフラド』）。このことは、むしろキリスト教以前の宗教の信徒たちの一部と同じような事例かもしれない。彼らは、今日のキリスト教徒が決して認めることのできないようなイエス・キリストについてのステレオタイプを心に懐《いだ》いていたであろう。

第三に、ムスリムは、預言者ムハンマドについて侮辱的な表現をおこなうことを、大きな罪とみなす。もちろん預言者ムハンマド自身は、彼の宗教的真実においてそうした侮辱的表現によって影響を受けることはありえない。したがって、これが罪となる理由は、ムスリムが預言者に対して感じている愛による。前述の通り、預言者への愛は信仰の一部である。それと同時に、ムスリムから見れば、自分たちが従う対象が侮辱されるということは、預言者がもたらした宗教を信じる地球上のムスリムが一人残らず侮辱の対象とされて、故意に侮辱され、人間性を奪われるのに等しい。実際に、一九九一年から一九九五年の間にボスニアで発生した、一〇万人を超える罪のないムスリムへのジェノサイド（人数はボスニアの死者統計による）の前には、まさにこの種の宗教的誹謗と人間性の剝奪が起きていた。

第8章

心とは何か

彼らは地上を旅して、心でよく考えなかったのであろうか。あるいは、耳でよく聞こうとしなかったのであろうか。見えないのは彼らの視覚ではなく、胸の中にある心なのである。（巡礼章［二二章］四六節）

人間とは何か

前述したように、クルアーンにおいて、人間は皆、肉体と個々人の魂（自我と良心を有する）と霊（アッラーが最初にアダムに吹き込んだ）とを持つとみなされる。また、すでに述べたように、魂は知性、意思、感情（ガザーリーなどの学者は、時にこれら三つをそれぞれ「知性」「怒り」「欲望」という三つの「能力」と同一視する）、話す能力、創造力、記憶力などの明らかな能力を持つ。肉体については言うまでもなく、その能力には五感（視覚、聴覚、嗅覚《きゅう》、味覚、触覚）が含まれる。肉体は滅びるべき運命のもので、死とは魂が肉体から分離することである。魂は個々人の人間としての核であり、不滅である。クルアーンにおいて、魂には三つの主要な部分、ないしは三つの状態と言うべきもの（なぜなら魂は一つで、分けられないものであるから）があるとみなされる。それは、「悪を命じる魂」（ユースフ章〔一二章〕五三節）、「自責する魂」（復活章〔七五章〕二節）、「安寧な魂」（暁章〔八九章〕二七節）である。言いかえれば、魂は、自我、良心を超えた状態を有する。霊は個人の人格全体を超越するので、それについては言葉ではほとんど説明できない。神はクルアーンの中でこのように述べている――「彼ら〔信じない人びと〕は霊についてあなたに問うている。言いなさい、『霊はわが主〔アッラー〕の事項に属する。あなたたちの授かった知識はわずかにすぎない』と」（夜の旅章〔一七章〕八五節）。魂は、個人の肉体の「内なる目撃者」であり「船長」であると言われる〔肉体を船にたとえている〕。霊は、個人を超越した形での、肉体と魂の両方における「内なる目撃者」であり、その帆船にとっての風と命であると言われる。クルアーンの中では、二つの楽園が祝福されたものそれぞれ〔二つ〕のために存在すると書かれており（慈愛者章〔五五章〕四六節を参照）、何人かの注釈者はこれを魂の楽園と霊の楽園のことと考えている。言いかえれば、完璧に幸福な状態というものは、人間の主体である魂と霊にとってそれぞれ存在する。

心とは何か

すでに述べたように、肉体に血液をくまなく送り込む身体的な心臓に加えて、人間は非肉

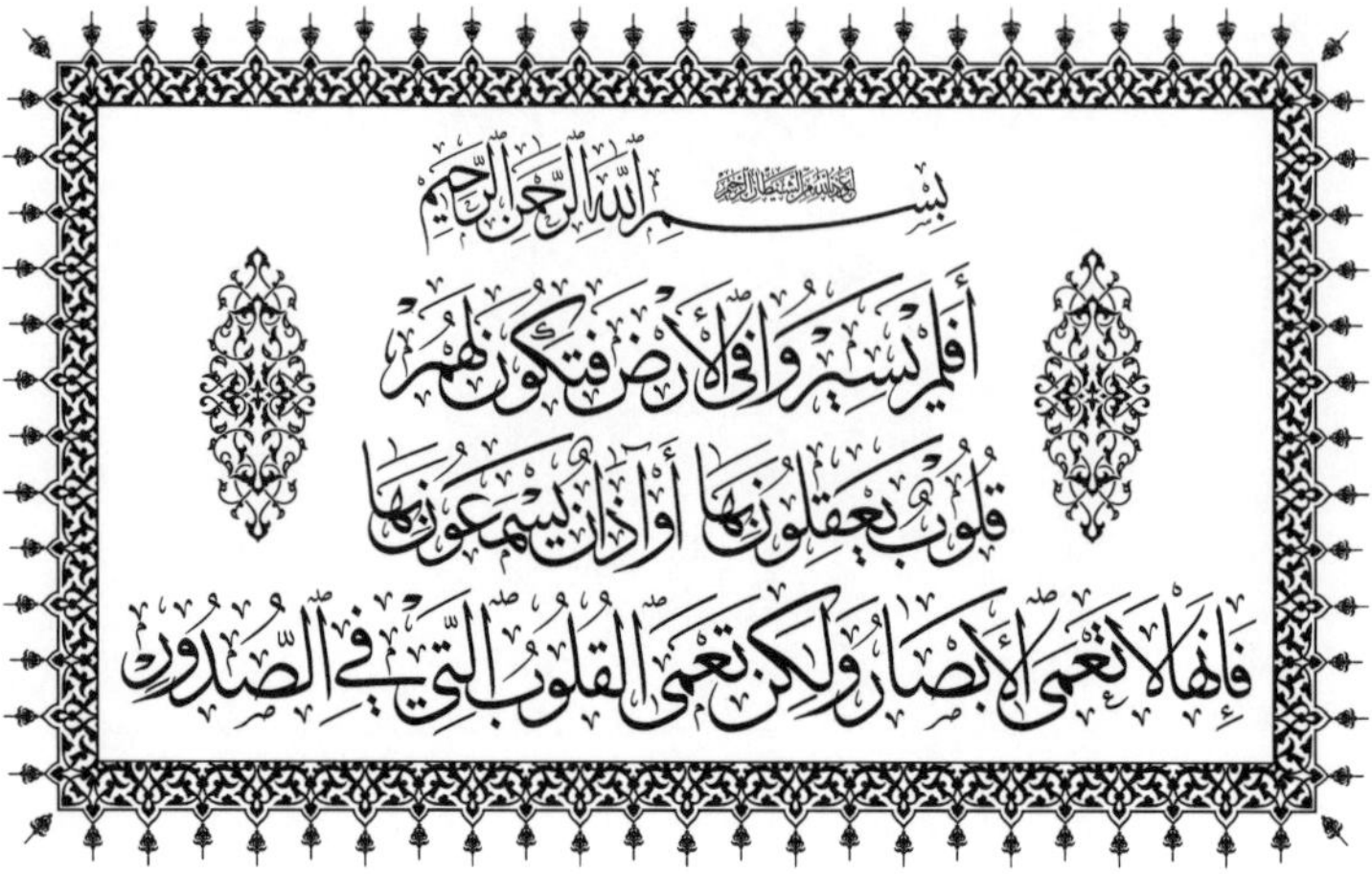

体的な「精神的な心」を持っており、それは身体的な心臓と対応するが、対応するのは現実の中でも高いレベルにおいてである。この「精神的な心」は、実のところ、魂と霊との間の「門」あるいは「橋」である。クルアーンの中で、それには四つの「段階」がある――それは（下の段階から順に）、「胸」（サドル）、「心」（カルブ）、「内心」（ファード）、そして「核心」（ルッブ、時に内的な心と知性を合わせたものとして考えられる）である。「胸」は魂と同一とみなされ、「核心」は霊と同一とみなされる。したがって、これこそが神が「見る」心である。すでに引用したように、預言者ムハンマドは次のように述べている――「アッラーはあなたの外見や富を見るのではなく、あなたの心とおこないを見る」（ムスリム『真正集』）。それゆえ、心こそ人びとが正すべき部分なのである！

　心とは、神が見ているものであることに加え、この同じ心を通して人びとは宗教的真実を「見る」のであるし、知るのである。神はクルアーンの中で次のように述べている。

彼らは地上を旅して、心でよく考えなかったのであろうか。あるいは、耳でよく聞こうとしなかったのであろうか。見えないのは彼らの視覚ではなく、胸の中にある心なのである。（巡礼章［二二章］四六節）

このことは、「内心」についてなおいっそう、よく当てはまる。なぜなら、心は「理解する」（あるいは逆に「見えなくなる」）のに対し、「内心」は本当に（霊的に）見るからである。神は、預言者ムハンマドを引き合いに出しながら、クルアーンの中で次のように述べている――「内心は自分が見たことを偽らない」（星章［五三章］一一節）。歴史を通じて、数え切れないほどのムスリムの学者や神秘主義者たちが「霊的な心」の真実を証明してきた。たとえば、最初期のクルアーン注釈者の一人であるサフル・トゥスタリー（ヒジュラ暦二八三年／西暦八九六年没）は、次のように（詩の中に）表現した。

知る者の心は目を持ち
「〔目で〕見る者」が見ないものを見る
〔知る者は〕秘密の対話をおこなう舌を持ち
記録天使たちさえ知るよしのないことを知る

〔知る者は〕羽毛のない翼を持ち
世界の主の王国へと飛ぶ
われらは目に見えないものの知識の飲み物を受け継いだ
父祖の知識よりも希少なる

この「精神的な心」が、霊的な知と愛の両方のありかなのである。

＊

ドイツの哲学者イマヌエル・カントが一七八一年に『純粋理性批判』を出版して以来、この種の「形而上学的知識」は、欧米の哲学者やアカデミアからまともに受け止められてこなかった。しかしそれ以前は、霊的な、あるいは「内的な」ビジョンは一般的な宗教的教義であった。たとえば、プラトンの『国家』の中で、ソクラテスのこのような台詞がある。

こうした学問のなかで各人の魂のある器官が浄められ、ふたたび火をともされるということだ。この器官は、ほかのさまざまの営みのために破壊され、盲目にされているものであって、これを健全に保つことは、何万の肉眼を保全するよりも大切なことなのだ。ただこの器官によってのみ、真理は見られるのだからね。

同様に、「マタイによる福音書」の中でイエスはこのように述べている——「心の清い人々は、幸いである　その人たちは神を見る」（「マタイによる福音書」五：八）。しかし、クルアーンの中では、（少なくとも現世では）神を見ることができないことは明らかである。たとえ内なるビジョンを通して神から下される霊的真実や真理が見られるとしても。神は次のように述べている。〔『国家　下』藤沢令夫訳、岩波文庫、二〇一六年、一四五頁〕

視覚ではかれ〔アッラー〕を捉えることはできない。だがかれ〔アッラー〕は視覚さえ捉える。またかれ〔アッラー〕は優しき方にして、すべてを知悉している。まことに明証が、あなたたちの主から下った。自ら目を開く者は自分の魂を益することになり、目を閉ざす者は自分の魂を害することになる。

（家畜章〔六章〕一〇三〜一〇四節）

自己認識

知っておくべきなのは、心のビジョンとは、「外的」で精神的な真理と真実であるのと同様に、「自己認識」でもあるということである。先に（第4章で）述べた通り、神は、人間が神について知るように人間を創った。その後（第6章で）述べた通り、クルアーンは人間が自分自身について知るのに役立つ。もう一つ述べるべきことは、神と宗教的真実についての知識へと導いてくれるのは、まさにこの自己認識ということである。実際に、神は霊を創るにあたり、神についての深層の知識をその中に入れて創造したが、それは〔この知識が〕人間自身の魂に対する証言となるようにしたのであった。

あなたたちの主〔アッラー〕が、アダムの子孫の腰〔生殖器〕から彼らの子孫を取り出し、彼らを自らに対する証人とした時を思いおこしなさい。〔アッラーは彼らに問う、〕「われ〔アッラー〕は、あなたたちの主ではないのか」と。彼らは「しかり。私たちは〔そう〕証言します」と答えた。復活の日にあなたたちが「私たちはこのことをすっかり忘れていました」と言わせないためである。

（高壁章［七章］一七二節）

そして、神は魂に対し、神を忘れず、この証言と現世の自己認識を保つように要求する。神はこのように述べている。

おお、信仰する者たちよ、公正を堅持し、アッラーのための証人でありなさい、たとえ〔証言内容が〕あなたたち自身に反するものだとしても。

（女性章［四章］一三五節）

さらに神はこのように述べている。

視覚ではかれ〔アッラー〕を捉えることはできない。だがかれ〔アッラー〕は視覚さえ捉える。またかれ〔アッラー〕は優しき方にして、すべてを知悉している。まことに明証が、あなたたちの主から下った。自ら目を開く者は自分の魂を益することになり、目を閉ざす者は自分の魂を害することになる。
（家畜章〔六章〕一〇三～一〇四節）

おそらく、だからこそ、古代ギリシアの有名なデルフォイの神託は「汝自身を知れ」という銘文を伝えたのである。そして同様に、だからこそ、イエスは「実に、神の国はあなたがたの中にあるからだ」（「ルカによる福音書」一七：二一）と言ったのである。いずれにしても、神が約束したことは、世界と自身について熟考することを通して人間は真実を知るということである――「われ〔アッラー〕は、わが徴《しるし》を地平において〔天地の諸現象の中で〕、また彼ら自身の〔魂の〕中において〔英知として〕、見せるであろう、彼らにそれ〔クルアーン〕が真理であることがはっきりするまで。あなたたちの主〔アッラー〕がすべての証言者であるだけで、十分ではないか」（解明章〔四一章〕五三節）。

心の錆

すべての心が「見る」わけではない。心の「見る」能力は、個人のおこないに左右される。

預言者ムハンマドは以下のように述べた。

しもべ〔人間〕が過ちを犯したなら、その心に黒い点ができる。彼が〔過ちから〕手を引き、悔い改めて赦しを請えば、心はきれいになる。〔過ちを〕繰り返せば、それ〔黒点〕が戻り、やがては心を支配する。これが、神が述べたところの錆である――「いな、彼らの心を錆が覆った」（計量をごまかす者章［八三章］一四節）。

（ティルミズィー『スンナ集』）

言いかえれば、心は十分に純粋な時のみ「見る」のである。それゆえ、霊的なビジョンとは、善行とたゆまぬ悔悛との問題となる。逆に、霊的に目が見えない状態とは、罪と利己主義、ないしは少なくとも自己満足で、まるで皆既日食のように覆い尽くされた結果である。そして、心は信仰のありかであるから、霊的な知は信仰を増すし、逆もまた同じである。神はクルアーンの中で次のように述べている。

かれ〔アッラー〕こそは、信徒たちの心に平穏を下し、彼らの信仰心の上に信仰心を加える。

（勝利章［四八章］四節）

心の錆を落とす

人は、どのようにすれば心を磨き、生涯にわたって積み重なる錆を取り除くことができるだろうか。預言者の教友アブー・ダルダーは次のように言った――「何にでも磨き粉があります。心を磨くのは、神の唱念です」（バイハキー『信仰の諸分野』）。前章において、次のような預言者ムハンマドに関する神の言葉を引用した。

まことにアッラーの使徒〔ムハンマド〕の中には、アッラーと終末の日を望み、アッラーを多く唱念する者にとって、よき模範がある。

（部族連合章〔三三章〕二一節）

これは、クルアーンにおいて、預言者に関して「よき模範」という言葉を具体的に用いた唯一の描写である。これは、状態と行為を説明する。これらは預言者のスンナ（慣行）の、神髄ではないにしても、一部をなすものである。状態とは、愛の一つである――神〔相まみえること〕と終末の日を熱望することは、必然的に愛を意味する。行為とは、神を多く思いおこすことである。したがって、預言者の例にならうことは、神を多く思いおこすことを意味する――本質的には、できる限り愛をこめて思いおこすことである。実際に、クルアーンの中に述べられている精神的な戒律の主要なものは、何かしらの方法で（正しい意図でもって）、たとえばクルアーンを朗誦するなどして、神を思いおこすことや称賛することであると言える。このことは、すでに述べた。それと同様に、スンナはそのほとんどが、祈念か祈りのどちらかを、考えうるほとんどすべての正当で必要な行為や不可欠な役割の前後に唱えるものである。これらは誕生の瞬間から死の瞬間までのすべてを含むし、一週間の始まりから終わりまで、朝起きてから夜寝るまで、服を着る時から脱ぐ時まで、飲食からお手洗いに行くまで、怒り（を抑えること）から愛し合うことまで、咳をすることからくしゃみをすることまで、笑うことからあくびをすることまで、家を出てから帰るまで、出会いのあいさつから別れのあいさつまで、祈りを始める前からその終わりまで、会話を始める前から終えた後まで、などのすべてが含まれる。すでに述べたように、預言者の妻アーイシャは彼について「預言者は常に神を思いおこしていた」と述べた（ムスリム『真正集』）。そして預言者自身も次のように述べている――「いつも神を唱念して、舌が湿っているようにしなさい」（ティルミズィー『スンナ集』）。

上記が説明するのは、預言者ムハンマドによる「イフサーン（美徳）」の定義であり、第2章で見たように、これは大天使ジブリール自身によって確証された。預言者はイフサーンを次のように定義した――「アッラーを自分が見ているかのように崇拝することです。あなたに見えなかったとしても、かれ〔アッラー〕は必ずあなたをご覧になっています」（ブハーリー『真正集』）。神を見たかのように神を崇拝することとは、必然的に神を常に（あるいは可能な限り頻繁に）愛をこめて、正式な祈りの時以外でも心にとどめることである。それゆえに、イフサーンは、（常にではないにしても）できる限り多く神を唱念することを意味するし、これこそがまさにスンナである。上記が説明するのは、なぜイスラーム神秘主義者（しばしば「スーフィー」と呼ばれる）の主な実践が不断に神を唱念することなのか、ということでもある――伝統的なスーフィーの目的はまさにイフサーンであり、「神を見ているかのように神を崇拝する」ことである。実際に、イスラームの歴史を通して、スーフィーほど絶えず神を唱念し、イフサーンを達成しようと注力してきた人びとはいないと言っても過言ではない。したがって、ある意味ではスーフィーはイフサーンの「専門家」である。これは、神学者がイーマーン〔信仰心〕の「専門家」で、法学者がイスラーム〔信仰行為〕の「専門家」であるのと全く同様である（三七頁参照）。偉大なスーフィー教団の主流（たとえばカーディリー教団、シャーズィリー教団、ナクシュバンディー教団、バー・アラウィー教団、ティジャーニー教団など）や彼らの著作に関する研究のどれもが、明確にこのことを示している。

神を唱念することは、救済である。魂の中で神を唱念し続けなければ、自我は常に悪い考えをささやいてくる。神はクルアーンの中で次のように述べている――「まことにわれ〔アッラー〕は人間を創造し、その魂が〔内心で〕ささやくこともよく知っている。われ〔アッラー〕は〔その人間の〕頸動脈よりもその者に近いのである」（カーフ章〔五〇章〕一六節）。自我は、他者について――あるいは神についてさえ――邪悪なことをささやき、愚かなことを自分にさせようとする。それゆえ前述の通り「悪を命じる魂」（ユースフ章〔一二章〕五三節）と名付けられている。それに失敗すると、今度は自分自身について勝手な泣き言をいう――どれだけ自分が不当に扱われてきたかとか、自分が本当はどれだけ偉大であるかなどと、ヒキガエルのように膨れ上がり（もっとも、ヒキガエルは〔堕落した〕人間の自我よりマシである）、些細な「勝利」にほくそ笑む。誰でも、十分な距離を取って〔客観的に〕自分の考えを見つめた者は、これを目の当たりにする。したがって、神は警告する――「慈愛者を唱念することから遠ざかる者には、われ〔アッラー〕はシャイターン〔悪魔〕をふりあて、それ〔悪魔〕がその者の友となる」（装飾章〔四三章〕三六節）。しかし、心の中で神を唱念している時には、内なるささやき――自我の「意識の流れ」――は沈黙し、心はようやく幾ばくかの平安と休息を得る。神は述べている――「〔彼らは〕信仰して、アッラーを唱念して心の安らぎを得る。アッラーを唱念することでこそ、心は安らぎを得るのではないか」（雷章〔一三章〕二八節）。少なくとも思考の中では、取るに足らない自己とともにある代わりに、あなたは神とともにある。神は述べている――「だからわれ〔アッラー〕を思いおこしなさい。われ〔アッラー〕も、あなたたちを思いおこすであろう。われ〔アッラー〕に感謝し、決して不信仰してはならない」（雌牛章〔二章〕一五二節）。時の経過とともに、頻繁に神を思いおこすことによって、心は癒やされ、健全になる。ほとんどの人にとって、肉体と現世を置いて去りゆく最期の時、これこそが本当に重要なことである。神は述べている――「その日〔終末の日〕には、財産も子どもも役に立たない。ただ健全な心でアッラーのみもとに来る人を除いて」（詩人たち章〔二六章〕八八～八九節）。しかし、これだけでなく、一部の人びとにとっては、常に神を思いおこすことによって真の霊的なビジョンとインスピレーションを得ることもある。神は「聖なるハディース（ハディース・クドゥスィー）」の中でこのように述べている。

わがしもべ〔人間〕がわれ〔アッラー〕に近づこうとするならば、われがしもべに課した義務を果たすことが最も好ましい〔道である〕。しもべがさらに、われに近づこうとして任意の〔信仰〕行為を続けるならば、われはしもべを愛するであろう。われがしもべを愛したならば、われはしもべが聞く聴覚、しもべが見る視覚、しもべが打つ手、しもべが歩く足となるであろう。

（ブハーリー『真正集』）

＊

なぜこれを知ることが重要なのか

心について知ることが重要である理由はいくつもある。

一、心について知ることが重要なのは、自身の魂を浄化し、自身の我執や卑小さを克服しなければならないということを、人間にわからせてくれるからである。神は述べている――「自らの吝嗇《りんしょく》から身を遠ざける者、彼らこそ成功する者である」（騙し合い章〔六四章〕一六節）。人間の偉大さが真に存在するのは心の中であり、人間が成すことはすべてまず心の中で（正しい意図をもって）成すものである。心は、人間の最も崇高な側面である。まさに、〔アメリカの詩人〕ヘンリー・ワーズワース・ロングフェローは次のように書いている（「人生讃歌」、一八三八年）。

言わないでくれ、悲しい調べで、
人生はただ空しい夢だと！――
眠りこける魂は死んだも同じ、
ものごとは外見とは違うのだから。
人生は現実！　人生は厳粛！
墓場がそのゴールではない。
汝塵なれば塵に帰るべしとは、
魂についての教えではない。
歓楽ではない、悲哀ではない、
われらの定められた行路、行く手は。
われらの定めは、活動すること、
明日ごとに今日よりも進んだ者となるように。
……
未来を頼むな、いかに心地よくとも！
死にたる過去にはその死にたる者を葬らしめよ！
活動せよ――生きた現在に活動せよ！
内に勇気、頭上に神をいただいて！

〔亀井俊介・川本皓嗣編『アメリカ名詩選』
岩波文庫、一九九三年、三七～四一頁〕

二、心について知ることが重要なのは、信仰と知、信仰と悪の間の明らかなパラドックスを説明するからである。最初のパラドックスは、信仰心のない天才、そして大いに信仰心はあるが見たところ知性のない者がいるということである。第二のパラドックスは、信仰心がないが善行をおこなう善良な人間がいて、逆に、信仰心があるか、見たところとても宗教的に見えるがとても邪悪な人間がいるということである。心について知ることによって、第一に、信仰心は知的才能とは関係ないということ、そして信仰心は精神的な「知性」ではなく、行動的な善性によるものであるということが、明らかになる。したがって、とても賢いこと——またはそれほど賢くないこと——は、信仰にはほとんど関係ない。第二に、心について知ることによって、悪行を成すが信仰心を持つ人間は、実のところ自分の行為を通じて徐々に信仰心を失っているということが明らかになる。逆に、(単に利己的な理由ではなく利他的な理由で)善行を成す人間は、信仰心を徐々に獲得していく。彼らは自身の魂を磨いているのである。預言者は次のように述べている——「美徳とは、よい心がけです。過ちとは、あなたの心に突き刺さり、あなたはそれを他の人に知られたくないのです」(ブハーリー『アダブ・ムフラド』)。

三、より現世的に言えば、心について知ることが重要なのは、今日ほとんどの人が、自分は本質的には自身の「精神」だけで成り立ち、肉体はその付属品であると信じるよう教育されているからである。「精神」は、「プログラミング」と「蓄積される経験」だけで構成されると考えられている。これらは、頭蓋骨の中の身体的な脳の神経経路の内部に存在し、まるでコンピューターがパソコンや携帯電話の中のマイクロチップによって本質的に構成されているのと同じようなものと信じられている。したがって、その「コンピューター」が永久に電源を切られたり壊れたりした時に、あなたは死ぬ〔と信じられている〕。これには、医学的証拠の裏付けがあると思われる。なぜなら、脳を除くすべての肉体の部位は（身体的な心臓も含め）外科的に交換不可能と思われるし、脳の損傷は記憶喪失とも関連付けられている。したがって基本的に、口に出して言おうが言うまいが、無意識のうちに私たちは自分が動く有機的なコンピューターであるかのように信じがちである。つまり、客観的な「事実」との交錯はすべて、肉体によって制限され、五感によって取り次がれているのである。

しかし、私たちは皆——ないしは、おそらく私たちの多くが——自分自身についてこのモデルに当てはまらない経験を持つ。たとえば、人はしばしば、その時まだ電話がかかっていなくても、電話がかかってくることを想定していなくても、誰かから電話がかかってくるかが事前にわかることがある。そしてしばしば、電話を受けた人はこのように言う——「おや、私もちょうどあなたのことを考えていたところだ」と。真の愛情を互いに抱いている人びとにとっては、これは特に当てはまるだろう。同様にしばしば起きることとして、何かについて「予感」があり、後にそれが起こったり、本当だとわかったりすることがある。多くの場合、その予感は誤りであったり希望的観測であったりするが、的中していることもしばしば起きる。そして驚くべきことに、ペットでさえも飼い主が帰宅する時がわかるなど、「第六感」を発達させるようなのである。これについては実際に科学的研究がおこなわれてきた（ルパート・シェルドレイク『あなたの帰りがわかる犬——人間とペットを結ぶ不思議な力』および『見られている感覚』を参照）。また、「デジャヴ」や、より強力な予知夢や幻視もある。これから起こることを夢に見ることもあれば、その象徴を見ることもある。ほとんどの場合は、これといった理由もなく、何かについて疑念や不吉な不安を感じる。迫りくる危険を「感じとる」こともある。今では、心理学者や統計学者がこうした現象の多くに「科学的」なうまい説明をつけているが、すべての現象について説明がつけられているわけではない。そして多くの人が、自身の試行錯誤を通じて、さまざまな種類の直感の中でどれを真剣に受け止め、どれを無視すべきかを認識し始める。心について知ることが重要なのは、それによって、率直かつ客観的に直感を捉えるためのモデルが得られるからである。差し迫った危険についての強烈な直感については、これは特に重要である。要するに、心について知ることは、自分自身の「虫の知らせ」を使うのに役立つのである。実際に、預言者ムハンマドは述べた——「あなたの心にそしてあなた自身に、三回問いなさい」（イブン・ハンバル『ムスナド』）。

第9章 俗世の生活とは何か

知りなさい、現世の生活は遊び、戯れ、虚飾、互いの間の威張り合い、財産と子弟の多寡の競い合いにすぎない。それはいわば、雨によって作物が農夫を喜ばせるようなもので、やがて枯れて、あなたはそれが黄色くなったのを目の当たりにし、次いでそれは残滓となる。来世においては、〔不信仰者への〕厳しい罰と〔信徒への〕アッラーからのお赦しと満悦がある。まことに現世の生活は、迷妄の糧にすぎない。

（鉄章〔五七章〕二〇節）

現世的な生活は、心の生活と正反対である。なぜなら、心は「内的」で現世的な生活は「外的」であるから。明らかに、「内的なこと」と「外的なこと」は反対である。「現世的な生活」とは、「この世での生活」――これは明らかに、量り切れないほど貴重なもので、「心の」生活も含む――を意味するものではない。むしろ、現世的な生活とは、あまりにも「俗世」的な生活を指している。上に引用した章句の中で、神は現世の生活の虚しさについて警告し、それについて五つの（徐々により悪くなる）段階で定義づけている――㈠遊び、㈡戯れ、㈢虚飾、㈣互いの間の威張り合い、㈤財産と子弟の多寡の競い合い、の五つである。これらは次のように理解できる。

一、「遊び」とは、〔人間生活に〕必然的で、自然で、中立的である。そのようにして子どもたちは学び、大人たちはくつろぐ。しかし、重要で真剣な物事を邪魔する場合には、それは障害になりうる。

二、「戯れ」とは、集中と専心が一時中断されることである。いわば、義務を意図もなく放棄してしまうことである。

三、「虚飾」とは、見当違いな情熱を意味する。本当は愛すべきものでないものを愛すること、あるいは誤った理由や浅薄な理由で何かを愛することである。言いかえれば、それが意味するのは、外的な美や現世の生活での「欲望」であり、内的な美〔心の美徳と善良さ〕を愛することを犠牲にするものである。クルアーンの他の箇所において、神は次のように述べている。

> 欲望に従うことがよいことであるかのように、人びとは目をくらまされる〔虚飾を見せられている〕。女性、子孫、〔計量された〕膨大な金銀、血統のよい馬、家畜、耕地。これらは、現世の生活の糧である。しかしアッラーのみもとにこそ、最もよい安息所がある。
>
> （イムラーン家章〔三章〕一四節）

أعوذ بالله من الشيطان الرجيم

بسم الله الرحمن الرحيم

اعلموا أنما الحيوة الدنيا لعب ولهو وزينة وتفاخر بينكم
وتكاثر في الأموال والأولاد كمثل غيث أعجب الكفار نباته
ثم يهيج فتراه مصفرا ثم يكون حطاما وفي الآخرة عذاب
شديد ومغفرة من الله ورضوان وما الحيوة
الدنيا إلا متاع الغرور

鉄章［五七章］二〇節

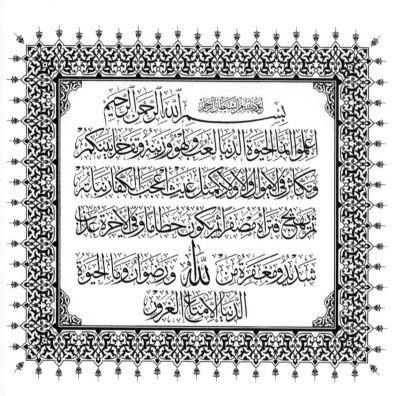

四、「虚飾」が見当違いのパッション〔情熱〕を意味するなら、「互いの間の威張り合い」は見当違いの自尊心を意味する。情熱は外的なものへの愛であるのに対し、自尊心は内的なものへの愛である。情熱は――今論じたように――その対象がよい限りにおいてはよいが、その対象が悪ければ悪い。自尊心についても同じである。自尊心が、心と内的なことへの愛である場合は、高潔さとなる。一方で、自我への愛である場合、それは利己主義となる。この種の自尊心が、あらゆる罪とあらゆる卑劣さの根源である。クルアーンの中では、この自尊心こそが原因でシャイターン〔悪魔〕はアダムに平伏することを拒み、それゆえに神の恩寵を失った。シャイターンは神に対して言う――「私は彼〔アダム〕よりも優れています。あなた〔アッラー〕は火から私を創造し、彼を泥から創造しました」（サード章〔三八章〕七六節）。自尊心はパッションよりも悪い。なぜなら、情熱は心から逃げるだけであるが、自尊心は自我が実際に心に反旗を翻すことだからである。

五、「財産と子弟の多寡の競い合い」――「財産と子弟」は、ここでは現世の財産をすべて含むと考えられる。この文脈における「多寡の競い合い」（アラビア語の「タカースル」で、「競い合い」と訳すが、「強欲」や「もっと欲しがること」も指す）は、「健全な競争」を意味するものではない。それは強欲、嫉妬、悪意、憎悪、そして最後には攻撃性を意味する。これは自尊心の邪悪な結実であり、最終的にはすべてのたぐいの暴力へとつながる。

　したがって、この章句は、俗事が（心理学的に）何を意味するか、そのすべての段階についての見事な記述である。これは、比較的に無邪気なものから始まり、完全な堕落に終わるまでを説明する。これが説くのは、なぜクルアーンの多くの章句において、俗世が虚しいものとして否定的にみなされるかの理由である。預言者ムハンマドは次のように述べている――「この世から身を引きなさい。アッラーはあなたを愛するでしょう。人びとが持っているものから身を引きなさい。人びとはあなたを愛するでしょう」（イブン・マージャ『スンナ集』）。

＊

この章句は、人間のおこないや過ちを通じて、人間の年齢や生活の連続的な段階についても見事に要約している。「遊び」は幼児のおこないである。「戯れ」は、より年長の子どものおこないであり、自然なこととして集中や義務を嫌がる。「虚飾」は思春期を過ぎた一〇代の子どもや青少年のおこないで、彼らの異性への関心は高まってピークに達し、魅力的に振る舞いたがる。「互いの間の威張り合い」は、身を固めた者、自信ある者、自分自身で生計を立てている者、現世での出世をおこなう者の過ちである。「財産と子弟の多寡の競い合い」は、中年の人びとや肉体的に衰えた老人（そしてもはや肉体的な競争力はない）、あるいは年老いて孫がおり（ここでの「子弟」は孫も含む）彼らのために競争する者の二つの過ちである。シェイクスピアの『お気に召すまま』（第二幕第七場）では「ジェイクイズ」という登場人物が「男の七時代」（彼の時代の習慣に基づき、七つの伝統的な「惑星」、すなわち水星、月、金星、太陽、火星、木星、土星に象徴させている）を次のように、有名な、見事な要約にまとめている。

この世界すべてが一つの舞台、
人はみな男も女も役者にすぎない。
それぞれに登場があり、退場がある、
出場《でば》がくれば一人一人が様々な役を演じる、
年齢に応じて七幕に分かれているのだ。第一幕は赤ん坊、
乳母の胸に抱かれてぐずったりもどしたり。
お次は泣き虫の小学生、カバンを掛け
輝く朝日を顔に受け、足取りはカタツムリ、
いやいやながら学校へ。その次は恋する男、
かまどのように熱い溜め息をつきながら、嘆きを込めて
恋人の眉を称える歌を書く。お次は軍人、
あやしげな誓いの文句を並び立て、豹《ひょう》そこのけの髭を生やし、
名誉ばかりを気にかけて、癇癪《かんしゃく》持ちで喧嘩っぱやく、
大砲の筒口《つつくち》の前で求めるものは
あぶくのような名声のみ。それに続くは裁判官、

賄賂《わいろ》のニワトリを詰め込んだ丸い見事な太鼓腹、
眼光するどく、髭いかめしく、口に出すのは
もっともらしい格言や、通り一遍の判例ばかり、
そうやって自分の役を演じてみせる。場面かわって第六幕は
痩せこけてスリッパをはいた耄碌《もうろく》じじい、
鼻には眼鏡、腰には巾着《きんちゃく》、
大事にとっておいた若いころのタイツも
しなびた脛《すね》にはブカブカだ。男っぽかった大声も
かん高い子供の声に逆戻り、ピーピー、ヒューヒュー
震えて響く。いよいよ最後の幕切れだ、
波瀾万丈、奇々怪々のこの一代記を締めくくる
二度目の赤ん坊、完全な忘却、
歯も無く、目も無く、味も無く、何も無し。

〔『お気に召すまま』松岡和子訳、『シェイクスピア全集15』ちくま文庫、二〇〇七年、八一〜八五頁〕

しかし、先に引用したクルアーンの章句（鉄章〔五七章〕二〇節）は、人間の年齢についてだけでなく、それぞれの年齢での内的な状態や精神的な危険を（超高齢のか弱さはイスラームにおいて決して罪ではないが）、時を超えて要約している。このことを、先に述べた意味に

加えておこう。

＊

それでは、人びとはどうすれば良いのだろうか。これらの教えから、実用的に「得られるもの」は何であろうか。それは、要するに「時間を無駄にするな！」ということである。現世の生活は、植物のようである。「それはいわば、雨によって作物が農夫を喜ばせるようなもので、やがて枯れて、あなたはそれが黄色くなったのを目の当たりにし、次いでそれは残滓となる」。言いかえれば、人生はとても短く、続いたとしても、か弱い老齢となり、結局は終わるのである。人には十分な時間があるという考えは、若さと健康の興奮によって生じる幻想でしかない。アメリカの作家で詩人のエドガー・アラン・ポー（一八四九年没）は（「夢の夢」の中で）このように書いた。

あの頃は夢だったと考えられても
間違いではないのです。
（中略）
私は寄せの波のくだける磯の
轟《とどろ》きの中に立っている、

そして私は手の中に
黄金の砂をいく粒、握っている——
ほんの少し。しかしそれらはどんなに
私の指の間から海へ這《は》い落ちることであろう、
私が涙を流し泣いていれば。
ああ、神よ、私はもっとしっかり
摑《つか》むことはできませぬか。
ああ、神よ。私はその一粒、無情の波から
救えませぬか。
我々の見たり、見えたりするものはみな
夢の夢にすぎませぬか。

〔『ポー詩集』阿部保訳、新潮文庫、一九五六年、二三～二四頁〕

実際に、現実では、現世の生活は儚く、無駄にできる時間はない。死は免れられず、いつもすぐそこに来ているかもしれない。そして死は私たちに向かってきており、現在何歳であろうと、毎秒近づいてきているのである。クルアーンの中で、私たちは思い出す——「〔不信仰の〕あなたは〔破滅に〕近い、とても近い。そして〔繰り返して言おう〕あなたは〔破滅に〕近い、とても近い」（復活章［七五章］三四～三五節）。これは、私たち皆が認める必要のある、冷酷な真理である。

だからこそ、上記の次に続く章句はこのように言うのであろう——あなたたちは、あなたたちの主〔アッラー〕からの赦しと楽園へ向かって互いに競いなさい。楽園は天地ほども広い。（鉄章〔五七章〕二一節）。同様に、別の章句は述べている——「あなたたちの主〔アッラー〕からの赦しと楽園をめざして競いなさい。楽園は、天地ほども広い」（イムラーン家章〔三章〕一三三節）。そしてまた、別の箇所では次のように述べられている——「アッラーへと逃げなさい」（撒き散らす風章〔五一章〕五〇節）。

＊

なぜこれを知ることが重要なのか

多くの国の平均的な人は——そして特に平均的な学生は——現在、世界史上のどの時代よりも、毎日多くの時間を娯楽に当てている。つまり、平均的な人は一日六時間以上も——生きている時間の四分の一、起きている時間の三分の一——を毎日テレビや映画、ネットサーフィンとチャット、ソーシャルメディア、ビデオゲーム、ポルノや成人向けコンテンツ、ミュージックビデオ、ポップミュージック、ラジオに費やしている。それは週に四〇時間以上になる。これは、一週間フルタイムで働く労働時間に相当する。つまり、一生分の仕事に値する時間を、映画とテレビ、メディアとインターネット巨大企業に無料で与えているのである。それは隠れた中毒であり、空想と些末なことに仕える、内なる奴隷の一形態である。この現世の生活が、遊びと戯れを超えて、見当違いの情熱と自尊心にまで到達し、そしておそらく社会的な暴力の種をまいている。そして、これは最も現実から外れたたぐいの現世生活である。必然的に、これが意味するのはエンターテインメントの宗教化と宗教のエンターテインメント化である。

イスラームは、人生の価値と内在する死について、パラダイムシフトを要求する。私たちの日頃の近視眼は、口には出さない幻想が原因である。その幻想とは、私たちはまだ生きていて、死は他者の身にだけ起こると思えるから、自分個人には関係ない、という幻想である。しかし、もちろん関係はあるのであって、すぐにでもそれはやってくる。

ガザーリーは次のように記している。

あなたの時間はあなたの命であり、あなたの命はあなたの資本である。それを通じてあなたは取引をおこない、それを通じて永遠の幸福に至り、そして神へと近づくことができる。あなたの一回一回の呼吸はかけがえのないものなので、極めて貴重な宝石である。いったんなくなれば、二度と戻らない。命が減る一方で金が増えるからといって喜ぶ愚か者のようになってはいけない。寿命が尽きかけている時に金が何になろうか。

（アブー・ハーミド・ガザーリー『導きのはじめ』）

もちろん、誰もが毎日一、二時間はリラックスしてくつろぐ必要がある。しかし、運動することも、知的成長も、意味ある人との交流もなく――宗教、家族、慈善、社会にかかわる義務と活動は言うまでもなく――一日六時間というのは、人間の時間および人生の前代未聞の無駄である。それは莫大で否定的な、心理学的、文化的、社会学的、医学的、経済的、さらには政治的な影響をもたらす。預言者ムハンマドは次のように述べた。

五つのことが起きる前に、五つのことを利用しなさい。歳を取る前に若さを、病気になる前に健康を、貧しくなる前に豊かさを、手がふさがる前に自由な時間を、そして死ぬ前に命を。

（ハーキム『ハディース補遺集』）

第10章

シャリーアとは何か

そしてわれ〔アッラー〕は、あなたを諸事〔を律するため〕のシャリーア〔法〕の上に置いた。それゆえ、それに従って、知識のない者の欲望に従ってはならない。
（跪く章〔四五章〕一八節）

一九七八年、ニューヨークのコロンビア大学で教授を務めていた一人のキリスト教徒のアラブ人〔エドワード・サイード〕が『オリエンタリズム』という驚くべき本を書いた。この中で彼は、西洋がイスラーム世界を物質的に支配してしまったために、〔西洋側が抱く〕否定的なステレオタイプが、アラブ人やムスリム自身にも信じられていると嘆いた。現代において、これはシャリーアにも当てはまる。西洋がシャリーアを中世の男尊女卑や断手刑などと結びつけたために、今シャリーアを実践し始めようとする者は、まさにそうしたこと〔男尊女卑や断手刑〕をおこなうほどである。その様子はまるで、そうすることが自分の信仰に偽りがないことを示す真の尺度であるかのようである。しかし、実際には、シャリーアは思想、法規定、諸手続きからなる膨大かつ多元的な総体であり、一般的に考えられているものとは全く異なっている。いかなる事柄に関してでも、異なる見解がいくつも提示されるのであり、それは同じ法学派の中においてさえもそうである。これから論述する通り、そのすべてが、個々人と社会の福利をめざしている。しかも、この「福利」とは、変わり続ける文化的な概念に基づいた無目的で主観的なものではない。それは、究極的にはイスラームの啓示とインスピレーション、すなわちクルアーンとハディースに基づいている。

「シャリーア」の意味

「シャリーア」という言葉の語源を知っておくことは、非常に有益である。「シャリーア」の語は、アラビア語で道や通りを意味する「シャルウ」と同じ語根を持つ。その語根は、字義的には、時間の経過とともに踏みならされる、動物たちが水場へと行き来する道を指す。沙漠では、水はあらゆる生き物にとって生命を意味するので、このような踏み分け道は文字通り救いへの道である。したがって、「シャリーア」はクルアーンという神の啓示と、預言者ムハンマドに与えられた神の導きから発出する法であるが、この言葉が持つ意味は、人間が現世（と来世）において救済を得る手段であり、それなしでは人間が無知のまま自分自身の沙漠を死ぬまでさまようことになるような法を指す。このように、アラビア語の「シャリ

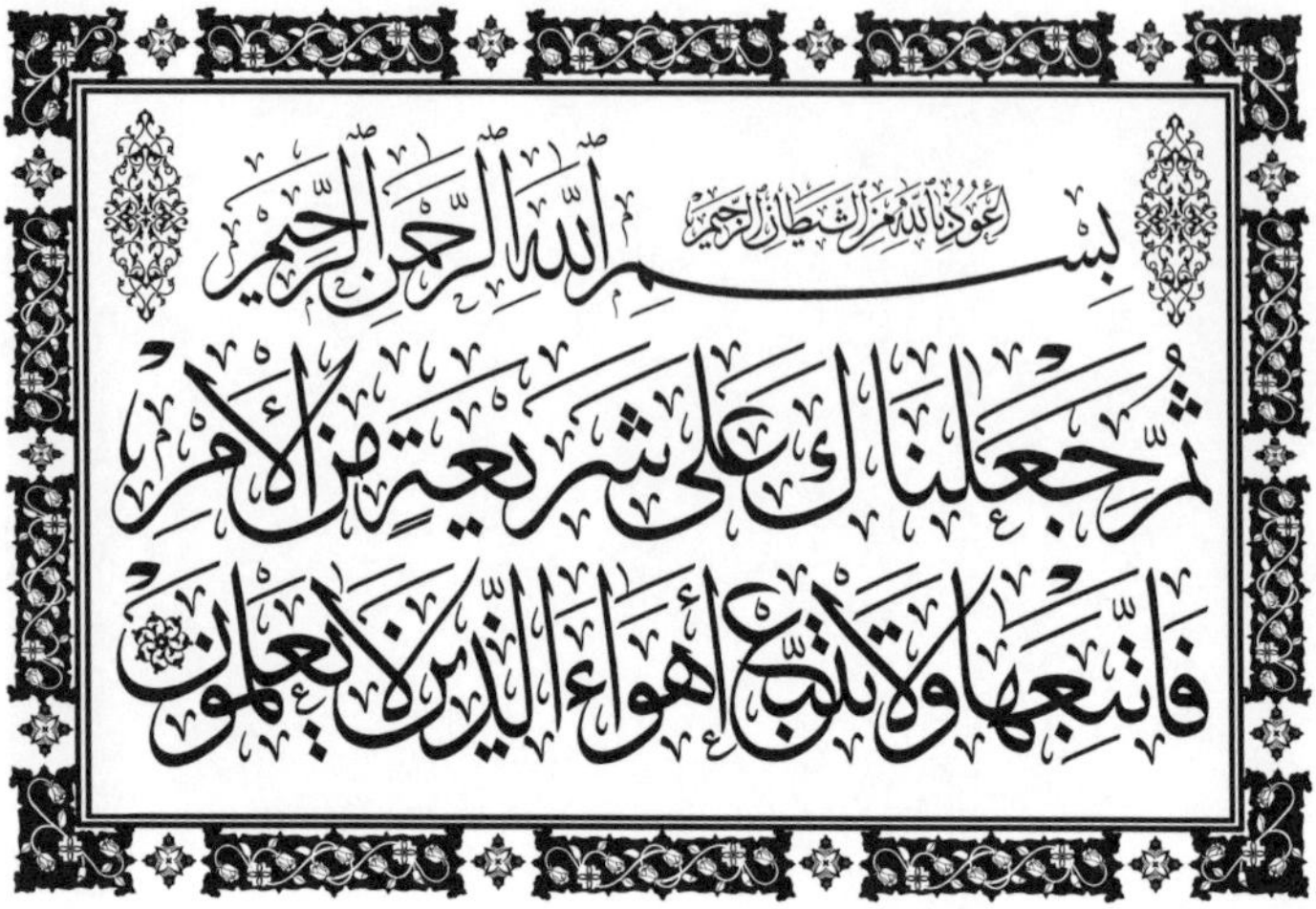

跪く章［四五章］一八節

ーア」という言葉自体には、美しく、いわく言いがたく、力強い意味が込められている。

「シャリーア」という言葉とその派生語は、実はクルアーンに五回しか登場しない――動詞として二回（協議章［四二章］一三節に肯定的に一回〔神の法として〕、同章二一節に否定的に一回〔間違った法の場合について〕）、魚群の進路を用いたたとえ話として一回（高壁章［七章］一六三節）、「シルア」〔法を意味する別形〕として一回（食卓章［五章］四八節）、そしてイスラームの聖なる法に言及する名詞として一回のみである。この最後の一回が登場するのが上に引用したこの章句である――「そしてわれ〔アッラー〕は、あなたを諸事〔を律するため〕のシャリーア〔法〕の上に置いた。それゆえ、それに従って、知識のない者の欲望に従ってはならない」（跪く章［四五章］一八節）。

「諸事」という言葉は、通常は「宗教的な戒律」という意味として捉えられるが、それが文字通りに意味するのは「問題」「関心事」「事柄」といったことである。つまり、シャリーアは物事の性質に基づくものであり、それは宗教的な儀礼が人間の性質に対応することと同様である（これについては第2章で論じた）。それゆえに、シャリーアは決して、独断的で圧政的な、不可解な規則ではなく、神意による〔人間の〕実践的および精神的要求に応えるための手引きなのである。さらに言えば、「シルア」という形で、それは他の諸宗教に下された神的な法をも意味する。

> われ〔アッラー〕は真理によって、あなた〔ムハンマド〕に啓典を下し、以前の啓典を追認し、それを守るようにした。それゆえ、アッラーが下したもの〔啓示〕によって、彼らの間を裁きなさい。あなたにやってきた真理を遠ざけて、彼らの欲望に従ってはならない。われ〔アッラー〕は、あなたたち〔の共同体〕それぞれに、法〔シルア〕と道〔ミンハージュ〕を与えた。もしアッラーがそう望んだのであれば、あなたたち〔人類〕を単一のウンマ〔共同体〕としたであろう。〔そうしなかったのは、〕かれ〔アッラー〕があなたたちに与えたものによって、あなたたちを試みるためである。それゆえ、互いに善行を競いなさい。アッラーへとこそ、あなたたちの誰もが還る。〔還ったその時に〕かれ〔アッラー〕は、あなたたちが意見を異にしていたこと〔の真実〕を告げるであろう。
>
> （食卓章〔五章〕五八節）

したがって、シャリーアが特別にイスラームという宗教の聖なる法であるならば、その言葉が暗に意味するのは、他の諸宗教においても聖なる法があったということであり、それもまた尊重する価値があるのであり、実践的・精神的要求に応えるものとして存在したということである。

道徳律としてのシャリーア

法律とは、この世において、法に対し責任を負い、法によって〔違反者が〕罰せられる規則である。道徳律とは（少なくとも信徒にとっては）、来世において、神に対し責任を負い、神によって〔違反者が〕罰せられる規則である。シャリーアは、法律である前に道徳律である。これが意味するのは、シャリーアによって罪とみなされることのほとんどが、地上の法によって罰することはできないが、来世では神が罰するだろうということである。たとえば、もしあなたが友達に（宣誓なしに）嘘をつけば、それは法によっては罰せられないが、あなたが悔い改めない限り、神はあなたに責任を取らせるであろう。したがって、シャリーアの大部分は〔宗教的な〕罪についてであり、犯罪についてではない。さらに、礼拝、断食、巡礼などの規則もシャリーアには含まれているが、これは西洋的な意味では「法」と捉えられないものであろう。したがって、シャリーアを「イスラーム法」と呼ぶことは、実はかなり誤解を招く。

さらに言えば、法律として機能する箇所においてさえも、シャリーアは意図的に、比較的少ない命令しか含んでいない。そしてほとんどの物事について意図的に、沈黙しており（つまりそれらは原則的に許容される)、他の多くの物事についても意図的に、解釈の余地が残されている。したがって、ムスリムの学者たちは、シャリーアに従ってすべての行為を(ほとんどのイスラーム法学派が)五範疇のいずれかに分類してきた。

一、義務(ファルド)――おこなうと〔来世で〕報奨があり、おこなわないと罰せられるもの。
二、忌避(マクルーフ)――おこなわないと報奨があるが、おこなっても罰せられないもの(ハナフィー学者の一部はこれをさらに細かく区分する)。
三、任意(ムバーフ)――おこなってもおこなわなくても、報奨も罰則もないもの(よきことへの愛のためにおこなう場合に限っては、報奨がある)。啓典が具体的に禁じていない限り、原則的にすべてが許容される。
四、推奨(ムスタハッブ)――おこなうと報奨があるが、おこなわなくても罰せられないもの。
五、禁止(ハラーム)――おこなえば罰せられ、おこなわないと報奨があるもの。

さらに指摘しておきたいのは、シャリーアによれば、預言者ムハンマドが言ったように「行為はその意図による」(ブハーリー『真正集』、ムスリム『真正集』)が、あらゆる行為が正当かそうでないかは、それを定める基準に則《のっと》るということである。つまり、シャリーアが第一に目指すことは、人生とこの世へのガイドブックとして、ムスリムにとって物事を道徳的にきわめて明瞭なものにすることである。神はクルアーンの中で次のように述べている――「われ〔アッラー〕は、すべてのことを解き明かす啓典をあなた〔ムハンマド〕に下し、帰依者〔ムスリム〕たちへの導き、慈悲、朗報とした」（蜜蜂章〔一六章〕八九節）。

シャリーアの目的

法的なシャリーアの究極的な目的は、実は次の一つの節に描かれている。これは動詞として「シャラア〔定める〕」の語を肯定的に用いている章句である。

かれ〔アッラー〕は、あなたたち〔ムスリム〕にヌーフ〔ノア〕に命じたもの〔と同じ教え〕を定めた。われ〔アッラー〕はそれをあなた〔ムハンマド〕に啓示し、〔かつては〕アブラハム、モーセ、イエスに対しても命じた。その教えを確立し、それをめぐって分裂してはならない。（協議章〔四二章〕一三節）

ここから理解できることは、シャリーアの究極的な目的には二つあるということである。すなわち、宗教的実践と社会的結合を確立することである。言いかえれば、宗教的な法の目的とは、ただ精神的な均衡と社会的な調和であり、これらが対応するのは精神的かつ現世的な福利と、人間と社会が必要とするものである。シャーフィイー学派の大法学者であったイッズッディーン・イブン・アブドゥッサラーム（ヒジュラ暦六六〇年／西暦一二六二年没）は次のように述べている――「神の定めはすべて、かれのしもべ〔人間〕の利益になることであるから、誰であれ助言を受け入れて自分の罪を悔い改める者にとっては、吉報である」（『法規定の原則』）。また、〔ハンバル学派の法学者の〕イブン・カイイム・ジャウズィーヤ（ヒジュラ暦七五〇年／西暦一三五〇年没）は次のように書いた。

> シャリーアの礎石と基礎は、現世と来世におけるしもべたち〔人類〕のための英知と公益である。それはすべてが正義であり、慈悲であり、公益であり、英知である。正義を外れて不義となったもの、慈悲を外れてその反対になったもの、公益を外れて堕落となったもの、英知を外れて空虚となったものは、たとえ〔法学者による〕解釈によって挿入されたとしても、シャリーアによるものではない。
>
> （『署名者たちの名士』）

より具体的に言えば、ガザーリー〔前出。九〇、一一七頁〕（彼の著作『法源学の精髄』）やイブラーヒーム・シャーティビー（ヒジュラ暦七九〇年／西暦一三八八年没）のようなイスラーム学者は、クルアーンにおける命令のすべてをくまなく検討し、シャリーアには五つの普遍的な「目的」があるとして、「マカースィド・アッ＝シャリーア」〔シャリーアの目的〕として抽出した。実践においては、これらはすべての人間にとっての五つの基本的な権利として解釈される。それは、㈠生きるための権利、㈡信仰のための権利（一部の学者はこれを最初に置く）、㈢家族・生殖・名誉のための権利（この権利は、家族と生殖のための権利と、名誉のための権利に分けられることもある）、㈣理性のための権利、㈤財産のための権利であり、それぞれの権利が意味する自由と保障がこのすべてに伴っている。以下のクルアーンの章句は、これらの要約として考えられる。

> まことにアッラーは公正、美徳、近親者に対して与えることを命じ、また醜行、悪〔ムンカル〕、侵犯を禁じている。かれ〔アッラー〕はあなたたちに勧告している。おそらくあなたたちは〔それを〕思いおこすであろう。（蜜蜂章〔一六章〕九〇節）

したがって、次のように言うことができる。

一、「公正」は、生きる権利の基礎であり、すべての権利の基礎でもある。
二、「美徳」は、宗教のための権利を意味する（美徳＝イフサーンは、すでに述べたように〔一七八頁〕「神を見ているかのように神を崇拝すること」として定義される）。
三、「近親者に対して与えること」は、家族と生殖を表す。
四、「醜行の禁止」は、名誉のための権利を表す（名誉は、イスラーム社会では家族と密接に結びついている）。
五、「悪の禁止」は、理性のための権利を表す（悪＝ムンカルは、知識や英知＝イルファーンの逆として定義される。ラーギブ・イスファハーニーの『クルアーン語彙辞典』を参照）。

六、「侵犯」は財産の権利への言及であり、それゆえ生きる権利をも表す。

これらの「シャリーアの目的」は、シャリーアの「なぜ」——つまり「法の精神」——を示すものであり、法の裁きが確実にこれを反映するようにすることが重要である。「シャリーアの目的」は、現在一部の人びとが考えるように、法の裁きの代用として用いられるものではない。それは、イスラームにおける「人権」の基礎である（人権については、四四のイスラーム諸国によって採択された「一九九〇年イスラームにおける人権に関するカイロ宣言」の中でそれなりに正確に述べられている）。イスラームにおいてこそ人権は、条約に基づく「人間によって与えられた」権利ではなく、実際に無条件に神によって与えられた権利である。最後に明確にしておくべきことは、一般にシャリーアとその具体的な諸権利は、人びとに困難を生み出すためではなく、人びとにとって物事を全体的に容易にするために設計されているということである。神はこう述べている。

アッラーはあなたたちに容易さを望み、困難を望まない。

（雌牛章［二章］一八五節）

イスラームの法学派

英語の jurisprudence〔法哲学・法理学〕という言葉は、もともとラテン語の juris prudentia という「学び」や知識、法の学問を意味する言葉に由来する。『オックスフォード英語辞典』によれば、これは「法の理論または哲学」を意味する。イスラームの文脈では、シャリーアの法が、基本的な二つの源であるクルアーンとハディースから、いかにして導き出されるのかを表す言葉として捉えられる。それは、法とは「何」であるかを示す。

預言者ムハンマドの死後、地上への直接の啓示は永遠に終了した。神は、すべてのことについて直接語るのをやめ、自分の意見には神の権威があると主張することは誰もできなくなった。地上の神権政治は終焉し、それ以降人びとにとって頼れるものは、クルアーンとハディースの伝達だけになった。これは、預言者の教友たちにとってはそれほど問題ではなかった。なぜなら、彼らは自ら預言者について記憶していたからである（ただし、彼らが皆で目撃した出来事の意図や意味をどう理解するかについては、しばしば見解の相違があった）。しかし、こうした教友たちは徐々に世を去った（有名な教友の中で最後に亡くなったのはアナス・イブン・マーリクで、彼は西暦六一二年に生まれ、一〇歳から預言者ムハンマドの一家の中で育てられ、ヒジュラ暦九三年／西暦七一二年に亡くなった。すべての教友の中で最後に亡くなったのは、アブー・トゥファイル・アーミル・イブン・ワースィラで、彼はヒジュラ暦一〇二年／西暦七二一年頃にマッカで亡くなった）。彼らがいなくなることで、知的権威は一つの危機に陥った。これはハディースの収集がなされた後でも続いた。したがって、クルアーンとハディースに関するいくつもの重要な疑問が解消されなければならなかった。

これらの疑問は、クルアーンとハディースの「権威」とは関係がなく、むしろそれらを

「どのように理解するか」に関係がある。しかしこうした疑問はとても重要である。その疑問とは、たとえば以下のようなものである――クルアーンの中に、またはハディースの中に、あるいはその両者の間に、明らかな対立や「取り消し」がある場合はどうなるのか？ ある一つのハディースについての異なる語りが、互いに矛盾するように思われる場合はどうなるのか？ 論理や「矛盾」とは、神の法に適応する場合でも正当な概念であるのか？ 教友たちの間のさまざまな点での違いや不一致は、どのように理解すればよいのか？ クルアーンにもハディースにも言及されていない物事については、どうすればよいのか？ クルアーンやハディースに言及されている指示が、具体的な文脈に限られたものか、それとも一般的なものかは、どのように見分けるのか？ クルアーンの章句やハディースの文言が発された文脈とはどのようなもので、それらは預言者ムハンマドが異なる人に与えた別個の指示とどう関係するのか？ クルアーンのどの章句が立法のためのもので、どれが単に知識を与えるものであるか？ どれが文字通りの指示で、どれが寓意的な教えで、それはどうやって見分けられるのか？ アラビア語のよく知られた修辞学的意味が、字義的な意味と異なる場合はどうするのか？ 語彙が二つ以上の意味を持つ場合はどうなるのか、どの意味が正しいかは（正答が複数あることもあるが）どうやってわかるのか？ クルアーンが啓示された時代に理解されていたのと同じように私たちがアラビア語の意味を理解していると、どうしてわかるのか？ 預言者の振る舞いのうち、どれがスンナ〔慣例〕（従うべきもの）で、どれが単にその時だけのもの〔従う必要のないもの〕で、どれが預言者本人だけの振る舞い〔信徒への指示ではないもの〕であるか？ ハディースが法の源泉であるためには、どの程度〔信憑性が〕「確か」で「強い」ものであればいいのか？　一つのハディースだけでも法〔の典拠〕には十分であるのか？　法規定は、具体的に誰に適用するものなのか？　これらの法規定を解釈するのにふさわしいのは誰か？　法を執行する責任を負うのは誰か？　その執行はどのように、どんな条件下でおこなわれるべきなのか？　見るからに不公正に見える法規定があったら、どうすればいいのか？　あるいは、「正義」そのものが主観的な概念であり、神の法の外では何の意味も持たないのか？　もしそうであるならば、クルアーンとハディースに明確に示された正義の原則に明確に矛盾する法規定についてはどうか？　クルアーンとハディースに固有の解釈の方法論は存在するのか？　なぜ、異なる解釈が存在するのか？　異なる解釈をした者たちは互いの意見をどのように捉えるべきか？　すべての学者が一つの解釈に同意する場合、それは拘束力を持つのか？　もし学者たちの間で合意が成立し、その後の世代で意見が分かれた場合はどうするのか？　または、学者たちが合意し、その後に当人たちの意見が分かれた場合はどうか？——等々、このような疑問が生まれる。イスラームの法的・知的な歴史は、当然ながらも、まさにこのような重要な疑問に満ちている。そこから、数え切れないほどの不一致や論争が生まれた。

　イスラーム初期の数世紀には、多くの異なる学者——九〇人から一三〇人と推定される——が、これらすべての疑問を扱い、それぞれが固有の体系的な方法論を発展させた。これらは「マズハブ」〔法学派〕と呼ばれるが、字義的には「出発〔点〕」や「方向」を意味する。この語義は完璧な説明となっている。なぜなら、それらが（スンナ派世界において）クルアーンとハディースに基づいて、どのように進むべきかを決定づけたからである。預言者ムハンマドが〔教友の〕ムアーズ・イブン・ジャバルを使者としてイエメンに遣わした時、彼はムアーズにどのように決断を下すか、と尋ねた。ムアーズは、まずクルアーンによって、次にスンナによって決定し、それがない場合は自分自身の解釈〔イジュティハード〕を用いると言い、預言者はこの方法論を認めた（アブー・ダーウード『スンナ集』、ティルミズィー『スンナ集』、ダーリミー『スンナ集』）。これに基づき、解釈の方法論を独自に発展させた学者たちは「ムジュタヒドのイマーム〔解釈権を持つイマーム〕」として知られるようになった。そのような学者には、高名な禁欲者のハサン・バスリー（ヒジュラ暦一一〇年／西暦七二八年没）、〔法学者の〕アブドゥッラフマーン・アウザーイー（ヒジュラ暦一五七年／西暦七七四年没）、禁欲者のスフヤーン・サウリー（ヒジュラ暦一六一年／西暦七七八年没）、〔エジプトの法学者の〕ライス・イブン・サアド（ヒジュラ暦一七五年／西暦七九一年没）、（シャーフィイー学派の法学者の）イブラーヒーム・アブー・サウル（ヒジュラ暦二三九年／西暦八五四年没）、〔ザーヒル学派の祖の〕ダーウード・ザーヒリー（ヒジュラ暦二七〇年／西暦八八三年頃没）（ザーヒル学派は、今日でも他の法学派によって参照されている）、偉大なクルアーン注釈者であるイブン・ジャリール・タバリー（ヒジュラ暦三一〇年／西暦九二三年没）などがいる。

　こうした学者たちは、それぞれイスラーム世界の特定の地域を拠点として、それぞれの地域において先行する学者たちの思想を継承した。しかし、わずかに四つの法学派のみがスンナ派世界では（今日においても）主流となった。四学派の祖となったのは、アブー・ハニーファ・ヌウマーン・イブン・サービト（ヒジュラ暦一五〇年／西暦七六七年没）、マーリク・イブン・アナス（ヒジュラ暦一七九年／西暦七九五年没）、ムハンマド・イブン・イドリース・シャーフィイー（ヒジュラ暦二〇四年／西暦八二〇年没）、そしてアフマド・イブン・ハンバル（ヒジュラ暦二四一年／西暦八五五年没）の四人であった。

概して言えば、アブー・ハニーファとその学派は（重要な順に）以下のことを優先した。

(a) クルアーン
(b) 真正なハディース
(c) 合意および預言者の教友たち（特に、イブン・マスウードなど学識の高い者）の法学意見の、両方かまたは一方
(d) クルアーンとスンナに基づいた類推（キヤース）、および特殊な類推（イスティフサーン）〔類推とは、クルアーンかスンナに先行事例がある場合に、新しい事案が内容上それと同じものであると類推される場合に、同じ規定を当てはめる解釈法〕

アブー・ハニーファはイラクで生涯を送った。彼が信念としたのは、どれだけ多くのハディースがあったとしても、学者はそれらを実際に聞いた人びと（つまり預言者の教友）が実際にどのように理解したかを見るべきだということである。なぜなら、彼らはハディースの環境、文脈、意図についての直接的な経験と知識を有していたからである。言いかえればア

ブー・ハニーファは、逐語的に確かなものとは言えない、個別のテキストしか持っていない後代のムスリムに比べ、教友たちがはるかに有利な立場にあることを認めたのである。

ハナフィー学派はスンナ派最大の法学派であり、今日の世界のスンナ派人口の五割がハナフィー学派である。基本的には、インド亜大陸を含む中央アジア全体のスンナ派世界すべての法学派となっている。ハナフィー学派は、広大なオスマン帝国（ヒジュラ暦六九九～一三四三年／西暦一二九九～一九二二年）の公式な法学派であったため、最も発展した多様性のある法学派である。さらに、イスラーム法はイバーダート（信仰儀礼についての法規定）とムアーマラート（社会的行為についての法規定）に分けられる。したがって、インドネシアやマレーシア、エジプトなどのシャーフィイー学派の拠点でさえも、社会的行為や家族法の分野（ムアーマラート）では、実施しやすいという観点からハナフィー学派の見解を採用することがある。

マーリク・イブン・アナスは、ほとんどすべての人生をマディーナで過ごした（ここは預言者ムハンマドが定住し亡くなった場所である）。彼はマディーナの人びとが学んで実践していたことを優先した。なぜなら、彼の時代のマディーナの人びとは預言者時代から数世代しか離れておらず、その人びとの実践が預言者の真の教えを最も正確に反映していると、彼は考えたからである。したがって、彼は以下のことを優先した。

(a)　クルアーン

(b) ハディースを通して理解される預言者のスンナ、教友たちの裁定やマディーナの人びとの実践
(c) 合意
(d) 類推（キヤース）
(e) 共同体の公益

マーリクは、イスラーム法についての体系化された最初の手引きである『ムワッタア』〔踏み固められた道〕を著した。今日でもなお、この書はムスリム学者が参照する基礎文献の一つである。彼の法学派は、世界のスンナ派人口の二割ほどを占めており、その大半は北アフリカや西アフリカのスンナ派である。

マーリクに学んだムハンマド・イブン・イドリース・シャーフィイーは、預言者の属するマッカの部族〔クライシュ族〕の出身であるが、アラブ世界を〔知識を求めて〕広く旅した。シャーフィイーは、彼のかつての師マーリクとは異なっていた。彼の考えでは、ハディースそれ自体では決してクルアーンを無効にすることはできない。彼は、あくまでクルアーンの次に、ハディースのテキストを参照し、その伝達経路と内容からハディースの信頼性を判断した。彼の著作である『リサーラ』〔論考〕は、イスラーム法学の統合的な方法論についての初めて全体的な理論を述べたものとみなされている。この書はイスラーム法学を学ぶ者すべてにとって根幹をなす原典である。この中で彼は次のように述べている。

誰であれ何かについて、「それは許容されている」とか「禁じられている」などと述べることは、知識に拠るのでない限りは、決してしてはならない。その知識とは、クルアーンか、スンナ〔預言者慣行〕か、イジュマー（合意）か、キヤース〔推類〕に基づくものでなければならない。（シャーフィイー『論考』、「バヤーンについて」第五節）

アッラーの使徒〔ムハンマド〕のスンナ〔慣行〕が置き換えられる時は、必ず別のスンナによる。アッラーの使徒は、スンナの置き換えをする時は、どのスンナでどのスンナを置き換えるのかを、人びとに明らかにした。（略）スンナとは、神の書〔クルアーン〕を補完するものであり、神の書〔クルアーン〕と矛盾することは決してありえない。（同、「ハディースについて」）

したがって、実践において彼の学派は以下のことを優先した。

(a) クルアーン
(b) 真正なハディース
(c) 学者たちの合意
(d) 教友たちの見解（少なくともシャーフィイーの旧学説〔エジプト移住以前〕においては）
(e) クルアーンとスンナに基づいた類推（キヤース）
(f) 継続性の仮定（イスティスハーブ・アル＝ハール）

ハディースのテキストを、それについての初期の解釈よりも優先させることから、シャーフィイー学派は自らの法学派を「ハディースの学派（マズハブ・アル＝ハディース）」と呼んだ。スンナ派のおよそ四分の一が、少なくともイバーダート〔信仰儀礼〕においては、シャーフィイー学派である。

　このハディース重視の潮流は、シャーフィイーの弟子で、迫害によって英雄となったアフマド・イブン・ハンバルによって、さらに一歩進められた。イブン・ハンバルは、たとえ弱いハディースであっても、人間の判断や類推よりは好ましいと考えた。預言者の真の言葉である可能性がほんの少しでもあるなら、どんなハディースも人間の判断よりもよいと考えた。そして彼は、人間の判断にはもともと根本的に欠陥があるとみなした。その結果、彼と彼の学派（厳密に見ると、今日のスンナ派の五パーセントほどにすぎない）は、以下のことを優先した。

(a)　クルアーン
(b)　真正なハディース
(c)　初期共同体の合意
(d)　教友たちの見解
(e)　弱いハディース

(f) クルアーンとスンナに基づいた類推(キヤース)

上記のすべてから明らかになることは、それぞれの法学派が異なる――しかしすべてが理知的で根拠のある――前提を方法論の背景としており、そしてすべての法学派がクルアーンとハディースに基づいているということである。そして多くの優秀な学者たちがそれぞれの世代で、それらを検証し、考え抜き、適用し、発展させた。それゆえ法学派は方法論に従うのであって、個人に従うものではない。同様に明らかになることは、これらの方法論の違いは、さまざまな物事についての意見の違いを導き出すことになったということである。事実として、完全な合意が存在したのは、それぞれの学派の中でさえ、すべての事柄の一〇パーセント未満についてであった。そのように合意された点は、決定的で疑念の余地がないもの(カトイー)としてみなされた。その他の論点に関する学者の意見は、一般的に「意見に基づいた」もので、したがって「推論的」(ザンニー)であるとみなされた。ただし、おそらくはこの結果として、この四つの主なスンナ派法学派の間では、いくらかの歴史的な内輪揉めが存在したが、彼らは全員、互いを妥当であると認め合い、互いを尊重する多元的な態度を取った。シャーフィイー自身が次のように述べている――「(我々は自分たちの)学派が正しいと考えるが、それが誤りかもしれないことを認める。そして我々は他の法学派が誤りであると考えるが、それらが正しいかもしれないことを認める」。この相互承認が、スンナ派全体の教義を内的に統合されたものとして、そして思想と法の多元的なシステムとして、強固なものにした。法学派の方法論に基づいてシャリーアを導出することは、「ウスール・アル＝フィクフ〔法源学〕」（字義的な意味＝「法の基礎あるいは根幹」）として知られるようになった。「ウスール」という言葉は、シャーフィイーの『リサーラ』が書かれた直後あたりに創られ、それはムハンマド・サラフシー（ヒジュラ暦四九〇年／西暦一〇九六年没）が有名な著作『ウスール・アル＝フィクフ』を著す前のことであった。これが説明するのは、なぜ法学派の体系に従う人びとがしばしば「ウスール派」として知られているかの理由である（「ウスール」という言葉は、「ファンダメンタリズム〔原理主義〕」と英訳されることがあるが、完全な誤訳である。この言葉は「プリンシプリズム〔原則主義〕」と訳されるべきである）。イスラーム暦（ヒジュラ暦）三世紀初めから一三世紀までの間（つまり、西暦八〇〇年頃から一七五〇年頃まで）、何らかの法学派に公式に属さずして（したがって「ウスール派」ではない）、広く認められているスンナ派の大学者などというものは、ただ一人として見つけられない。ウスール派のイスラームとは、イスラームの歴史の中において、スンナ派イスラームの偉大な知的・法学的伝統そのものにほかならない。

＊

ここで注意すべきことは、上記のすべてが、論理的で一貫した方法論に従って一次文献から法規定を導出する方法について述べていることである。それは、七世紀の普通の状況下ではどのような法規定が理想的であったか、あるいは理想的とみなされるかということと結びついている。ここにもう一つの障害がある——状況は変わるということである。それは特に四つの形で変化する。すなわち、時（ザマン）、場所（マカーン）、人（シャフス）、そして状況（ハール）である。後世の学者たちはこのことに気がつき、原典が最初に有効だった文脈を考慮に入れずにその原典から法規定を導き出すことはできないと指摘した。そうすると、〔現代における解釈のためには〕現在における文脈、そして現在の現状についての真の理解が必要となる。これが、多くの現代イスラーム学者に足りていない点である。彼らは今日の人びとの文脈を真に理解していなくても、自分では理解していると思っている。しかし、彼らは、真に何が起こっているのかを理解していない。そして何が起こっているかは、法の「どのように」に関係する。もしこの「どのように」を理解しなければ、どんな状況にも同じ種類の法規定を適用するという間違いが起きる。したがって、導き出された法規定それ自体は正しくても、現実の世界に適用することが誤りであることがしばしば起きるが、その原因は、イスラーム法学者が文脈が自然と変化することを考慮に入れてこなかったからである。導き出された法規定は「そのまま」では、しばしばその法の目的を実際には達成しないことがある。したがって、それは実際上、誤りなのである。それはまるで、ある学生が出題とは別の問いへの答えを、ウィキペディアからコピーアンドペーストして提出するのと同じようなことである。これは明らかに改善する必要がある。それゆえ、イスラーム法学者は歴史、哲学、科学、テクノロジーや医学などの諸分野について学んで、自分たちが下す判断が単に教科書的なものにとどまらず、生きたシャリーアの目的を反映するようにする必要がある。

たとえば――次章で論じるように――国際連盟結成（一九二〇年）以前は、自然状態としての国家間の政治的関係は、実際の戦争まではいかないにしても、敵対的な競合関係であった。物事はあからさまに侵略的であったし、もしある国家が自国の領土を拡大し、他国の領土の一部を占領し続けられたなら、これは素晴らしいことだと考えられていたし、たいていはそうする口実が何かしら見つかった。多くの場合、口実について悩みさえしなかった。実例は枚挙にいとまがない。ムスリム世界も同様に、二国間に明確な平和条約がない限り、ムスリムと非ムスリムの間の国家関係はジハードとして考えられた――一般的に国家は宗教に基づいていたからである。今日では、すべての国家は国際連合の加盟国であり、国家間の初期条件は明確に平和である。国際条約も、国際的な行動の多くの側面を規制している。したがって、ジハードも通常の状況ではなく、正当な行動とみなすこともできない（もちろん、ムスリムの国家が外部勢力によって侵略され占領された場合は除く）。すなわち、モンゴルの侵略と占領という条件の下で書かれたファトワー〔法学裁定。イブン・タイミーヤがジハードを正当化〕を適用することは、明らかに誤りで正当性がない。

最後に言及しておくべきことは、ウスール派の学者たちが、効力のあるシャリーアの原則を精選して法的な黄金律にまとめたことである。これらはシャリーアにおけるパターンを特定する一般的な経験則であり、道理に適った実際的判断をする助けにもなる。そのうちの五つの主要なものは、以下の通りである（エジプトの裁判官タキーユッディーン・スブキー〔ヒジュラ暦七二七～七七一年／西暦一三二八～一三七〇年」の『類似物と同等物』による）。

一、物事は目的による（目的によって判断される）。
二、害は取り除かれなければならない。
三、慣習は拘束力を持つ。
四、苦難は軽減すべきである。
五、確実性は〔単なる〕疑いでは失われない。

これらは明らかに、とても有用であろう。しかし表面上は、クルアーンとハディースから直接的に導出されるものからは離れているようにも見える。

イブン・タイミーヤとスンナ派内の反ウスール運動

明らかに、法源学〔ウスール・アル＝フィクフ〕は、数世紀の間に難解でおそらくは複雑な学問になってしまった。さらにややこしいことに、しばしばそれは一定の信頼あるハディースと直接矛盾すると思われるような結論に達することがあった（これにはいくつも理由があると思われる。すなわち、クルアーンや他のハディースの優先順位のつけ方、そのハディースを弱いか無効であるとみなした場合、ハディースを一般的ではなく特定のものとみなした場合、または文字通りではなく修辞学的、無条件ではなく条件付きとみなした場合などである）。ここで、イブン・タイミーヤが登場する。

タキーユッディーン・アフマド・イブン・タイミーヤ（ヒジュラ暦七二八年／西暦一三二八年没）はシリアのハンバル学派の優秀な学者であった。彼は激動の時代に生き、人生の一時期を、モンゴル帝国による侵略との戦い、そして彼が異端とみなしたアラウィー派やイスマーイール派との戦いに費やした。その結果として、彼はジハードに関して独特な見解を持った。彼がまた激しく非難したのは、一般大衆の神秘主義（民衆的なスーフィズム）を通してイスラームに入ってきた行為で、スンナに含まれないと彼が考えた多くの実践であった。しかし、彼は正統なアシュアリー神学派とマートゥリーディー神学派の教義をも激しく非難した。特に、クルアーンの中に登場するアッラーの「手」「目」「顔」「側」「玉座にまします」などの「擬人化された」表現（勝利章〔四八章〕一〇節、雌牛章〔二章〕一一五節、山章〔五二章〕四八節、集団章〔三九章〕五六節、鉄章〔五七章〕四節などを参照）は、文字通りに理解すべきであり、「なぜ」とか「どのように」とか問うべきでないと言った。彼の主張では、これは単に彼の意見であるだけでなく、唯一無二の真理であり、学者たちは妥協せず、学問的多元主義を認めることなく、これについて彼に同意するのが義務であるとした（彼は先人については、単に見解の誤りとして軽視する傾向にあった）。最後に、彼は法源学の体系そのものに挑戦した。彼の時代までには、それぞれの法学派が（彼自身が属する学派も含めて）法的な試金石として先例を創り出してきた。状況は、『あなたは私に問う、なぜ』（一八四二年）における〔イギリスの詩人アルフレッド・〕テニソンの描写に少しばかり似ていた。

それは自由人が耕す土地
地味な服を着た自由が選んだ
味方あるいは敵に囲まれた土地
男は思うがままに話すだろう

安定した政府の土地
公正にして古き名声の土地
そこは自由がゆっくりと広がるところ
先例から先例へと

そこは徒党を組むことは稀なところ
しかし、次第に十分さがもたらされ
広がる思いの強さ
時と場所を働き広げて

〔*Tennyson Poems*, Selected by W.E. Williams, Penguin Books, 1985, pp. 45-46〕

しかし、法学派において蓄積された先例が意味したのは、特定の事柄はハディースの文言と直接的に矛盾するように見えることもあるというものであった。また、特定の民衆的な宗教実践は、少なくともイブン・タイミーヤが見た限りでは、ハディースに記録されたスンナにさかのぼることが容易にできなかった。これらすべてを、彼は「ビドア」（異端的な逸脱）であるとみなした。そこで、彼は最初の二〜三世代のムスリム、すなわち「正しい初期世代」の規範であったと彼が信じるものに回帰することを求めた（この「正しい初期世代［サラフ・サーリフ］」から「サラフィー」という言葉がこの運動の支持者を指すようになった）。シャーフィイーが（彼の『リサーラ』において）述べたのと同様に、イブン・タイミーヤは、クルアーンとスンナの一見したところの法的な矛盾はすべて、ハディースのどこかで解決されてきたと考えた。タバリーと同様に、彼はクルアーンの解釈をハディースまたはサラフの言及の中に見つけられるものに限定し、事実上クルアーンを完全にハディースに従属させた（イブン・タイミーヤの著書『啓典解釈の根幹序説』に書かれているように）。しかし、シャーフィイーとタバリーとは異なり、彼はハディースにおいて言及されていない事柄には、可能性の余地を与えなかった。「正しい初期世代」と彼自身の間にある五〇〇年間に及ぶイスラームの学問と思想に縛られないことを求めた。したがって厳密に言えば、イブン・タイミーヤが創始した運動は、しばしば「反・法学派」（ラー・マズハビーヤ）運動と呼ばれるが、実は「反ウスール」運動であった。なぜなら、それは個々の法学派を拒絶するだけでなく、その方法論の原則そのもの（正確には、それらのウスール〔根源〕）を拒絶するからである。

この意味で、イブン・タイミーヤはマルティン・ルターに少々似ていた。ルターは、中世の教会の行き過ぎであるとみなしたものを公然と非難し、伝統的なカトリックの解釈方法とは関係なく、彼自身の理解に従って聖書の文章を直接読みたいと考えた。ルターと同じく、イブン・タイミーヤ（および彼の支持者たち）はこれを、宗教に入りこんだ新しい添加物を浄化することであるとみなした。しかし、これは〔法源学の〕方法論を捨て去ることによって、テキストをめぐる二つの基本的問題――はっきりと矛盾に見える問題、そして物事についての明らかな沈黙〔文言の不在〕という問題――の解決法を捨て去ることであり、古い疑問のすべてが解決されることなく表面化することになった。結果的に見れば、古い解決策を忘れても、単純に古いジレンマをなくすことはできなかった。これらに加えて、そしてこれらが原因で、新しい問題が表面化した。それは、複雑な問題の過度な単純化と脱文脈化、不完全な、あるいは恣意的な啓典の選択（「選り好み」）によって、そしてある問題についてクルアーンとハディースの関連するすべての文言を考慮に入れないという事態であった。今度はこれが――少なくともウスール派の観点からは――新たな論争を招き、それ以降これが反ウスール運動を特徴づけることとなった。つまり、以下のような点である。

(a) 法学派ではなく、思想家個人（イブン・タイミーヤのような）に従うこと。イスラームにおいて、預言者の後には誤りのない人物など誰も存在しないため、このことは問題である。これがまた意味することは、ハディースにおけるはっきりとした矛盾や食い違いに対処する方法を持たないということである。事実上、これが意味するのは、サラフィー主義はハディースの客観的な適用をしようとするものではなく、むしろハディースに基づいたイブン・タイミーヤ自身の法学派ということである。言いかえれば、これは過激主義の主張を伴った第五の法学派であり、他の学派に敵対し、事実上その創設者を無謬とみなすものである。

(b) アシュアリー神学派とマートゥリーディー神学派の神学的な熟慮を拒絶すること。これはクルアーンの中で示された神学的な詳細が何のためのものであるかを考えない立場である。すでに(第6章で)述べたように、神は人びとに、クルアーンについて「よく考える」こと(タダッブル。女性章〔四章〕八二節、信徒たち章〔二三章〕六八節、サード章〔三八章〕二九節、ムハンマド章〔四七章〕二四節、カーフ章〔五〇章〕三七節を参照)、クルアーンに示された神の徴《しるし》(アーヤ)について「熟考する」こと(タファックル。蜜蜂章〔一六章〕四三〜四四節、集合章〔五九章〕二一節、雷章〔一三章〕三節、イムラーン家章〔三章〕一九〇〜一九二節を参照)を求めている。

(c) 専門的なハディース学を、普通の説教者や一般信徒たちの党派的な論点にして、さらにハディース学がクルアーン注釈やシャリーアを含むイスラーム学のすべてに支配的となるようにすること。時折、反ウスール運動は「ハディースの民」(アフル・アル＝ハディース)と自称し、他の法学派がハディースに基づいていないかのようにほのめかしてきた。しかし、スーフィズムやアシュアリー神学派、マートゥリーディー神学派の人士を伝承経路に一人も含まないような真正なハディースを見つけるのは難しい。もし彼らが全員異端者か嘘つきであるならば——これは後の反ウスール主義者の一部が主張したことだが——真正なハディースはほとんど存在しないことになり、そうであれば「ハディースの民」の手法全体が、それ自体価値のない無効なものとなる。

(d) 合意と、学問的見解における多元主義の両方を拒絶すること。

(e) ハディースに記録されていない実践のすべてをビドア〔脱逸〕として非難すること。ハディースは、完全に一体的な記録ないしはあいまいさの一切ない記録というわけではないし、文字化されなかった伝承や実践は含んでいないないし、非言語的コミュニケーション（たとえば文脈や、物理的位置、集団の雰囲気、声のトーン、顔の表情、身体的ジェスチャー）が発話の中でもたくさん起こったことを考慮に入れるものでもない。これらの理由で、〔単に字義通りに読むと〕自然とイスラーム最初の世紀を時代錯誤的に理解してしまうことになる。さらに、すべてのムスリム学者はアラビア語文法を学ぶ必要があるが、それはたとえ文法学が実は厳密には、クルアーン、ハディース、そしてアラビア語詩をもとに後に再構築され形成された「ビドア」（新奇なもの）だとしても、なのである。したがって、ウスール派の学者が議論してきたように、ビドアにも二種類、すなわち否定されるべきビドアと、肯定されるべきビドアが存在するはずである。

(f) イスラーム以前の詩の集成を、（〔当時の〕多神教徒によって書かれたことを理由に）アラビア語の意味論および語源学の資料とすることも拒絶し、代わりに教友たちと彼ら以降の最初の二世代（つまり「正しい初期世代」）のアラビア語理解を用いること。これは、概念的に問題である。なぜなら、クルアーンは「明瞭なアラビア語」で啓示されたのであり（詩人たち章〔二六章〕一九五節、蜜蜂章〔一六章〕一〇三節も参照）、このアラビア語はそれ以前の世代から受け継がれ、学ばれ、そして（一部の章句においては）多神教徒たちへと呼びかけられたものであった。これにより生じるのは、クルアーン解釈に重ね合わせた意味が循環的な自己再帰となる潜在的に疑わしい状況である（イブン・タイミーヤはこれを「タフスィール・ビッ＝タフスィール」〔解釈による解釈〕と呼んだ）。つまり、クルアーンの理解は、語源学によって範囲を定められるものではないことになる。

さらに、イブン・タイミーヤはこの考え方を用いて、クルアーンの中に比喩のようなものはなく、すべては文字通り正しいということを主張した。もし単語が議論の余地もなく比喩的（たとえば死を「味わう」〔蜘蛛章〔二九章〕五七節など〕）であった場合、彼は単に原義（「味わう」など）を拡張して、比喩的な意味も含まれるようにした（「身体的に経験する」〔も意味に加えた〕）。このことは、クルアーンとハディースの解釈と理解に、思いがけない——後には危険な——実際的影響を及ぼすこととなった。

(g) ムスリムの誰かを不信仰者であると宣言して、それによって彼らを「破門する」こと。すなわち、他のムスリムに対して（本人の信仰と行為ではなく）その行為のみを理由としてタクフィール〔不信仰断罪〕することである。タクフィールは死刑宣告でもありうるので、これは非常に重大な問題である。実際には、それは死よりも悪い。なぜならそれが意味するのは、誰かがそれによって配偶者から離婚されること、配偶者および子どもたちがその人物から相続できないこと、その人物がムスリム墓地に埋葬されないことを意味するからである。それが意味するのは、死に加えて、その人物の家族、生計の手段、財産の終わりである。それはあまりに厳しい宣告であるため、預言者は、それは人の魂と信仰を自分の手に握ることを意味すると警告した。預言者はこう言っている――「誰かが兄弟〔ムスリム〕に対して不信仰だと言えば、〔その言葉は必ず〕二人のどちらかに返ります〔真面目なムスリムに対して言えば、言った方が不信仰者となる〕」（ブハーリー『真正集』、ムスリム『真正集』）。結果として、党派的な学者たちは時折互いの教義についてタクフィールを宣言してきたものの、ムスリムの大多数は伝統的にそれをできる限り避けてきた。イブン・タイミーヤはタクフィールに反対して警告を発し、タクフィールを避けようとしたものの、イブン・タイミーヤの死後に〔彼の系譜を引く〕サラフィー思想の過激分子は、人びとに悔い改める機会を与えることもなく、表面的な行動を理由に人びとをひとまとめに非難するようになった。時にそれは、タクフィールに基づいて実際に彼らを攻撃したり殺したりすることにつながった。

上記のこと以外に、イブン・タイミーヤが批判をつのらせたことがもう一つあった。それが形式論理学である。

論理

イスラームを中傷する者たちは、イスラームが人間の理性と論理の法則を無視するので、理性に基づく「啓蒙」が必要であると、しばしば主張してきた。彼らが引き合いに出すのは、今は存在しない西暦八～一〇世紀の、理性を優先したムウタズィラ学派である〔それ以降、理性主義は衰えたと主張する〕。対照的に、イブン・タイミーヤ——および、公正を期すために言えば、彼以前のハンバル学派の伝統全体——は、理性と論理に懐疑的であり、形式論理学を、イスラームとは異質で、全く不確実かつ主観的な思弁に至るギリシア哲学〔からの輸入品〕にすぎないとみなした。さて、論理学の原理——思考の法則と呼ばれることもある——は、基本的に三つある。バートランド・ラッセルによれば、それらは以下の通りである。

一、同一律「何であろうと、あるものはある」
二、矛盾律「いかなるものも、ありかつあらぬことはありえない」
三、排中律「すべてのものは、あるかあらぬかのどちらかでなければならない」
〔『哲学入門』高村夏輝訳、ちくま学芸文庫、二〇〇五年、九〇～九一頁〕

この三つが自明な論理的原理の代表例だが、実は他のさまざまな論理的原理に比べ、根本的なわけでも自明なわけでもない。

自明なことであるが、これら三つはすべてプラトンによって最初に表明され、その後彼の弟子のアリストテレスによって明確な形になった。第一の法則（「同一律」）について、プラトンは次のように書いた。

偉大なパルメニデスは、……徹頭徹尾、このことに対する反対をわれわれに証言していたのだ。……いわく――「なぜならばこのこと　あらぬものがあるということは　けっして証《あか》しされぬであろう……」こうして、あの人からの証言もあるし、それに何よりも、問題の言説そのものが、適度の吟味にかけられるならば、おのずから真実を明らかにすることだろう。〔『プラトン全集3』藤沢令夫、水野有庸訳、岩波書店、一九七六年、六四頁〕

（プラトン『ソピステス』二三七a‐b、アリストテレス『形而上学』第Ⅳ巻、一〇〇六a‐bも参照。『テアイテトス』一五五で、プラトンはこの原則をさらに三つの効力のある原則に分類している）

第二の法則（「無矛盾律」）について、プラトンは次のように書いた。

「いうまでもなく、同一のものが、それの同一側面において、しかも同一のものとの関係において、同時に、相反することをしたりされたりすることはできないだろう」〔『国家（上）』藤沢令夫訳、岩波文庫、二〇一九年、三四三頁〕

（プラトン『国家』四三六b、アリストテレス『形而上学』第Ⅳ巻、一〇〇五bも参照）

第三の法則（「排中律」）について、プラトンは書いている。

ソクラテス　それからまた、ね？　健康な人もあるし……
アルキビアデス　ええ、あります。
ソクラテス　また別に、病気の人もあるのではないかね。
アルキビアデス　ええ、まったくそうです。
ソクラテス　これらの人びとは同じではないね。
アルキビアデス　ええ、同じではありません。
ソクラテス　それではまた別に、これら両者のどちらでもない状態の人が誰かいるかね。
アルキビアデス　いいえ、決して。
ソクラテス　なぜならひとはかならず病気か病気でないかのどちらかだからだね。
アルキビアデス　たしかにそう思います。

（中略）

ソクラテス　さらにまた、ひとつの事柄に対してどうして二つの反対のものがありうるだろうか。
アルキビアデス　いや、そういうことは決してありえません。

〔『プラトン全集 6』田中美知太郎・川田殖・河井真・田之頭安彦訳、岩波書店、一九七五年、一一四、一一六頁〕

（プラトン『アルキビアデスⅡ』、アリストテレス『形而上学』第Ⅳ巻、一〇〇六bも参照）

このことは、最初はイスラームとは異質なもののように聞こえるかもしれないが、ガザーリーが（彼の著作『正しい秤』、『論理学における論証の基準』、および『論理学における知識の基準』において）指摘しているように、論理の法則および三段論法は、クルアーンの中で、明示的あるいは暗黙のうちに、神によって用いられており（たとえば、食卓章〔五章〕一八節、家畜章〔六章〕九一節、夜の旅章〔一七章〕四一節、諸預言者章〔二一章〕九九節、サバア章〔三四章〕二四節、金曜礼拝章〔六二章〕六～七節を参照）、預言者たちによっても用いられている（雌牛章〔二章〕二五八節、家畜章〔六章〕七七節を参照）。さらに、論理の法則はクルアーンの中で（最初の前提が誤った状態で）悪魔によって悪用されている（サード章〔三八章〕七六節を参照）。

より具体的に、ガザーリーは本質的に「同一律」を「大均衡」（これは三つの原則を持つ）としてみなし、そして「排中律」および「無矛盾律」をそれぞれ「中均衡」、「小均衡」としてみなす。「大均衡」について、ガザーリーは次のように言っている。

大均衡とは、友（アブラハム）がニムルードに対し用いたものであると知りなさい。……「アブラハムは言った――『アッラーは太陽を東から昇らせる。であれば、あなたはそれを西から昇らせなさい』と。そこで神を信じなかった者は当惑してしまった。アッラーは不義の人びとをお導きにならない」（雌牛章〔二章〕二五八節）。……この議論の要約は、以下の通りである。

私の主は太陽を昇らせられる者
そして太陽を昇らせられる者は神
よって私の主は神である。

……（効力を持つ）大均衡の論理的原則とは、一般的なものに適用する判断は、特別なものに適用する判断と同じであり、疑う余地なくその中に含まれるということである。

（ガザーリー『正しい秤』Ⅱ・Ⅲ）

「中均衡」について、ガザーリーは次のように言う。

その定義は、一方がもう一方によって否定される性質を持つ二つのものは異なるということである。……さて、〔ここでは性質が〕神について否定され、月について肯定されている（アブラハムについての神の言葉に、以下のようなものがある――「次いで彼〔アブラハム〕は月が昇るのを見て、『これがわたしの主です』と言った。それが沈むと、彼は言った――『私の主が私を導かれなかったら、私はきっと迷妄の民の一人となったでしょう』と」（家畜章〔六章〕七七節））。したがって、これが神と月との違いを決定づけるのであり、月は神ではなく、神は月ではない。

（ガザーリー『正しい秤』Ⅲ）

「小均衡」について、ガザーリーは次のように言っている。

> 神が（信徒たちに対して、不信仰者に向かって次のように言いなさいと）言う――「私たちか、またはあなたがたのどちらかが導きの上にあり、どちらかが迷っている」（サバア章［三四章］二四節）。……この均衡の用法は無限であり、おそらく最も思索的な事柄がその周りで生起している。……それは、否定と肯定の間にある二つの部分を制限することから生じる。
>
> （ガザーリー『正しい秤』VI）

これらすべてについての要点は、理性と論理の法則は、もしそれらが正しく理解されれば、啓示やイスラームと対立するものではないし、啓示やイスラームにとって異質なものでもない。それどころか、それらは真実を見出すために用いることができる――実際にクルアーンそれ自体の中で用いられている――し、真実を不明瞭にするためには、悪魔によって悪用もされうる。したがって、それらは正しい思考に不可欠な道具であり、真理を知るのに役立つ（論理学に関するアリストテレスの著作群『オルガノン』は、古代ギリシア語で「手段」や「道具」を意味する）。実際に、ガザーリーは、神の言葉「あなたたちが量る時には、秤で正しく量りなさい」（夜の旅章［一七章］三五節）、「われ〔アッラー〕は〔諸使徒を遣わし〕、彼らとともに、啓典と秤を下した。それは人びとが公正を守るためである」（鉄章［五七章］二五節）の中に、理性と論理の法則が含意されているとみなす。

さらに言えば、理性は神によって創られ、そして論理の法則は物事の本質からして自ずと正しい。「物事の本質」はもちろん神自身によって創られ、神とは真理者であり（家畜章［六章］六二節、ターハー章［二〇章］一一四節、信徒たち章［二三章］一一六節など）、真理は神からくるものである（家畜章［六章］一四七節、イムラーン家章［三章］六〇節、洞窟章［一八章］二九節など）。実際に、三つの論理の法則はそれぞれ、同一性、自立性、排他性の原則の理論的適用としてみなすことができる。そしてこれらの原則は究極的には、唯一なる神に属する性質としてのみ存在する。前に挙げたクルアーンの一一二番目の章（純正章［一一二章］）において明らかである――「言いなさい、『かれはアッラー、絶対無比者。アッラーは永遠の自存者。生みもせず、生まれもしない。かれに比べうるものは何もない』と」（純正章［一一二章］一〜四節）。

つまり、理性と論理は――たとえはじめは古代ギリシア人によって定式化されたものであるとしても――本質的に宗教と対立するものではないし、むしろ宗教の役に立ちうるものであり、役立てるべきである。ところが理性と論理は、無視され危険にさらされている。

現在まで続く反ウスール運動

反ウスール運動において、次に影響力ある人物は、イブン・タイミーヤの弟子イブン・カイイム・アル＝ジャウズィーヤ（ヒジュラ暦七五一年／西暦一三五〇年没）であった。イブン・カイイムは、ビドア〔脱逸〕についての師の見解を広め、アリストテレス形而上学や占星術、錬金術、および当時のその他の科学を激しく非難する一方で、健康についての古典である『預言者の医学』を著した。そして、スーフィーのムスリム「聖人」への畏敬について酷評する一方で、それにもかかわらず、スーフィーの著作の中で最も愛されたものの一つである、アブドゥッラー・アンサーリーの『探求者たちの場所』について、貴重な長い注釈を書いた。

イブン・カスィール（ヒジュラ暦七七四年／西暦一三七三年没）もイブン・タイミーヤの弟子であったが、それほどウスール派に反対する学者ではなかった。イブン・カスィールは、その理解しやすく好評を得たクルアーン注釈書（『イブン・カスィールのタフスィール』）で非常によく知られている。イブン・カスィールはイブン・タイミーヤと個人的な関わりがあったゆえに、反ウスール運動の後の世代の者たちは、彼の注釈書を都合のいいように編集した後に、それを読み、出版し、広めた。これは、マーリク学派のムハンマド・クルトゥビー（ヒジュラ暦六七一年／西暦一二七二年没）の注釈書『クルアーンの法規定集成』におこなったのと同じことであった。

イブン・カイイムの後、反ウスール運動は、個人の魂よりは宗教を「浄化」することに、そして美徳よりは規則に、いっそう専心したと思われる。それでも名目上は、法源学およびその学者たち――ハンバル学派の法源学ではあるが――と関わりを持ち続けた。これが変化したのは、反ウスール運動における次の重要な節目、すなわち四〇〇年後のナジュドの伝道者ムハンマド・イブン・アブドゥルワッハーブ・タミーミー（ヒジュラ暦一二〇六年／西暦一七九二年没）の登場によってであった。ナジュドの部族――特に族長のムハンマド・イブン・サウード〔現代サウード家の祖〕――の助けにより、イブン・アブドゥルワッハーブは一時的にアラビア半島の大部分を征服し、国家の原型を建設し、イスラームから逸脱したと彼がみなしたムスリムたちに対して「ジハード」を宣言した。イブン・アブドゥルワッハーブが特に敵対したのは、シャリーアに違反したと彼がみなしたシーア派および不審な民俗的実践をするスーフィーたちであった。また、彼はたくさんの冊子を書いたが、おそらく最も有名なものは『神の唯一性の書』『三つの基本原則』『イスラームへの背反』である。

『三つの基本原則』は、以下の三つの原則、主の唯一性、神の名と属性の唯一性、しもべ性の唯一性を強調した。ここでイブン・アブドゥルワッハーブが攻撃したのは、「聖人」崇拝や祈りの最中に預言者ムハンマドに向かって呼びかけることなどの慣習であった。とりわけ、彼の短い書である『イスラームへの背反』は、大きな損害をもたらしたし、今ももたらし続けている。たとえば、一〇番目の「背反」では「神の宗教に背を向け、それを学ばず、それに従って行動しないこと」（が不信仰である）と主張する。これは事実上、不作為の罪のすべてを背教行為として、死刑に処すことを可能にする。『イスラームへの背反』はまた、（背教の意図のない）作為の罪や無知の罪をも、背教行為として死刑に処すことを可能にする。そここには、処罰のための手続きが明記されていないし、背教を個人に限定してもいない。すなわち、人びとは民衆的な実践を理由に、ひとまとめに有罪宣告されうるのである。明らかに、『イスラームへの背反』は、非ムスリムに対してのみならず、普通のムスリムにとっても危険な影響を及ぼす問題ある主張を含んでいる。

二〇世紀において、反ウスール運動には二つの異なる潮流があると考えられる。一つは、サウディアラビアのサラフィー潮流（主にイブン・タイミーヤに基づく）であり、これはしばしばサウディアラビアのワッハーブ派と一体となっている（「ワッハーブ主義」は、イブン・アブドゥルワッハーブの名に由来する）。サラフィー主義者たちは、しばしばアフル・アル＝ハディース（ハディースの民）と自称し、ワッハーブ主義者（ワッハービー）たちはしばしばアフル・アル＝アキーダ（教義の民、つまり、ムハンマド・イブン・アブドゥルワッハーブの教義の信奉者）と自称する。しかし、今日のサラフィー主義とワッハーブ主義の間に違いがあるとすると、これは大きな議論を呼ぶ。本書の目的に従うと、その違いは以下の三点に大別できる――㈠サラフィー主義・ワッハーブ主義運動の中では主流で、穏健で寛容な見方をするサウディアラビアの学識ある学者たちに代表されるもの、㈡過激なサラフィー主義・ワッハーブ主義で、実際問題として、サラフィー主義・ワッハーブ主義でないムスリム、または彼らにとって十分なほどサラフィー主義・ワッハーブ主義ではないムスリム全員に対してのタクフィール（不信仰断罪）によって特徴づけられるもの、㈢タクフィール主義・ジハード主義のサラフィー主義・ワッハーブ主義集団、たとえばアルカーイダやいわゆる「イスラーム国」(別名ISIS、ISIL、ダーイシュ)、その他の二〇世紀終わりから二一世紀初めのテロリスト運動である。㈢は実際上は、過激なサラフィー主義・ワッハーブ主義のジハード主義的な分派である。これらの運動にはそれぞれ熱心な政治的イデオローグ(たいていは、公式なイスラーム教育をほとんど受けていない)がおり、ジハード(であると彼らがみなすもの)をその活動の中心に据え、時にはその宗教的義務の中心にさえしている。しかし、彼らがサラフィー主義・ワッハーブ主義思想を代表していると主張する一方で、事実として主流のサウディアラビアのサラフィー主義・ワッハーブ主義は、言葉においても行動においても、今日に至るまで、一貫して積極的かつ精力的に彼らに相反し続けてきた。

さらに、主流のサウディアラビアのサラフィー主義・ワッハーブ主義においては、常に「静寂主義者」の底流が存在してきた(これは、イブン・ハンバル、イブン・タイミーヤ、およびイブン・カイイムの神秘主義的禁欲主義への反対、そしてイブン・ジャウズィーの著作に根差す)。これは、人びとの個人的な生活において非常に影響力があるが、世間の注目を集めることは決してない。彼ら〔静寂主義者〕にとって、クルアーンとスンナの純粋な形として彼らがみなすものを遵守することが、神と神の預言者のメッセージに対する誠実さの表現となっている。したがって、彼らにとって、サラフィー主義・ワッハーブ主義の思想と実践の厳格さは、神への献身の表現となっている。これは、それ自体において明らかに崇高な意思であり、法源学の方法論を排除することの隠れた影響や複雑さを理解していないからと言って、学者ではない彼らが責められる道理はない。そのうえ、彼ら〔静寂主義者〕が過激なサラフィー主義・

ワッハーブ主義者たちと決定的に違っているのは、彼らは法源学やイスラーム法学派に対して同意も承認もしない一方で、他のムスリムに不信仰者の烙印を押す（タクフィールをする）権限を握ろうとは思っていないということである。これは、預言者の次のような言葉に従ってのことである。

> 誰であれ、私たちと同じ礼拝を捧げ、私たちと同じキブラ〔マッカの方角〕を向き、私たちが犠牲に捧げた肉を食べる人はムスリムであって、アッラーとアッラーの使徒〔ムハンマド〕の保護下にあります。あなたたちは、神の保護を破ってアッラーに背いてはなりません。
>
> （ブハーリー『真正集』）

サウディアラビアのサラフィー主義潮流において最も重要な二人の人物は、まず間違いなく、ナースィルッディーン・アルバーニー（ヒジュラ暦一四二〇年／西暦一九九九年没。アルバーニーは実は〔幼少期にアルバニアから移住した〕シリア人であるが、サウディアラビアのサラフィー主義に深く影響を与えた）と、アブドゥルアズィーズ・ビン・バーズ（ヒジュラ暦一四二〇年／西暦一九九九年没）である。アルバーニーは、有名なハディース学者であった。主要なハディース書すべてについての彼の校訂――これはサラフィー主義運動によって決定版として受け止められ、至る所で出版され流通した――が事実上意味したのは、サラフィー主義運動が伝統的なウスール派の思想とは異なるハディースの正典を持ったということである。この重要性は、過小評価されるべきではない。なぜなら、それは事実上、両者の基本的な典拠の違いを生み出すからである。ビン・バーズは、一九九三年から一九九七年にかけてサウディアラビアの大ムフティー〔法学裁定官〕であったが、彼の影響力とファトワー〔法学裁定〕はそれ以前の数十年間の間もサラフィー主義運動において重きを持った。彼は慎重な学者で尊敬を集めており、過激なサラフィー主義・ワッハーブ主義思想の改革に尽力した。

「サラフィー主義」という言葉は、二〇世紀初頭のイスラーム近代主義思想家について用いられることもある。たとえば、エジプトの大ムフティーであったムハンマド・アブドゥ（ヒジュラ暦一二六六〜一三二三年／西暦一八四九〜一九〇五年）や、〔アブドゥの弟子の〕ラシード・リダー（ヒジュラ暦一二八二〜一三五四年／西暦一八六五〜一九三五年）などである。しかし、彼らの思想は明らかに一部の伝統的サラフィー主義思想に影響を受けていたし、そして二〇世紀のサラフィー主義の文筆家に影響を与えたことも確かであるが、この運動は実際のところ伝統的なサラフィー主義運動というよりは、もっと近代主義運動に近いものであった。いずれにせよ、今日ではほとんど廃れてしまった。

もう一つの反ウスール運動は、ムスリム同胞団の潮流である。ムスリム同胞団は、巨大な国際的でイスラーム的な——あるいは主として「政治的に活発なイスラーム」という意味なら、むしろ「イスラーム主義的」な——社会的・政治的・宗教的組織であり、一九二八年にエジプトでハサン・バンナーによって創設された。二〇世紀終わりまでには、すべてのスンナ派ムスリムの国で支部またはメンバーが活動していた。二〇世紀におけるムスリム同胞団の二人の主要なイデオローグは、エジプト人〔法学者〕のサイイド・サービク（ヒジュラ暦一四二〇年／西暦二〇〇〇年没）とサイイド・クトゥブ（ヒジュラ暦一三八六年／西暦一九六六年没）であった。一九四〇年代に、サイイド・サービクは非常に有名なスンナ派イスラーム法の簡潔な手引き（『スンナ法学』と呼ばれる）を著し、その中で、統合された方法論を保つことなど気にせずに、四つのスンナ派法学派から抜粋して、それらを混ぜ合わせる方法を開拓した。もちろん、これはムスリム同胞団のすべてのメンバーが必ずしも反ウスール主義者であると言っているわけではなく、彼らの方法論がそうであるというだけであるが、いずれにせよ、彼らの多くはサラフィー主義あるいはワッハーブ主義の教義や法解釈を受け入れている。

サイイド・クトゥブはムスリム同胞団の知識人で、最終的には（当時の）エジプト大統領ガマール・アブドゥンナーセル〔ナセル〕暗殺を企てた罪で処刑された。彼の影響力の主な理由は、彼の著作『クルアーンの蔭で』であった。この書の中で（クルアーンの食卓章〔五章〕四四～五〇節への彼の注釈の中で）、彼は「ハーキミーヤ」〔主権者〕理論を展開している。この理論が基本的に述べているのは、（彼が理解するところの）シャリーアのみを実行する者以外は誰でも不信仰者となる（それゆえ殺されなければならない）ということである。したがって、何らかの非シャリーア法を適応する現代世界の国家はすべて正当性がなく、非イスラーム国であり、それゆえそのような国家のために働く者も、誰であれ（警察官から公教育の教師まで）不信仰者である（それゆえ殺されうる、あるいは殺されなければならない——詳細については付録を参照)。この考えは、実際には、ムスリム同胞団の全メンバーは参加してすぐ組織に忠誠の誓いを立てなければならないという事実によって助長される。その誓いは、国家の政治指導者への忠誠の誓い(通常のイスラームの慣習)や、自身の国または憲法への忠誠の誓い(現代の国民国家では通常の慣習)と明らかに相反するものである。そのうえ、ジハードに関して(これについては本書の第11章を参照)、クトゥブは次のように言う。

> クルアーンの章句を引用し、イスラームにおけるジハードの方法論を語る多くの人びとは、この特徴〔段階性〕を考慮していない。彼らは、この方法論が展開する諸段階の特性も、これらの諸段階に対応する章句と諸段階を生み出した状況との関係をも理解していない。(略)彼らは、現代のムスリム世代の不毛な状況の圧力の下で精神的、理性的に敗北者となっており、イスラームというレッテル以外は、彼らにはイスラームのかけらもない。彼らは「イスラームは自衛のためにだけジハードをする」と言って、〔ジハードの〕方法論を放棄することで、何かこの宗教のためによいことをしたような気になっている。(略)
> これ〔イスラームと非イスラームの対立〕は決して一時的な状態ではなく、恒久的な状態である。なぜなら真実と虚偽がこの地上に共存することはありえないからである。
> (サイイド・クトゥブ『道標』、第五章「アッラーのためのジハード」から)

もちろん、特定の国々では、「内からの」社会改革という、ハサン・バンナーのより平和的なビジョンに誠実に基づいて行動や思考をおこなったムスリム同胞団の思想家や指導者も存在してきた。たとえば、二〇一四年一月に、チュニジアの政党アンナフダ（これはムスリム同胞団と国際的に結びついていた）は、三年に及ぶ政権の座から潔く身を引いた〔国内で未解決の政治的暗殺事件が多数起こった後で、新憲法が制定された後にもかかわらず〕。これは内乱を避けるためであった。さらに言えば、世界中のムスリム同胞団の一般大衆の支持者（および投票者）のほとんどは、ハーキミーヤ理論とは関係のない理由で〔ムスリム同胞団を〕支援している。その理由として一般的に挙げられるのは、ムスリム多数の国々において公的空間からイスラームを排除することに反対していること、ムスリム同胞団による多くの積極的な慈善的社会活動の恩恵に感謝していること、汚職や社会の不正・圧政に対するムスリム同胞団による厳しい公然の批判に賛成していることである。しかし全体としては、核心的運動にはクトゥブのイデオロギーが圧倒的に染み込んだままであり、サイイド・クトゥブの『クルアーンの蔭で』と『道標』は、公に表明されようとされまいと、依然として知的な拠り所となっている。要するに、ムスリム同胞団の中では、バンナーの〔穏健な〕ビジョンとクトゥブの〔過激な〕ビジョンとの間で長い闘いがあったが、すべての害は実際にはサイイド・クトゥブの書物に由来する。

　ウスール派に敵対するこれら二つの潮流、つまりサラフィー主義・ワッハーブ主義とムスリム同胞団、これらが合わさって現代の「スンナ派原理主義」を構成している。なお、この〔欧米由来の〕「原理主義」の語は、「法学の原理」（すでに説明したように、文字通り「ウスール」の

2016年と1900年のスンナ派思想の区分

	2016	1900
ウスール派（諸法学派）	65％	99％
反ウスール派	9％	1％未満
近代主義者	1％	1％未満
「わからない」	25％	1％未満

《備考》「近代主義者」とは、イスラームは（イスラームの文明や文化のみならず、教義や法も）西洋の価値観に対応して更新されるべきだと考える人びとのことを指す。この考えは彼ら自身を除く世界中のムスリムから受け入れられていない。

「わからない」は、自分がイスラーム法学派に属しているかわからない、あるいは属していてもどれなのかがわからない人びとを指す。彼らが「わからない」ようになった主な原因は、反ウスール運動が伝統的なウスール派の影響と混ざり合ったことから生じる混乱である。

こと）とは関係のない語で、偏狭な宗教的・政治的運動を指す。そのように一括されるにもかかわらず、これら二つの潮流、特にサラフィー主義内部には大きな見解の差異があり、今や相当に幅が広い潮流となっている。

二〇世紀を通じてイスラーム世界全体で、特に大巡礼の際にサラフィー主義を広めることにかなりの資源がつぎ込まれてきた。同じく、二〇世紀を通じて、ムスリム同胞団のイスラーム的慈善活動主義は、イスラーム世界の何百万人もの生活に貢献した。皮肉なことに、どちらの潮流も、第二次世界大戦後、植民地時代以降の世俗主義とナショナリズムの恩恵を大いに受けた。すなわち、多くのアラブ諸国およびイスラーム諸国では、世俗主義とナショナリズムは（全く当然のこととして）イスラームが政治化されることを止めようとするのみならず、（全く誤ったことに）公共空間でイスラームを（シャリーア、さらには家族法さえも一緒に）全面的に禁止しようとした。サラフィー主義・ワッハーブ主義とムスリム同胞団が世俗主義とナショナリズムに反対することで得たものは大きく、実際にそれらへの反対勢力を率いているようにも思われた。なぜなら、ほとんどのムスリムは、個人または党派の利益のための宗教の政治化と公共空間での宗教の存在を単純にも混同したからである。その結果、数十年の間に、これら二つの潮流は、イスラーム世界におけるウスール派の人口統計をがらりと変えた。前頁の表は、歴史研究に基づいて、多くの国々での世論調査〔アメリカの〕ピュー・リサーチ・センターの二〇一五年国際世論調査を含む）から組み立てた、この変化の見積りである。

明らかに、過去一世紀の間にスンナ派イスラームの人口統計は大きく変化した。反ウスール運動自体は未だ少数派でも、伝統的なスンナ派諸法学派の影響を「希釈」したという意味で、それは広大な影響力を獲得してきた。そして、それはまだ少数派にすぎなくとも、多数派を占めるウスール派よりも、社会的にも政治的にもはるかに活発である。

シーア派の法学派

シーア派には、主に三種類ある。それらはすべて預言者ムハンマドの娘婿で従弟のアリーが預言者の「精神的後継者」であったと主張し、ザイド派を除くシーア派のすべては、アリーがただちに〔預言者ムハンマドの〕政治的後継者になるべきだったと信じている（歴史的現実では、アリーは初代ではなく第四代のカリフとなった）。アラビア語の「シーア」という言葉はまさに

「（アリーの）党派」を意味する。その一方で「〔スンナ派を意味する〕スンニー」の語は、アラビア語で「スンナに従う者」を意味する。しかし、預言者の一族への忠誠以外にも、シーア派の集団はそれぞれがきわめて異なっている。シーア派の主な三種類とは、以下の通りである。

一、ジャアファル法学派、一二イマーム派。これは世界のシーア派人口のおそらく八五パーセントがジャアファル派であるという意味で、シーア派の主流派である。彼らは一二人の「イマーム」（指導者）を信じることから、「一二イマーム派」と名付けられた。その一二人は、（一）アリー、（二）アリーの息子ハサン（すなわち預言者の孫、預言者の娘ファーティマの息子でもある）、（三）フサイン（ハサンの弟で、預言者の孫）、（四）フサインの息子、アリー・ザイヌルアービディーン〔以下は、彼の直系の子孫たち〕、（五）ムハンマド・バーキル、（六）ジャアファル・サーディク（ジャアファルは偉大な法学者で、この一二イマーム派は彼の名前から「ジャアファル法学派」とも呼ばれる）、（七）ムーサー・カーズィム、（八）アリー・リダー、（九）ムハンマド・ジャワード、（一〇）アリー・ハーディー、（一一）ハサン・アスカリー、（一二）ムハンマド・ムンタザル（死んではおらず、ヒジュラ暦二五五年／西暦八六八年に「大幽隠」の状態に入ったと信じられている）。これが意味するのは、スンナ派諸法学派よりずっと後に、シーア派がこのように確立されたということである。

一二イマーム派は、今日のイラン、イラク、レバノンのシーア派であり、そして少数派コミュニティーとしてインド、パキスタン、アフガニスタン、ペルシア湾に分布する。スンナ派と根本的に異なっているのは、イマームを信じることを（神、諸天使、諸啓典、諸使徒、最後の審判の日、定命〔神が定めた運命〕とともに）信仰に不可欠な教義の一つとみなす点である。そのため、スンナ派と異なる教義を有するだけでなく、法源学においても異なる。その教義が意味するのは、一二イマームたちすべて、そして同様に預言者の娘ファーティマの言葉は（預言者ムハンマドの言葉に加えて）神から啓示されたもので、全く誤りがなく、したがってそれは法源になるということである。このことによって、明らかに〔スンナ派とは〕正典としてのハディース集は全く異なるものになるし、そして概念としてのハディースも全く異なるものになる。なぜなら、シーア派にとっての「ハディース」が意味するのは、九世紀に至るまでの「一二イマーム」の（膨大な）言葉すべてを含むからである。

シーア派の四つの主要なハディース集は、以下の通りである――㈠ムハンマド・イブン・ヤアクーブ・クライニーによる『カーフィーの書』。これは一万五一七六のハディースを含む。㈡サドゥーク・ムハンマド・イブン・アリー〔イブン・バーバワイヒ〕による『法学者不在のとき』。これは九〇四四のハディースを含む。㈢アブー・ジャアファル・トゥースィーの『律法規定の修正』。これは一万三五九〇のハディースを含む。㈣同じくトゥースィーの『異論伝承に関する考察』。これは五五一一のハディースを含む。

注目すべきことは、多くのシーア派の学者たちがこれらの書物にあるハディース、特にイマームのハディースに基づき、すべてのスンナ派だけでなく（さかのぼって）最初の三人のカリフ（アブー・バクル、ウマル、ウスマーン）にもタクフィールをおこなうということである。このことは、明らかにスンナ派との間に緊張や対立を生む大きな原因となっている。

二、ザイド派、五イマーム派。ザイド派は世界におよそ一〇〇〇万人おり、分布のほとんどすべてが北イエメンに集中している。彼らがザイド派と呼ばれるのは、彼らの第五代イマームで、アリー・ザイヌルアービディーンの息子、そしてムハンマド・バーキルの兄であるザイドの名に由来する（最初の四代目までのイマームは、一二イマーム派と同じ）。しかしザイド派は、預言者の一族であるこの五人をイマームとみなす一方で、彼らが無謬の人物とは決して考えず、彼らの言葉をそのままハディースとして捉えることもしない。この意味で、彼らの法源は（あるいは、少なくとも伝統的ザイド派の法源は）実はスンナ派と同じであり、シーア派とは異なる。この理由で、彼らがシーア派なのか、それともスンナ派なのかという議論が一部で存在してきた。

三、イスマーイール派、七イマーム派。イスマーイール派はおそらく世界中に一〇〇〇万人ほど存在する。彼らがイスマーイール派と呼ばれるのは、彼らの第七代イマームで、ジャアファル・サーディクの息子イスマーイールの名に由来する（最初の六代目までのイマームは、一二イマーム派と同じである）。イスマーイール派にはさまざまな分派がある。(a)ダーウード派ボフラは、彼らの指導者ボフラ・スルタン庇護の下、ジャアファル学派の法源学と法学に従う。(b)ニザール派は、彼らの「生きたイマーム」と「話すクルアーン」と呼ばれるアーガー・ハーン〔四世。在位一九五七年～〕に従う。したがって、ニザール派は法学のようなものは全く持たず、法源も他のムスリムと全く異なる。彼らの考えでは、五回の礼拝やラマダーン月の断食、大巡礼も義務ではない。

要するに、シーア派には以上の三つの主要なグループがあるが、法学派は二つしかない。（多数派の）ジャアファル学派と（少数派の）ザイド学派である。

その他の法学派

ここで言及すべきことは、今では滅びてしまった（スンナ派の）ザーヒル学派についてである。これはイラクにおいてダーウード・イブン・アリー・ザーヒリー（ヒジュラ暦二七〇年／西暦八八三年頃没）によって始められ、イスラーム時代のアンダルス〔イベリア半島南部〕で発展した。現在はザーヒル学派に属する者はいないが、少数の学者たちは今なおザーヒル学派の方法論について正当ないしは洞察に満ちたものとみなして、ふだんから参考にしている。

イスラームには、〔スンナ派・シーア派に次ぐ〕三番目に主要な古くからの分派もある。それはイバード派である〔法学についてはイバード学派と呼ぶ〕。現在のイバード派の法源学と法学はスンナ派のものに非常に近い。しかし、数百万人のイバード学派が主にオマーンに、ごく少数が北および東アフリカに存在するのみである。これらの法学派（四つのスンナ派法学派、ザーヒル学派、シーア派の二法学派、そしてイバード学派）は共に、伝統的イスラームのいわゆる「八法学派」を構成する（補論I「イスラームの大きな天幕」を参照）。

ここで強調すべきことは、スンナ派、シーア派、イバード派のムスリムの間に、どんな信条における差異があろうと、これらの差異は決して対立の理由や真因ではないということである。今日の政治的状況がいかなるものであれ、差異が対立を生むわけではない。イスラームの宗教的信条や見解の違いは、決して宗教的対立を正当化するものではないし、戦いの口実として用いることは正当性の観点からも心情の観点からもできない。預言者ムハンマド自身が、未来の世代を生きるすべてのムスリムたちのために、このことをきっぱりと明らかにしている。それは彼の次のような言葉である。

誰であれ、アッラーのほかに神なしと証言し、私たちと同じキブラ〔マッカのカアバ聖殿の方角〕を向き、私たちと同じように礼拝し、そして私たちがほふった肉を食べるものはムスリムである。その人は他のムスリムと同じ権利を持ち、同じ義務を負っている。

（ブハーリー『真正集』、ムスリム『真正集』）

死刑と身体刑

ここで、死刑と身体刑の問題に触れるならば、最初に言っておくべきことは、これらに関することはシャリーアの一パーセント未満、おそらくは〇・一パーセント未満にすぎないということである。クルアーンそのものの中では、死刑または身体刑に値する罪は五つしかない（殺人、窃盗、ズィナー〔婚外性交〕、地上の堕落〔強盗や騒乱など〕、誣告罪〔貞淑な女性に対してズィナーの嫌疑をかけること〕）。死刑および身体刑は、一部の人が考えているのとは違って、また敵意あるステレオタイプが描くイメージとは反対に、決してシャリーアの本質でも目的でもない。明らかなのは、イスラームには死刑も身体刑もあるが、それらについては細則があり、それによって、実施は理論上考えられることよりもはるかに困難であり、またそうあるように創られているということである。理論上、死刑は三つの事例に限られる。すなわち、前もって計画された殺人、〔既婚者の〕ズィナー、そして反逆罪および背教である。預言者ムハンマドは次のように述べた。

> ムスリムは、アッラーのほかに神なし、そして私を神の使徒なりと証言しているならば、その血を流すことは決して許されない、ただ、次の三つを除いては。既婚者がズィナー〔婚外性交〕を犯した場合、生命を害した場合、宗教を捨て共同体を去った場合。
>
> （ブハーリー『真正集』、ムスリム『真正集』）

殺人に対する死刑は、聖書の同態報復刑〔キサース〕に類似している。法におかまいなく近親者を失ったことを理由に人びとが自然と復讐をおこなう国においては、同態報復刑は正義を実施し、抑止力として働くのみならず、長期の報復合戦で両側の多くの人びとが亡くなってしまう事態を防ぎ、人命をも救う。実際に、神はクルアーンの中で次のように述べている。

> キサース〔同態報復刑〕には、〔抑止によって救われる〕生命がある。おお、思慮ある者たちよ、おそらくあなたたちは〔アッラーを〕畏れるであろう。
>
> （雌牛章〔二章〕一七九節）

背教の問題に関しては、これも聖書の法（「申命記」一三：六〜九、一七：三〜五）、および「ルカによる福音書」一九：二七が言及していると誤解されてきた。しかし、古典的な法源学の立場とは異なり、現代の一部の法源学者たちは、その刑罰は背教のみの場合ではなく、反逆罪〔国家反逆罪〕も合わさった場合のみに適応されると主張してきた。このように言う理由は四つある——(a)この刑罰は実際にはクルアーンそのものには述べられていない。(b)預言者は背教したムスリムを解放したと記録されている。(c)現代の国家制度以前は、宗教を捨てることは実際には国を捨てることであり、ゆえに大逆罪であった。(d)上に引用したハディースには、背教とともに「共同体を去ること」と明記している。

「既婚者のズィナー〔婚外性交〕」に対する刑罰に関しては、これは最大の混乱が生じるところである。この刑罰は（これもクルアーンの中には述べられていないが、レビ記二〇：一〇では言及されている）、投石による死罪〔石打ち刑〕であると、法学者たちによって解釈されている。ここでの要点は、シャリーア法の下では、ズィナーに対する刑罰そのものは法学者から異議を唱えられていない一方で、誰かが〔自分が姦通したと〕自ら自白を主張しない限りは、事実上、刑の執行が不可能であるということである（そして一部の伝統では、自白した場合ですら確証とならないこともある）。

イスラーム法の歴史を見れば、このことはきわめて明らかに理解できる。最も多くの人びとに対して、最も長い期間、伝統的に法源学に基づくシャリーアが実施された場所は、エジプト（さまざまな王朝によって七世紀から一九世紀まで）とオスマン帝国（一二九九年から一九二二年まで）の二つであった。その時期にエジプトは人口八〇〇万人から始まったが、さまざまな理由により数世紀の間におよそ三〇〇万人までに減少した。オスマン帝国は、その歴史を通じて人口は一一七〇万人から三五〇〇万人ほどであった。エジプトの一二〇〇年に及ぶシャリーア支配の間、ズィナーを理由に石打ちの刑となった記録は二例のみで、どちらも厳密に言えば違法な政治的な動機によるものであった。一例はスルタン・バルスバーイの統治期（西暦一四二二～一四三八年）に起こり、スルタンの家の女奴隷が兵士と関係を持って絞首刑となった。もう一つの例は一五一三年に起こり、スルタン・カーンスーフ・ガウリーが代理法官と彼の愛人（別の法官の妻）を処刑した。この二人はおそらく有罪であったが、ズィナー容疑で裁判にかけるだけの十分な証拠はなかった。初めスルタンは石打ちの刑を宣告したが、法官が抗議し、法的根拠もなく絞首刑にした。同様に、オスマン帝国の時代を通しても、姦通を理由とした石打ちの刑は一例確認されるのみであった。一八六〇年にカーディー（法官）が、ムスリムの女性は石打ちの刑、彼女のユダヤ教徒の愛人は処刑と裁定した。法学者たちはこの裁定に抗議し、二度と繰り返されることはなかった（G・アゴストン、B・マスターズ編『オスマン帝国百科事典』ニューヨーク、二〇〇八年、二一四頁参照）。

これはなぜだったのだろうか？　ズィナー罪に対してシャリーアが設定する証拠のハードルがきわめて高いのが原因である。人びとが自白したり、あえてその行為を公然と見せたりしない限り（その場合、この行為は情欲行為というより、宗教的および社会的な治安妨害行為となる）、そのハードルを越えることは不可能である。具体的にその証拠のハードルとは、（微罪の犯罪歴さえもないような）高潔な人柄の四人の男性の目撃者が一か月以内に名乗り出て、（実際に見ることは物理的にきわめて困難だが）完全な性交を直接目撃したと、宣誓の上、証言しなければならない。事件の詳細（着ていた服の色など）について証言が食い違えば、証言は却下される。目撃者たちが進んで見ていたのなら、彼らはもはや高潔ではないので、実際には彼らはその行為を偶然目にした上で証言するのでなければならない。目撃者が三人だけ名乗り出た〔一人足りない〕場合には、彼らの証言は真実とはみなされず、名誉毀損で鞭打ちとなる――とても名乗り出る気にはなれないであろう！　そのうえ、（現代ではありえるような）映像の証拠は、理論上捏造できるので、証拠としては認められない。夫が不在の場合の妊娠でさえ、可能性はきわめて低いものの、女性が共有の浴室で〔男性の精液によって〕誤って妊娠することもありうるとして、性交の証拠とはならない。実際には、これは起こりそうもないように聞こえるが、このような事例は二〇世紀初めにヨルダンにおいて医者によって証明された。預言者の時代には、教友の一人であるヒラール・イブン・ウマイヤが妻を姦通で訴えた――しかも彼女の子どもは後にヒラールの子どもであるはずのない遺伝的兆候を示した――が、これも姦通の証拠として受け入れられなかった。さらに、預言者の時代に記録された石打ちの刑の唯一の記録は、本人の任意の自白が理由であった。告白の後でさえ、たとえ刑罰がすでに始まっていたとしても、自分の告白を撤回して刑罰を避けることができる。つまり〔既婚者による〕ズィナーはシャリーアでは理論上極刑に値する罪だが、証明するのは不可能も同然であり、イスラームの歴史で悪意ある告発が実際に証明されたことはない。これは慈悲深い法律家によって非イスラーム的な法が不明瞭化された結果というわけではなく、実際にそれがスンナなのである。なぜなら、預言者自身が告白を望む人びとを繰り返し追い払ったり、はぐらかそうとしたりしたからである。このように手続きや条件は、意図的に刑罰が軽くなったり避けられたりするようになっている。法律家に期待されることは、㈠できるだけ身体刑または死刑を避けるように尽力し、㈡赦しすぎて失敗しても罰しすぎて失敗することはないようにし、㈢わずかでも疑いがあれば処罰は見合わせることである。これらすべては、法の「どのように」における不可欠な部分である。預言者は次のように述べている。

あなたたちの間では、ハッド刑〔身体刑・死刑〕を避けなさい。
（ティルミズィー『スンナ集』、ハーキム『スンナ補遺集』）

そして、次のようにも述べている。

できる限り、ムスリムたちのハッド刑〔身体刑・死刑〕を避けなさい。
（バイハキー『大スンナ集』）

クルアーンでは、審判の日でさえ――神が全知であるにもかかわらず――ありとあらゆる司法手続きや証人が持ち出され、来世においても正義には公正な手続きがつきものであることが示される。ジハード主義のテロリストたちは、現在、戦争で荒廃した領土に足掛かりを得るなり、姦通の罪で女性たちの石打ちを始め（それをユーチューブで流して）、そうする自分は敬虔なのだと思い込んでいるが、実は自分の野蛮さと、シャリーアの文言と精神のどちらにも全く無知であることを見せつけるばかりである。

それでは、そもそもなぜこの法が存在するのか？　クルアーンの中で神は、人びとが神を畏れるように（人びとと自身のために）人びとに警告を与えるのだと言う。

このようにアッラーはしもべたち〔人間〕に恐れを与える。おお、しもべたちよ、それゆえわれ〔アッラー〕を畏れなさい。

（集団章〔三九章〕一六節）

そして、ルーミーは次のように述べた（『精神的マスナヴィー』1, 1261）。

愛のある優しさから神はあなたを畏れさせる
あなたを安全な王国に座らせるために

クルアーンの法は、すべてシャリーアの五つの目的に収斂させることができるということはすでに述べた（マカースィド・アッ＝シャリーア）。明らかに、ズィナーに対する刑罰の目的は、社会の最も基本的な制度である家族を守るために、人びとを自分自身で思いとどまらせることである。結局のところ、イスラームにおいて離婚はとても容易となっている。そして、もしズィナーが認められてしまったなら、それは家族というものの終わりであり、イスラーム社会全体の瓦解の始まりである。

最後に、注目すべきことは、特定の状況下、つまり刑を執行することが不当となる場合には、死刑は凍結されうるし、支配者の権限によって〔刑の執行を〕見合わせる法も存在することである。飢餓と疫病の時代（西暦六三八～六三九年）に、カリフであったウマルは、ジズヤ〔人頭税〕の支払いを免除し、窃盗に対する身体刑を凍結した。具体的には、ウスール派の法学者たちが、決して死刑が科されないと主張したのは、以下の場合である——(a)非ムスリムの土地、(b)戦争中の旅先、(c)人びとがその裁定を知らない時、(d)正当な支配者が存在しない時、(e)〔罪を犯したとされた時の〕状況に何らかの疑いがある時、(f)〔刑を執行した場合の〕恩恵よりも害の方がはるかに大きい時。要するに、シャリーアの刑罰は、決して暴虐を意図するのではなく、罪を思いとどまらせ、正義を確実なものにすることを意図している。

気楽にすること

宗教の問題については、私たちは「気楽」にすればよい。神はクルアーンの中で次のように述べている。

アッラーはあなたたちに容易さを望み、あなたたちに困難を望まない。

（雌牛章〔二章〕一八五節）

かれ〔アッラー〕はあなたたちに〔アブラハムの宗教を〕選び、あなたたちに苦業がないようにした。

（巡礼章〔二二章〕七八節）

同様に、前に引用したのと同じように、預言者ムハンマドは次のように述べている。

物事を易しくして、決して厳しくしてはなりません。よい知らせを〔人びとに〕伝えてください。〔彼らが〕逃げたくなるようなことを言ってはなりません。

（ブハーリー『真正集』、ムスリム『真正集』）

そして、もし法やその他の物事について異なる選択肢がある場合には、最も良く、最も慈悲深い選択肢を取るべきである。これこそが、法の原則であり黄金律であり、（前述の）「苦難は軽減すべき」という言葉が本当に意味することである。実際に、クルアーンの中で神は次のようにそれを勧めている。

〔信徒たちは〕言葉を聞いて、その中の最もよいところに従う人びとであり、これらこそアッラーが導いた者、これらこそ思慮ある者たちである。

（集団章〔三九章〕一八節）

これにもかかわらず、一部のムスリム学者は最も容易で最も慈悲深い道を選ぶとは限らない。ほとんどの人びとと同様に、彼らは最も複雑で困難なものこそが、最大限の努力と自己犠牲の証であるゆえに、最も敬虔であると無意識のうちに考えている。たとえば、一般的にクルアーンやハディースによって（あるいは麻薬の場合のように、明白な類推によって）具体的に禁じられていないすべての物事は原則として許されるが、たいていの学者に彼らが個人的に好まない物事について尋ねたならば、彼らは「それに関する実際のテキストはないが、しかし……」と前置きしつつそれを禁止するだろう。これでは何の役にも立たない。預言者ムハンマド自身が次のように警告している――「破滅するがよい、極端な者たちは（これを三回繰り返した）」（ムスリム『真正集』）。法学者の衒学《げんがく》は、特に今日のように物事が常にとても早く移り変わる時代においては、問題である。そして、これは政治的にも、問題である。実際のところ、今日のイスラーム世界の問題や緊張関係の多くは、政治的な問題や対立も含め、少しばかりリラックスし、他者に対してもリラックスさせ、放っておくことでしか解決できないであろう。これは多元主義の根幹である。そしてこれこそが、本当にシャリーアが求めていることである。

＊

なぜこれを知ることが重要か

これらすべてを知ることが重要な理由は、たくさんある。第一に知っておくべきことは、シャリーアは道徳律と法典の両方であるということである。法典としては、シャリーアは一枚岩的ではなく、多元的な法体系であり、たいていは多くの異なる正当な意見を内包するものである。第二に知っておくべきことは、シャリーアが内包する異なる意見についてである。正しい実践、そして最も敬虔な選択肢とは、最も容易で最も慈悲深い採用可能な選択肢のことであり、最も難しい選択肢のことではない。第三に知っておくべきことは、シャリーアの究極的な目標は人びとを助けることであって、それは正義と慈悲を制度化し、人びとの利害を守ることによって達成されるということである。特に、シャリーアの目的は、人間にとっての五つの基礎的な権利を制度化することによって、人びとを助けることである。その五つの権利とは、㈠生命の権利、㈡宗教の権利、㈢家族・生殖・名誉の権利、㈣理性の権利、㈤財産の権利であり、それぞれの権利が示すすべての自由と保護とともに、これらは「法の精神」を反映している。第四に知っておくべきことは、シャリーアには「なぜ」と「何」、そして「どのように」があり、「何」だけではないということである。そして、意図としての「なぜ」や、文脈および手続きとしての「どのように」を理解せずに「何」だけを適用すると、たいていは誤りにつながる。これはまさに、「文字は殺す」〔新約聖書「コリントの信徒への手紙二」3・6。「文字は殺し、霊は生かします」〕

と続く〕である。第五に知っておくべきことは、シャリーアは、人びとが漠然とそれに尽くすために存在するのではないということである。むしろ、シャリーアは人びとを助け、人びとの役に立つために存在する。シャリーアは決して、別の時代にのみ適合する気まぐれな、あるいは恣意的な不可解な法でもなければ、部族の流血への欲求の表出でもない。これらは敵意あるステレオタイプであるが、無知な現代のムスリムたちもこれを信じているようである。しかし、シャリーアはむしろ人びとの福利のために、精神的な原則と現世での物事の性質の両方に基づいて、高度に知的で緻密に体系化された社会的な法のシステムである。シャリーアは、変化する文脈に適応するはずであるし、理屈の上で存在する死刑と身体刑を執行することを可能な限り避けるはずである。今日それが頻繁に乱用されているのは、決して〔シャリーア自体の〕本質的な瑕疵《かし》ではなく、個人的な無知や、場違いな熱狂、さまざまな政治的要因によるものである。

　最後に、おそらく今日の状況に最も関連することとして理解すべきことは、現代におけるイスラームの名の下の過激主義やテロリズムは、決して伝統的な法源学のイスラームに由来するものではなく、むしろ反ウスール運動に由来するということである。過激主義やテロリズムに関与する者たちが何と言おうと、それらはシャリーアの適用などではなく、シャリーアに関する混同である。これらは新しい現象であり、イスラームの一三〇〇年の歴史を通して理解された形のシャリーアとは相容れないものである。法源を知るムスリムであれば、決して過激主義やテロリズムを認めたり、それに関与したりすることはない。良心に照らしてそんなことはできないし、万が一そうしたいと思ったとしても、これらはイスラームに反するためにできない。テロリスト集団の中には、ウスール派も、アシュアリー神学派・マートゥリーディー神学派も、スーフィーもいない。これは決して偶然ではない。そして反ウスール主義者の中でも、ほんのわずかな割合の者たちだけが暴力的なテロリストになるが、すべての暴力的なテロリストは法源について無知であるか、反ウスール主義者かのどちらかである。シャリーアは生命への道なのであって、恐怖と破壊への道ではありえない。

第11章　ジハードとは何か

あなたたちに戦いを挑む者があれば、アッラーのために戦いなさい。〔ただし規範を〕逸脱してはならない。まことにアッラーは逸脱者を好まない。
（雌牛章〔二章〕一九〇節）

最初の印象で少々奇妙に思えるかもしれないことは、そもそも戦争についてクルアーンが言及していることであり、しかも戦争がいずれかの宗教と関連付けられていることである。しかし戦争は、聖書の中でも、その他の聖典（たとえば、バガヴァッド・ギーター〔ヒンドゥー教の聖典の一つ〕）でも述べられているし、イスラームと何も関係がない宗教戦争も数え切れないほど存在してきた。どの宗教とも関係がない戦争も、数え切れないほど存在してきた。戦争とはどうやら、人類の歴史、人間社会、人間の政治にとって、そしておそらくは人間の実在そのものにとってさえ、不可避な部分である。そして戦争というものは、人びとが死ぬことや殺し合うことを含むので——そしてそれより重要な問題はないので——おそらくクルアーンの中で戦争について議論されない方が、むしろ奇妙かもしれない。ともかく、神はクルアーンの中で次のように述べている——「彼らがたとえをあなた〔ムハンマド〕に持ち出す時は必ず、われ〔アッラー〕があなたに真理と最良の解釈を与える」（識別章〔二五章〕三三節）。

後で述べるように、イスラームは戦争という問題の全体に対し正面から立ち向かう。そうすることによって、実際にイスラームは——戦争は勝つためにあるとはいえ——戦争を制御し、調整し、可能な限り慈悲深いものにしようとするだけでなく、戦争の中で生じる不可避で不可欠な犠牲に対し、より高度な意味を与えもする。言いかえれば、宗教としてのイスラームは、戦争を可能な限り和らげ、戦争を宗教生活に組み込む。そしてこのため、私たちが今日「戦争犯罪」と呼ぶものの中で、ムスリムの手によるものはおそらくヒンドゥー教を別として他の宗教の信仰者によるものよりも少なかったことを、歴史が示している（ナヴィード・シャイフによる『死者数』https://rissc.jo/books/body-count/ を参照）。とはいえ、これは完璧な状況とは言いがたい。なぜなら、ムスリムたちは明らかに、これまで自分たちの宗教的倫理に十分に従った行動をしてきたとは言えないからである。しかし、ここからわかることは、結局のところ戦争を無視したり、否定したり、戦争のための法を制定しないよりは、戦争を規制し、それを論理的行動の中に組み込む方がより良く、より誠実だということである。

「ジハード」の語の意味

アラビア語を知らない多くの人は、「ジハード」が「イスラーム的な宗教戦争」や「聖戦」を意味すると考えている。これは正しくないし、ジハードの本質や目的について危険な誤解を招き、ジハードが手段というより目的であるかのように捉えてしまうことになる。実際のところ、アラビア語でのジハードの語そのものは、もともと戦争とは何の関係もない。アラビア語で戦争を指す語はハルブであり、軍事的戦闘を指す語はキタールである。ジハードはジュフドという語根から派生した語で、努力することを意味し、そしてそこから「奮闘すること」や「競うこと」をも意味する。つまり、軍事的戦闘はジハードの本質ではない。

二種類のジハード——大ジハードと小ジハード

クルアーンとハディースの中で、ジハードの語は（少なくとも）二つの大きく異なる用いられ方をしており、したがってジハードには（少なくとも）二種類ある。

一つ目の用法が表すのは、内面的な自我との闘いで、これはすべての信徒が実践すべきものであり、精神生活にとって不可欠なものである。預言者ムハンマドは次のように述べている——「ムジャーヒド〔戦う者〕とは、アッラーに服従するために、自らの魂と戦う者である」

（アブー・ダーウード『スンナ集』、ティルミズィー『スンナ集』、イブン・ハンバル『ムスナド』）。そしてもう一つのハディースには次のように述べられている――「ムハージル〔移住者〕とは悪から遠ざかる者であり、ムジャーヒド〔戦士〕とは、自らの魂に対してジハードをおこなう者である」（ハーキム『ハディース補遺集』）。この内的で平和的なジハードの語の意味は、クルアーンの中では次のような章句で用いられている――「それゆえ不信仰者に従ってはならない。彼らに対して、これ〔クルアーン〕によっておおいに奮闘努力しなさい」（識別章〔二五章〕五二節）。そして、「奮闘努力する者は、自らのために奮闘努力しているにほかならない」（蜘蛛章〔二九章〕六節。巡礼章〔二二章〕七八節、蜘蛛章〔二九章〕八節、ルクマーン章〔三一章〕一五節、禁止章〔六六章〕九節も参照のこと）。

　この種のジハードは「大きな」ジハードである。これは敵に対する軍事的な「ジハード」、すなわち「小ジハード」よりもよいものである。預言者ムハンマドは次のように述べている。

> 預言者〔ムハンマド〕が「すべてのおこないの中でもあなたたちの主〔アッラー〕のみもとで最良にして最も好まれ、あなたたちの位階を〔来世で〕高めることが何か、教えましょうか。それは、あなたたちが金や銀を〔善行に〕費やすことよりもよく、敵と遭遇して彼らの首を打ったり〔戦果をあげたり〕、彼らがあなたたちの首を打ったりする〔あなたたちが殉教する〕ことよりもよいことなのです」と言うと、彼ら〔教友たち〕は「ぜひ」と答えました。彼〔ムハンマド〕は、「〔それは〕神の唱念です」と言った。（マーリク『ムワッタア』、ティルミズィー『スンナ集』、イブン・マージャ『スンナ集』）

そして、美徳は「大ジハード」に不可欠な部分であるので、勇気という美徳さえも、軍事的戦闘の一部であるのと同様に、「大ジハード」の一部である。実際に、それは無防備な時に危険に身をさらすことを伴う。預言者ムハンマドは次のように述べた――「最も優れたジハードは、不義の統治者のもとでの正義の言葉〔を発すること〕です」（アブー・ダーウード『スンナ集』、ナサーイー『スンナ集』、イブン・マージャ『スンナ集』）。そこで、ルーミーは次のように書いている（『精神的マスナヴィー』1, 1395-1398）。

私は外の戦闘に背を向け
内なる戦いに顔を向ける
私たちは小ジハードから戻り
今は大ジハードにおいて預言者とともにある
獅子にとって戦列を打ち破ることはたやすい
真の獅子は我執の戦線を打ち破る

大ジハード

このように、「大ジハード」は自我に対するジハードである。それは自我を征服することによって魂を浄化することを目的とするジハードである。その基礎はイスラームの儀礼であり、第2章で述べたようなイーマーン〔信仰〕とイフサーン〔美徳〕を求めるものである。その最大の武器は、神を唱念することである。これは前節で引用したハディースに述べられている通りで、また第8章の、心の錆を落とすことに関する節で述べた通りである。この特徴や詳細はきわめて大きな主題であり、人間の人生そのものの中心的な挑戦を表す。これについてはこの短いスペースでは説明しきれないが、「大ジハード」そのもののすべてを要約していると考えられるクルアーンの短い一節があるとするならば、それはおそらく次のものである。

> 自らの主〔アッラー〕の前に立つことを恐れ、〔自らの〕魂に対して〔悪しき〕欲望を禁じる者には、まことに楽園こそが住まいとなろう。
> （引き離す者章〔七九章〕四〇～四一節）

ガザーリーは、この原則と、「大ジハード」の内なる闘いの全体を、以下のように詳述している。

> すべての人間の中には、四つの原理が混在している。すなわち、信仰性、悪魔性、猛獣性、動物性であり、これらすべては人間の心の中に集まっている。それはあたかも、人間の皮膚の下に、豚、犬、悪魔、賢者が内包されているかのようである。豚は欲望

……犬は怒り……を示している。……豚は強欲を通じて、不品行、悪行へ〔人間を〕招く。猛獣性は、怒りを通じて不義と加害へと招く。悪魔は豚の欲望と猛獣の怒りをたえずかき立てる。悪魔は、彼らが好むほうへ連れて行き、彼らは自然とそれに傾倒する。

知性にあたる賢者が責任を負うのは、悪魔の悪だくみ、狡猾さを撃退することで、鋭い洞察と輝く光を通じてそれを暴き、豚の強欲を断ち、犬に豚を屈服させることである。欲望の力は怒りによって打ち破られるからである。犬の残忍さは、豚に犬を支配させることによって抑えられる。もし賢者がこれをおこなうことができるならば、均衡が達せられ、肉体の王国に正義が現れて、すべてがまっすぐな道を進む。しかし、もし賢者がそうできなければ、それら〔強欲や怒り〕が彼を支配し、制御することになる。（すると）彼は自分の思考力と考察を豚に食べさせ、犬を喜ばせることになり、いつも犬と豚に奉仕することになる。

これがほとんどの人間の状態で、胃袋〔食欲〕、陰部〔性欲〕、ライバルとの競争にばかり注力している。

（『宗教諸学の再興』、第二一巻「心の秘密」第五節）

小ジハード

「小ジハード」とは、軍事的なジハードである。それは、一定の条件下での敵に対する戦闘、あるいは戦争である（この後に論じるように）。「小ジハード」は「大ジハード」に拠っており、

「大ジハード」にその根拠がある。なぜなら、神はクルアーンの中で次のように述べている――「おお、信仰する者たちよ、〔敵の〕軍勢と遭遇した時は、〔心や隊列を〕堅固にして、アッラーを数多く唱念しなさい。おそらく、あなたたちは成功するであろう」（戦利品章〔八章〕四五節）。このため、あるハディースによれば（信憑性は高いとは言えないものの）、軍事遠征からの帰還後、預言者ムハンマドは次のように述べている。

「私たちは、小ジハードから大ジハードに戻りました」。彼らは尋ねました、「大ジハードとは何ですか、アッラーの使徒よ」。彼は「自我〔ナフス〕に対する戦いです」と答えました。

（バイハキー『大スンナ集』、ハティーブ・バグダーディー『バグダード史』）

非常にためになることは、誰もが大ジハードをおこなうことを求められる一方で、軍事的な小ジハードは皆に要請されるものではなく（女性章〔四章〕九五節を参照）、イスラーム学者らは特に免除される点である（悔悟章〔九章〕一二二節参照）。特定の状況下では、両親の同意も条件となる。ある男性が預言者のもとを訪ね、（軍事的）ジハードに参加する許可を求めた時、預言者は男性に尋ねた――「両親は存命ですか？」。これに対し男は「はい」と答えた。すると預言者は男性に言った――「それなら両親（に仕えること）によってジハードをおこないなさい」。

「小ジハード」
——その背後にある理由と、それに必要な諸条件

イスラームにおいて小ジハードは基本的に「正戦」である。クルアーンとスンナの中でこれは非常に明らかである。一三年間にわたり、預言者は啓示を受けてイスラームを説いたことが理由で、マッカにおいて自分の部族から抑圧、罵倒、侮辱、脅迫、排斥、迫害を受けた。信徒の中でも劣勢な部族の出身者は、拷問され、殺された。ついには、預言者の敵対者たちが彼を何度も殺そうとしたので、彼は密かにマディーナへ移住した。しかし、その時でさえ、マッカの人びとは彼を放っておかず、彼に戦争を仕掛けた。その間ずっと、彼は自衛のために武器を取ることを神から許されなかった。その後ようやくヒジュラ暦二年に、次のような啓示が預言者に下された。

> 戦いを仕掛けられた者には、不義を受けたがゆえに〔戦いが〕許可された。それは彼ら〔戦いを仕掛ける者たち〕が悪をおこなうゆえである。アッラーは彼ら〔信徒〕を助けるに全能である。〔信徒たちは〕「私たちの主はアッラーです」と言っただけで、不当にも自分たちの家から追い出された。アッラーが人びとを互いに牽制させなかったならば、アッラーの名がいつも唱念される修道院も〔キリスト教の〕教会も〔ユダヤ教の〕シナゴーグもマスジド〔モスク〕も破壊されたであろう。ア

ッラーはかれ〔アッラー〕を助ける者を助ける。まことにアッラーは強大にして比類なき強力者である。（巡礼章［二二章］三九～四〇節）

したがって、イスラームにおける正戦は以下に依拠する――㈠先に攻撃を受けている、または攻撃されそうになる。㈡不当な扱いを受けている（それに忍従してきた）。㈢住居と土地から追放された。㈣神を信仰するだけで、宗教的に激しく迫害されている。㈤自分たちの聖地（あるいはユダヤ教徒、キリスト教徒の聖地）を破壊された。㈥正当な権威の持つ統治者によって宣戦されたので、ジハードが個人ではなく共同体のおこないになった。神が「許可」を与える――単純に戦闘を命じるのではない――という事実が示すのは、戦闘が神の許可、すなわち「特別な許し」を必要とする例外的な状態であって、望ましい状態ではないということである。クルアーンには、他に後に啓示された二つの章句があり、法学者たちはそこから戦争の正当な理由を導き出す。その理由とは、㈦助けを求めて祈っている、抑圧された男性、女性、子どもたちを（宗教的に）守るため（女性章［四章］七五節）、㈧侵略があり、和平条約が破られたため（悔悟章［九章］一

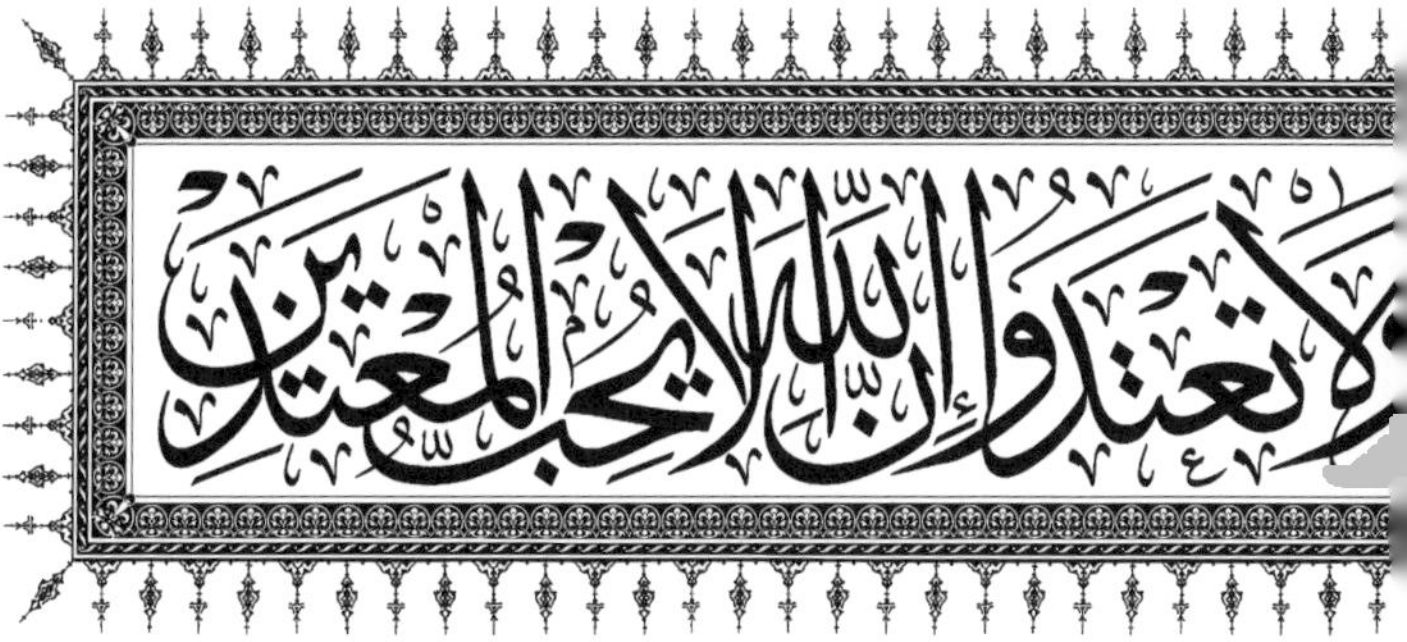

雌牛章［二章］一九〇節

三節）である。これらを併せて初めて、クルアーンにおいて正当な戦争として認められる。注目すべきことは、戦争を許す、または命じるクルアーンの章句はすべて、その後に条件をつけ、制約する章句が必ず続き、可能な場合には必ず平和を擁護し力説しているということである（ガーズィー、カリン、カマーリー共編『イスラームにおける戦争と平和――ジハードの活用と乱用』〔二〇一三年〕、付録を参照）。

つまり、軍事的ジハードは自衛のため、安全のため、信仰の自由のためであり、抑圧を受けており、そして土地を追われた場合のみに、厳格に制限される。これらは軍事的ジハードにおける「戦争の正義（jus ad bellum）」の規則である。宗教的な征服も、宗教的な改宗も、ジハードの理由にはならない。このことは、神の言葉から明らかである（軍事的ジハードが始まった後にマディーナで啓示された言葉）――「宗教に強制があってはならない」（雌牛章［二章］二五六節）。これらすべては、本章の初めに引用したクルアーンの章句にまとめられている。

あなたたちに戦いを挑む者があれば、アッラーのために戦いなさい。〔ただし規範を〕逸脱してはならない。まことにアッラーは逸脱者を好まない。

（雌牛章〔二章〕一九〇節）

簡潔に言えば、軍事的ジハードとは単に、トマス・アクィナスが独自の正戦論をまとめるよりも六〇〇年も前に定義された「正戦」である。

「小ジハード」の目標

世界の将軍たちで、その称号に値する者は誰しもが知っていることは、勝利とは何かをまず定義しなければ戦争に勝つことはできないということである。「勝利」がどのようなものであるかを知らなければ、誰も戦争に勝つことはできない。勝利とは、敵の軍事力や工業力の破壊、あるいは戦意を打ち砕くことかもしれないし、そうではないかもしれない。敵の軍事力を完全に破壊することは、敗北を意味することもある。なぜなら、それによって共通の敵が取って代わり、勢力を増して、最終的に争っている両者を打ち負かすこともあるからである。たいていは、戦争の目標は、政治的であるか、敵の振る舞いの変化を追求するか、平和条約を強いるかである。したがって、ジハードの目標を定義する必要がある。同時に覚えておくべきことは、ジハードの目標はジハードの理由とは全く異なるものであるということである。これら二つを混同すると、悲惨な間違いや不必要な戦争を招きかねない。

誰もがこのことを理解するとは限らないが、それでも、学者たちは前述のジハードの目標については合意している。なぜなら、神はクルアーンの中で次のように述べているからである――「争いがなくなり、宗教がすべてアッラーのものとなるまで、彼らと戦いなさい。もし、彼らが〔戦闘を〕やめたならば、不義者に対する場合以外は、敵対してはならない」（雌牛章〔二章〕一九三節）。ここに示された目標は、ムスリムに対して戦争が仕掛けられて初めてジハードの目標となるものであり、そして七世紀におけるアラビア半島での防衛戦という文脈の中で理解されるものである。これが特に明確にしているのは、ムスリムが戦争に勝つ場合に（そしてもちろんこの当時ムスリムは戦争に勝ったのだが）勝利とはどのようなものかについてである。これはジハードの根拠、すなわち開戦事由ではない。そして、敵が平和を求めた場合、あるいはそれが互いの共通の利害と一致する場合には、交戦は見合わせることができる。なぜなら、神は次のように述べている――「もし、彼らが〔戦闘を〕やめたならば、不義者に対する場合以外は、敵対してはならない」（雌牛章〔二章〕一九三節）。フダイビーヤの和議――この時に、預言者は敵との政治的和解を受け入れた――という出来事が、この章句の背景にある。そして神はクルアーンの中で次のように述べている――「もし彼らが和平に傾いたならば、あなた〔ムハンマド〕も和平に傾き、アッラーを信頼しなさい。まことにかれ〔アッラー〕は全聴者にして全知者である」（戦利品章〔八章〕六一節）。

「小ジハード」は攻撃的か、防衛的か？

戦争において「攻撃的」とは何を意味するのであろうか。「攻撃的」という言葉は必ずしも「先制攻撃」を意味しない。すでに不当に同胞を抑圧したり、自分たちを脅かしたり、攻撃する意図や準備を明確にしたりした敵と交戦することは、「防衛的」であると言えよう。それは、たとえ敵が攻撃してくる前にこちらが攻撃したとしてもである。「攻撃的」という言葉は、あらゆる形態の征服のための「ムスリムでもない、味方でもないが、敵でもない人びとへの攻撃」を意味する。

軍事的ジハードの目標についていろいろと書いてきたが、一部の古典的法学者たち（イブン・タイミーヤや多くのアンダルシアの学者たち）は、攻撃的ジハードについて、たびたび他国への攻撃として語る。これは、二〇世紀のイスラーム文筆家（たとえばサイイド・クトゥブ）、あるいは一部の現代の反ウスール主義者（たとえば〔アルカーイダの指導者の一人〕アブー・ムスアブ・スーリーの著作『グローバル・イスラーム・レジスタンスの呼びかけ』〔二〇〇五年〕）の考え方でもある。一方で〔法学派の名祖たちの〕アブー・ハニーファ、マーリク・イブン・アナス、イブン・ハンバル、スフヤーン・サウリー、アウザーイー、そしてほとんどのシャーフィイー学派の学者たちは決して、宗教的な違いそのものをジハードの正当な根拠としてみなさない。そして、ジハードについて著述してきた二〇世紀の優れたウスール派の学者たちは全員、所属する法学派は違えども、ジハードとは厳格に防衛的なものであると主張した。その学者たちとは、アズハル総長であったマフムード・シャルトゥート、〔シリアの高名な法学者〕ワフバ・ズハイリー、〔シリアのムフティーであった〕ムハンマド・サイード・ブーティー、〔モーリタニア出身の国際的法学者〕アブドゥッラー・ビン・バイヤ、〔エジプトの元ムフティー〕アリー・ジュムアなどである。

七世紀のアラビア半島の地図を見れば一目瞭然だが、マッカとマディーナ（預言者はヒジュラ暦元年／西暦六二二年にマッカの人びとから逃れるためにマディーナへ移住した）の間の距離は、直線距離でおよそ二一〇マイル／三四〇キロあり、これは沙漠をラクダの背に乗って移動するには長い距離である（当時のアラビア半島では人びとはそのように旅した）。それにもかかわらず、最初の三つの戦闘（バドルの戦い、ウフドの戦い、塹壕の戦い）はすべてマディーナ周辺でおこなわれ、マッカの人びとはムスリムたちを攻撃するためにその距離をはるばる移動して来た。言いかえれば、マッカの人びとは、預言者〔ムハンマド〕がマッカから逃げたにもかかわらず、預言者とその信徒たちを追いかけて、彼らを全滅させようとした。このことが示すのは、マッカの人びとが攻撃し、預言者は防衛していたということである。マッカの同盟者（たとえばスライム部族やガタファーン部族など）に対するムスリムの出撃は、ムスリムへの奇襲に先んじるためであった。さらに、マディーナのユダヤ教徒のアラブ諸部族（後には、彼らが庇護を求めたハイバル〔マディーナ北方〕の同盟者も含む）との戦闘は、ムスリムとの協定を書面で交わした後に裏切りを起こしたマディーナ住民に対する戦いであった。〔アラビア半島北部の）タブークやムウタへのビザンツ帝国に対する軍事遠征は、侵略的な政治的帝国に対抗するものであった。そのビザンツ帝国は巨大な軍隊を（当時の）ムスリムの土地との境界に集結し、可能とあればどんな領土でも絶えず征服し、吸収していた。したがって、これらはいずれも攻撃的な戦争ではない。同様に、預言者ムハンマドの死後、最初の三代のカリフたちによる、サーサーン朝ペルシア帝国に対する新しい軍事遠征も、もう一つの侵略的な帝国に対するものであった。というのも、サーサーン朝ペルシア帝国は、西暦六一四年にエルサレムを占領し、それ以前には少なくとも一世紀にわたり、ビザンツ帝国およびその代理者や同盟者とアラビア半島南部をめぐって覇権を争っており、侵略的であった。

前章で述べた通り、国際連盟の形成（一九二〇年）以前には、政治的な国家間関係の常態は「食うか食われるか」の競争であり、時代の九〇パーセントは、二国間あるいは多国間において、積極的あるいは受動的に戦争状態にあった。イブン・タイミーヤは、モンゴル軍による侵攻の最中に、複数の戦線で残忍な戦争がおこなわれた時代を書き記した。この時代は、十分に強い軍事力を集めた者なら誰でも、望むがままに攻撃をする時代であった――誰が彼らを止められただろうか？　自衛する力を持たない国家は、滅亡する。このような文脈では、「攻撃的」戦争と「防衛的」戦争に区別はない。なぜなら、常に皆が今にも攻撃してくるような状態だからである。一部の古典的イスラーム法学者たちが、決して「攻撃的」戦争と「防衛的」戦争に有意な区別をつけないのは、このことが理由である。しかし、国際連合の設立後、国際的なコンセンサスと国連憲章によって、国際的な国家間関係の規範は平和へと変化した。したがって、それ以降の状況は全く異なる。国連憲章の第一章のまさに最初の条項には、次のように書かれている。

国際連合の目的は、次の通りである。

一、国際の平和及び安全を維持すること。そのために、平和に対する脅威の防止及び除去と侵略行為その他の平和の破壊の鎮圧とのため有効な集団的措置をとること並びに平和を破壊するに至る虞のある国際的の紛争又は事態の調整又は解決を平和的手段によって且つ正義及び国際法の原則に従って実現すること。

今日の、世界的に合意された諸条約によって国際的な平和が定められている状況では、ジハードを攻撃的なものとして当時捉えていた古典的法学者たちでさえ、攻撃的ジハードを是認しないであろう。なぜなら、神が次のように述べているからである——「おお、信仰する者たちよ、約束を守りなさい」(食卓章〔五章〕一節。夜の旅章〔一七章〕三四節も参照のこと)。言いかえれば、諸国間で合意された規範としての平和に照らせば、今日において可能な唯一のジハードは、ムスリムが攻撃され土地を追われるなど、先に概説した八つの条件を満たす防衛的な正戦のみである。

「小ジハード」の背後にある意図

ムスリムは皆、小ジハードの中に大きな美徳を見出す。預言者によれば、大ジハード（我執との闘い）に次いでは、小ジハードよりもよいおこないはないという。

イブン・マスウードは、次のように伝えている――私がアッラーの使徒に、「何が最も優れたおこないですか？」と尋ねると、「刻限内の礼拝です」と言いました。「その次は？」と尋ねると、「親孝行です」と言いました。「その次は？」と尋ねると、「アッラーのためのジハードです」と言いました。

（ブハーリー『真正集』）

クルアーンの章句の中にも、必要が生じた際には軍事的ジハードを始めるよう、ムスリムたちを奨励するようなものが多くある。たとえば、神は次のように述べている――「おお、信仰する者たちよ、あなたたちはどうしたのか。『アッラーのために出陣せよ』と言われた時、土地に張り付く〔家から出たがらない〕とは」（悔悟章〔九章〕三八節）。同様に、神は次のように述べている。

まことにアッラーは、信徒たちからその生命と財産を買ったのである。彼らには〔その代償として〕

楽園がある。彼らはアッラーのために戦い、殺し、また殺される。それは律法と福音とクルアーンにある、かれ〔アッラー〕の真実の約束である。誰がアッラー以上に約束に忠実であろうか。それゆえ、あなたたちが誓約した誓いを喜びなさい。それこそが偉大な成就である。

(悔悟章〔九章〕一一一節)

これは決して「死のカルト」ではない。イスラームを誹謗中傷する者や、心得違いをしているネオ・ジハード主義者たち〔武装闘争をジハードと呼ぶ過激派〕はそのように考えているようであるが、それは誤りである。これは、究極的な犠牲に対して準備された神の報奨である。福音書への言及は、次のイエスの言葉によって説明できる――「友のために自分の命を捨てること、これ以上に大きな愛はない」(「ヨハネによる福音書」一五：一三)。実際に、軍事的ジハードには、高潔な動機を持つことが必要不可欠である。なぜなら、その動機――すなわち「なぜ」――こそが、「どのように」ジハードをおこなうか、そして神がそれを許容するか否かを最終的に決定づけるからである。意図こそが鍵である。神はクルアーンの中で次のように述べている――「人間は、自分が努力したものしか得られない」(星章〔五三章〕三九節)。預言者はハディースの中で、まさに次のように明らかにしている。

復活の日に最初に裁かれるのは、殉教者として死んだ者です。彼〔その一人〕は引き出され〔神は現世で彼に与えた〕恩寵を彼に知らしめ、彼はそれを認めます。彼は「あなたはそれ〔恩寵〕に対して何をしたのか」と問われます。彼は「私は殉教するまで、あなたのために戦いました」と答えます。かれ〔アッラー〕は「あなたは嘘をついている。あなたは、自分が勇敢だと言われたいがために戦い、〔実際に〕そう言われました」と答えます。それから〔アッラーの〕命令が下り、彼はうつ伏せに引きずられていって、業火に投げ入れられます。（ムスリム『真正集』）

言いかえれば、殉教者と殉教が高潔なのは、神への愛、その善良さと自己犠牲が理由なのであって、憎しみや復讐は理由ではありえない。ジハードの意図は、愛、善良さ、勇気、そして自己犠牲のいずれかでなければならず、怒り、憎しみ、自尊心、流血への欲望、あるいは軍事的野心による悪意であってはならない。私たちが称賛し尊敬するのは、兵士と英雄であって、殺人犯や無法者ではない。軍事的ジハードは、基本的には「善良な戦争」――決してテロリズムではない――であり、したがって正しい方法でおこなわれなければならない。

「小ジハード」の間の行為規則

次に考えるべきは、軍事的ジハードの間の行為規則（jus in bello）の問題である。これは、ジハードのための理由とほとんど同じくらい重要である。ここで指摘しておくべきことは、この諸規則が啓示された時代〔西暦七世紀〕までは、イスラーム以前のいかなる文明も未だ、慎重に非戦闘員を守り、戦場の外では戦闘員さえも守る、という人道的な範囲内で戦闘するための方法論を打ち立てていなかったということである。この諸規則の詳細をここでつまびらかにするのはやめて、簡潔にこれだけは言っておこう。預言者ムハンマドは次のように述べている。

年老いた老人、子ども、少年、女性を殺してはなりません。

（アブー・ダーウード『スンナ集』）

約束を破ってはなりません。戦利品をごまかしてはなりません。遺体を切断してはなりません。子どもや教会の人びと〔聖職者〕を殺してはなりません。

（イブン・ハンバル『ムスナド』）

戦役に赴きなさい。ただし、戦利品をごまかしてはなりません。約束を破ってはなりません。遺体を切断してはなりません。

（ムスリム『真正集』、ティルミズィー『スンナ集』）

マッカ征服の日には、預言者は次のように述べている。

背を向けた者を殺してはなりません。負傷者にとどめをさしてはなりません。誰であれ扉を閉めた〔屋内にいる〕者は安全です。

（イブン・アビー・シャイバ『ムサンナフ』）

戦争による捕虜に関して、神はクルアーンの中で次のように述べている――「彼らを制圧した〔捕虜にした〕ならば、その後は戦いの重荷〔武器〕が置かれる〔降伏や和平などで決着する〕までは、〔彼らを〕しっかりと拘束し、温情によって解放するか、身代金を取りなさい」（ムハンマド章〔四七章〕四節）。また、神は戦争捕虜には必需品を与え、尊厳と敬意をもって扱うように命じている。

また彼ら〔信徒〕は、貧者と孤児と捕虜に、自分たちが〔食物を〕好むにもかかわらず、食物を分け与える。（人間章〔七六章〕八節）

小ジハード以外での非ムスリムとの関係

軍事的ジハード以外〔の状態〕について、神は次のように述べている。

アッラーは、宗教についてあなたたちに戦いを仕掛けたり、あなたたちを住まいから追い出したりしなかった者たちについては、彼らに親切にして、公正に接することを禁じてはいない。まことにアッラーは公正な者を好まれる。（試問される女性章〔六〇章〕八節）

これが意味するのは、人びとがムスリムに対して戦争を仕掛けたり、そうする意図を持っていたりしない場合には、ムスリムは彼らに対し、すなわち皆に対して親切でなければならないということである。預言者ムハンマドは、いっそうはっきりと次のように述べている。

自分自身に欲することを、隣人のために欲するまで、あなたたちの誰一人〔真の〕信徒ではありません。

（ムスリム『真正集』）

強調しておくべきことは、ここでの「隣人」とは、その宗教がなんであろうと、どれだけ物理的に（「隣人」にしては）遠く離れていたとしても、皆のことを指すということである。なぜなら、預言者ムハンマドは次のようにも述べている――「自分自身に欲することを、人びとのために欲しなさい」（イブン・ハンバル『ムスナド』）。そして神自身がクルアーンの中で次のように明確にしている。

アッラーを崇拝しなさい。何ものも、かれ〔アッラー〕と並べ立ててはいけない。父母に孝行し、また近親者、孤児、困窮者、近親の隣人、近親ではない隣人、近くの友、旅行者、あなたたちの右手が所有する者〔奴隷〕に親切にしなさい。アッラーは高慢な者、うぬぼれる者を好まれない。

（女性章［四章］三六節）

クルアーン注釈書『ジャラーラーン啓典解釈』によれば、「近親の隣人」は「住居または家族の絆に関して近い者」を意味し、「近親ではない隣人」は「住居または家族の絆に関して遠い者」を意味する。クルトゥビーのクルアーン注釈書『クルアーンの法規定集成』によれば、それぞれ「近くの〔よく知っている〕隣人」と「知り合いでない隣人」を意味する。言いかえれば、「隣人」の語が意味するのは、どれだけ離れていたとしても、ムスリムであろうとなかろうと、地球上のすべての人間のことである。

さて、自分自身を愛するように隣人を愛するということを、行動に移さなければならない。なぜなら、預言者は次のように述べている。

アッラーと最後の〔審判の〕日を信じる者は、隣人に対して、よくしてください。

（ムスリム『真正集』）

したがって、これは以下の両方に相当するイスラームの言葉である。それは、第二の戒《いまし》めの「隣人を自分のように愛しなさい」（「マタイによる福音書」二二：三九、「マルコによる福音書」一二：三一）と、黄金律の「だから、人にしてもらいたいと思うことは何でも、あなたがたも人にしなさい。これこそ律法と預言者である」（「マタイによる福音書」七：一二、「ルカによる福音書」六：三一）である。イスラームとの違いは、強調点であるように思える。イスラームは、愛という感情よりもイフサーン〔美徳〕の実践に重きを置いている。

他者に対するイフサーンの実践は、人類創造の理由の一部分でもある。先に引用したように、神は次のように述べている。

人びと〔類〕《人》よ、われ〔アッラー〕は一人の男性と一人の女性からあなたたちを創造し、諸民族と諸部族に分けた。あなたたちを互いに知り合うようにさせるためである。アッラーのみもとで最も貴い人は、あなたたちの中で最も主を畏れる人である。まことにアッラーは全知にして、あらゆることに通じている。

（部屋章〔四九章〕一三節）

神は、人びとの中に民族や部族という多様性を創造した。人びとに対してイフサーンを実践することによって、私たちは彼らを知るようになる。彼らを知るようになることで、私たちは彼らとの争いを避け、代わりにすべての社会の最良の利益になるように彼らと協力することができる。さらに、他者を知ることによって、私たちは自分自身をよりよく知る。前述の通り、自分自身をよりよく知ることによって、私たちは神をよりよく知るようになる。神をよりよく知ることによって、私たちは神をよりよく崇拝する。そして前述の通り、これが私たちの創造の理由である。したがって、人びとの多様性は、創造の理由の一部である。実際にこの章句は、使役形の「知り合うようにさせるため」という語によって、そのことを正確に意味している。付言すると、上記の章句がまた意味することは、自分自身を知るということは、人間の価値を理解するということでもある。それも、その人が何者であるか、何をしてきたか、どれほどの権力、金、名声を持つかということにこだわらずに、彼らの敬虔さと他者に対するイフサーンのみを頼りに、人間の価値を理解するということである。

＊

なぜこれを知ることが重要なのか

おそらく、ジハードという語ほど――少なくとも非ムスリムにとって――恐怖と誤解を引き起こす単語は存在しないであろう。したがって、いくつかの理由で、これらすべてを知ることが重要である。第一に知っておくべきことは、ジハードは「聖戦」ではないということである。そしてムスリムは、戦争をそれほど聖なるものとしてみなさず、必要な手段としてみなすのであって、それ自体を目的ともみなさない。そしてムスリムは戦争を、可能な時にはいつでも終わるべきものとみなし、無期限なものとしてはみなさない。つまり、可能な限り平和であるべきであり、戦争は平和のための手段であって、決してその逆ではない。第二に知っておくべきことは、勘違いをしている少数の「ネオ・ジハード主義者」を除く皆にとって、軍事的ジハードは防衛の原則に基づいた正戦であるし、これまでもそうであったということである。第三に知っておくべきことは、軍事的ジハードとは、指導者を通して国家によって決定される共同体の行為であって、わずかな怒れる若者たちによるものではない（また、個人によるものでも、「軍隊」を自称するやくざ者によるものでもない）ということである。

後者の行為はただ混乱、無秩序、扇動を招くだけであり、シャリーアによって厳格に禁じられている。第四に知っておくべきことは、軍事的ジハードには一定の人道的な戦闘規定、一定の正当な標的、一定の正当な戦略があるということである。それは決して、テロリズムでも、暴虐でも、蛮行でもないし、これらのいずれかを是認するものでもない。これは原則として正しい立場であるが、事実としては、世界が毎日目撃しているのは、逸脱した、無知な（たいていは）若者によっておこなわれる恐怖の事件であり、彼らは自分たちのこの上なく卑劣なおこないを「ジハード」であると誤って考えており、そのようなおこないを記録し誇りさえする。神はクルアーンの中で次のように述べている。

　自分の悪しきおこないが〔虚飾で〕飾り立てられて、それをよいことに見える者〔はアッラーに導かれた者と同じであろうか〕。（創造主章［三五章］八節）

したがって（第五に）知っておくべきことは、ジハードの動機は復讐でもなければ、部族間の宿怨でも、流血への欲望でも、冒険主義でもないということである。これらは「無明時代（ジャーヒリーヤ）」において、イスラーム以前のアラビア半島を突き動かしていた感情であった。しかし、ジハードの動機は高潔なもので、責任、尊厳、自己犠牲、勇気、そして神への愛と隣人への愛が備わっていなければならない。そうでない限り、ジハードが神から受け入れられることはない。もし、ジハードにそれらが備わっており、俗世的な意図ではなく高潔な意図によっておこなわれたならば、それは正戦である。そして（第六に）最後に知っておくべきことは、ジハードのほかに、ムスリムたちはすべての人びとに優しさ、正義、善行でもって接することを、イスラームという宗教によって義務付けられており、これこそが疑いなく物事の通常で最良の状態であるということである。

第12章

政府とは何か

まことにアッラーはあなたたちに、あなたたちが信託を〔本来の〕所有者に返還するように、また、あなたたちが人びとの間を裁く時は、公正に裁くように、命じる。アッラーがあなたたちに訓戒することは、何とうるわしいものであろうか。まことにアッラーは全聴者・全視者である。

（女性章〔四章〕五八節）

正義の重要性

第11章で述べたように、正義とはイスラームにおけるすべての権利の源であり、シャリーアの五つの目的の基礎である。正義は、他の宗教においても本質的なものである。たとえば、トーラー〔モーセ五書〕（したがって聖書）においても、次のように述べられている。

あなたは裁きを曲げてはならない。人を偏り見てはならない。賄賂を受け取ってはならな

い。……あなたは、ただ正義のみを追い求めなさい。（「申命記」一六：一九～二〇）

人類は誰でも、正義を熱望する本能を持っていると言える。子どもも老人も正義を熱望するし、そしてとりわけ若者は正義を熱望するものである。言葉にすることはできなくても、たいていは正義を見ればそれが正義であるとわかる。つまり、正義とは普遍的な権利であり、あらゆる社会が適切に機能するために必要不可欠なものである。正義とは、人間の魂が生まれながらにして持っている信念だからである。これが、あらゆる政府も、あらゆる制度も、正義なしには存続できない理由である。

逆に、正義の欠如——不義——は、否応なしに、不満、反抗、反乱、革命、内戦を招く。このことはこれまでの歴史を貫く真実である。不義は人びとを怒らせ、憎しみを生み出す。「怒れる若者（女性も含む）」が怒るのは、たいていは実際に存在する不義か、認識された不義が理由である。たとえば、タクフィール主義・ジハード主義者の大半は、不義によって過激化する。その不義とは、獄中での残酷な虐待や、親族や友人の死や虐待である（これについては本書の付録で説明される）。不義ほど危険で、社会を不安定化させるものはない。神は、不義が発生した際には必ずそれを罰する。神を信じない者に対して不義がおこなわれた場合であっても、これを罰する。注目すべきことに、預言者ムハンマドは次のように述べている。

不当な扱いを受けた者の祈りに気をつけなさい。その者が不信仰者だったとしても、それ

〔祈り〕と神との間に帷《とばり》はないのです。

（イブン・ハンバル『ムスナド』）

このハディースは注目すべきである。なぜなら、これはまるで、不当な扱いを受けた時、かりに不信仰者が祈る――あるいは少なくとも呪う――のであったとしても、不義があまりに本質的な誤りであるから、神はその祈りを聞いてそれに応えると言っているようだからである。事実として、神自身が（ハディース・クドゥスィー〔聖なるハディース〕の中で）次のように述べている。

わがしもべたち〔人間〕よ、われ〔アッラー〕は自らに不義を禁じ、あなたたちにも不義を禁じた。それゆえ、不義をしてはならない。

（ムスリム『真正集』）

正義の「善美さ」

神はクルアーンの中で次のように述べている。

まことにアッラーはあなたたちに、あなたたちが信託を〔本来の〕所有者に返還するように、また、あなたたちが人びとの間を裁く時は、公正に裁くように、命じる。アッラーがあなたたちに訓戒することは、何とうるわしいものであろうか。まことにアッラーは全聴者・全視者である。

（女性章［四章］五八節）

この章句はとても根源的で、多くを語る。あらゆる書物がこの章句について書き記してきたと言ってもよいくらい、これは重要な章句である。近年、二〇一五年においても、マレーシアの主要な哲学者サイイド・ナキブ・アッタスがこの章句を解説する短い本を執筆している。この話題に突入する前に記しておくべきことは、この章句が、神がすべての人びとに対して絶対的な命令を与えた、数少ないうちの一つであり、この命令が正義を表しているということである。またこの章句は、クルアーン全体の中で唯一、神が自身の指示について「うるわしい」（〔アラビア語で〕「ニインマ」、文字通りには「なんと結構な」、「なんとよい」、「なんと美しい」、「なんと素晴らしい」を意味する）という言葉で称賛しているものでもある。そして神がそのように称賛するのは、正義の称賛においてのみである。さらに、クルアーンの他の箇所では、まさに啓示の目的こそが、正義であると示されている。

われ〔アッラー〕はわが使徒たちを明証とともに遣わし、彼らとともに、啓典と秤を下した。それは人びとを公正にさせるためである。

（鉄章［五七章］二五節）

これらはすべて、クルアーンにおける正義の比類なき重要性を示している。さらに、ある

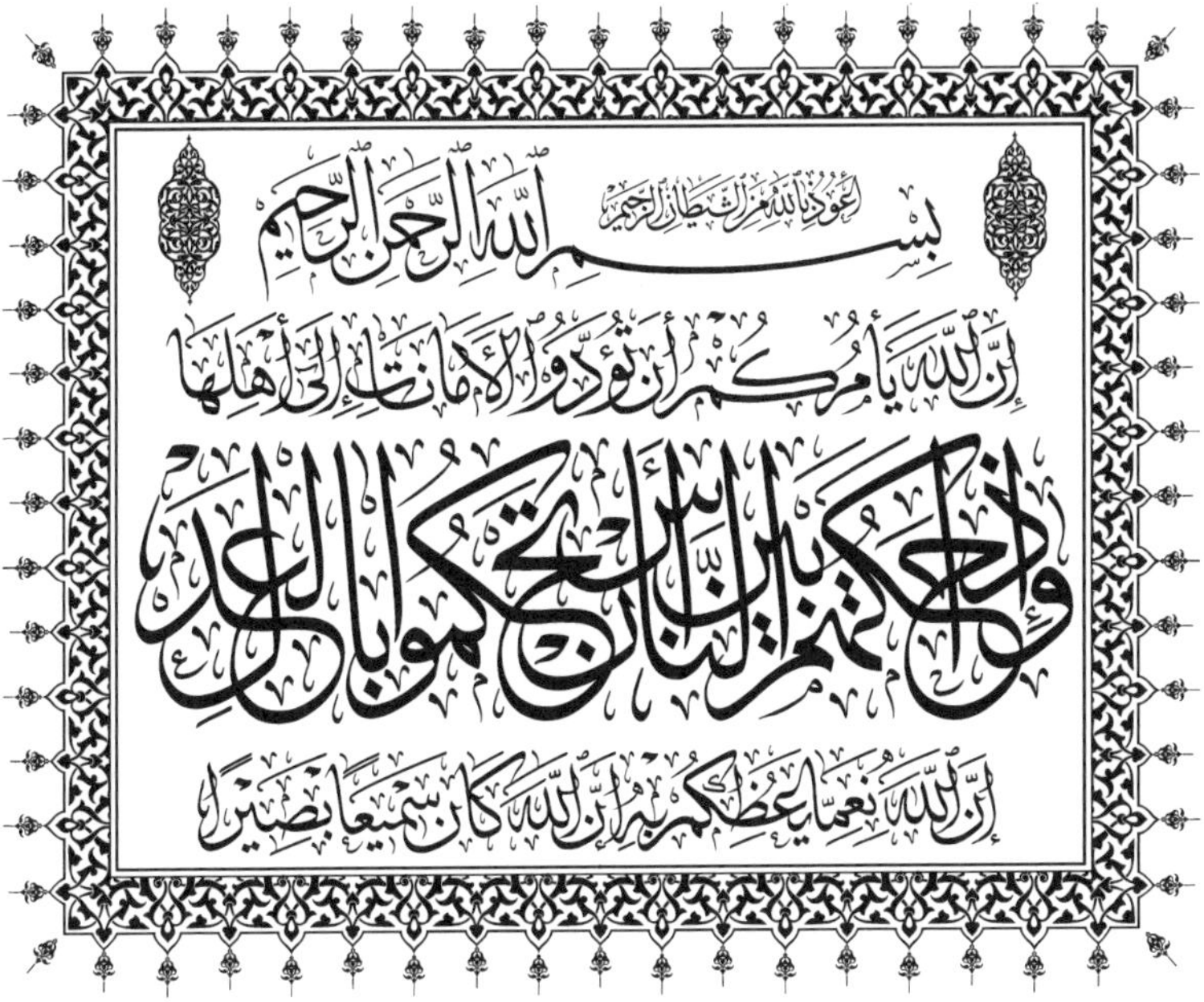
أعوذ بالله من الشيطان الرجيم
بسم الله الرحمن الرحيم
إن الله يأمركم أن تؤدوا الأمانات إلى أهلها
وإذا حكمتم بين الناس أن تحكموا بالعدل
إن الله نعما يعظكم به إن الله كان سميعا بصيرا

女性章［四章］五八節

有名なハディースによれば、「正義」は神の九九の美名のうちの一つでもある（ティルミズィー『スンナ集』）。したがって、人の世において正義ほど「うるわしい」ものはない。

正義とは何か？

しかし、正義とは、正確には何であろうか？　間違いなく、正義について言葉で明確に説明できるようになることが重要である。それは、混乱を避けるためであり、認識上の不義を利用してより大きな実際的な不義をつくり出すこと――これは現在しばしば起こっている――を避けるためである。したがって、正義を実行し、人びとにそれを確信させるためには、正義とは正確に何であるかを言えるように、それを定義できるようにしなければならない。

正義とは正確に何であるかについて、一般的に、法的合意も哲学的合意も存在しない。『オックスフォード英語辞典』は正義を「道徳的に正当かつ公正な、振る舞いや扱い」と定義している。これは、もちろん「正当とは何か？」、「公正とは何か？」、そして「道徳性とは何に基づいたものか？」といった疑問を引き起こす。正義の古典的で「自然な」定義は、たいていはプラトンの定義から引用されるか、あるいはキケロによるプラトンの解説から引用される。『国家』の中で、登場人物のソクラテスは正義について次のように述べる――「自分のことだけをして余計なことに手出しをしないことが正義なのだ」（四三三ａ）〔前掲『国家（上）』三三三頁〕。キケロは（『神々の本性について』Ⅲ、15において）より優雅に、次のように述べる

——「正義とは自分自身のものを他人に分け与える態度を指す」〔『キケロー選集一二』山下太郎・五之治昌比呂訳、二〇〇〇年、岩波書店、二一二頁〕。本章が基づいているクルアーンの節〔女性章〔四章〕五八節〕について真に驚くべき事の一つは、「あなたたちが人びとの間を裁く時は、公正に裁くよう」命じるより前に、「アッラーはあなたたちに、あなたたちが信託を〔本来の〕所有者に返還するように」命じているということである。これはつまり、神は人びとに正義をおこなうよう命令するより前に、正義の定義を与えたということである。言いかえれば、正義とは「あなたたちが信託されたものを、元の所有者に返還すること」である。これは、正義の辞書的な定義と古典的な定義の両方を包含する。なぜなら、すべてに対して与えられるべきものを与えるという道徳的に公正な振る舞いを、この言葉は含むからである。しかし、この言葉は、すべてを「信託」（アマーナ）としてみなすことにより、それ以上のことを意味する。ここで信託とは、何らかの内在的な価値をもつものであり、神から与えられて、一時的にそこから利益を得られるが、全面的に所有することはできないものである。それは個人の意思で処分できるものではないし、人間がそれを捨て去ったり浪費したりする絶対的な処分権を持つこともない。それは、人間が権利と責任を等しく有する何かである。したがって、すべてを「信託」としてみなすことは、物事に尊厳と固有の権利を付与し、それと同時にそれが毀損しやすいことも教えてくれる。

　しかし、「信託」とは具体的に何なのであろうか。クルアーンは、いかに「信託」がすべてのものを、法と関係のない物事でさえも、包含するかを示している。信託は、まさに人間の状態や人間の生命の信託から始まる。クルアーンの中で神は人間の創造について次のように述べている。

まことにわれ〔アッラー〕が、諸天と大地と山々に信託を与えようとすると、それらは皆、それ〔信託〕を担うことを断り、それ〔信託の重荷〕を恐れた。〔しかるに〕人間はそれを担った。まことに彼〔人間〕は不義のきわみ、無知のきわみであった。（部族連合章〔三三章〕七二節）

ここでの「信託」とは、多くの注釈者の理解するところによれば、唯一なる神への信仰と、その神についての知識である。すでに引用した章句であるが、神についての知識と神への信仰について、人間の誕生以前の神と人間との誓約に関する次のような言及がある。

あなたたちの主〔アッラー〕が、アダムの子孫の腰〔生殖器〕から彼らの子孫を取り出し、彼らを自らに対する証人とした時を思いおこしなさい。〔アッラーは彼らに問う、〕「われ〔アッラー〕は、あなたたちの主ではないのか」と。彼らは「しかり。私たちは〔そう〕証言します」と答えた。復活の日にあなたたちが「私たちはこのことをすっかり忘れていました」と言わせないためである。（高壁章〔七章〕一七二節）

言いかえれば、信託は、地上の時間と空間における「安住と寄留の場所〔胎内〕」（家畜章〔六章〕九八章）において、人間に神の霊から息を吹き込んで「聴覚、視覚、心」（サジュダ章〔三二章」九節）を備えた生命を与えたこととつながっている。これが意味するのは、人間によって崇拝されるという、神の最初の「権利」であり、そして、生まれながらに魂の最奥で神について知っている状態で、神によって創造された人間の生命の神聖さである。つまり、人間の生命はそれ自体がそもそも、この世における信託なのである。これが、いかなる者も人間の命を侵害してはならない——自殺であっても許されない——理由である。したがって、次のように言われる。

> 殺人を犯したか地上で悪を働いた〔ことを処罰する〕のでもなく、〔人の〕生命を奪う者は、人びと皆を殺したのと同じである。〔人の〕生命を救う者は、人びと皆の生命を救ったのと同じである。
> （食卓章［五章］三二節）

明らかに「信託」は、前述の通り「シャリーアの五つの目的」をも含む（五つの目的とは、すなわち、㈠生命、㈡宗教、㈢家族・生殖・名誉、㈣理性、㈤財産という基礎的な権利であり、これらそれぞれの権利が意味するところのすべての自由と保護を伴う）。「信託」には、隣人のすべての権利も同様に含まれる。それは、前章で述べた通り、隣人が私たちからイフサーン〔美徳〕を受ける権利である。

事実として、「信託」の概念——したがって、正義そのもの——は、家族や友人と過ごすこと、くつろぐこと、誰かの体をいたわること、配偶者と過ごすことをも意味する。預言者ムハンマドは次のように述べた――「あなたの家族はあなたに対して権利を有する。あなたの客はあなたに対して権利を有する。あなたの魂はあなたに対して権利を有する」（アブー・ダーウード『スンナ集』）。そして、こうも述べている――「あなたの目はあなたに対して権利を有する（すなわち眠る権利）。あなたの体はあなたに対して権利を有する。あなたの妻はあなたに対して権利を有する」（ハティーブ・バグダーディー『一致と分岐』）。そしてこの「信託」の概念は、人が必要とするあらゆる法的な側面に、正義を拡張する。つまり、社会的な関係性に、人の職業や転職に、人の時間そのものに（上述したように）、そして人の生活におけるその他のあらゆる側面に、正義を拡張する。最後に、おそらく最も明白なことは、富や金銭も「信託」であり、人間が道徳的な責任を負わずに処分したり貯め込んだりできる絶対的な権利を有することはできないという点である。神はクルアーンの中で、このことを非常にはっきりと明らかにしている。

> アッラーとその使徒〔ムハンマド〕を信じ、かれ〔アッラー〕があなたたちに信託したもの〔財産や富〕の中から、費やしなさい。あなたたちの中で信仰して費やす者には、おおいなる報奨がある。
>
> （鉄章〔五七章〕七節）

正義の生態学

そのうえ――現在の気候変動や、差し迫った環境破壊の時代においては重要なことである――「信託」は神の「地上における代理人」（蟻章〔二七章〕六二節）としての人類にも適用される。つまり、正義それ自体が、人間に対して、地球とそこに生きる無数の創造物、動植物に対して責任感と思いやりをもって「持続可能」な管理責任を行使するよう求めているのである。〔アメリカの詩人、評論家である〕ジョイス・キルマー（一八八六～一九一八年）は（「木」において）次のように書き記した。

一本の木と同じくらいすてきな詩に
ぼくは一度も出会ったことがない
木はやさしい大地の胸に吸いついて
流れてくる恵みをのがさない
木はずっと天を見上げて
腕をいっぱい広げて祈りつづけている
夏になればツグミたちがきて
巣のアクセサリーで木の頭を飾る
木は雪を深々とかぶったこともあるし
だれよりも雨と仲よく暮らしている
詩はぼくみたいなトンマなやつでも作れるが

木を作るなんてそれは神様にしかできない
〔『朝日新聞』二〇〇九年二月二五日夕刊〕

彼は正しかった（もちろん彼がトンマだという部分は除くが！）。植物を含む、地上の生きとし生けるものはすべて、神が創造した被造物であって、人間のものではない。ブハーリーの『真正集』の中に、とあるマディーナの切り株が預言者ムハンマドがそこを立ち去った時に泣いたのを、教友たちが聞いたというハディースがある。すべての被造物には、それぞれに生命と生まれながらに持つ価値があり、それは人間にとって役に立つかどうかとは関係ない。預言者ムハンマドは次のように警告している。

ある女性は、彼女が猫を死ぬまで〔水も与えずに〕閉じ込めていたため、火獄に入りました。
（ムスリム『真正集』）

また、彼は次のようにも述べている。

井戸の周りを歩き回る、喉の渇きによって死に瀕した犬を、娼婦の一人が見かけて、靴を脱ぎ、それで水を汲んで犬に飲ませました。彼女はこのことによって〔神から〕赦されました。
（ムスリム『真正集』）

私たち人間は、いくらかの植物を食べ、利用する権利はあっても、気まぐれにそれを破壊する権利は持っていない。いくらかの動物を食べ、家畜とする権利はあっても、決してそれを痛めつけたり、不必要に脅かしたり、あらゆる種を絶滅させたり、その生息地を破壊したりする権利は持っていない。動物を「スポーツ」として狩猟する権利もない。人間の食糧として生産されたものの三分の一が廃棄されているという事実が示すのは――過食や肥満については言うまでもなく――裕福な人びとが娯楽として野生の動物や鳥類を狩猟しておいて、後でそれを食べ、あたかもその狩猟の真の理由が食べることであったかのように偽ることのほかには、少なくとも何の正当な理由も存在しないということである。同様に、人間には地球そのもの、山々、あるいは大気を破壊し、占拠し、汚染する権利もない。なぜなら、私たちは「諸天と大地と山々」が信託を「担うことを断り」、私たち人間のように不義をおこなうことを「恐れた」ということを知っているからである。それならば、私たちは、大地と山々――そして、その延長線上にある、諸天の一部としての大気、そして大地を覆う海――を、生まれながらに何らかの独自の意識を持っているものとして見なければならない。私たちは、自然、大地、海、山々、大気、そして動物、植物も権利を持つものとして考えなければならない。そして人類は、国際的な立法を通してそれらの権利を守ることを真剣に考えなければならない。なぜなら、特に私たちはそれらによって生きており、それらの保護は私たちの生存のために必要不可欠だからである。同様に、植物、海洋生物、鳥類、そして昆虫の命であっても、それらの保護のための国際的な会議や立法について考えなければならない。

預言者ムハンマドは次のように述べている。

一匹の蟻が預言者〔諸預言者の一人〕に嚙みついたため、彼〔その預言者〕は命じて、その蟻の巣を焼かせました。その時、神は預言者に啓示しました――「あなたは、一匹の蟻が嚙んだことを理由に、われ〔アッラー〕の栄光を称える共同体の一つを滅ぼしたのであろうか」。

（ムスリム『真正集』）

そして、神自身はクルアーンの中で次のように述べている。

地上を歩む生きものも、双翼で飛ぶ鳥も、あなたたちと同じように共同体を成している。啓典の中にはわれ〔アッラー〕がおろそかにしたものは何もない。やがて皆、かれらの主〔アッラー〕へと召集される。

（家畜章〔六章〕三八節）

真の共同体とは、集団のメンバーが互いにコミュニケーションを取るものである。動物、鳥、昆虫は――今ではわかっているように――互いにコミュニケーションを取る。木でさえも、私たちとは異なるやり方で、音声を通すことなく、コミュニケーションを取るのである（コリン・タッジの素晴らしい著作『木々の秘密の暮らし』を参照のこと）。動物、鳥、昆虫、そしておそらくは木でさえもコミュニケーションを取るということを知れば、否が応でも私たちは彼らと共感し、彼らを保護しようと思うであろう。そうすることで、私たちは自分自身をも保護するのである。神はクルアーンの中で次のように警告している。

人びと〔人類〕の手が稼いだことのために、陸にも海にも荒廃が現れた。かれ〔アッラー〕が、彼らのおこなったことの一部を味わわせるようにしたためである。おそらく彼らは戻る〔悔い改める〕であろう。（ルーム章〔三〇章〕四一節）

つまり、イスラームにおいて人間は、動物とすべての生物――そして自然そのもの――を、可能な限りの慈愛と思慮をもって扱い、動物とすべての生物に対する不必要な害悪を避け、また自然環境を汚染し、かき乱し、破壊することを避けるという、厳格な宗教的義務を負っている。預言者ムハンマドは次のように述べている――「肝のあるすべての生き物〔動物〕について、〔それらを助けるならば〕報奨がある」（ブハーリー『真正集』、ムスリム『真正集』）。

政府とは何か

正義、そして本章が基礎を置く基本的な章句に戻れば、人間の正義が中心的に適用されるのは、政府の行政においてであることは明らかである。「まことにアッラーはあなたたちに、あなたたちが信託を〔本来の〕所有者に返還するように〔命じる〕」という文の後に、即座に神は「あなたたちが人びとの間を裁く時は、公正に裁くように、命じる」と述べている。まず注目すべきことは、ここで正義を確立せよとの命令がすべての人びとに適用されるということである。これはムスリムや諸宗教の信徒だけでなく、人種や信条、その他のあらゆる特徴に関係なく、人類すべてのことである。次に注目すべきことは、ここでの「裁く」という語は、「統治する」や「支配する」という意味も持ち、私たちが今日政府の「行政機関」や「司法機関」と呼んでいるものを示していることである。この語は、「阻む」を意味する［h-k-m］の語根に由来し、したがって抑圧や不義を阻み、それらの究極的な原因である無知を阻むことを意味する。事実として、アラビア語で知恵を意味する「ヒクマ」は、同じ語根に由来する。つまり、正義は、最初に政府に適用される。そして政府は、それ自体において本質的には、すべての人に等しく正義を適用する賢明なものでなければならない。神はクルアーンの中で預言者ムハンマドに対し次のように述べている――「言いなさい。『私は、あなたたちの間を公正にするよう命じられた』と」（協議章〔四二章〕一五節）。これは神が預言者（そして王）であるダヴィデに次のように述べたのと同じようである――「ダーウード〔ダヴィデ〕よ、われ〔アッラー〕はあなたを地上の代理者とした。それゆえ、人びとを真理によって裁き、欲望に従ってはならない。〔欲望は〕あなたをアッラーの道から踏み迷わせるであろう」（サード章〔三八章〕二六節）。

最後に、イスラームの観点から注目すべきことは、政府とは、政府と人びととの間で共有される相互的な責任ということである。それは、個人の気まぐれや、一時的な流行、一時的な恐れや怒りに基づくものではない。むしろ、クルアーンとハディースに伝えられるイスラームの教えに基づくものである。したがって、まさに次の章句は（本章が基礎を置く章句に続けて）、こう述べている。

おお、信仰する者たちよ、アッラーに従いなさい。使徒〔ムハンマド〕とあなたたちの中の権能をもつ者に従いなさい。何かについてあなたたちが争ったならば、アッラーと終末の日を信じているのであれば、それ〔係争事〕をアッラーと使徒に委ねなさい。それがよりよいこと〔解決策〕であり、もっともよい結末である。（女性章〔四章〕五九節）

これが意味するのは、政府が人びとに対して責任を負うのと同じように、人びともその政府に対して責任を負うことである。つまり、政府についてのイスラームの概念は、イスラームの教えに基づき、政府と人びととの間で共有される相互責任を伴って、すべての人びとに等しく正義が賢明に適用されることである、と言ってもいいかもしれない。

人びとの合意と政府の正当性

クルアーンの中で、神は「王権者にして真実在」（ターハー章〔二〇章〕一一四節）であり、

「大権の所有主」（イムラーン家章〔三章〕二六節）である。神は「大権の掌握者」（大権章〔六七章〕一節）であり、「お望みの者に大権を授ける」（イムラーン家章〔三章〕二六節）。神は、何人かの預言者を王にしたが（たとえばダヴィデやソロモンなど）、神は、預言者サミュエルの祈りに応えて最初の王権をつくった（雌牛章〔二章〕二四六節）。神は、預言者ヨセフには古代エジプトの（よき）王を務めさせ、そしてクルアーンの中では「王」の語は彼を表すためだけに用いられる。一方で、モーセに対抗したエジプトの専制君主は、必ず「ファラオ」と表現されている。預言者ムハンマド自身は、〔アラビア半島の〕諸地域のたくさんの王たちについて、彼らとその人びとがイスラームに改宗した後に、彼らの役割を王として認めた（たとえば、オマーン、バハレーン、そしてイエメンのヒムヤルにおいておこなったように）。預言者は、迫害されていた初期の教友たちの集団（預言者の従弟ジャアファル・イブン・アビー・ターリブがこれを率いた）を、彼が「よい救助者」と呼んだアビシニア〔エチオピア〕の王のもとへ避難させた（タバリーの啓典解釈書、戦利品章〔八章〕三八～四〇節について）。預言者は次のようにも述べている――「王権はクライシュ族に〔属する〕」（ティルミズィー『スンナ集』、イブン・ハンバル『ムスナド』）。もう一つのハディースでは、次のように述べている――「指導者〔イマーム〕たちはクライシュ族から。彼ら〔統治者〕はあなたたちに対して権利があり、あなたたちにも彼らに対して同じように権利があります。彼らは慈悲を求められた時は慈悲深く、約束をした時はそれを守り、裁く時は公正にしなければなりません。もしそうでないなら、彼〔その統治者〕はアッラーと天使たちと人びとから拒絶されるでしょう」（アブー・ダーウード『スンナ集』、イブン・ハンバル『ムスナド』）。事実として、預言者ムハンマドが亡くなった時（ヒジュラ暦一一年／西暦六三二年）には、彼に息子、兄弟、甥はおらず、クライシュ族に属する「正統カリフ」たちによって、その後の三〇年にわたって指導権が継承された。彼らは、実際には結婚によって彼と結びついており、預言者の舅〔第一代の〕アブー・バクル、〔第二代の〕ウマル）、娘婿〔第三代の〕ウスマーン、〔第四代の〕アリー）であった。五番目に（そして最後に）、ヒジュラ暦四〇年／西暦六六一年の数か月間「正統カリフ」であったのは、預言者の孫のハサン・イブン・アリーであった。預言者は次のように予見していた——「私の後継者は三〇年で、残りの者たちは王である」（イブン・ハンバル『ムスナド』、イブン・ヒッバーン『真正集』）。そして実際に、西暦六六一年以降ずっと——一九二四年にオスマン朝のカリフ位が廃止されるまで——イスラームの歴史を通して、イスラームの国々はたいてい地域的な君主制が、名目上は超域的なカリフの権威下にあった。イスラームの偉大な英雄や防衛者の一部は——たとえばヌールッディーン・ザンギー〔ザンギー朝君主〕やサラーフッディーン〔アイユーブ朝の創設者〕——王であった。しかし、イスラームにジャコバン主義〔フランス革命期の急進派〕がないのと同様に、中世ヨーロッパでは見られたような「王権神授説」や「絶対王政」はイスラームには存在しない。神は述べている——「あなたは、アッラーにこそ天と地の大権が属することを知らないのであろうか」（食卓章〔五章〕四〇節）。実際に、前述の通り、「王権者にして真実在」（ターハー章〔二〇章〕一一四節）は神であり、したがって支配者は常に神の法に従い、そして人間の合意と協議に従う（これについては後述する）。

しかし、イスラームにおいては、君主制やさらにはカリフ制も含めても、特定の形態の政府は必要ない。預言者ムハンマドは取引から相続まで、あらゆる種類の事象におけるあらゆる行為について、きわめて詳細に説明したが、政府の特定の形態については何一つ定めなかった。このことは慎重に考慮すべきであり、それが神意によるものであると同時に、政府の形態に関する柔軟さを表している。おそらくこの背景にある理由は、政府の形態は単に手段であって目的ではないということであり、そして、神がクルアーンの中で述べているように、指導者がどのような人物で、政府がどのような形態であろうと、指導者と政府に求められるものは次の通りということである。

〔神を助ける者は〕もし、われ〔アッラー〕が彼らに地上で力を与えるならば、礼拝の務めを確立し、定めの喜捨を支払い、〔人びとに〕善行を命じ、悪行を禁ずるであろう。まことにすべての事の結末はアッラーに属する。

（巡礼章〔二二章〕四一節）

そして、統治者が誰でいつの人物であろうと、これが統治の範囲なのである。それは、㈠精神的な正義（「礼拝の務めを確立し」）、㈡財政的な正義（「定めの喜捨を支払い」）、㈢〜㈣社会的正義と政治的正義のそれぞれ（「善行を命じ、悪行を禁ずる」）を適用することにおいて、明らかに成立する。実のところ、礼拝の務めが守られない（すなわち、「精神的な正義」がない）時にのみ、統治者は武力による反乱によって転覆させられうる。預言者ムハンマドは次のようにムスリムに誓わせた。

統治権者に対して、明らかな不信仰を見出し、それについて神から〔与えられた〕明証がない限り、彼らと争わない、と。 （ブハーリー『真正集』）

そのうえで、人びとは自分の時間、場所、状況、習慣、そして信念に従って、どのような政府の形態が自分たちにとって最も適切かの詳細を、自分たちで自由に決定することができなければならない。しかし、必要なものは、政府の形態がどのようなものであれ、その形態に関するムスリム間の合意（イジュマー）である。統治者や政府は、それについての人びとの合意、あるいは指導者たちの合意があれば、正当である。この合意は、バイア（忠誠の誓い〔統治委任の誓約〕）とシューラー（協議）という二つの実践が反映されたものでなければならない。これらの実践は両方ともクルアーンとハディースに根拠がある。したがって、協議の実施は国家の決定において義務となっている。神は預言者ムハンマドに対してクルアーンの中で次のように述べている。

アッラーの慈悲によって、あなた〔ムハンマド〕は彼ら〔教友たち〕に優しくした。あなたがもし無作法で無情であったなら、彼らはあなたの周りから離れて散ったであろう。それゆえ彼らを赦し、彼らのために〔アッラーの〕赦しを請いなさい。そして諸事について彼らと協議しなさい。いったん〔事が〕決したならば、アッラーを信頼しなさい。まことにアッラーは信頼する者たちを好む。
（イムラーン家章〔三章〕一五九節。協議章〔四二章〕三八節も参照のこと）

したがって、人びとの合意かその代表者たちの合意によって成立している限りにおいて、そして「圧倒的多数」が何らかの形で忠誠を捧げている限りにおいて、その国の政府は正当である。預言者ムハンマドは、「大多数に従いなさい」と述べた（イブン・マージャ『スンナ集』、イブン・ハンバル『ムスナド』）。何人かの現代の学者たちは、これは憲法のような書面による合意でもありうるし、その正当性は継承したり相続したりできると指摘している。

合意による支配は、民主主義の一形態であると言えるが、「多数決主義」と同じものではない。「多数決主義」は、有権者の相対的な多数派、あるいは僅差でも多数派が――通常は恐怖と嫌悪を操作する扇動の影響下で――少数派を圧迫するような何かを（法的手段を通じて、または国家の機関を使って）おこなうことである。たとえば少数派の基本的権利を剥奪したり、あるいは少なくとも、決して少数派が進んで同意しないようなことをしたりする。そして合意による支配の下で拒否権ないしは阻止する権限を持つようになる。これは、長い目で見ると、最終的には内戦や分裂につながる傾向がある。このようにして制定された新しい憲法は、二〇一一年のいわゆる「アラブの春」以降、中東のいくつかの国で見られたように、間違いなく失敗する。イスラームは、原則としての多数決主義を受け入れたことはない。神はクルアーンの中で次のように述べている。

あなた〔ムハンマド〕がもし地上の多くの者に従うならば、彼らはアッラーの道からあなたを踏み迷わせるであろう。彼らはただ思うところに従って、憶測しているにすぎない。

（家畜章〔六章〕一一六節）

しかし、合意によって憲法が制定され、政府が過半数または相対的多数の投票によって交代させられる場合、これは実際に合意による支配であって、「多数決主義」ではない。ジャン・ジャック・ルソー（一七一二～七八年）は『社会契約論』の中で、この状況を次のように説明している――「そもそも多数決という原則は、合意によって確立されるものであり、少なくとも一度は全員一致の合意があったことを前提とするのである」（第一篇第五章）（『社会契約論／ジュネーヴ草稿』中山元訳、光文社古典新訳文庫、二〇一六年、三八頁）。

興味深いことに、今日の欧米の民主主義において、人びとのうち少なくとも九〇パーセントが自分たちの政府の形態が自分たちの受け入れる唯一のものであると考え、基本的な暗黙の合意が存在している。一七八七年のアメリカ憲法はほぼ全会一致により採択され、批准された（参加した計五五名のうち、フィラデルフィアに残った四二人の代議士のうち三名だけが署名を拒否したが、最終的にはすべての州が批准した）。つまり、合意は、イスラームの政治理論と欧米の民主主義の両方において、潜在的に共通する基盤である。

現代の用語で言えば、合意とは、究極的な「チェック・アンド・バランス」を提供するものである。合意においては、いかなる少数派も排除されない（どれほど世俗的であろうと、宗教的に急進的であろうと関係なく、またどのような宗教、人種、民族であるかも関係ない）。すべての者に発言権があり、すべての者に投票権があり、誰もが保護され、誰もが尊重され、誰もが考慮に入れられ、誰もが安全である。多数派による圧政は存在しえない。いかなる大衆的あるいは宗教的な扇動も、多数派が少数派を侵害し、犠牲にすることにつながらない。そして、すべての者が譲歩することを強いられる。定義上は、誰もが満足する。

世俗的な国家

一部の人が考えているのとは逆に、預言者ムハンマドの死後、イスラームの国家は暫定的なものであるし、これまでも常に暫定的であり続けた（少なくともスンナ派にとっては。また、シーア派にとっても一九七〇年に〔後にイラン・イスラーム革命の指導者となる〕アーヤトゥッラー・ホメイニーの『法学者の統治』が出版されるまでは）。これが意味するのは、市民国家とは神政国家でもなく、聖職者や宗教階層によって運営されるのでもなく、しかし世俗国家でもないということである。これは預言者ムハンマドが神の最後の使徒であり、彼の死によって、神の啓示の扉が閉ざされたからである。彼以降、誰も啓示を受けておらず、したがって、預言者以後のイスラームにおいて神政はありえない。このことが意味するのは、いかなる者も（宗教学者もその他の者も）絶対的に信頼できるものではないということ、そして同時に、宗教学者が宗教学者であるという理由だけで暫定的な権限を主張することはできないということである。神は次のように述べている。

彼らに安全あるいは危険の知らせが来るたびに、彼らはそれを言い広める。もし、彼らがそれを使徒〔ムハンマド〕へと、また権威ある者たちへと伝えたならば、彼ら〔権威ある者〕の中で判断をする〔べき〕者がそれを知ったであろうに。（女性章〔四章〕八三節）

「権威ある者」は国家の統治者である。彼らが国の安全について責任を負う者である。政治とは一つの科学であり、彼らはそれを観察し、学び、そして知る。これが理由で、彼らはそれを取り扱うのに適している。したがって、一定の宗教的な知識を持っているがゆえに、ある種の政治的な権威を有しているかのように装うような聖職者ではなく、神はそれを正当な統治者に委ねるよう、人びとに告げる。明らかに、宗教学者は道徳的な権威を有することができるし、また宗教がどのようなものであるか、宗教が何を求めるかについて語ることはできるが、彼らが暫定的な権力を振りかざし、行政の権限を主張することはできない。また、彼らは宗教に関する自身の特定の理解を理由にして、神の絶対的な権威を主張することもできない（ただし、一定の事項に関して学者間における普遍的な合意（イジュマー）がある場合は別である）。事実として歴史的に見ると、偉大なイスラームの学者たちは、神を畏れる心から、国家と政治に関わることを避けるべく、最善の努力をしてきた。実際のところ、たとえばアブー・ハニーファ〔ハナフィー法学派の祖〕のように、何人かの学者は国家の高い地位〔法官のような〕に就くことを受け入れず、〔処罰として〕投獄や鞭打ちなどを甘受した。

市民権

イスラーム政府においては、市民権の基礎は、宗教的アイデンティティ、民族あるいは人種、性別、年齢、階級、富、そして言語のいずれでもない。それは単純に市民権である。特定の国における市民の自由と権利は、そこでの生誕に由来している——あるいは由来するものであった。クルアーンの中で、神自身が次のように誓いを立てている。

いな、われ〔アッラー〕はこの町〔マッカ〕にかけて誓う。あなた〔ムハンマド〕はこの町において自由である。そして、生む者と生まれる者にかけて〔誓う〕。（町章［九〇章］一～三節）

したがって、市民としての自由と権利は生まれながらのものであり、譲渡できない。しかし、国の政府（それが存在する場合は）との社会的な契約の基礎は、共同体の税金である。この契約も相続されるものであり、通常は共同体の税金の支払いに基づいている。預言者ムハンマドの時代におけるマディーナの最初の「憲法」〔マディーナ憲章〕では、ユダヤ教徒とムスリムは一つの共同体とされている。非ムスリム市民の権利は、ムスリムの市民の権利と同じであった。それは次の通りである。

ユダヤ教徒も、この盟約〔マディーナ憲章〕に従って、ムスリムと共に一つの集団〔ウンマ〕をなす。宗教に関する限り、ユダヤ教徒は彼らの宗教に従い、ムスリムとその盟友は彼らの宗教に従う。

（イブン・ヒシャーム『預言者伝』）

このような文脈において、すべての市民は、その生命、家族、財産、名誉、プライバシー、および宗教と思想の自由について、国家の保護を保障される。市民は、宗教、民族、性別あるいは階級を根拠として、その権利を失われることはない。預言者ムハンマドは次のように述べている。

気をつけなさい。〔非ムスリムの〕同盟者を不当に扱ったり、その権利を損なったり、彼らが負担できる以上のものを課したり、その同意なく何かを奪ったりする者があれば、私は復活の日にその者の味方をするであろう。

（アブー・ダーウード『スンナ集』）

実際に、すべての市民はその生命、家族、財産、名誉、プライバシー、および宗教と思想の自由について、国家の保護を保障される。そして国家は、このことが役人または富裕な市民による贈収賄によって影響されないよう、監視する責任を負っている。神はクルアーンの中で次のように警告している。

あなたたちの間で不正によって〔互いの〕財産をむさぼってはならない。またそれ〔不正な主張〕を裁判官に示して、そうと知りながら罪によって人びとの財産の一部をむさぼってはならない。（雌牛章［二章］一八八節）

また、市民は、それが必要であり可能である時には、国家の援助を受けられるべきである。預言者ムハンマドは次のように述べている。

債務あるいは〔貧しい〕家族を残した人については、私のところに来てください。私が面倒を見ます。（ブハーリー『真正集』、ムスリム『真正集』）

これと同様に、国家はその市民から忠誠心、忠実さ、支持を受けることができ、国の法律は遵守されなければならない。神はクルアーンの中で次のように述べている。

あなたたちは、アッラーと誓約したならば、誓約を守りなさい。誓いを立て、それを確認した後に、それを破ってはならない。あなたたちはアッラーを自分たちの保証者とした。まことにアッラーは、あなたたちのおこなうことを知悉している。（蜜蜂章［一六章］九一節）

つまり、市民権とは、おそらく、国家との——そして、国家を通じて社会全般との——公正で平等な社会的契約として考えることができ、それは神を証人とする正義に基づいている。

*

なぜこれを知るのが大切なのか

知っておくべきなのは、どれだけ正義が重要であるかについてである。なぜなら正義なしには、ムスリムは——そして実際にはすべての人びとが——長引く動乱に陥り、テロと内乱に苦しめられるからである。前向きに言えば、知っておくべきことは、正義を人間社会と人間の福利のために適用することほど、優れた素晴らしいことはないということである。明らかに重要なことは、正義をおこなうために、正義とは何かを正確に知っておくこと、そして「信託を〔本来の〕所有者に返還すること」という概念が、社会的・政治的・精神的な生活、さらには自然と生態学的な生活のすべての側面を包含することを理解することである。知っておくべきなのは、政府とは正義に基礎を置くものであること、そしていかなる政府も正義なしには長く続かないことである。また、憲法や国家が合意に基づいて制定・組織されている場合においてのみ、政府は正当であるということ――そしてそのような場合にのみ少数派も保護されるということ――である。また、知っておくべきことは、この原則が、イスラームの政府にも欧米の民主主義にも共通のものとして潜在的に存在していることである。知っておくべきことは、宗教学者や聖職者だからといって行政の権限が備わっているわけではないということ、また預言者ムハンマドの死後、イスラームにおいてはいかなる神政国家もありえないということである。最後に知っておくべきことは、イスラームの政府の下では、市民権にいかなる宗教的な条件も存在しないこと、市民は市民であり、イスラームの政府はすべての市民を正義によって扱う義務があるということである。

もちろん、これらはすべて、伝統的なウスール派の立場と原則を表しており、これを反映せずに今日起こっていることは、すべて誤りであるだけでなく、イスラームの歴史において新奇なことでもある。したがって、今日における多くの問題の解決は、間違いなくムスリムがこれらの伝統的なウスール派の原則を採用することにある。そして、ウスール派の原則とは、過去の時代の形式や規則をまるまる複製することを意味するのではない。むしろ、現代世界の複雑で困難な状況において、イスラームの遺産を解釈し、適用するために、イスラームの最も繊細かつ精確な解釈方法を用いることを意味する。それが、クルアーン、スンナ、そして初期世代のムスリムたちのビジョンに対して、真に誠実ということである。

＊

最後に、私が主張してきたことすべてについて、次の言葉を付したい――「そして神こそが、最もよく知りたもう」。私は、自分が書いたことは誤りがなく、正しいものであると信じているが、もちろん間違えることもあると認識している。これらと異なる見解は誤りであると信じているが、しかしそれらが正しいこともありうるということを認識している。イスラームについて説明し、明確にしようとした私の努力を神が受け入れてくださるようお願いするとともに、不十分なところや誤りについてお赦しいただけるよう祈っている――「私の望むのは、力の限り〔社会を〕よくすることだけである。私の成功はただアッラーによるのみ。かれ〔アッラー〕を私は信頼し、かれへと私は還る」（フード章〔一一章〕八八節）。

ガーズィー・ビン・ムハンマド・ビン・タラール

ヨルダン、アンマンにて

ヒジュラ暦一四三七年／西暦二〇一六年

フード章［一一章］八八節

あとがき

幸せとは何か

私たちは、宗教の目的とは根本的に「人びとを道徳的、精神的に助けるため」というところから話を始めた。特筆したのは、「イスラーム」が「自分の向きを変える」あるいは「身を任せる」ことを意味するということである。そして宗教としてのイスラームの機能について、「赦しの提供と救いの計画」であることを論じた。ここでの救いとは、来世での幸せを意味する。しかし同時に、宗教がいかに要求の多いもので、手間のかかるものでありうるかについても見てきた。そうだとすると、救済のために要求されるこのすべての精神的な努力は、現世の人びとを幸せにするものだろうか？　それとも人びとを不幸にして、幸せを「おあずけ」にするものだろうか？　宗教とは——特にイスラームとは——その「命令事項」と「禁止事項」によって来世での喜びを確約して、現世での暮らしを堪えがたいものにするのであろうか？　端的に言えば、幸せとは来世だけのものであるか、それとも現世のためのものでもあるのだろうか？

幸せか不幸か？

明らかに、宗教はこの世界に多くの不幸を引き起こしてきたし、現に引き起こしている。悲しいことに、このことは毎日のニュースを見れば明白である。しかし、もし宗教がおこなったすべてのことが、来世での幸せを約束して、現世では人びとを不幸にするだけであったなら、多くの宗教の成功や存続はなかったはずである。かりにそうであったなら、数少ない我慢強い人びとだけが、実際に宗教を続けることとなったであろう。しかし、これは事実と異なる。本書の最初に述べたように、近代世界、近代科学の到来にもかかわらず、世界の八五パーセントの人びとが今も宗教に属しているのである。

したがって、宗教とは一般的に人びとや社会を幸せにするものでなければならない。あるいは、少なくとも、人びとと社会を耐えられないほど不幸にするものであってはならない。このことはイスラームでは真実である。実際に、神はクルアーンの中で預言者ムハンマドに対し次のように述べている――「ターハー。われ〔アッラー〕があなたにクルアーンを下したのは、あなたを苦しめるためではない」（ターハー章〔二〇章〕一～二節）。

幸せを定義する

私たちは皆、「幸せ」という言葉の意味を漠然と理解している。しかし、「正義」（第12章）と同様に、「幸せ」を見つける――そうすることで私たちが実際に幸せを経験できる――ためには、それが正確に何であるかを知る必要がある。そして何かを知るためには――ソクラテスが言うように（プラトンの『パイドロス』二七七b）――「あらゆるものを本質それ自体に即して定義しうるようになること。……それ以上分割できないところまで、種類ごとにこれを分割する方法を知る」必要がある〔『プラトン全集 5』鈴木照雄、藤沢令夫訳、岩波書店、一九七四年、二六一頁〕。そうすれば、「同時に先の方も後ろの方も」眼差すことができる（プラトン『クラテュロス』四二八d）。〔水崎博明『プラトーン著作集 第五巻』櫂歌書房、二〇一三年、一八五頁〕あるいは、言いかえれば、アルバート・アインシュタインが言ったとされる言葉のように、「それを単純に説明できないのであれば、それを十分に理解していないということである」。

事実として、クルアーンの中には明確で単純な幸せの定義が存在する。しかし、幸せについて理解するためには、まず何が幸せではないかを知る必要がある。そこで、互いに関連するものの明確に区別される三つの概念を理解する必要がある。それは、楽しみ、喜び、満足である。クルアーンの中では、幸せとしばしば混同される三つの感情である楽しみ、喜び、満足との間には、明確な区別がある。クルアーンを注意深く読むとわかることは、これら三つの言葉はそれぞれ、よく考えられた、特定の、相互に互換不可能な意味を持ち、適切な文脈においてのみ用いられているということである。これらの三つの言葉のそれぞれの違いを理解することで、「幸せとは何か」という重要な問いに答えるための鍵を手に入れられる。そしてこれから見るように、その答えは驚くべきものである。

楽しみ

クルアーンの中で、楽しみ（ムトア）が表す意味は、肉体的な感覚に由来する、あるいは肉体的な感覚を通して生じる刺激に快楽を覚える（イスティムタア）ことである。人間はこの種の快楽を動物と同様に感じる。神はクルアーンの中で次のように述べている。

> 信仰を拒む者は、〔現世の暮らしを〕享受し、家畜が食べるように食べている。
> （ムハンマド章〔四七章〕一二節）

この種の快楽は力強いが、問題は長続きしないことである。なぜなら、肉体は——そして現世における生命そのものは——他のものとは異なり、短命だからである。実際に、神はクルアーンの中で次のように信徒たちに尋ねている。

〔信仰する者たちよ〕あなたたちは、来世よりも現世の生活に満足するのであろうか。現世の生活の糧は、来世に比べればわずかにすぎない。

(悔悟章〔九章〕三八節)

したがって、楽しみは決して幸せにはつながらない。楽しみは感じるだけのもので、長くは続かない。スコットランドの詩人ロバート・バーンズは(彼の詩『シャンタのタム』の中で一七九二年に)次のように書き記した。

だが、喜びは咲いたケシの花にも似て、
花をつかめば、花びらは散ってしまう。
あるいは、川に積もる雪にも似て、
つかの間は白く――永遠に融けてしまう。

〔『増補改訂版 ロバート・バーンズ詩集』ロバート・バーンズ研究会編訳、国文社、二〇〇九年、二九一～二九二頁〕

おそらくここからわかるのは、多くの宗教的規則――たとえば断食など――が特に身体的な快楽をコントロールすること、つまり快楽の欠落や快楽の逆のもの(苦痛)に直面した状態で辛抱強くあることと関連している理由である。

喜び

キリスト教の神学論において、「喜び」はしばしば精神的なものであり、人間世界（「コリントの信徒への手紙二」一三：四～六、および「コリントの信徒への手紙二」六：四～一〇を参照）と楽園（「ルカによる福音書」一五：七～二四、および「マタイによる福音書」二五：二三）の両方に存在する。おそらくこのことが理由で『オックスフォード英語辞典（二〇一四年版）』は喜びを「大きな快楽と幸せの感情」と定義しているのであろう。しかし、クルアーンの中では、喜び（ファラフ）は少々異なるものである。それは、幸せな感情であり、大きな快楽を伴うこともあるが、幸せと同じではない。

事実として、クルアーンには喜びを表す言葉が二つある。一つは積極的なものであり、もう一つは消極的なものである。消極的な喜びは、基本的に現世の喜びである。神はクルアーンの中で次のように述べている。

彼らは現世の暮らしを喜んでいる。現世の暮らしは、来世と比べれば〔単なる〕糧にすぎない。（雷章〔一三章〕二六節）

一方で、積極的な喜びは神において喜びを感じることであり、あるいは何かを神から授けられたと感じることによる。神はクルアーンの中で次のように述べている。

言いなさい、「アッラーの恵みと慈悲によって。それによって彼らを喜ばせなさい。それは彼らが集めているもの〔富や財産〕に勝る」。（ユーヌス章〔一〇章〕五八節）

この両方の喜びは、何か与えられたものに基づくようである。つまり、得ること、受け取ることに基づく。両者の違いは、何を受け取るかにはそれほど関係なく、どのようにそれを感じたかである。言いかえれば、何か――たとえば、食べ物、衣服、住まい、自動車、その他の手頃な物質的な利益があるもの――を受け取る時、もしそれを現世の利得を増やすものとしてのみ喜ぶのであれば、それは「消極的な喜び」である。しかし、もしそれを神からの贈り物として、あるいは、それがもたらすであろうよきことを理由に喜ぶのであれば、それは「積極的な喜び」である。しかしいずれの場合も、喜びは、楽しみと同様に永遠ではない。それは贈り物が消える時に、あるいはその新しさが消える時に消え去るものである。それは幸せではない。〔イギリスの詩人の〕トマス・グレイ（一七一六～一七七一年）は（「田舎の墓地で詠んだ挽歌」の中で）次のように書いた。

紋章の誇り、権勢の栄《さかえ》、
美の、また富の、与えたものすべてを、

避けがたい「時」が待っている。
栄誉の道はみな墓場につづいているのだ

〔『墓畔の哀歌』福原麟太郎訳、岩波書店、一九五八年、九八頁〕

満足

『オックスフォード英語辞典』(二〇一四年版)は形容詞の「満足している(content)」を「何かを受け取ろうとしている、満ち足りている」と定義している。これはクルアーンの中で理解される満足(リダー)とそれほど違いはない。しかし、「喜び」と同様に、クルアーンの中では二種類の「満足」があり、一つは消極的なもの、もう一つは積極的なものである。消極的なものは、現世における満足である。

われ〔アッラー〕との〔来世での〕邂逅を望まず、現世の暮らしに満足して安心している者、そしてわが徴《しるし》をないがしろにする者。

(ユーヌス章〔一〇章〕七節)

積極的なものは、神が与えるものに対する満足である。

もし彼らがアッラーと使徒〔ムハンマド〕が与えたものに満足するならば、こう言ったであろう

――アッラーこそは、私たちの取り分です。

（悔悟章〔九章〕五九節）

いずれの種類の満足も、何かを所有する、という特定の状況に依存するものである。喜びと同様に、両者の違いは、何を持っているかにはそれほど関係なく、それをどのように感じたかである。そして、喜びと同様に、何か外的なものに依存しているか、少なくとも関連している。もちろん、もし外的なものが永遠で素晴らしいものであるならば――そのようなことは楽園でしかありえないのだが――「満足」とは、恐れや苦しみ、不足、欲求を経験しないことを意味する。神は祝福される者について次のように述べている。

彼らへの主〔アッラー〕のみもとでの報奨は、川が下を流れるエデンの園であり、彼らは永遠にその中に住む。アッラーは彼らに満悦し、彼らはかれ〔アッラー〕に満悦する。それは自分の主〔アッラー〕を畏れる者のため〔の応報〕である。

（明証章〔九八章〕八節）

＊

しかし、このことによって、「満足」が「幸せ」と同じものになるわけではない。「満足」とは、もっと偶然な、そしておそらくはもっと受動的なものである。

したがって、快楽は感じること、喜びは得ること、そして満足は持つことである。そして幸せとは、決してこれらのうちのどれでもないものである。それでは幸せとは一体何であろうか？

幸せ

幸せを表すアラビア語の単語（サアーダ）――あるいはその派生語――は、クルアーンの中では二回しか登場しない。それは永遠の状態を表す。それは、決して現世における人間の状態を表さない。両方とも、楽園についての（すでに引用した）次の章句で登場する。

> その日が来れば、どの魂もかれ〔アッラー〕の許しなしには語りもしない。彼らの中には、不幸な者も、幸福な者もいる。〔人生が〕不幸に終わった者たちは火獄の中にいて、うめき声をあげ、泣き叫ぶ。彼らは、天地が続く限りそこに永遠に住む。ただあなたの主〔アッラー〕がお望みになることを除いて。まことに、あなたの主〔アッラー〕は〔何事も〕望みのままに執行される。〔人生が〕幸せに終わった者たちは楽園の中にいて、天地が続く限りその中に永遠に住む。ただあなたの主〔アッラー〕がお望みになることを除いて。〔それは〕途切れることなき贈り物。
>
> （フード章［一一章］一〇五～一〇八節）

この章句はなお、二つの大きな問いを私たちに投げかける――「幸せとは何か？」。そして「今この世で、それを経験することはできるか？」。そしてこの両方の問いの答えも、この章句の中にある。初めに述べておくべきことは、ここでの幸せとは「たえず与えること」だということである。与えること（アター）という言葉は、その派生語と合わせても、クルアーンの中で一四回しか登場しない。そしてクルアーンの他の箇所においては、限りない恵みが言及されることはない。そこから結論づけられることは、幸せの源は限りない恵みだということである。しかし、誰の限りない恵みが幸せの源であろうか？　文脈が明らかに示唆しているのは神の限りない恵みであるが、それは人間が与えるものでもありうる。さらに言えば、楽園においては「すべての魂は自分が稼いだものの応報を受け、誰も不当に扱われることはない」（雌牛章［二章］二八一節）。したがって、贈り物を「たえず」与えられるということは、それを「たえず」与えてきたことの結果である。それも、神の恵みと人間が与えるものの間に共通する尺度など存在しないにもかかわらず。実際に、神はクルアーンの中で次のように述べている。

> 信仰して善行をおこなう者たちに朗報を伝えなさい、彼らには川が下を流れる楽園が与えられると。彼らはそこで果実を糧として与えられるたびに、「これは私たちが以前に与えられたもの〔と同じ〕だ」と言う。彼らには〔見かけが〕似ている〔もっと美味な〕ものが与えられる。
> （雌牛章［二章］二五節）

したがって、人びとが楽園において受け取るものは、地上において彼らが与えたものと似た（純化された）ものである。人が真に与えたものとはその人の善行であるから、楽園における「たえず与えられること」とは、地上における人の「たえず与えること」の結果あるいは反映だということになる。言いかえれば、「たえず与えること」が幸せの源なのである。実際に、人は与える時にだけ幸せになれる。感じることでは幸せにならない。得ることでは幸せにならない。持つことでは幸せにならない。与えることで幸せになる！　イエスが言ったとされるように、「受けるよりは与えるほうが幸いである」（使徒言行録、二〇：三五）だけでなく、与えることは人を幸せにする。つまり、「たえず与えること」は幸せの同義語であり、定義である。

ある意味で、これは自明であろう。なぜなら幸せとは、神を知り、愛し、神と「共にある」ことからのみ生まれるからである。神から、すべての完璧さや至福が生まれるのである。そして、人びとが神を知り、愛し、神と「共にある」ことを阻むものは、人びと自身の我執と俗念である。神は次のように述べている。

あなたたちの財産と生命を捧げて、アッラーのために奮闘努力しなさい。もしあなたたちにわかるならば、それがあなたたちのためによりよい。

（悔悟章［九章］四一節）

したがって、自身の我執と俗念と闘って、自身をそれらから解放することによってのみ――我執は決して幸せではなく、俗念は飽くことを知らない――人は幸せになれる。我執や俗念が消え去るまで、まさに「たえず」続ける者もいる。神はクルアーンの中で「平安なる魂」（つまり正確に言えば、我執と俗念を克服した魂）について次のように述べている。

おお、平安なる魂よ、あなたの主〔アッラー〕に還りなさい。満悦し喜びに満たされて。そして、わがしもべたち〔よき人びと〕の中に加わりなさい。わが楽園に入りなさい。

（暁章〔八九章〕二七〜三〇節）

ここで思い出されるのは、次の問いである。この世で真に幸せになることはできるのか、あるいは、幸せとは楽園においてのみ存在するものなのであろうか、という問いである。幸せには、「与えること」が「たえず」であることが条件である。したがって、自身のできるどのような方法によってでも、与え続ける限りは、そして与え続ける範囲では、幸せになれる。些細なことでも継続的に与えることによって、これを積極的に実践することができる。預言者ムハンマドは「どんな〔ささやかな〕喜捨も大事です。あなたの兄弟に微笑みかけることさえも」（ムスリム『真正集』）と言った。それは単に、継続的な辛抱と忍耐を通じて自らを与えることによって、受動的に実践することもできる。預言者ムハンマドは、「幸せな人とは、争いを避ける人です。また、試練に忍耐強い人です」（アブー・ダーウード『スンナ集』）と言った。
すなわち、幸せとは「たえず与えること」によるものであるが、この「与えること」は積極的にも受動的にもおこなうことができるものなので、金銭や権力、あるいは他者（受け取り手）さえも必要としない。実のところ、おこなうよりも言う方が簡単ではあるが、孤独であっても、無力であっても――ハンデを持つ人や病人、老人たちの多くが毎日証明しているように――実行することができる。ジョン・ミルトン（一六七四年没）は視力を失った後に、（ペトラルカ風のソネット「失明の歌」の中で）そのことを正確に表現している。

わが日半ばならぬにこの暗き世に
わが光いかに失せしかを思ふとき、
かくて秘めおくは死なる一タレントが
むなしく宿るとき、わがこゝろいとゞ
それをもて主につかへ、帰ります日に
　責められぬやう計算《かぞえ》果さんと願へば、
　愚かにも問ふ、「神は光を拒みて労を強ふるか」と。
しかし忍耐たゞちに
呟きを抑へて、
「神は人の業《わざ》も

おのが賜物《もの》をも要《もと》めない、
その柔和の
軛《くびき》をよく負ふ者ぞよく仕へる。
神は王者らし、千万の者かしこみて
陸《くが》超え海超え休みもなく奔る。
たゞ立ちて待つ者もひとしく仕へる。」

〔『楽園喪失　下』岩波書店、一九三八年、二〇四～二〇五頁〕

＊

第3章において、愛とは「自己への贈り物」であると確認した。それでは、愛とは、与えることを通じて人を幸せにするものなのであろうか。愛は人を幸せにするのであろうか。答えはイエスであり、ノーである。愛は、（愛するすべての者が知っているように）愛する者がいないとき、または少なくとも、いないと感じられるときには、人を非常に不幸にする。つまり、人を幸せにするのは愛そのものではないし、愛する相手の存在でさえない（愛する相手が神以外の者である場合には）。人を幸せにするのは、愛することにおける「自己への贈り物」である。そして、その場合でも贈り物は限りないものでなければならない。このことが理由で、クルアーンの中では現世における幸せについて特に言及していないのかもしれない。

もちろん楽園においては、人が神を愛すれば、このことは可能である。これは「至福」として知られている。そこでは、人が愛する者とともに永遠である。それは最高の幸せである。そこでは、人は完全に満足し、決して邪魔されることなく、そして愛する相手も決していなくならず、いなくなったと感じることもない。それは存在という状態である。預言者ムハンマドは、次のように説明している。

〔審判の日の後で〕アッラーは楽園の民に「おお、楽園の民よ」と声をおかけになります。彼らは「私たちは喜びとともにあなたのもとに参じました。われらが主よ、すべての善はあなたの手中にあります」と答えます。かれ〔アッラー〕が「あなたたちは満足しましたか」と尋ねると、彼らは「あなたの被造物の何ものも与えられないものをあなたが下さったのに、私たちが満足しないことがありましょうか」と答えます。かれ〔アッラー〕は「われは、それよりも佳きものをあなたたちに与えるでしょう」と言います。彼らが「これよりも佳きものとは、何でしょうか」と尋ねると、かれ〔アッラー〕は「あなたたちには、わが満悦〔リドゥワーン〕が許されました。あなたたちがわが不興をこうむることは、決してないでしょう」と答えるのです。

（ブハーリー『真正集』、ムスリム『真正集』）

なぜこれらを知ることが重要なのか

一七七六年七月四日、トーマス・ジェファーソンによって起草された、アメリカ合衆国の「独立宣言」の有名なくだりは次の通りである。

われわれは、次のような真理をごく当たり前のことだと考えている。つまり、すべての人間は創造主によって平等に造られ、一定の譲り渡すことのできない権利をあたえられており、その権利のなかには生命、自由、幸福の追求が含まれている。

〔大下尚一、有賀貞、志邨晃佑、平野孝編『史料が語るアメリカ　メイフラワーから包括通商法まで　一五八四〜一九八八』有斐閣、一九八九年、三五頁〕

それ以来――そして間違いなくそれ以前から――人びと（ムスリムを含む）が公然と考えてきたことは、幸せを追求することは、称賛すべきことではないとしても、きわめて自然なことということである。多くの人びとは、幸せを追い求めることにすべての生涯を費やす。しかし、多くの人びとは間違ったところを向いている。

すでに述べたように、幸せを見つけるためには、幸せとは何であるかを正確に知る必要がある。この意味で、正しい定義は地図のようなものである。地図は道を見つけるのに役立つ。さもなければ、あなたは幸せを求めてその人生を単に浪費してしまうかもしれない。しかも常に不幸なままに！　事実として、ほとんどの人が幸せを定義できていない。少なくともプラトンの幸せに関する対話集『ゴルギアス』以降、人びとはずっと幸せについて考え続け、幸せについて真剣に議論し続けてきたにもかかわらずである。その対話集の中で、登場人物のソクラテスは次のように言う。

立派な善き人が、男でも女でも、幸福であるし、反対に、不正で邪悪な者は不幸である(四七〇e)……悪から解放されるという、そのことが幸福だったのではなく、始めから全然悪をもたないということが、幸福だったのだからね(四七八c)。……そうすると、一番幸福なのは、魂のなかに悪をもたない人間なのだ。……ところで、二番目に幸福なのは、その悪から解放される人だろう(四七八d - e)。……そして善い人というのは、何ごとを行なうにしても、それをよく、また立派に行なうものだ。で、よいやり方をする者は仕合せであり、幸福であるが、これに反して、劣悪でそのやり方の悪い者は不幸である、ということは万々間違いないのだ。……幸福になりたいと願う者は、節制の徳を追求して、それを修めるべきであり、放埒のほうは、われわれ一人一人の脚の力の許すかぎり、これから逃れ避けなければならない(五〇七c - d)。

〔『ゴルギアス』加来彰俊訳、岩波文庫、二〇〇一四年、九一頁、一二〇〜一二二頁、二一八頁〕

このことは、幸せの概念を「限りなく与えること」とみなすことと矛盾しないが、実は幸せの定義そのものを提供するわけでもない。そして、知るべきことは情熱や物理的な獲得、自己中心的な行動が決して幸せにはつながらないということであるが、おそらくもっと知るべきことは、幸せとは簡単ではないが、単純ということである。それはただ、できる限り何らかの方法で、誰かに必要な何かを与えることである。これは金銭や物質的なものだけを意味するのではなく、時間や、エネルギー、知識、世話など、言いかえれば自分自身を与えることを意味する。誰でもこれはある程度おこなうことができる。〔アメリカの女性詩人の〕エレン・S・フーパー（一八四八年没）は、（その詩「美と義務」の中で）次のように書いた。

眠りの中で夢見る人生は美しい
目覚めてみる人生は厳しい
ではあなたの夢は謎に包まれた嘘だったのか
あくせくと働き、美しい心で、勇敢に
そして、あなたの夢が現実であることを見出せ
正午の光と真実をあなたに

母親や介護従事者、救急隊員や教師は、このことをよく知っている。彼らは、往々にして最も幸せな人びとである。なぜなら、彼らは与えることで尽くしているからである。愛し合う者たちも、これを感じることができる。愛は、幸せの一端を愛し合う者たちに垣間見せることがある。生産的であると感じられる仕事に雇われている人びとも、同様にこれを享受する。彼らはその仕事の中で自分自身に与えており、これが「働き甲斐」につながり、そしてこれは幸せの気配でもある。実のところ、自分自身、あるいは自分の時間を、利己的でない

方法で与えている人は誰でも、ある程度の幸せを経験するであろう。彼らにとって、幸せを定義できるようになることは、すでに知っていることやおこなっていることを、より強固にするのに役立つ。そして確かに、これ以上に美しい道徳教育は存在しない。幸せは、愛と同様に、与えることであって取ることではない。クルアーンの中で神は〔善人に言及して〕次のように述べている。

また彼ら〔信徒〕は、貧者と孤児と捕虜に、自分たちが〔食物を〕好むにもかかわらず、食物を分け与える。〔彼らは言う、〕「私たちはアッラーのためにあなたたちに食べ物を供するので、あなたたちからの報いも感謝も望みません」と。

（人間章〔七六章〕八〜九節）

実際に、預言者ムハンマドはイスラームの本質を次のように要約している。

おお、人びとよ、平和〔サラーム〕のあいさつを広めなさい。人びとに食べさせなさい。血縁の絆を保ちなさい。夜半の礼拝をしなさい。そうすれば、あなたは平安な楽園に入るでしょう。

（ダーリミー『スンナ集』、イブン・ハンバル『ムスナド』、バイハキー『大スンナ集』、イブン・ヒッバーン『真正集』）

補論Ⅰ　イスラームの大きな天幕

さまざまなムスリムたち

本書全体を通じて、そして特に第10章において、今日存在するムスリムのさまざまな分派と信条について述べてきた。ここではそれらについて、その歴史的な文脈と人口割合とともに、もう一度明らかにしておきたい。

預言者ムハンマドの死（ヒジュラ暦一一年／西暦六三二年）の後三〇年ほどして、ムスリムたちはカリフ位（イスラームの政治的最高指導者）をめぐって政治的に分裂した。政治的な違いに加えて、いくつかの根本的なイデオロギーの違いも生まれた。それは、宗教的に二つに大きく「枝分かれ」することになった。それは、預言者ムハンマドの模範に従うスンナ派と、預言者ムハンマドの一族に従うシーア派である。また、小規模の暴力的な反乱的集団も生まれた。それがハワーリジュ派であり、文字通り「宗教（の主流）から『出ていった』者たち」である。

これらのグループは、それぞれ独自の体系的な方法論（法学派）を発展させた。それは、イスラームの法と思想の二つの主要な源泉（クルアーンとハディース）の中に見られる明らかな矛盾を理解するためであり、また時の経過とともに生じた環境の変化に対応するためであった。スンナ派はたくさんの異なる法学派を発展させたが、そのうちの四つ（ハナフィー学派、マーリク学派、シャーフィイー学派、ハンバル学派）――これらの起源はいずれも西暦八〇〇年頃にさかのぼる――がスンナ派世界では主流となった。しかし、ムスリム統治下のアンダルス〔イスラーム時代のイベリア半島南部〕には、ザーヒル学派も存在した。そしてザーヒル学派は今日では実践者はいないが、何人かの学者たちは今でも、この法学派の方法論を有効なものとして考えている。シーア派は二つの主要な法学派を発展させた。一つはジャアファル学派で、彼らが認める「無謬のイマームたち」の数から一二イマーム派とも呼ばれる。もう一つは、五番目のイマームから分岐したザイド学派で、五イマーム派とも呼ばれる。シーア派の第三の分派はイスマーイール派で、七番目のイマームから分岐したため、七イマーム派とも呼ばれる。これには、二つの分流がある。それは、(a)ダーウード派ボフラ〔ボフラはグジャラート語での彼らの集団の自称〕で、彼らはボフラ・スルタンの指導に従っている。法については、彼らはジャアファル学派を採用している（一部にシャーフィイー学派の規定と、法官ヌウマーン〔ファーティマ朝期の法学者。ヒジュラ暦三六三年／西暦九七四年没〕の解釈に従う）。(b)生きているイマームであるアーガー・ハーンに従うニザール派で、彼らにはイスラーム法はない。これ以外にもう一つ、イバード学派という独自の学派があり、スンナ派に非常に近い。

総じて言うと、以上に述べた八つの学派（ハナフィー学派、マーリク学派、シャーフィイー学派、ハンバル学派、ザーヒル学派、ジャアファル学派、ザイド学派、イバード学派）が、いわゆる〔現代にまで伝わる〕「八法学派」と呼ばれる。〔出ていった派である〕ハワーリジュ派は、ヒジュラ暦三一七年／西暦九二九年の最後の反乱を機に、姿を消した。

イスラームでは義務の「五行」〔信仰告白、礼拝、喜捨、断食、巡礼〕が「ortho-praxy」（正しい行為）として、「ortho-doxy」（正統な教義）よりも前に、宗教としての基本規定となっている。とはいえ、教義では、六つの信仰箇条〔唯一神、諸天使、諸啓典、諸使徒、最後の日、定命〕——シーア派のジャアファル学派では七つ〔イマームが加わる〕——も基本となっている。このため、二つの信仰告白がすべての基礎とはいえ、「シャリーア」（法）が「アキーダ」（信仰箇条）より先に来て、「イスラーム」（帰依）が「イーマーン」（信仰）の先に来るのである。このことは、第2章で論じた。

八つの法学派——これは法規定を司る学派であって、イデオロギーの区分ではない——と並行して、別途、教義・信仰・思想に関わる学派がある。スンナ派四法学派に帰属する信徒は、信仰箇条では、アシュアリー神学派とマートゥリーディー神学派に帰属している。この二つの神学派は、ごくわずかな点を除いては同じで、異なる論点も語学的な枝葉の議論と言えなくもない程度なので、二つの神学派は本質的に同じ思潮を形成している。スーフィズム〔神秘主義〕についても言及しておく必要がある。スーフィズムは、スンナ派イスラームの不可分の一部をなし、美徳、礼拝、断食、ほぼ恒常的な神の唱念を通して、魂を純化することを目的としている。スーフィズムはスンナ派イスラームの神秘主義であり、おそらくスンナ派人口の四分の一がいずれかのスーフィー教団（タリーカ）に帰属して、何らかの修行をしている。シーア派には、それと似ているが組織的にはゆるやかな「イルファーン」〔神智学〕という一種の神秘主義がある。スーフィズムには問題のある実践〔いわゆる聖者廟参詣など〕がいろいろと関わっているが、アブー・ハーミド・ガザーリーの著作に代表されるような正統なスンナ派の神秘主義は、長らく盤石な認知を受けていた。それが変わったのは、現代の反ウスール運動が隆盛となってからである。

二〇世紀において、一〇〇〇年以上にわたる伝統的なイスラーム法源学の体系は、二つのイデオロギー的な挑戦を受けて、揺らぐことになった。それは、(a) 近代主義、(b) 反ウスール主義である。「近代主義」の信ずるところでは、イスラーム（イスラームの文明と文化のみならず、イスラームの教義も法も）は西洋的な価値に対応するよう近代化されなければならない。反ウスール主義（基本的に、サラフィー主義・ワッハーブ主義とムスリム同胞団）は、クルアーンとハディースに回帰すべきと説いて、法源学の統合的な体系を無視している。彼らは、伝統的なスンナ派の法学派を拒絶するのみならず、伝統的な教義も神学も神秘主義も拒絶している。

今日では（ヒジュラ暦一四三七年／二〇一六年の時点で）、スンナ派は全ムスリムの九〇パーセント程度、シーア派が一〇パーセント程度を占め、歴史的なハワーリジュ派はもはや存在しない。イバード派は〔ハワーリジュ派に起源を持つものの〕一パーセントに満たない。イバード派がいるのは、オマーン、東アフリカ、サハラ地域南部の一部である。シーア派の中のジャアファル学派は、イラン、イラクに集中している（少数派としては、湾岸諸国、シリア、レバノン、パキスタン、インド、アフガニスタンに居住している）。シーア派のうちザイド派は、イエメン北部に集中している。他の諸地域はどこでもスンナ派である。七四億人の世界人口のうち少なくとも二三パーセント——つまり一七億人ほど——がムスリムである〔二〇二〇年一〇月の時点では二五パーセント、一九億人とされる〕。イスラームは世界で二番目に大きく、最速で拡大している宗教である。

次頁の図は、以上を簡略にまとめている。

アンマン・メッセージ（二〇〇四〜二〇〇六年）

以上に述べたことにもかかわらず、一三〇〇年にわたってムスリムたちは、（真の）ムスリムとは誰かを正確に定義するために、あれこれ論争してきた。一二年前（ヒジュラ暦一四二五年／二〇〇四年）、国王アブドゥッラー二世・イブン・フサインは、ヨルダンの高位の学者と思想家たちに、現代世界に対して、イスラームの真の本質および真のイスラームの本質を明らかにするよう依頼した。ヒジュラ暦一四二七年ラマダーン月二七日／二〇〇四年一一月九日の夕刻に、彼らは「アンマン・メッセージ」として知られるようになる宣言を発表した。それは、イスラームとは何かだけではなく、イスラームとは何でないか、何がイスラームを代表する行動であり、何がそうでないかを宣言することをめざした（その全文につい

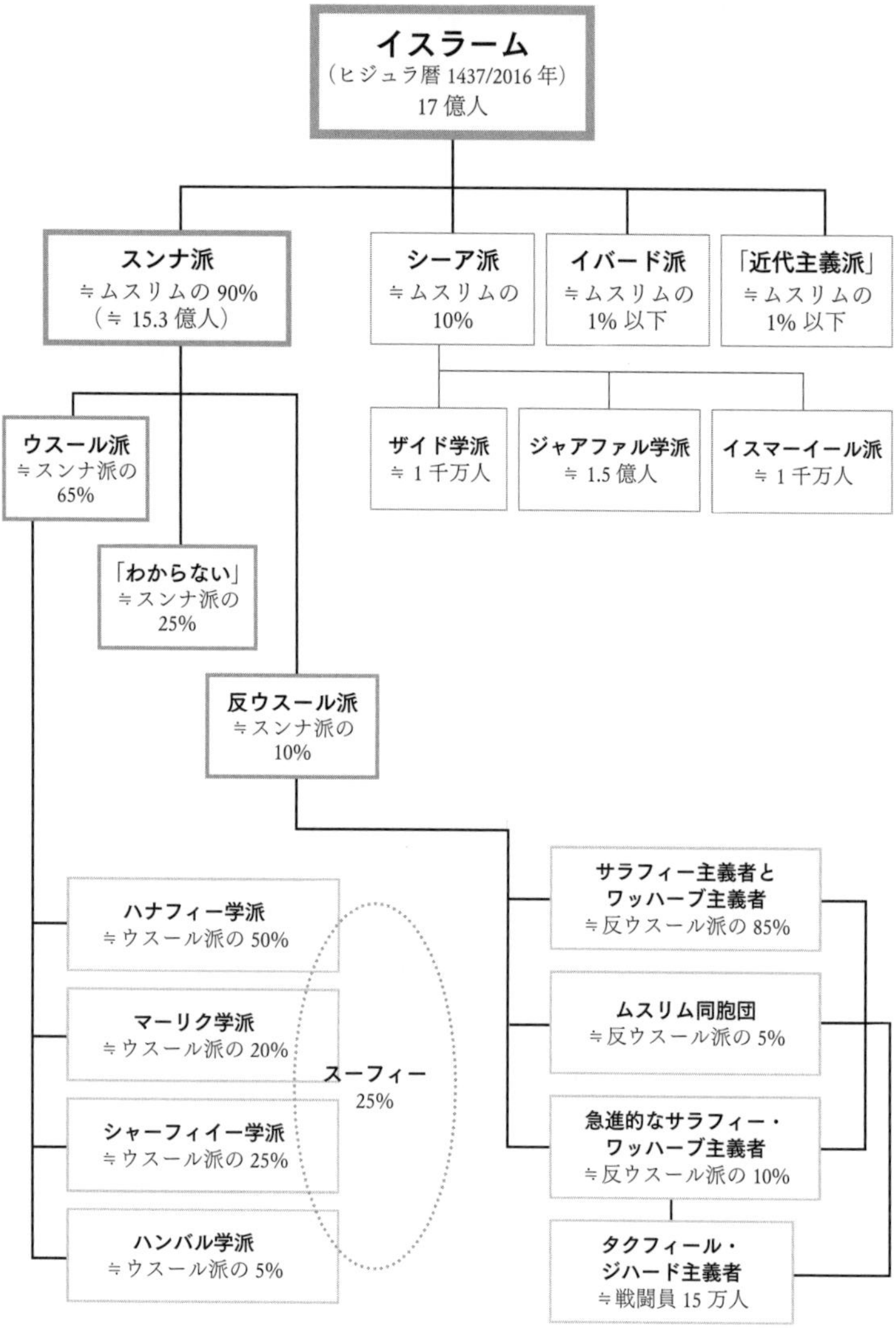
イスラーム
（ヒジュラ暦 1437/2016 年）
17 億人
スンナ派
≒ムスリムの 90%
（≒ 15.3 億人）
シーア派
≒ムスリムの
10%
イバード派
≒ムスリムの
1% 以下
「近代主義派」
≒ムスリムの
1% 以下
ザイド学派
≒ 1 千万人
ジャアファル学派
≒ 1.5 億人
イスマーイール派
≒ 1 千万人
ウスール派
≒スンナ派の
65%
「わからない」
≒スンナ派の
25%
反ウスール派
≒スンナ派の
10%
ハナフィー学派
≒ウスール派の 50%
マーリク学派
≒ウスール派の 20%
シャーフィイー学派
≒ウスール派の 25%
ハンバル学派
≒ウスール派の 5%
スーフィー
25%
サラフィー主義者と
ワッハーブ主義者
≒反ウスール派の 85%
ムスリム同胞団
≒反ウスール派の 5%
急進的なサラフィー・
ワッハーブ主義者
≒反ウスール派の 10%
タクフィール・
ジハード主義者
≒戦闘員 15 万人

ては、www.ammanmessage.com を参照）。

アンマン・メッセージにより宗教的な権威を持たせるために、私は国王アブドゥッラー二世の代理として、次の三つの質問を、イスラームのすべての分流と学派を代表する世界中の最高位の宗教学者に送った――(一)ムスリムとは、誰か？ (二)誰かを背教者として断罪すること（タクフィール）は、許されるか？ (三)誰がファトワー（法学裁定）を発出する権利を有するのか？

二〇〇五年七月に、これらの指導的な学者たち（アズハル総長、アーヤトッラー・スィスターニー師、ユースフ・カラダーウィー師を含む）が提供してくれたファトワーに基づき、国王アブドゥッラー二世の指揮下に、私は、五〇以上の国から二〇〇人の世界的に指導的なイスラーム学者（ウラマー）が参加する国際イスラーム会議を開催した。アンマンにおいて、これらの学者たちは、三つの基本的な論点について全員が合意した裁定を発出した（これは、「アンマン・メッセージの三点合意」として知られるようになった）。

一、それ〔この合意〕は、スンナ派・シーア派・イバード派に属する八つの法学派すべてと、伝統的なイスラーム神学（アシュアリー神学派）、イスラーム神秘主義（スーフィズム）、正しいサラフィー思想の有効性を認め、誰がムスリムであるかを正確に定義した。

二、前項の定義に基づき、ムスリムの間でのタクフィール（不信仰断罪）を禁じた。

三、諸法学派に基づき、ファトワー〔法学裁定〕を発出する主観的・客観的前提条件を定め、イスラームの名のもとに出される無知で不当な裁定の実体をあらわにした。

実際の全文は、以下の通りである。

慈愛あまねく慈悲深きアッラーの御名において

ムハンマドとその家族に祝福と平安がありますように

一、四つのスンナ派イスラーム法学派（ハナフィー学派、マーリク学派、シャーフィイー学派、ハンバル学派）を信じる者、シーア派の二つのイスラーム法学派（ジャアファル学派、ザイド学派）を信じる者、そしてイバード学派、ザーヒル学派を信じる者はすべてムスリムであり、彼らに対するタクフィールは許されない。また、その血と名誉と財産は不可侵のものである。同様に、アズハル総長のファトワーにあるように、アシュアリー神学派を支持する者、そして真のスーフィズムを実践する者へのタクフィールは許されず、正しいサラフィー思想を支持する者へのタクフィールも同じく許されない。

同じように、アッラーとその使徒〔ムハンマド〕、そして信仰の柱を信じ、イスラームの〔五つの〕柱を重んじ、宗教の自明な教義を否定しない他のムスリムのグループに対しても、タクフィールは可能ではないし、許容もされない。

二、さまざまなイスラーム法学派の間では、違いよりも共通点のほうが多く存在する。八つのイスラーム法学派を支持する者は、イスラームの基本的な原則について合意している。すなわち、彼らは皆、唯一なる神アッラー——称えあれ、いと高き方——を信じ、高貴なるクルアーンが守られた神の言葉であることを信じ、我らの指導者ムハンマドがすべての人類にとっての預言者であり使徒であることを信じている。また、彼らは皆、イスラームの五行について合意している。五行とは、二つの信仰告白、礼拝、喜捨、ラマダーン月の断食、（マッカにおける）聖殿への巡礼である。また、六つの信仰の柱〔基本箇条〕についても合意している。その六柱とは、アッラー、諸天使、諸啓典、諸使徒、〔最後の〕審判の日、そしてよいものも悪いものも含めた〔神が定めた〕定命である。イスラームの八法学派のウラマーの間の意見の相違は、枝葉においての相違であって、〔宗教の〕根本における相違ではない。宗教の枝葉における相違は、慈悲である。はるか昔、ウラマーの意見の違いは「よきことである」と言われた。

三、イスラームにおける諸イスラーム法学派の承認が意味することは、ファトワーの発出における基本的な方法論の固守である。すなわち、諸イスラーム法学派のそれぞれが定めて個人に与える必要な資格なしにファトワーを発出することは許されない。イスラーム法学派の方法論を固守することなくファトワーを発出することは許されない。際限のないイジュティハード〔自分自身の解釈〕をおこなうことや、新しいイスラーム法学派の創設を主張することは許されない。また、シャリーアの原則および確実なこと、そして諸法学派の観点から構築されてきたことからムスリムを外れさせるような、受け入れられないファトワーを主張することも許されない。

*

これらの「三点合意」は、二〇〇五年一二月に開催されたイスラーム諸国会議機構（OIC）のマッカでの首脳会議で、イスラーム世界の政治的・宗教的指導者たちによって全員一致で採択された。そして一年のうちに――二〇〇五年七月から二〇〇六年七月の間に――「三点合意」は六つの国際的なイスラームの学術的会議において全員一致で採択された。その頂点が二〇〇六年七月のジェッダにおける国際イスラーム法学アカデミーであった。全体で、世界中の五〇〇人を超えるムスリムの指導的な学者たちが、「アンマン・メッセージ」とその「三点合意」に賛同した。

これによって、近代における歴史的で、普遍的な宗教的・政治的合意（イジュマー）がムスリムたちによって達成され、イスラームの定義が強化されたのであった。アンマン・メッセージの「三点合意」の意義は、次の通りである――㈠一三〇〇年以上の歴史の中で初めて、ムスリムたちが公式にはっきりと、「誰がムスリムか」について多元的で相互的な承認に至った。㈡これによって、おそらく、相互承認がムスリムたちを宗教的に拘束するものとなった。というのも、預言者ムハンマドが「わがウンマは、迷妄において一致することはない〔一致すれば、それは正しい〕」（イブン・マージャ『スンナ集』）と述べているからである。当時のアズハル総長、ムハンマド・サイイド・タンターウィー師は、「三点合意」について、ある書物の序文で次のように記している。

自らの言葉と行動および精神的・宗教的生活において、真っ直ぐな道を歩もうと望むすべての人にとって、最良の資産である。

アンマン・メッセージの「三点合意」の利点

神はクルアーンの中で次のように言う。

彼ら〔信徒たち〕の密やかな会話の多くに益はない。ただ、喜捨や善行や人びとの間をよくすることを勧める人は別である。アッラーの満悦を求めてそれをする者には、われ〔アッラー〕はいずれ〔来世で〕、大いなる報奨を与えるであろう。（女性章〔四章〕一一四節）

アンマン・メッセージの「三点合意」の大きな利点は、それが――イスラームの歴史において初めて――ムスリムとは誰かに関するムスリムたちの宗教的・政治的コンセンサスを普遍的に皆が合意したものとして確立した点にある。言いかえると、それはイスラームの定義を定めただけでなく、イスラームの枠組みの中での多元性と多様性を公式なものとした。さらに、これによって、資格もなく無節操な人びとが無知なファトワー〔法学裁定〕を発出して、イスラームを歪曲したりもてあそんだりすることから、イスラームを守ることができるようになった。シャリーアに関して〔大学卒の〕学士や修士号を持っているだけで誰もがファトワーを発出し、それが何千というテレビ放送や何百万ものウェブサイトや何千万ものツイートで伝わる時代にあって、「三点合意」は誰が実際にファトワーを出す権利を有しているのかを明らかにした。それゆえ、これはイスラームとムスリムたちの両方を保護するユニークな資産となっている。アンマン・メッセージの「三点合意」は、さらに、法規定の典拠となると同時に世界中の教育カリキュラムで教材にできるような、権威ある歴史的な文書となったのである。

補論Ⅱ　すべてのムスリムに問いたい三つの質問

本書の中で言うべきことをすべて述べた今、私は、ムスリムで本書の読者となっている方には、次の三つの質問を、ご自分について自ら考慮していただくことを、敬意をもってお願いしたい。

問い一――あなたは、ご自分が思っているイスラームの教義は、絶対的な真実だと信じていますか？　あなたは、自分のことをムスリムだと言っている人が、イスラームの五行（二つの信仰告白、マッカに顔を向けた毎日の礼拝、喜捨、ラマダーン月の断食、マッカへの巡礼）と六信（アッラー、諸天使、諸啓典、諸使徒、審判の日、よいことも悪いことも神の定めであること）を信じ、日々の礼拝を捧げている場合に、その人があなたが重要だと思っている事柄（たとえば、「神の手」の意味）について賛成しないからといって、その人が間違っていると信じていますか？　そうならば、あなたは、そのような人が自分の考えを変えないとしたら、その人は真の信徒ではなく、やがて火獄に行くと信じていますか？　あなたは、その人たちが本当に非ムスリムなのだと（あるいは、あなたがシーア派ならば、スンナ派の人はムスリムでないと）信じていますか？　あなたは、アシュアリー神学派に属する信徒がムスリムでないと信じていますか？　あなたは、スーフィーたちがムスリムでないと信じていますか？　あなたは、イブン・ルシュド〔アヴェロエス〕やイブン・トゥファイルのような哲学者たちがムスリムでないと信じていますか？　あなたは、そのような人たちと共存するのは不可能だと思いますか？　あなたは、そのような人たちを愛するのは無理だと思いますか？

問い二――あなたが、ムスリムが多数派の国の市民だとして、あなたの理解では国法のすべてがシャリーアに立脚していない場合、あなたは必要ならば、（現体制の中で辛抱強く平和裏に意見を言い、現体制を改革するように努めるよりも）自分で武器を取って、あなたが思うようにシャリーアを実施することが義務であると信じていますか？　あなたは、国家があなたの理解するようなシャリーアだけを施行しないのであれば（たとえその国家がシャリーアを否定せず、その一部を施行していたとしても）、不信仰の国家だと思いますか？　そのような政府で働く人たちは、彼ら自身も不信仰者ですか？　そのような政府と協力したり、そこから利益を得ている人も不信仰者ですか？　そのような人たちを攻撃し、殺害することは正当なことですか？　彼らの家族も同じですか？

問い三――あなたが、ムスリムが多数派ではない国の市民だとして、あなたが正義、信教の自由や非ムスリムの市民と同じ権利を享受している場合、あなたは、自分がムスリムであり、それゆえ神の法には拘束されるものの人定法には拘束されないがゆえに、自分はその国の法を超越していると思いますか？　そうであれば（それらの法があなたが神を崇拝することの邪魔をしていない場合にも）、あなたがそのような法に耐える義務は、宗教的にも、さらには倫理的にもないと思いますか？　あなたの国が、世界のどこかのムスリムたちと戦争状態にある場合、あなたはその事実によって、自分の国と自分自身が戦争状態にあると思いますか？　あなたは義務として、あなた自身の国の標的や人びとに対して武器を使わなければなりませんか（その武力行使は正当なものとなりえますか）？　あなたの国の他の市民たちを、正々堂々と標的にしてもよいですか？　非ムスリムと平和に友好的に互いに敬意を払って共生することは、世界のどこかにいるムスリムが彼らと紛争をしているか、その外交政策に不満を持っている場合は、不可能ですか？

＊

これらの問いは深刻な問いかけであり、神と他の人びとの前での正直な答えを必要とするものです。それは、あなたが自分の宗教をどう理解しているか、あなた自身の心を問うリトマス試験紙となっています。

もし、あなたの答えが上記の問いのどれに対してであれ「イエス」だとすれば、あなたは歴史的に新しい反ウスール主義の過激な一部となっています。ということは、あなたは少なくともムスリムの九〇パーセントと、そして世界人口のムスリム以外の七五パーセントと、恒久的な争いの中にいます。あなたは、神があなたに、あなたの理解するようなイスラームとシャリーアを他のムスリムに強制するよう命じていると信じ、ムスリムたちは皆がイスラームとシャリーアを世界中に強制すべきと信じていることになります。それには永続的な攻撃的「ジハード」が必要であり、そうであれば、あなたはそれが神を喜ばせると信じているわけです。そして、あなたは自分たちの側が最後には勝つ、なぜなら神が助けてくれるから、と信じています。あなたは自分がムスリムの中の選良であると信じ、たとえ自分たちが歴史的にどれだけ少数派であっても、自分たちだけが神に対して誠実なのだと信じています。あなたは自分に可能な最善なことは——つまり、あなたが生まれ、創造された理由は——神のために戦い、殺し、殺されることだと信じ、この戦いについて決めるのはあなた自身で、あなたの国でも宗教学者たちのコンセンサスでもない、と信じています。

もし、あなたの答えが全問について「ノー」だとすれば、あなたは一九〇〇年までの全ムスリムの九九パーセントと同じ考えを持っており、それは今日でも圧倒的多数の見解です。あなたは、真正の伝統的イスラームの一部であり、人類史における最大級で最も美しく、文化的・科学的・倫理的に最も発展した多元的な文明の一つを築き、数限りない魂を惹きつけ、魅了してきたムスリム共同体の一部です。あなたは、地上のすべての人びとと共生することが可能だと思い——かつ、そうしなければならないと信じており——、自分自身を守ることができる（時にはそうしなければならない）が、自分から攻撃を仕掛けることはありません。あなたは、神が愛と慈悲から人類を創造し、それゆえ人びとは崇拝を通じて神を知り、神を愛し、また神を畏れなければならないと信じています。あなたは、預言者ムハンマドに従うだけではなく、彼の倫理性とよき性格も信じています。あなたは、自分の宗教の教えが恣意的だったり、気まぐれだったり、偏っていたり、専制的なものではなく、公共の福利のためにあると信じています。あなたは、互いの敬意、寛容、調和、多元性、すべての人びとが「共生」することを信じています。あなたは、地上に生きるすべての人、地上のすべてのものに対して、優しく、よく接する道義的な義務を負っていると信じています。あなたは、自分の信じることが正しくあってほしいと思い、そう願いますが、あなたが間違っているかもしれないことを認めます。あなたは自分の我執を批判し、それが公式な仕事でない限りは他人を裁かないよう努めます。あなたは、話し合いと合意を信じています。原則として、あなたは「他の人がその人の舌〔言葉〕と手〔行為〕から安全な」人〔ハディースの表現〕です。

もし、あなたの答えが三問とも「よくわからない」だとすれば、もう一度本書を読みなおすことをお勧めします。

神は、クルアーンの中で、ムスリムたちにこう述べています。

このように、われ〔アッラー〕はあなたたちを中道のウンマとした。あなたたちが人類に対して証人となり、使徒〔ムハンマド〕があなたたちに対する証人となるように。

（雌牛章〔二章〕一四三節）

そして、預言者ムハンマドは、こう言っています。

私はあなたたちに、昼のように輝く夜のごとき〔明らかな〕ものを遺しました。それから逸れる者は、踏み迷います。あなたたちの中で長く生きる人は、大きな争いを見ることでしょう。〔その時は〕わがスンナに従って下さい。

（イブン・マージャ『スンナ集』、イブン・ハンバル『ムスナド』）

付録

「イスラーム国」という危機

――その最初の二年間（二〇一四年六月～二〇一六年六月）の事例研究

概観

本論では、簡潔にダーイシュ――ＩＳＩＳ、ＩＳＩＬとしても知られるが、単に「イスラーム国」とも呼ばれる――の勃興とその危機について説明する。この「ダーイシュ」という名は、実際には、この集団の二〇一四年六月までの名称のアラビア語の頭文字を並べた略称である。すなわち、「ダウラ・イスラーミーヤ・フィー・イラーク・ワ・シャーム」（イラクとシャーム（シリア）におけるイスラーム国）の頭文字を並べると、アラビア語で「ダーイシュ」と読める。英訳（the Islamic State in Iraq and Levant）では、略称は「ＩＳＩＬ」（アイスィル）となり、別な英訳（the Islamic State in Iraq and Syria）では、略称は「ＩＳＩＳ」（アイスィス）となる（日本政府は前者を使用）。「ダーイシュ」の語は、アラビア語では何も意味しないものの、アラビア語で攻撃的な意味を持つ多くの言葉と響きが似ている（ダアサ「踏みつける」、ダハシャ「突き出す」「押し付ける」、ダハサ「指の腫れ物」、転じて「不和の種をまく」、ダフシャ「まごつかせる」「驚かせる」）。このため、この語はアラビア語でこの集団を指すのに、きわめて広汎に用いられている――当人たちにとっては、不快であろうけれど。

本書が出版されてからも、もしまだ存在するなら、ダーイシュは、今日（二〇一六年六月）のものとは全く異なる何かへと変貌しているかもしれないし、もしかすると（残念なことであるが）その作戦基地をアフリカ大陸に移しているかもしれない。いずれにしても、たとえ不愉快だとしても、ダーイシュについて、ある程度深く――ほとんどは公開されている資料に基づいて（一部は非公開資料に基づくが）――分析することが必要である。それによって、いかにダーイシュがより大きな反ウスール主義の極端な発露であるか、そして、いかにダーイシュがイスラームの特定の要素を操作することで宗教の内部の潜在的なエネルギーを利用し、理論と実践の両面においてイスラーム国という大きな虚構（つまり「非イスラーム国」）を構築するに至ったかについて理解することができる。このことを明らかにしなければ、ウスール派の〔正統な〕イスラームとダーイシュによるその悪用とを混同する可能性が続くであろう。そして「混同は、誤りと不和の母」なのである。

1　ダーイシュの起源

ダーイシュの起源は、よく知られている。残念なことに、それはヨルダン国民（アフマド・ファディール・ハラーイラ、通称アブー・ムスアブ・ザルカーウィー）によって創設された。ザルカーウィーは、小悪党で一九九〇年代にヨルダンの刑務所を入ったり出たりを繰り返し、刑務所で「信仰を得た」として、宗教を隠れ蓑《みの》により悪質な犯罪に関与するようになった。彼は「タウヒード〔一神教〕とジハード団」と自称する集団の形成を手助けした。この集団はヨルダン政府と国王アブドゥッラー二世を打倒することだけを目的としていた。この集団の最初の行動は、二〇〇三年八月七日、バグダードにあるヨルダン大使館を狙った一台の車爆弾事件であった（オーストラリア人のジャーナリスト、マイケル・ウェアがこの事件直後の様子を撮影した）。二〇〇四年にはイラクで、ザルカーウィーはアルカーイダ〔ビン・ラーディンに率いられた反米イスラーム過激派〕への忠誠を誓い、攻撃を仕掛けて、たくさんの（主に民間人の）人びとを殺した。これが起きたのは、二〇〇三年の欧米主導による対イラク戦争の後で「スンナ派暴動」が起きた時期であった。当時、イラク戦争が原因となって、サッダーム・フセイン〔イラク戦争までの独裁者〕が追放されただけでなく、〔新政府は〕制度的にシーア派を優遇することによってスンナ派住民を疎外していた。スンナ派の暴動が激化した理由は、イラク戦争後に権力を握ったシーア派主導の政府の一部による宗派主義的な政策のためであり、そして何よりも、悪名高い秘密のシーア派民兵が数万人ものスンナ派ムスリムたちにおこなった拷問や殺戮であった。彼らは、バグダードおよびイラク南部諸県のほとんどで、スンナ派人口のほぼすべてを民族浄化していた。二〇〇五年一一月九日、イラクに拠点を置きながらも、ザルカーウィーはヨルダンの首都アンマンで三つのホテルで爆破攻撃をしかけ、六〇人の無実の民間人を殺害し、一一五人を負傷させた。二〇〇六年六月、アメリカがおこなったイラクへの空爆によって、〔アンマンでの〕多くの犠牲者とその家族に対し、ザルカーウィーは〔その命をもって〕罪を償わされることとなった。

二〇一一年八月、この「タウヒードとジハード団」の後継組織はシリアへ向かった（今では「シャーム〔シリア〕の民の支援〔ヌスラ〕戦線」〔いわゆるヌスラ戦線〕を自称している）。シリアに移ったのは、イラクとの国境に近いシリア東部で「アラブの春」によって作られた状況をテロリズムを用いて利用するためであった。この集団は、二〇一三年に「イラクとシャーム（シリア）のイスラーム国」と改称した。そして二〇一四年にこの組織は、「親組織」であるヌスラ戦線（この組織はまだ、ウサーマ・ビン・ラーディンを後継したアルカーイダの指導者アイマン・ザワーヒリーに忠誠を誓っていた）から分離し、ヌスラ戦線との闘いを始め、シリアの領土を拡大し、領土を維持するようになった。想像できる限りのあらゆる方法で何千人もの人びとを組織的に殺害し、イラクのアンバール県の領土を数か月保持した後、二〇一四年六月、この集団はたった数百人の軍勢でイラク西部へと侵攻した〔主要都市のモスルを陥落させた〕。二〇一四年六月二九日、モスルの大モスクでの礼拝の様子が放映され、そこですべてのムスリムに対して「カリフ制」樹立を宣言した（イブラーヒーム・アワード・バドリー・サーマッラーイー博士――別名アブー・バクル・バグダーディー――というイラク人の男性が、自ら「カリフ」であると自任した）。加えて、彼らに与《くみ》しない者全員（つまりイスラーム世界の九九・九九パーセントと、残りの世界すべて）に対する世界的な「ジハード」を呼びかけた。

これ以降この集団は、シリアとイラクにおいてかなりの広さの領土を失ったり、獲得したり、また失ったりを繰り返した。また、機能的な政権を確立しようと試みる一方で、シリア内戦の中で多くのさまざまな敵と戦い、数万人の外国人戦闘員を募集した（今ではその多くが戦闘の中で殺された）。何千人もの囚人や市民を拷問、殺害し、その領土に捕らわれた何百万人もの人びとに語りえない苦しみを与え、彼らをありとあらゆる方法で搾取した。このような悪行にもかかわらず、この集団は、世界のおよそ六〇カ国でテロリズムのための足掛かりを築き、現地のタクフィール〔不信仰断罪〕主義のテロリストたちの一部と提携し（その最も悪名高く無分別で危険なものは、ナイジェリア北部のボコ・ハラムであろう）、そして〔カダフィ政権崩壊後の〕リビアの内部抗争を利用することで、そこでの存在感を高めることに成功した。また二〇一五年にかけて、ダーイシュは世界中の無実の一般市民に対し、数十回のテロ攻撃を組織し、あるいはそれを企てることに成功した。これは特にイエメン、また欧米、中でもフランスにおいてであった。現地当局あるいは一般市民によって水面下で阻止された計画も、それ以上に多くあった。

　このように時系列的に物語を見ていくと、さも何らかの全体計画があったかのように、あるいはダーイシュの勃興が不可避であったかのように見える。しかし実際には、二〇〇三年の欧米によるイラク占領と二〇一一年の「アラブの春」〔民主化運動とその失敗〕の後に生じたイラクとシリアの混乱の中で、多くのならず者や人殺しの集団が勃興した。ダーイシュはその一つにすぎない。ダーイシュは、たまたまあらゆる殺人集団の中で最も低俗で、最も悪質で、最も無情で、最も活発であったために、頂点に上り詰めた。

2　ダーイシュとは何か

ダーイシュは、タクフィール主義・ジハード主義の組織的ギャングである。つまり、それは、サラフィー主義・ワッハーブ主義の過激なバージョンをイデオロギーとしている。しかし、その中核には、かつての世俗的バアス党（つまり、サッダーム・フセインのかつての独裁政党）の元党員たちが存在する。バグダーディーの副官二人は、サッダーム・フセイン政権では軍の大佐であった。「シューラー評議会」の原メンバーは、全員が明らかにイラク人であり、一部はバアス党とのコネクションを持つ者であった。その多くは米軍やイラク政府によりイラクで投獄された者たちであり、そこで虐待を受けた可能性がある。イラクのかつてのバアス党員とタクフィール主義の外国人新兵に加え、ダーイシュの支持者の多くは、イラクやシリア出身のかつてのムスリム同胞団のメンバーであった。

ダーイシュのもう一つの大きな特徴は、黙示録的な千年王国説〔聖書に起源を持つキリスト教的な終末論〕――ないしは、「黙示録的な千年王国」に相当するイスラーム主義者の終末論――の支持者だということである。これは、特定のハディースに対する彼らなりの解釈に基づいている。彼らは、まもなくムスリム（この場合にはダーイシュ自身のみを指す）と非ムスリムとの間に、終末的な大規模の戦闘がおこなわれると信じている。彼らは、こうした戦闘が、前例のない世界規模の死と虐殺を生じさせた後に、マフディー〔救世主〕（預言者ムハンマドの血統を引く「導かれた人〔マフディー〕」で、やがて世界を征服して七年間支配する）が到来して、その次にダッジャール〔アンチ・キリスト〕が登場し、そしてイエス・キリスト自身の再来があるはずと信じている。彼らは、自分たちと近年の出来事をハディースに照らし合わせて捉える。そのハディースとは、「もしホラーサーン〔イラン東部〕から黒旗がやって来るのを見たならば、そこに行きなさい。その中には、神に導かれた（マフディーの）カリフがいるであろう」（イブン・ハンバル『ムスナド』、イブン・マージャ『スンナ集』、ティルミズィー『スンナ集』にも似たハディースが二つある）。これは彼らにとって、マフディーは彼らの軍隊の中にいるか、これから彼らの軍隊に参加するということであり、彼らの旗が黒い理由もここから説明される。歴史上のホラーサーンの版図は、現代のイラン、パキスタン、アフガニスタン、トルクメニスタン、タジキスタン、ウズベキスタン、そして南西カザフスタンの大部分を含む。したがって、彼らの説明では、彼らのジハードはアフガニスタンで始まり、彼らの戦闘員の一部は当初のアルカーイダと一緒にそこからやって来たことになる。加えて注目すべきことは、二〇一六年にダーイシュが「預言〔者〕の道に立脚したカリフ制」というモットーを刻んだ見かけのよい金貨と銀貨を、自分たちの「通貨」として鋳造したことである。ここからわかるのは、彼らの傲慢さだけではない。預言者ムハンマドの死後に必然的に暫定的なものとなった政府について彼らが誤解していることもわかるし、さらにはっきりと、先ほど引用したハディースから来る終末論的な願望を彼らが抱いていることもわかる。ムスリム『真正集』の中には、ムスリムと欧米人（「ルームの民」）との間の「ダービク」と「アアマーク」における壮大な戦闘があり、その最後にイエス・キリストが再来してムスリムたちを祈りへと導くと予言するハディースがある。したがって、彼らはシリアでこの戦闘をおこなうことを予期している。なぜならシリアには「ダービク」と呼ばれる場所があるからである（ここはかつて一五一六年に、オスマン帝国とマムルーク朝の会戦がおこなわれた場所である）。実のところ、ダーイシュは、そのオンラインでの出版物を「ダービク」、そしてその通信社を「アアマーク」と呼んでさえいる。つまり、ダーイシュは自分たちのことを、予言された「最後」の終末的な世界戦争の先駆けであると考えている。

3　ダーイシュの究極的な目標

簡単に言えば、ダーイシュの考えでは、すべてのムスリムには、ダーイシュの後押しにより全世界に対して攻撃的な「ジハード」を仕掛け、ダーイシュの考えを宣伝する義務がある。ダーイシュ自身の言葉で言うと、次の通りである。

我々が信じるところでは、神のためのジハードは、アンダルスの陥落から（すべての）ムスリムの土地の解放まで、ムスリム一人一人にとって義務である。その義務は、篤信の者でもそうでない者でも同じように課されている。そして、すべての罪の中で、神への不信仰に次いで最も大きな罪は、神のためのジハードが個人の義務である時にそれを妨げることである。イブン・ハズムは次のように述べた――「神への不信仰に次ぐ罪として、不信仰者に対するジハードを妨げる以上の罪は存在しない」。

(『我々の根本(信条)の一端』、アブー・ウマル・バグダーディー、二〇〇七年三月一三日)

ここで気をつけるべきなのは、彼らがここで「権威」としているのは、四つの法学派のいずれかに属する主流の学者ではなく、アンダルスにおけるザーヒル法学派のイブン・ハズム(ヒジュラ暦四五六年/西暦一〇六四年没)ということである。彼は(ムスリムにとって)悲惨な時代を生き、アンダルスの後ウマイヤ朝カリフの没落を目撃したため、それ〔防衛の義務〕が強く念頭にあった人物であるが、ダーイシュはそれを文脈から外れる形で引用している。つまり、ダーイシュの「ジハード」の究極的な目標とは、武力によって世界を征服し、「領有」することであり、ダーイシュに服従させることである。このことは、ダーイシュのスポークスマン、アブー・ムハンマド・アドナーニー(別名ターハー・ファラーヒー)による、二〇一四年六月二九日の「カリフ制の広布」の中で、まさに明らかである。

おお、ムスリムたちよ、急ぎ来なさい。あなたたちのカリフの周りに集まりなさい。そうすれば、あなたたちは、かつてそうであったように、地上の王・戦いの騎士として戻ってくるであろう。来たれ、そうすれば称えられ、敬意を払われ、尊厳をもって主人として生きるだろう。私たちが神佑の約束された宗教のために戦っていることを知りなさい。私たちは神が名誉と敬意と指導権を授けた国のために戦っている。神は、この国を強め、地上において力を与えることを約束した。おお、ムスリムたちよ、来なさい、あなたたちの栄誉へと、あなたたちの勝利へと。神にかけて、もしあなたが民主主義、世俗主義、ナショナリズムを信じず、同様に西欧由来のその他の雑念や主張を信じず、あなたたちの宗教と信条へと急ぎ来るのであれば、神にかけて、あなたたちは地上を自分たちのものにし、東も西もあなたたちに服従するであろう。これは神からのあなたたちへの約束である。

4　ダーイシュが考え、信じていること

ダーイシュの「思想」なるものは、イスラーム思想の中でも二つの基本的な「スンナ派原理主義者」の潮流から、最も過激な要素を折衷し組み合わせたものである。その二つとは、サラフィー主義・ワッハーブ主義と、ムスリム同胞団の思想である。前述の通り、これらとイスラーム的終末論がダーイシュの思想には組み合わされている。これら二つの思想潮流の中に見出しうる、最も暴力的で不寛容な意見をダーイシュは常に採用し、しばしば新しいものを作り上げる。まず、サラフィー主義・ワッハーブ主義から(特にイブン・アブドゥルワッハーブの『イスラームへの背反』から)ダーイシュが採用したのは、大規模なタクフィールの実践である(自分たちに同意しないムスリムを背教者として断罪し、それによって彼らを殺害し、その金銭や財産を奪い、その妻と離婚させることを正当化し、それどころか義務化する)。

それとは対照的に自分たちについては、ダーイシュの支持者たちは「ワラー・ワ・バラー」（イスラームへの忠誠とすべての非ムスリムとの断絶）に基づく「エリート」集団であると考える。次に、ムスリム同胞団の思想について、アブー・アアラー・マウドゥーディー（一九七九年没）とサイイド・クトゥブ（一九六六年没）からダーイシュが採用したのは、「ハーキミーヤ〔主権者〕理論」（彼らが非イスラーム的であるとみなす法を有する国を攻撃しないムスリムを断罪する――これについては次の節で詳しく述べる）である。これら二つの「教義」の中では、容易に想像できるように、ほとんどのスンナ派ムスリムは「殺すべき不信仰者」であると判断される。これに加えて、イラクのバアス党が持つ個人の生命と自由に対する軽視と集団虐殺的な傾向、そしてアルカーイダから継承した欧米に対するテロリスト的「奮闘」を足せば、ダーイシュの「思想」を作るための毒薬ができあがる。

5 「ハーキミーヤ」理論

サイイド・クトゥブは、著作『クルアーンの蔭で』と『道標』の中で、「ハーキミーヤ」〔神のみを主権者とする〕理論について説明している。この理論が基本的に述べていることは、（クトゥブが理解するところの）シャリーア法のみを実践する者以外はみな不信仰者である（そして殺されなければならない）ということである。同様に、シャリーア法のみを適用する政府以外は、不信仰者の政府であり、そうした政府を支持する者、その政府の下で投票する者、その政府のために働く者、さらには、その政府の恩恵を受ける者さえも同様に不信仰者とみなされる。そして、彼らは不信仰者であるため、全員殺されなければならない（彼らが神とイスラームの信仰箇条をどれだけ信じ、イスラームの五柱をどれだけ敬虔に実践していたとしてもである）。この怪物的な考えが根差しているのは、イブン・アブドゥルワッハーブの『イスラームへの背反』にある第四の「背反」〔イスラーム以外の思想や統治を好む者はイスラームを捨てたとみなす〕と、クトゥブ（そしてマウドゥーディー）によるクルアーンの章句の新奇な誤った理解である。その章句は、「アッラーが下されたものによって裁かない者はカーフィル〔信仰を否定する者〕である」（食卓章〔五章〕四四節）と述べている。クトゥブ以前のすべてのクルアーン注釈者は、すべての時代を通じて、彼とは異なる解釈をしている（そのようなクルアーン注釈者を一部だけ紹介すると〔以下はいずれも高名な啓典解釈学者たち〕、イブン・アッバース、イブン・マスウード、イブン・ハンバル、タバリー、クルトゥビー、バガウィー、ナサフィー、イブン・アティーヤ、イブン・ジャウズィー、ラーズィー（同じ名を持つ三人とも。つまり、アブドゥッラフマーン、アフマド、ファフルッディーン）、ガザーリー、イブン・タイミーヤ、イブン・カスィール、イブン・ジュザイイ、アブー・ハイヤーン、アールースィー、そして二〇世紀のイブン・アーシュール、ムハンマド・アミーン・シンキーティー、シャアラーウィーに至る数多くの注釈者たちである）。彼らが皆、述べていることは、「アッラーが下されたものによって裁かない者」という限定を一般的な文脈で解釈することができたとして（実際には、これはマディーナのユダヤ教徒を指している）、「アッラーが下されたものによって裁かない者」をムスリムに適用するならば、不信仰者とは以下の条件のどれか、または全部を満たす者を指す——㈠神の言葉を隠蔽したり、故意に変更したりした者、㈡シャリーアの諸規則を（それを適用できる環境にありながら）一つも適用しない者、㈢シャリーアの正しさを心の中で否定する者、である。つまり、決してサイイド・クトゥブが解釈したのと同じ意味ではない。

イブン・アッバース〔啓典解釈学の父とされる〕は、とても明快であった。彼の注釈によれば、神の法を適用しない者は「一定の不信仰を含んではいるが、神、諸天使、諸啓典、諸預言者を信じていないわけではない」。そして、「もし神が言ったことを否定するならば、その者は不信仰者であるが、もしそれを受け入れながら神の言ったことをおこなわないのであれば、その者は圧政や不正を犯したことになる」（タバリー『クルアーン章句解釈に関する全解明』）。また、ハーキム『ハディース補遺集』も参照のこと。言いかえれば、注釈者アター・イブン・アビー・ラバーフが付言したように、この章句が意味するのは「（真の）不信仰とまでは言えない不信仰、（真の）圧政とまでは言えない圧政、（真の）不正とまでは言えない不正」である（タバリー『クルアーン章句解釈に関する全解明』）。

つまり、シャリーアの諸規則の一部を適用しないことは、過ちであり怠慢の罪ではあるものの、国家全体の正当性を損なうものではないし、決して国家に対する反乱を正当化するものでもない。このことは、些細な問題でも、学術的なつまらない議論でもない。このことが意味するのは、二〇世紀および二一世紀において、シャリーアを法の基礎とするか基礎の一つとしている国民国家（今日では世界のムスリムが過半数を占める国々はほとんどこれに含まれる）の市民権を受け入れるか、それとも拒絶するかの違いである。そして、永遠に続く内戦を是認するのか、国家と憲法と民主的制度を通じた啓蒙的変化を認めるのかの違いである。そしてこのことは、クルアーンの意味を意図的にもてあそぶことがいかに危険かを示している。

6 タクフィール〔不信仰断罪〕

タクフィールは、まさに預言者ムハンマドの教友の時代から、イスラームの周縁を悩ませてきた暗い影である。第四代カリフのアリー・イブン・アビー・ターリブに対して、当時のムスリムたちの集団——その中には、預言者ムハンマドを個人的に知る者は皆無であった——が、アリーがクルアーンに違反し、大きな罪を犯したために、彼はもはやムスリムではないと断罪した（つまり、彼らはアリーに対してタクフィールを宣言した）。そして彼らはアリーに対し反乱を起こし、アリーを失脚させて殺そうとした。ところで、アリーは預言者の従兄であり、娘婿であり、また最初期に入信したムスリムの一人であった。預言者が自分にとってのアリーは「モーセにとってのアロンに当たる」〔アロンは自分の兄弟である預言者モーセを補佐した〕と説明した人物でもあった（イブン・ハンバル『ムスナド』）。彼らが単にクルアーンを読んだだけで（そして誤って解釈して）、自分たちがアリーよりもイスラームについて理解していると思ったということは、理解に苦しむことである。その結果、彼らは「ハワーリジュ」派（文字通りイスラームから出ていった者）として知られるようになったが、彼らが登場することは預言者のハディースの中で次のように予言されていた。

> やがて、年が若く愚かな者たちが現われるでしょう。彼らはよき言葉を口にし、クルアーンを朗誦するものの、それは喉を超えることはありません〔心に達しません〕。彼らに遭遇した場合には、〔内乱を〕押さえなさい。彼らに遭遇したならば、彼らを討ち取りなさい。それによって、あなたに〔アッラーの〕報奨が与えられるでしょう。
>
> （イブン・ハンバル『ムスナド』）

そして実際にそのような派が誕生したし、彼らは言い表せないほど残忍で殺人的であった。タバリーは（『諸使徒と諸王の歴史』の「ヒジュラ暦三七年の出来事」の中で）、ナフラワーンの地での彼らとアリーの戦闘が生じる直前の出来事について、次のように描写している。

> ハワーリジュが村に入ると、預言者の教友ハッタープの息子アブドゥッラーが出てきた。……彼らは「お前は預言者の教友ハッタープの息子のアブドゥッラーか」と尋ねた。すると彼は「はい」と答えた。……彼らはアブドゥッラーを運河の土手に連れていき、彼の頭を切り落とし、彼の血はサンダルのひものように流れ、そして、彼らは彼の子どもの母親の子宮に穴を開け、その中身を空にした。

アリーが戦闘の中で彼らを打ち負かした後、彼らの一部は三〇年ほどにわたり、武器を持たない人びとを狂ったように殺し続けた。どの世紀においても、何らかの形態でこうした集団が再び現れ、さらに罪のない人びとを殺害した。教友イブン・ウマルは次のように警告している――「彼らは不信仰者について下った〔クルアーンの〕節を挙げて、それを信徒にあてはめるでしょう」（ブハーリー『真正集』）。

これがまさに、現代でタクフィールを実践している者がやっていることである。彼らは「唯一神、諸天使、諸啓典、諸使徒、最後の日〔と来世〕、定命」〔イスラームの六信〕を明確に信じるムスリムを「非ムスリム」であると宣言するために、言い訳や理論を見つけ出し、それを利用してムスリムを迫害する。急進的なサラフィー主義・ワッハーブ主義は、非常に明確に『イスラームへの背反』に基づき、ウスール派のムスリムに対してこれをおこなうし、サイイド・クトゥブは国民国家と結びつくあらゆる者に対してこれをおこなう。この両者を合わせると、九〇パーセントのムスリムに対してこれをおこなっているし、シーア派ムスリムに対しては言うまでもなく、そうしている。それに加えてダーイシュは、彼らのもとにやってきながら彼らの指導者に忠誠を誓わない者はすべて不信仰者であるとみなす。今では、ダーイシュ自身の母集団であったアルカーイダと、アルカーイダのシリアにおける傘下集団であるヌスラ戦線も、その対象に含まれる。その結果として、ダーイシュがいわゆる「カリフ制」を宣言する前でさえも、ダーイシュとヌスラ戦線の戦闘員は互いに何千人と虐殺し合い、実のところ、今日までそれは続いている。彼らはどちらも急進的なサラフィー主義・ワッハーブ主義のタクフィール主義・ジハード主義であり、互いに（そしてもちろん全世界に対しても）「タクフィール」と「ジハード」をしてきたのである！　そして彼らはこれをクルアーンと神の名においておこなっているかのように装ってきた。預言者ムハンマドは、現在起こっているこのことについて、きわめて正確に次のように警告している。

終末に、年が若く愚かな人びとが現れるでしょう。彼らはよい言葉を口にするものの、狩りの獲物から矢が逸れるようにイスラームから逸脱しており、彼らの信仰も喉より奥には達しません。（戦闘で）彼らに遭遇する者は、彼らを討ち取りなさい。それによって、あなたに〔アッラーの〕報奨が与えられるでしょう。（ブハーリー『真正集』、ムスリム『真正集』）

このことからわかるのは、アズハル大学や、エジプト、サウディアラビア、ナイジェリア、ヨルダンその他の地域の大ムフティー〔法学裁定官〕、そしてイスラーム学の中心地の大半で、なぜ現在ダーイシュを「ハワーリジュ派」（つまり、イスラームから出ていった者）と呼んでいるかということである。これはダーイシュがおこなっている不信仰断罪とは異なり、ダーイシュに対するタクフィール（そして彼らを「不信仰者」と呼ぶこと）を伴うわけではない。これは単に、彼らと武力で戦わなければならないことを宣告しているにすぎない。

7　ダーイシュは何を読んでいるか

この質問が重要なのは、ダーイシュが自分たちの見解をどのように納得し、どのように新兵を説得するかを知るためである。ダーイシュはもちろん、イブン・ハンバル、イブン・ジャウズィー、イブン・タイミーヤ、そしてイブン・カイイムといったハンバル学派の優れた著作の一部を読んでいる。ダーイシュのメンバーは、サラフィー主義の啓典解釈書（たとえば、ムハンマド・シャウカーニー（ヒジュラ暦一一七三～一二五五年／西暦一七六〇～一八三九年の）『全能者の勝利』）なり、サラフィー主義的に編纂されたイブン・カスィールやクルトゥビーの啓典解釈書を読む。彼らはアルバーニーが改編したハディース集を読む。また、彼らはイブン・アブドゥルワッハーブの論考や、イブン・ウサイミーン〔サウディアラビアの法学者〕など現代の著述家に至るまで、ワッハーブ主義の論文を読む。彼らの中には、サイイド・クトゥブやマウドゥーディーを読む者もいる。続いて、彼らはアルカーイダの古いジハード主義的な著作、たとえばアブー・ムスアブ・スーリー〔アルカーイダの理論家〕の『グローバル・イスラーム・レジスタンスの呼びかけ』やアブー・ムハンマド・マクディスィー〔ヨルダン出身の過激なサラフィー主義者〕の『イブラーヒーム〔アブラハム〕の宗教』などを読む（あるいはかつて読んでいた——というのも、今やダーイシュはアルカーイダから抜けたからである）。続いて、アブー・アムル・カーイディーの『新兵募集テクニック習得コース』や、アブー・バクル・ナージーの悪名高い『蛮行の管理』

などの、アルカーイダの不穏な作戦マニュアルもある。また、ダーイシュの組織内部にも、マニュアルやエッセイを創作するライターや広報担当者を抱えている。彼らが書いたものは、たとえば、ダーイシュの公式スポークスマンであるアブー・ムハンマド・アドナーニーの『ジハード法学の典拠』、アブー・アブドゥッラー・ムハージルの『ジハード法学の諸問題』、アブー・フマーム・アサリーの『バグダーディーに対する忠誠の誓い』などである。つまり、ダーイシュは急進的なサラフィー主義・ワッハーブ主義、ムスリム同胞団、アルカーイダに由来する独自のサブカルチャーを豊富に有しており、また今ではますます自家生産が進んでいるダーイシュの本やマニュアル、エッセイを備え、それらによってさらに知識のない人びとに独自の過酷な世界観とファトワー〔法学裁定〕を吹き込んでいる。

8　ハディースの悪用

ダーイシュとアルカーイダは、クルアーンの解釈を操作して多くの被害を与えることはできないでいる。なぜなら（前述の「ハーキミーヤ」理論について説明したのと同様に）、クルアーンおよびその古典的な注釈書には、ダーイシュが望むような意味のことは書かれていないからである。そして、それゆえにダーイシュによるそれらの誤った解釈は、ウスール派の学者によって常に容易に反駁されてきた。しかし、ハディースについては状況が異なる。それには二つの理由がある。

一つ目の理由は、すでに述べたように、ハディース集の改訂である。サラフィー主義者はナースィルッディーン・アルバーニー〔ヒジュラ暦一四二〇年／西暦一九九九年没〕(と彼の弟子たち)および彼の著作が、ハディースに関して客観的に見て前例のない頂点だと、彼を称賛する。しかし、彼による改訂は、実際にはサラフィー主義の思想に沿った形でハディース集を意図的かつ体系的に改訂したものである。「アルバーニーがそれを真正と判定している」や「アルバーニーがそれは脆弱と言っている」といった言葉を耳にしたなら、意識的であれ無意識的であれ、それはサラフィー主義の先入観や政策に沿った形でハディースを論じている可能性が高い。アルバーニーは伝統的に受け入れられてきた合計で約五〇〇〇のハディースについて、それは本物ではないと宣言した。過去五〇年の間に、アルバーニーが編集した版のハディース集は、イスラーム世界の実質的にすべての主要な図書館、大学、モスクに無償で配布され、無数のマイナーなものも翻訳されて、インターネット上で宣伝されている。実際に、このサラフィー主義のハディース集は二〇世紀半ばまでに存在していた伝統的なハディース集をかき消してしまった。それは今日ではほとんどの人が、ウスール派でさえもそれを認識できないほどである。

ダーイシュやその他の者がハディースを操作できたことの、第二の理由は、本書の第7章で議論したように、ハディース集のあまりの多さと、信憑性に疑義のあるハディースの集積による。二五〇ものハディース集(その多くは膨大な複数巻からなる書物で、見つけるのも困難である)の中に編纂されている二〇万ものハディースすべてを読むには、一日二時間としてもおそらく三〇年は要する。ましてや、「イジャーザ〔免許〕」を持つ（ハディース教育の資格を与えられた）教師に付いてそれを学ぶとなれば、その大変さは言うまでもない。存命の高齢者の中でもごく限られた人だけが、このようなことを実践できた。ハディースについて、その意味と文脈を理解でき、その真偽について判定できるほど十分に知っている者は、さらに少ない。しかし、急進的なサラフィー主義・ワッハーブ主義とムスリム同胞団のネットワークが、少なくとも七〇年間にわたって組織的にかつ根気強くやってきたことは、自分自身や自分たちの見解に合ったハディースを見つけるために、ハディース集を底引き網でさらうことである。そして、彼らはいくつかのハディースを見つけた。ただし、そう多くはない。彼らは四〇から五〇の同じハディースを（おそらく六万ほどの異なる、受け入れられうるハディースの中から）引用することが多い。しかしそれでも、彼らの反逆や蛮行の根拠として十分であるらしい。本書では、次のような例を引用した。

私は、人びとが「アッラーのほかに神なし」と証言し、礼拝を確立し、ザカート〔義務の喜捨〕を支払うまで、彼らと戦うよう命じられた。もし、彼らがそうするならば、彼らの安全と財産はイスラームの真理によって不可侵であり、彼らの〔審判の日の〕清算は神がなさる。

（ブハーリー『真正集』、ムスリム『真正集』）

前述では〔二一八頁〕、これこそがジハードの目的であると述べた。これは、「ムスリムに対して戦争が仕掛けられた後」に定義された目的であるし、さらにこれは、西暦七世紀のアラビア半島での防衛戦という文脈の中で理解される。これがはっきりと定義しているのは、ムスリムが栄光に満ちている場合に（実際に彼らはそうであった）勝利がどのようなものであるかである。それはジハードの原因、開戦理由ではない。しかし、ジハード主義者のこれに対する答えは、ハディースでは「人びとと戦う」と書かれており、これは一般的で無条件の命令であるというものである。もちろん、これは間違っている。アラビア語の「人びと（ナース）」という用語は、一般的にも、次のクルアーンの章句のように修辞学的にも、特定の人びとを意味するように使うことができる。

彼ら〔信徒たち〕に向かって、人びと〔クライシュ族の指導者とその仲間〕は言った。「あなたたちに対して大勢〔の軍〕が集まっている。彼らを恐れなさい」。〔この言葉にかえって〕彼ら〔信徒〕の信仰は強まり、彼らは言った、「アッラーこそが私たちの取り分。すべてをおまかせするに、〔アッラーは〕なんとよき方であろうか」。

（イムラーン家章〔三章〕一七三節）

この章句では、明らかなことに、信徒に対抗してあらゆる人びとが集まったわけではないし、あらゆる人びとが「彼らを恐れるべきである」と言ったわけでもない。一部の人びとだけがそうしたのである。したがって、「人びと」という言葉は、その文脈に即して、つまり誰が話し、それが何を意味したかに即して理解しなければならない。同様に、上に引用したハディースの文脈は、預言者がクライシュ族の不信仰者とその同盟に対して戦った防衛戦争である。

さらに、ムスリムの学者が加えて指摘することは、人びとが「アッラーのほかに神なし」と言うのを事実上妨げるような戦いはすべて、上記で引用したハディースの教えから明らかに除外されているということである。ムスリムは、人びとが神のもとでの結束を目撃するような、神が人びとに愛されるような方法で行動しなければならない。テロリズムや残虐さは、明らかに人びとをイスラームから遠ざける。したがって、テロリストたちは――自分でわかっていても――このハディースの意味を逆にしてしまったのである。

このような熱意と不完全な理解との組み合わせについて言えることは、〔イギリスの詩人の〕アレグザンダー・ポープ（一六八八～一七四四年）が『批評論』の中で述べた言葉である（「詩神の泉」は古代ギリシアにおける暗喩的な〔知の〕源泉である）。

自己を信頼するな、自己の欠点を知るためには
あらゆる友人を――敵でさえも用いねばならない。
少しばかり学問するのは危険なことだ、
詩神の泉はたくさん飲め、そうでなければなめてもみるな、
そこでは少し飲むと、頭脳までしびれるが、
たくさん飲むと、また正気にかえってくる。

〔『批評論』矢本貞幹訳注、研究社出版株式会社、一九六七年、一七頁〕

他の例を挙げれば、預言者ムハンマドは（移住する以前の期間に）カアバ神殿を歩き回っていたところ、クライシュ族の何人かから（娘のファーティマとともに）暴行を受けた。そこで彼は言った。

おお、クライシュ族よ、聞きなさい。ムハンマドの魂がその手の内にある方〔アッラー〕に誓って、私はあなたたちを滅ぼすでしょう。
（イブン・イスハークからイブン・ハンバルへ）

このハディースは信憑性が弱いが、「私はあなたたちを滅ぼすでしょう」という言葉は、ダーイシュのお気に入りの言葉となっている。彼らは、ある種の正当化として、人びとを殺している間にこの言葉を繰り返す。さて、もちろん預言者は、彼が最終的にマッカを征服してクライシュ族を打ち負かした時、決して彼らを滅ぼさなかった（これは本書の第7章で述べた通りである）。むしろ、彼がもたらしたのは赦しと栄誉であった。そしてもしこの物語を受け入れながらも、物語全体を読めば、預言者に暴行を加えた者、そしていずれ殺されると預言者が予言した者、という特定の人びとに語りかけていたことが明らかになる（その者とはアブー・ジャフルとウクバ・イブン・アビー・ムイートであるが、実際に彼らはバドルの戦いの後に殺される。ただし預言者自身の手によってではない）。預言者は確かに、彼自身の部族であるクライシュ族の大虐殺を支持していなかった。クライシュ族は神自身が名誉を与え、かつて保護した部族で、その名にちなんで名付けられた章がクルアーンにはある。それは次の通りである。

クライシュ族の保護のゆえに
冬と夏の彼らの〔隊商の〕旅の保護のゆえに
彼らに、この館〔カアバ聖殿〕の主を崇拝させなさい。
〔その主は〕飢えに対して彼らに食物を与え、恐れに対して安全を与えた。

（クライシュ族章［一〇六章］一～四節）

したがって、明らかに、ダーイシュが言い張っているハディースの解釈は、預言者のスンナだけでなく、クルアーンそのものにも反しているのである！　同じようなことが、ダーイシュが悪用し、操作している他のハディースについても言える。しかし、ここで重要な点は、次のことである。

（たとえ）ブハーリーの『真正集』でも、その翻訳を読むだけでは、ある法規定が義務なのか、推奨なのか、許容なのかを判断することはできない。

（ムハンマド・ザカリーヤー・カーンドハラーウィー『イマームたちの見解の違い』ムハンマド・カドワ訳〔ウルドゥー語から英訳〕、ホワイト・スレッド・プレス、二〇〇四年、三七頁）

それにもかかわらず、ハディースはツイッターにおいて、ダーイシュの好みの武器となっている。その理由は単純である。ハディースは短く、雄弁で、理解しやすく、覚えやすく、一目見て権威があるからである。

〔米国の〕リチャード・ステンゲル米国国務次官が報告したところでは、二〇一五年のある時点で、ダーイシュとそのオンライン上の「ファンたち」が一日に一〇万件のツイートをしており、実際にはそのツイートの多くが、彼らがハディースと言っているものの一つを引用するところから始まっていたという。

その結果として、ダーイシュに反論しようと思う者にとって必須のことは、ハディースの研究に着手するか、すでに研究している者を見つけ、ハディースに対するこの集団の理解の仕方に対して体系的な反論を積極的に広め、ダーイシュの主張と矛盾するその他の数百ものハディースを収集し、スンナ派イスラームの統一見解の正当性を主張することである。言いかえれば、ダーイシュによるハディースの乱用に対する反論や対応には、次の二つの側面がなければならない。それは、タアスィール（啓典に基礎を置くこと）とタウスィール（大衆にメッセージを届けること）である。ダーイシュのイデオロギーは基本的に、ハディースの「魂」を獲得するための闘争であるが、彼らの闘争は、ハディースを悪用し、脱文脈化し、気まぐれに取捨選択し、次にそれをあらゆる方法でインターネットを通じて熱心に撒き散らすことでおこなわれている。

9　動機と士気

ダーイシュは、急進的な熱意に満ちている。前述の通り、彼らにとっての文献とシャイフ〔師〕は、彼らの大義をイスラームそのものと同一視させ、彼らの敵を不信仰者と同一視させ、このことが彼らの士気を大きく高めている。彼らのシャイフと「ファトワー評議会」は、自分たちのあらゆる行動を正当化し、それにファトワーを授ける。このことも彼らの士気を上げ、高い士気は戦場では勇敢さとスタミナにつながる。

さらに、すべての戦闘員には軍事訓練の一環として、宗教的な教化が義務付けられている。教化のほとんどは、戦いで殺される栄光（殉教）に焦点が当てられている。残りは、他者を殺すことの栄光に焦点が当てられている。

ムスリムの軍隊の顕著な特徴は、数世紀を通じて、死の恐怖を持たないこと、そして戦場で死ぬ覚悟——意欲とまで言える——であった。すでに述べたように、ジハードはイスラームにとって不可欠な要素である。さらに、アラブ人は本質的に勇敢な戦士である。もちろん、これは多くの人びと、多くの軍（ダーイシュと戦っている人びと、特にクルド人を含む）に当てはまるし、種としての人類の属性の一つが勇気である。しかし、アラブとイスラームの文化においては、「甘美にして名誉なるかな、祖国のために死するとは」〔紀元前一世紀のローマ詩人の言葉〕が、〔イギリスの詩人〕ウィルフレッド・オーウェン（一八九三〜一九一八年）がその題を付けた詩〔「甘美にして名誉なるかな」〕で批判したように「古い嘘」と思う人はいないし、現代においてもそれは変わっていない。ダーイシュは、このこと〔祖国のために死ぬことが「古い嘘」ではないこと〕を利用し、これに付け込み、あるいはむしろ、これを操作する。死への恐れを持たないことは――そのメンバーが好んで口にするように――特に自爆テロをおこなう上で、ダーイシュの大きな強みの一つである。

しかし、偉大なアラブの歴史家であるイブン・ハルドゥーン（ヒジュラ暦七三二～八〇八年／西暦一三三二～一四〇六年）がその最高傑作である『歴史序説』の中で論じたように、まさに勝利と獲得物、支配権の確立が、アラブの征服者を現世に夢中にさせ、それまでの彼らの熱意を徐々に弱めるものである。ダーイシュによる「カリフ制」の樹立についても、これと同じ効果が微妙に働きそうである。さらに、ダーイシュの士気は、多くの初期の勝利とおそらくは「カリフ制」の再興に支えられたが、それは同じように、運命が変化した時に容易に士気の低下、そして全体の崩壊につながりうる。この種の燃え尽きは、人類の歴史の過程でほとんどすべての熱狂的な運動に生じてきたことである。

ダーイシュの戦闘員の士気が高いことには、もっとつまらない理由もある。その一つは、覚醒剤やアンフェタミン（特に「フェネチリン」）が広く使用されていることである。ダーイシュはこれらを戦闘員に提供しており、そうしたドラッグは初歩的な研究施設で作れるものである。これらのドラッグは、人びとをきわめて攻撃的かつ残忍にし、良心や慈悲の心を失わせ、エネルギー水準を高める一方で、睡眠と食べ物の必要量をも低下させる。もちろん、こうしたドラッグは最終的に彼らを消耗し尽くさせるため、二、三年も常用すれば内臓が悪くなる。ただ、二、三年とはいえ、戦場での生存可能性が高まるのなら十分な期間である。さらに第二次世界大戦の研究成果が示していることは、六〇日間戦い続けるだけで、九九パーセントの人が深刻な心理的損傷を負うということである。したがって、フェネチリンを使用することで、「戦闘のエネルギー」を本来二か月のところ――戦闘のローテーションを組むこともなく――二年か三年に拡大できるということは、一般的に持久力を潜在的に一〇倍から二〇倍も高めることを意味する。公平に言えば、シリアとイラクで戦う両陣営とも、熱意を欠いた者や単に疲れた者は、明らかにこうしたドラッグに手を出す。実際にヨルダンの治安機関は、ここ数年の間に、ドラッグをシリアやイラクからヨルダンに持ち込む密輸業者たちから、定期的に驚異的な量（一つの貨物車両から二〇〇〇万～三〇〇〇万錠）を押収している。

もう一つの恐怖として、ダーイシュの戦闘員がダーイシュの内部の諜報員から受ける恐怖もある。それは、もしダーイシュの戦闘員が怠けている、あるいは不服従であるとみなされた場合、または、自分たちの指導者から課されている急進的な教えを疑い始めた場合に、彼らが絶えず見せつけられている拷問や処刑を通して与えられる恐怖である。最後に、ダーイシュは士気を維持し、新兵を募集するために、洗練されたプロパガンダを採用している（それは次項の通りである）。

(a) ダーイシュは、容赦のない訓練、戦闘、殺人を映した映像に情動的な音楽をつけたもの、そして自前の音楽や詩の映像(たとえば「ヤー・アースィブッラース・ウィーナック?」〔おお、黒ターバンをまとった戦士よ、あなたはどこにいる?〕など)を絶えずストリーミングで放送している。また、この集団は、そのプロパガンダをさらに広めるために、機関誌『ダービク』(インターネットで利用可能)や通信社『アアマーク』のようなオンライン上のよくできたメディアも有している。

(b) ソーシャルメディア――プロパガンダを広めるために無数のツイートをしているのに加えて(ダーイシュは、彼らを妨害したことを理由に、ツイッターやその他のソーシャルメディア、巨大インターネット企業のCEOたちを絶えず脅迫している。たとえばツイッター社は、二〇一五年と二〇一六年にダーイシュの数十万に及ぶアカウントを停止した)、ダーイシュとその支持者は数十万ものフェイスブックのアカウント、ユーチューブのチャンネル、その他のさまざまなソーシャルメディアの活動を展開している。Kik〔メッセンジャーアプリの一つ〕やオンラインゲームのように、一部は暗号化されており、追跡することができない。欧米の諜報機関は、ダーイシュの投稿とその「ファン」の投稿を閉鎖するため、ソーシャルメディアのプロバイダと協力し始めてはいるものの、ダーイシュは二〇一四年の間中、オンライン上での自由を得ていた。それは今なお(二〇一六年時点で)とても活発であり、その投稿は、ソーシャルメディアのプロバイダや欧米の諜報機関との「モグラたたき」ゲームの様相を呈している。ダーイシュのアカウントおよび投稿は絶えず立ち上げられては、閉鎖されている（たいていは閉鎖されても、すでに彼らのネットワークの危険分子にメッセージを伝えてしまった後のことである）。

(c) ダーイシュのプロパガンダ映像（そしてソーシャルメディアの使い方）の洗練度は、今や伝説的であり、効果的な宣伝の手本として世界中で研究されてさえいる。イスラーム過激派がそのように、まるでハリウッドのクオリティとスタイルの映像を制作できるとは思えなかった世界の人びとは、当初はこれに衝撃を受けた。ダーイシュが今日までに公開したあらゆるコンテンツは、放映されていないとしても、国際的なメディアによって広く複製され、報道されている。これこそが、間違いなくダーイシュの最大の成功要因であったし、その最も重要な道具であった（そして、外国人の新兵募集の主な原動力となってきた）。

注記——これらの映像は、今や「収穫逓減の法則」に直面している。そのために、すべての新しい映像はより陰惨かつ野蛮な内容でなければならず、それぞれの映像ではより多くの人間を殺し、新しくより残酷な方法で人間を殺し、より衝撃的な（子どもたちに処刑させるなどの）状況を用意し、より巨体で恐ろしい外見の死刑執行人を登場させるようになっている。それにもかかわらず、（慣れっこになってきた）一般大衆は、疲労と飽和によって、どの新しい映像にもあまり興味が湧かず、衝撃を受けなくなりつつある。大衆は、ダーイシュによるイスラームと人間の良識への嘲笑から、ますます目を背けつつある。

11　どのようにダーイシュは誤っているか

二〇一四年九月一九日（ヒジュラ暦一四三五年一一月二四日）、ダーイシュによる、いわゆる「カリフ制」の宣言から三か月もたたないうちのことであった（それは、一体何が起こっているのかを確認するのに、ちょうど必要な時間であった）。その大半はエジプトのアズハル大学の学者であったが、ナイジェリア、インドネシア、チャド、パレスチナ、クルディスタン、コソボ、ブルガリア、そしてエジプトの大ムフティーも含めて、一二六人のウスール派の学者たちが、ダーイシュの行動のどこが間違っていると思われるかについて概説する「バグダーディーへの公開書簡」をダーイシュに送った（www.lettertobaghdadi.com を参照）。この「公開書簡」は（高校や大学でもこれが教えられたヨルダンを除けば）、その重要性に見合うだけの注目を集めなかった。それでも、これは一〇ほどの言語に翻訳され、伝統的なウスール派のイスラームの観点からダーイシュの行動に対しておこなわれた（簡略化されているとはいえ）今なお唯一の集団的かつ体系的な分析と反論である。その要旨には、次のことが書かれている。

《概要》

1　イスラームでは、必須の学修要件すべてを満たしていない者がファトワー〔法学裁定〕を発出することは禁じられている。そのような資格がある場合でも、ファトワーは古典的な文献で定義されているイスラーム法の理論に従わなければならない。また、ファトワーを導出するために、その問題に関連するクルアーンとハディースの教えすべてを見なければならず、クルアーンの一節あるいはその一部のみを引用することも、禁じられている。言いかえれば、ファトワーには厳格な主観的かつ客観的な前提があり、クルアーンとハディース全体を考慮せず、法的な議論のためにクルアーンの一節を「つまみ食い」することはできない。

2　イスラームでは、いかなることに関しても、アラビア語を習得することなく法的な裁定を発出することは禁じられている。

3　イスラームでは、シャリーアの主題を過度に単純化し、確立されたイスラームの学問を無視することは禁じられている。

4　イスラームでは、ムスリムが知っていなければならない宗教の基礎を除けば、どのような問題についても（学者が）異なる見解を持つことは許容される。

5　イスラームでは、法的な裁定を導出する際に、その時代の現実を無視することは禁じられている。

6　イスラームでは、無実の者を殺すことは禁じられている。

7　イスラームでは、使者、大使、および外交官を殺すことは禁じられている。ジャーナリストや援助隊員を殺害することも禁じられている。
8 イスラームにおけるジハードは防衛戦である。ジハードは、正当な理由と正しい目的がない場合、あるいは正しい行動原則がない場合には、許容されない。
9 イスラームでは、本人が公然と不信仰を宣言しない限り、その者を非ムスリムであると宣言することは禁じられている。
10 イスラームでは、どのような方法であれ、キリスト教徒やいずれかの「啓典の民」〔保護されるべき他宗教の民〕に害を加えたり虐待したりすることは禁じられている。
11 ヤズィーディー教徒〔イラクの少数派宗教〕についても、啓典の民とみなす義務がある。
12 イスラームでは、奴隷制度を再び導入することは禁じられている。奴隷制度は世界的なコンセンサスにより廃止された。
13 イスラームでは、人びとに改宗を強制することは禁じられている。
14 イスラームでは、女性の権利を否定することは禁じられている。
15 イスラームでは、子どもたちの権利を否定することは禁じられている。
16 イスラームでは、正義と慈悲を保障するような正しい手続きに従わず、法的な処罰（ハッド刑）を実施することは禁じられている。
17 イスラームでは、人びとを拷問にかけることは禁じられている。
18 イスラームでは、遺体を損傷することは禁じられている。
19 イスラームでは、悪行を神に帰することは禁じられている。

20　イスラームでは、諸預言者や教友たちの墓や廟を破壊することは禁じられている。
21　イスラームでは、支配者が明らかに不信仰で、かつ、人びとの礼拝を認めなかった場合を除いて、それ以外の理由で武装反乱を起こすことは禁じられている。
22　イスラームではすべてのムスリムの合意なしに、カリフ制を宣言することは禁じられている。
23　イスラームでは、祖国への忠誠は認められる。
24　預言者の死後、イスラームは誰に対しても、どこかに移住することを要求していない。

この書簡が発行されて以来、ダーイシュはその犯罪件数を増加させ、そのリストに新しい犯罪を加えた。たとえば、戦争に子どもを駆り出し、子どもに人びとを処刑させ、自爆テロを実行させ、捕虜を強姦し、ヨルダンのパイロット（にして英雄）のムアーズ・カサースベを生きたまま燃やし〔二〇一五年に、撃墜された空軍機の操縦士がダーイシュに殺害された〕、鉄格子の中で人を溺死させ、人を車に閉じ込めて爆破し、女性を拷問し処刑するように女性に強制し、自分の母親を（息子をダーイシュから抜けさせようと働きかけた「罪」を理由に）殺害することを息子に強制し、また大量の強奪をおこなった。報告によれば、「クリッパー」と呼ばれる金属の道具まで発明した。この道具は、ダーイシュが下品な服装をしているとみなした女性の皮膚を少しずつ切り取るために使われるものである。また、あらゆる無実の市民を狙って世界中でテロ行為を首謀し、化学兵器を用いた——などとリストは続いていく。残念ながら、人類の歴史の中では、ダーイシュと同じくらい野蛮な集団が、あるいはそれ以上に野蛮な集団も存在してきた。しかし、自分たちの野蛮さの「独創性」をかくも誇らしげに美化し、熱心に文書化した例は——少なくともイスラームの歴史においては——間違いなく存在しない。言いかえれば、怪物はこれまでも存在してきたが、自らの怪物性をこれほどまでに誇示する集団は存在しなかった。とはいえ、公開書簡の要旨はダーイシュの犯罪の適切な要約である。また、この書簡が示すことは、ウスール派イスラームにおける倫理的基準が人間の根源的な本性(フィトラ)と一致しており、ほぼすべてのまともな人びとにとっての普遍的規範であるということである。実のところ、二〇一四年九月三〇日には、世界キリスト教会評議会(WCC)のオラフ・フィクセ・トゥヴェイト総幹事〔ノルウェー出身の牧師・神学者〕は、次のような声明でこの書簡を歓迎した。

ISの主張に対して、この書簡が提供している権威あるイスラームを代表する几帳面で詳細で学術的な反駁は、あらゆる諸宗教の人びとが尊厳をもって共存し、私たちに共通する人間性を尊重することができるようにしようとするムスリムの指導者たちにとって、重要な資料となるであろう。

12 ダーイシュはどのように作用するか

現代世界における「普通の」国民国家は——そして実際には、ほとんどの前近代の国家も、イスラームの国家も含め——暗黙の社会契約を有する。その社会契約とは、「政府と国家の相互責任を伴った、すべての人びとに対する平等な正義」である（これは本書の第12章で述べた通りである）。このため、国家は税を徴収する一方で、正義、秩序、保護、安全、そして清潔な食糧と水、健康サービス、教育、雇用、交通、住宅、エネルギーなどへのアクセスなど、不可欠なサービスを可能な範囲で提供する。国家は、人びとに一定の権利と自由を保障する。ここで、もし国家が、それまでに与えていた、あるいは国民によって与えられることが期待されている分量の一〇パーセント未満しか与えなくなった場合には、一般的に言って、あらゆる種類の抗議行動と不満が生じる（これは緊縮政策を推進する者なら誰でも知っていることである）。国家の与える分量が、期待されている分量よりも二〇パーセント少ない、つまりそれまでのサービスの八〇パーセントを提供する場合でも、暴動に至らないにしても、きわめて深刻な混乱が生じる。このことは、緊縮政策に対する人びとの反応を見れば明らかである。しかし、アブー・バクル・ナージー〔アルカーイダの指導者の一人〕が『蛮行の管理』の中で意地悪く指摘しているように、社会的な無政府状態を伴う残忍な戦争や内戦が起きた場合、少しでもましな秩序を提供できるものなら誰でも歓迎されるであろう。したがって、ダーイシュのような集団であっても、無政府状態に陥った後で入りこんで秩序らしきものを提供すれば、大半の人びとに歓迎される。したがって、ナージーによる下劣な結論とは、一定期間、混乱と無秩序の種をまき、その後で残忍な社会的秩序を課すというものであり、それは（少なくとも最初は）歓迎されるというものであった。そしてまさにこのことが、ダーイシュがシリアとイラクでおこなったことであった。

さらに、ダーイシュは国ではないので、もしダーイシュが国と同様に税を徴収し、現地の人びとに基本的サービスの四〇パーセントを提供したなら、人びとの期待値が低いゆえに、その印象はよくなるであろう。（彼らの考えるところの）ジハードという「宗教的な必要性」の下でおこなっていることであるとして、すべてを覆い隠している場合には、これは特に当てはまる。したがって、ダーイシュは少数の効果的なサービスと引き換えに税金を徴収することが可能であり、これこそが彼らがシリアとイラクでおこなったことであった。言いかえれば、ダーイシュは、政府と国民との暗黙の社会的契約に関して、期待値の心理的な変化を意図的に悪用している。そして、誰かがそのようなからくりに気づき、指摘した場合、ダーイシュはいつでもその前例のない残虐性やむき出しの恐怖に訴えることができる。

世界中の誰も気づいていない点がもう一つある（皮肉なことに、アメリカの一部の自由主義者を除けば、である）。すなわち、歴史上の国家では――特にマディーナの預言者自身の国家を含めれば――無制限の情報収集と諜報技術を用いる今日の国民国家以上に人びとの私生活にとって干渉的な国家は、ほとんど存在しないということである。しかし、ダーイシュの似非《えせ》カリフ国は、おそらくすべての近代「国家」の中で最も干渉的である。ダーイシュは人びとの個人的な私生活に可能な限り深く干渉する。それも、臆面なく近代のスパイ技術を使うことで、すべてを監視する国家という、最も非イスラーム的な概念を強制するためである。

13　ダーイシュはどのように成長したか

ダーイシュの成長と、国民国家の発展との間には、少なくとも五つの方法論的な違いがある。これらを理解し、ダーイシュの成長を妨げなければ、彼らに対して効果的な成果を上げることはできないであろう。それは、非対称な戦争だけでなく、非対称な経済競争をも示すものである。

第一に、普通の国民国家は自国民ができる限り長く、かつ安全に、幸せに、健康的に生きられるように「配慮」するものであり、そしてこれは国家の基本的な機能である。それに対してダーイシュは、ジハードを奨励するあらゆる宗教的な抑制的な命令を操作することによって（本書の第11章で説明したように）、その支配下で生きる人びとの生命を（彼らの考えるところの）ジハードに動員することができるし、なおさら、その他の人びと（いずれにせよ、天賦の権利や固有の権利も持っていない不信仰者としてみなす）の生命をも包摂することができる。ダーイシュにとって、理論的にではないにしても、実践的には人間の生命はジハードをおこなうための単なる道具であって、その逆ではない。つまり、ダーイシュは、ジハードの概念の曲解ないしは操作によって、人間の生命と富、そして社会そのもの、さらには自分たちの兵士の生命や富でさえ、消耗可能で取るに足らないものにすることができる。ダーイシュの新兵が得られるのは、（殉教したならば）どのように彼らが楽園に入るかを示す洗練された映像や写真だけである（もちろん、それは自分たちの命を投げ出すよう、さらに多くの人びとに奨励するためである）。結論として、ダーイシュは、自国民ができる限り長く、安全に、幸せに、健康的に生きられるようには、機能的にも実効的にも決して「配慮」していない。ダーイシュが気にかけることと言えば、兵隊が殺され次第、新兵を補充することだけである。これは、（当然のこととして死者の仇を討ちたいと思う）死者の家族や友人という膨大な人的ネットワークを活用することにより、（上記のような）プロパガンダによっておこなわれる。これが意味することは、戦争は（少なくとも理論上は）国民国家を傷つけるようにはダーイシュを傷つけないし、たとえ戦争に負けたとしても傷つけないということである。さらに、資源に制約のある国民国家は、戦い続けるだけで消耗し尽くし、最終的には弱体化するのに対し、逆にダーイシュは（封じ込めと封鎖によって）補給を断たれない限り、（戦争によって）活気づき、戦いによって強くなる。

　第二の点は、上記の結果であり、捕らわれた都市の市民人口に関係する。ヒズブッラー〔レバノンのシーア派組織〕と同じように、ダーイシュは国民国家アクターではない。かりにイスラエルがベイルートを爆撃しても、ヒズブッラーは「気にしない」か、あるいは少なくとも作戦上影響を受けないのと全く同じように、かりにアメリカやロシアがラッカ〔シリアのダーイシュの「首都」〕やモスル〔イラクのダーイシュの拠点都市〕を廃墟にしても、ダーイシュは困らない。逆に、これは単に現地の市民たちの悲劇を増やし、市民たちが――復讐心と絶望という理由だけで――ダーイシュに参加したいと思うようになるだけである。したがって、ダーイシュは、現地住民への空爆による殲《せん》滅《めつ》に対しては、多かれ少なかれ無傷である。

第三に、ダーイシュは戦利品による経済を有している。これが意味するのは、ダーイシュは、敵が持つ実際の富や武器を何でも略奪して保持するだけでなく、占領した地域内のあらゆる富と取引に課税することも意味する――それは、国民国家が法的にはできないことである。

第四に、戦利品による経済に加えて、国民国家とは異なり、ダーイシュは何かを維持する義務を一切認めていない。むしろダーイシュは、自らの行く手にあるすべてを盗用し、使い、破壊し、焼き払い、売却あるいは解体して、現実にかなりの利益を生み出している。ダーイシュがシリアとイラクの遺物や考古学的な財宝を破壊し、売り払ったことは有名であるが、そうした取引で、毎月ではないにしても、年間に数千万ドルを手に入れたと推定されている。また、ダーイシュは、土地、建物、家屋、農地、家畜、工場、公共機関、天然資源（特に石油とガス）、さらに（身代金目的の誘拐や、奴隷としての販売を通して）人間さえも販売する。つまり、ダーイシュは、その環境から、文化、構築された環境、生命そのものに至るまでのすべてを売り、破壊しようとするので、その「領土」が少しでも拡大すれば、それがそのまま収入源となる。

第五に、ダーイシュは、そのたくさんの敵の間で「銃を向け合って動けない状態」があることを利用して、うまく立ち回っている。ここで詳細に述べることはしないが、シリアとイラクにおけるダーイシュの敵の一つ一つが（アルカーイダやヌスラ戦線、アメリカを含め）、一つあるいはそれ以上の敵と戦っているか、互いの動向を気にかけており、したがって、ダーイシュとの戦いに完全に専心することがない。もしこれらの国々のすべての戦闘員がダーイシュだけに一斉に銃口を向ければ（これはダーイシュに限らずどの対戦相手についても言えることであるが）、ダーイシュをただちに撃破できるはずである。これは単純な「ゲーム理論」であろう。

このように、異なる方法論が意味するのは、ダーイシュは打倒できるが、軍事力だけではそれを疲弊させることはできないということである。固い決意があり、能力がある者同士の戦争では、たいていは最終的に勝利するのは動員できる資源が上回っている方である。そのため、ダーイシュを打倒することは、対称的な軍事的敗北を与えることよりも、むしろ、必然的にその作戦における方法論を観察し、理解し、妨害し、対抗するという問題になっていく。

14　人事および新兵募集

誰がダーイシュに参加し、それはなぜなのかについては、後の節で述べる。ダーイシュの効果的なオンライン上のプロパガンダ活動についてはすでに述べた。残るは、訓練を受け、教化されたシリアとイラクにおける戦闘員たちが、二〇一五年時点では三万二〇〇〇人以上いたのに比べ、二〇一六年六月時点では二万五〇〇〇人ほどに減ったと推定されていることである。ダーイシュは二〇一四年六月から二〇一六年六月までのモスル〔イラク北部〕占領中に、合計でおよそ三万人の外国人戦闘員を呼び寄せることに成功した（戦闘員のおそらく四分の一はすでに死亡し、一部は世界の他の地域に移住し、一部は不明な動機から故郷に帰り、一部は他国に逃亡した。そして一部は今なお戦っている）。二〇一六年六月時点で、外国人の新兵募集によって、月に約二〇〇人の戦闘員がやってきた（ダーイシュはリビアの拠点に向けても、「プランB」として、新兵募集を指示していた）。他方でその一年前には、そして二〇一四年の終わりには、外国人の新兵応募は月に二〇〇〇人以上あった。間違いなく低下の理由に含まれるのは、欧米による資金的な取り締まり、ロシアによる空爆、トルコ国境における規制がより効果的になったこと、そしてその軍事的成果が次第に失われていったことなどである。これらのすべてが潜在的な新兵の士気に影響した。

欧米からの新兵は、世間から多くの注目を集める。彼らはしばしば中産階級出身で、ある程度の富と高い水準の技術（特にテクノロジー分野のスキル）を持つ者である。しかし、これらの新兵はダーイシュにとってシリアとイラクの兵員の中で大きな割合を占めるわけではないし、重要な戦力でもなく、外国人戦闘員の四分の一未満である（外国人戦闘員の大部分が、実際にはアラブおよびイスラーム諸国——特にチュニジア、モロッコ、サウディアラビア、トルコ、およびロシアのイスラーム地域の出身である）。また、外国人戦闘員自体が、ダーイシュの総戦力の半数未満である。

ダーイシュの戦闘員の大半は、実際には現地のイラク人やシリア人である。シリア人は、明らかに、数十年間にわたって〔シリアの独裁者である〕バッシャール・アサドとその父ハーフィズ・アサドの政権に純然たる不満を抱えてきた。同様に、イラク人も純然たる不満を抱えており、それは少なくとも二〇〇三年のイラク戦争と、その余波で二〇〇七年に発生したシーア派による宗派主義的な粛清にさかのぼる。シーア派の政治家たちや軍人たちが権力を掌握した時、サッダーム・フセインの下で自分たちがこうむってきたあらゆる不幸について報復するために粛清を断行したのであった。二〇〇六年、アメリカはイラクでアルカーイダと戦うために多くのスンナ派部族を集め、「覚醒イニシアティブ」の名のもとで、彼らを武装させ、報酬を支払った。二〇〇八年に米軍がイラクから実質的に撤退するや否や、ヌーリー・マーリキー首相の政府は、この部族らを武装解除し、給与の支払いを停止し、彼らがアルカーイダとシーア派民兵の両方から虐殺されるのを放置した。その結果、多くのスンナ派イラク人は、二〇〇六~〇八年の間にアルカーイダと戦った人びとでさえ、イラク政府を二度と信頼しなくなった。そして「深い海の底か悪魔か」〔進退窮まる絶体絶命の状態〕という究極の選択に直面した時に、シーア派主導のバグダードの政権下に入るよりも、ダーイシュと目的を共有したのはもっともなことであろう。イラクのスンナ派にとっては、イラクをスンナ派、クルド人、シーア派の国々に分割するか、あるいは、最低でも独自の民兵、資源、独立した権限があらかじめ法律によって保障されたスンナ派自治州を確保した上で連邦政府が樹立されるのであれば、ダーイシュから離れることができる。

さらに、ダーイシュは自分の支配地域の人びとすべてを動員する(あるいはその代わりに税金を徴収する)。戦闘員は、思春期の年齢(一四〜一五歳)から集められる。思春期前の子どもたちも、六〜七歳から訓練を受け、残念なことに子どもたちは特に従順な戦闘員となる。ダーイシュは(最大時の一〇〇〇万人からは減ったものの)、未だ地域内に五〇〇万〜六〇〇万人を(二〇一六年六月時点で)支配しており、このことが意味するのは、ダーイシュが依然として、すぐにでも新兵募集をおこなえるだけの、広大な人材のプールを抱えているということである。

最後に述べておくべきことは、ダーイシュがスパイを防ぐために、新兵の動機とネットワークについて新兵の徹底したインタビューをおこなっていること(そして詳細に記録していること)である。彼らは、最も悪質な犯罪組織と同様に、新兵を凶悪犯罪に加担させ、自身の共謀と犯罪ゆえにダーイシュを裏切れない状態になるまでは、いかなる新兵も信用しない。ダーイシュは、不快な犯罪に個人的に加担しない限り、いかなる者も昇進させない。

15 経済と資金調達

ダーイシュと国民国家の間の経済的な方法論の違いについては、すでに議論した通りである。二〇一五年の最盛期には、ダーイシュは毎年二〇億ドルもの収入を、以下の収入源から得ていたとされる——戦争による略奪、農作物への税金、誘拐、ゆすり、強盗および窃盗、外国のシンパからの寄付、石油およびガス(これらがダーイシュの収入のうち、最高で八〇パーセントを占める）、あらゆる種類の税と関税、（家屋、家畜、物品、人間さえも含む）あらゆる資産の売却、銀行や公共機関の強奪、公共サービスの販売、およびその他の戦略である。また、自動車ディーラーから養魚場に至るまでの独自の現地企業まで設立している。ダーイシュは奇妙なことに、戦闘中の敵陣営の多くの相手を含め、可能である限り誰とでも取引をする。また、ダーイシュの外国人の支援者も、取引に手を出す。

16　宗教的なメッセージはどのように拡散されるか

宗教的なメッセージは、一般的に、次の四つの方法で拡散される。

一、「古い方法」（基本的に「教育と説教」）。

二、「新しい方法」（基本的にインターネットを中心に、特にソーシャルメディア、あるいは映像や音声を用いるもの）。これらのメッセージは、皮肉にも、世界のメディアによって絶えず増幅される。

三、「利益誘導」（基本的に金銭的な援助やサービスに、宗教的なメッセージを添える。ムスリム同胞団やヒズブッラーのような組織、教会に基づいた援助、教区の学校、この分野に特化した大学）。

四、「鞭による方法」（基本は、法律に基づいた処罰と社会的排除）。

これらすべての方法は（おそらく第二の方法を除けば）、何千年とまでは言わないものの、何世紀にもわたる文明全体の産物である。無数の人びとの時間、労力、生命、富が、そして実際には国家も、これに参与している。さまざまな集団が宗教の名の下におこなっていることを理解し、監視することは決して容易ではない。ましてや、それを変えることが容易でないのは言うまでもない。

　これが意味することは、宗教的な変化を迅速にもたらそうとする人びとがなすべき三つのことである。第一に、自分たちの動機を検討することである——最も容易で最も効果的な変化がもたらされるのは、人びとが誠実に取り組んでいる時である。アラブには、次のようなことわざがある——「心からくる言葉は、（誠実な人びとの）心に届くが、舌〔先口〕からくる言葉は、耳にも入らない」。第二に、まず自分自身、自分の家族、自分の友人、自分の個人的なネットワークから始めることである。人びとは（そして特に子どもたちは）、誰かが言うことよりも、誰かが（進んで自分から）おこなうことに、より影響を受けるものである。第三に、特に現代では、既存の制度を作り替えるのではなく、あくまで既存のものを異なる（しかし宗教的に正当な）メッセージで用いることである。これは、ソフトウェアの変更の問題であって、ハードウェアの変更ではない。つまり「再プログラミング戦略」である。これには、それほどお金はかからないものの、お金では買えないものが必要になる。それはつまり、理解、知性、知識、忍耐、勇気、そして愛である。

17　若いムスリムたちは、今日（二〇一六年）どのような影響を受けているか

若いムスリムたちがどのように影響を受けるかについて、近年詳細な研究がおこなわれた。この点は非常に重要である。なぜなら、「宗教的」な人びとは、たいていは自分自身の意向を汲んだ上で自分の行動を正当化してくれる（ファトワーを与えてくれる）誰かを見つけることなしには、宗教の名の下に何かをすることは決してないし、特にダーイシュやヌスラ戦線に参加するような重大な行為には、決して踏み切らないからである。この分野で最も優れた研究を実施したターバ未来イニシアティブ（アラブ首長国連邦＝UAE）の寛大なる許可を得て、ここに転載する。この研究内容にコメントすることはしないが――データが自ずと語るであろう――一つだけ付言するならば、宗教的なメッセージを広めたりそれに対抗しようとしたりする人びとは皆、次の研究データのすべてを必ず考慮に入れるべきである。

《アラブの二〇〇〇年世代のムスリムは、宗教上の事柄に関して疑問があった場合にどこに答えを求めるか？》〔次頁以降の表1～表7〕

18　ダーイシュに参加するのは誰か

《アラブの2000年世代のムスリムは、
宗教上の事柄に関して疑問があった場合にどこに答えを求めるか？》

表1：信仰行為を遵守するか、宗教的に熱心な家族・友人・知り合い

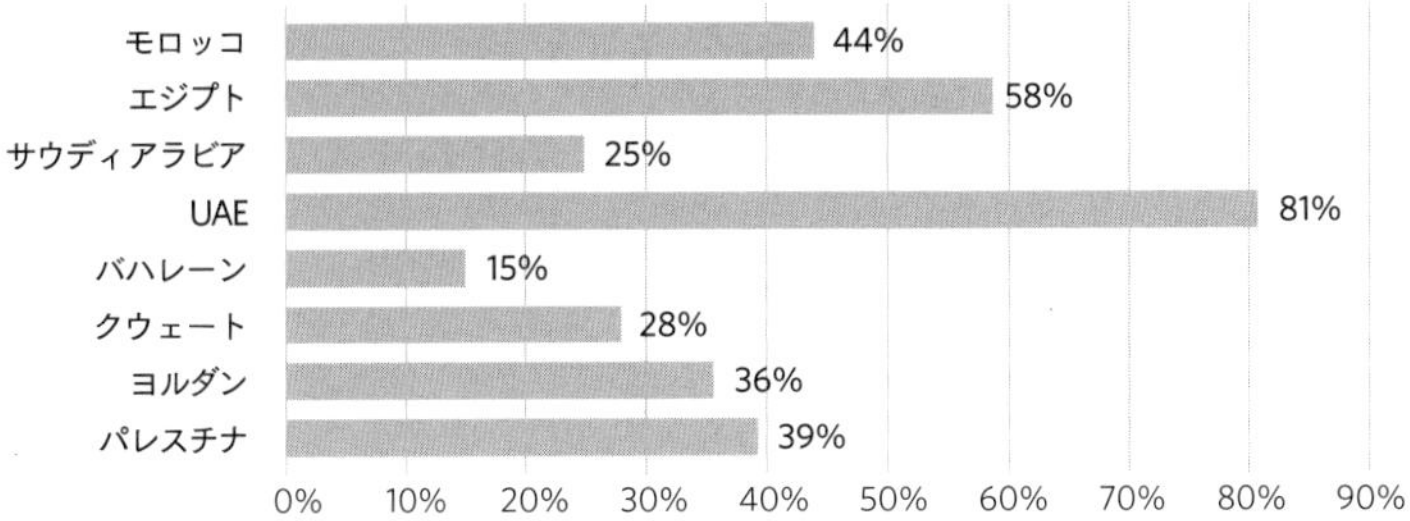

表2：自国の公式なファトワー機関

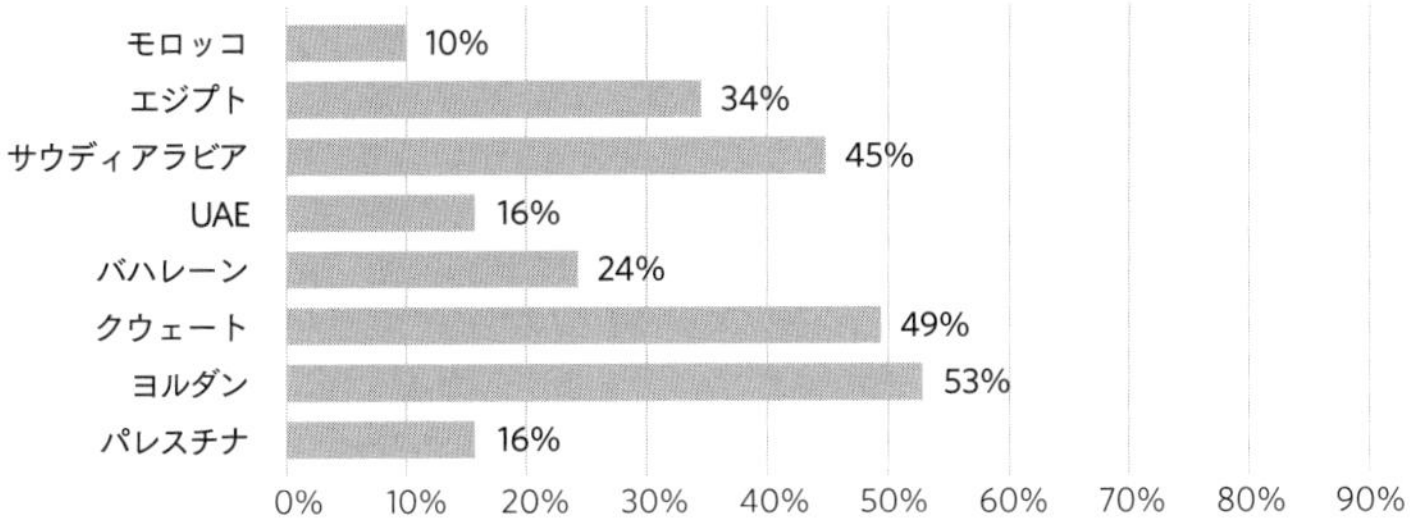

表3：インターネット

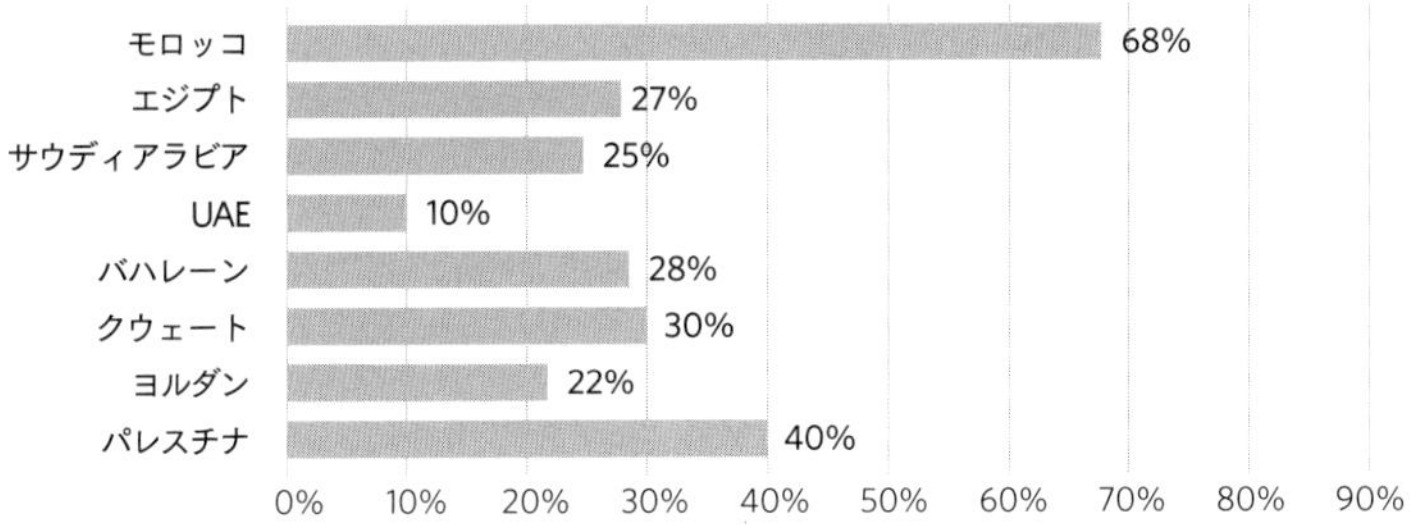

表4：宗教的なテレビ番組（視聴者が電話で参加するもの）

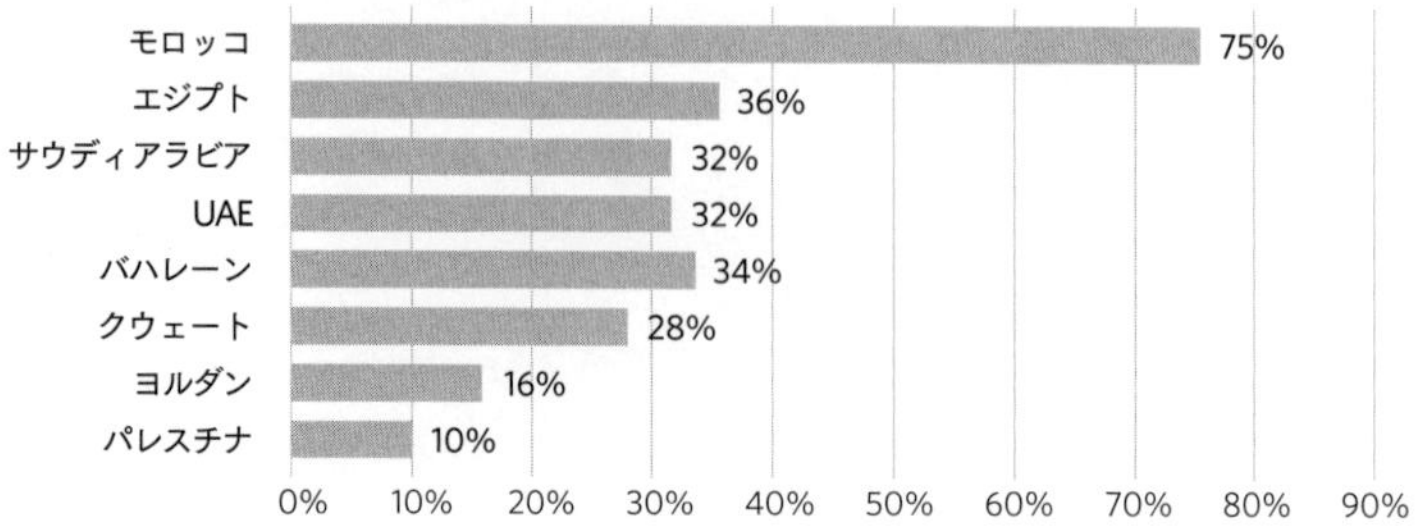

表5：現地モスクのイマーム

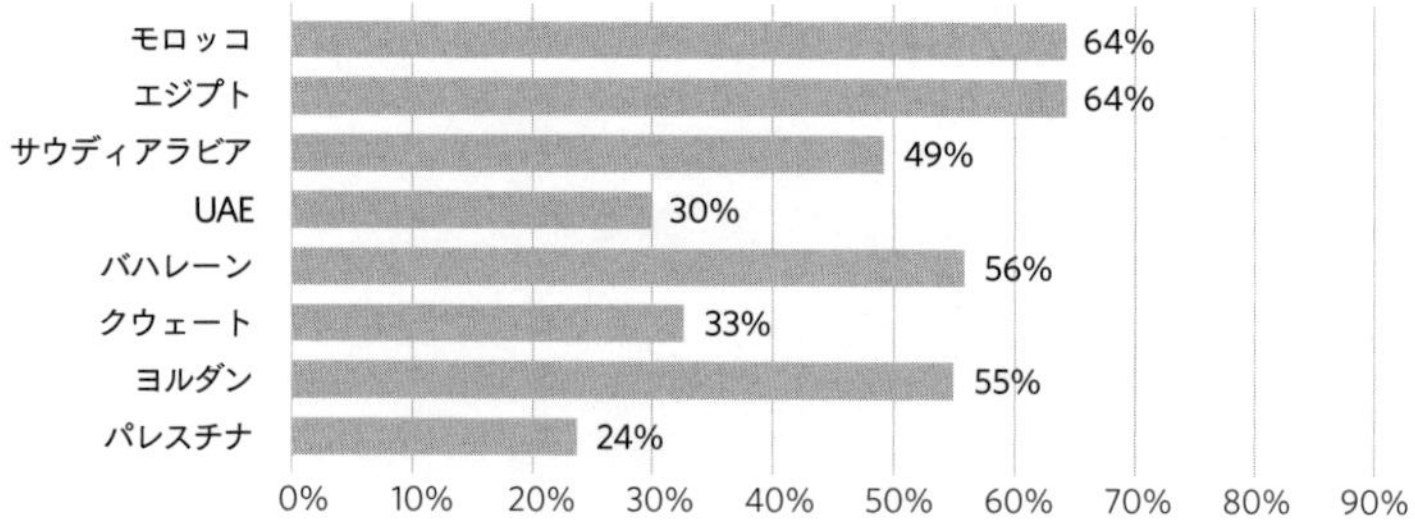

表6：イスラーム書籍

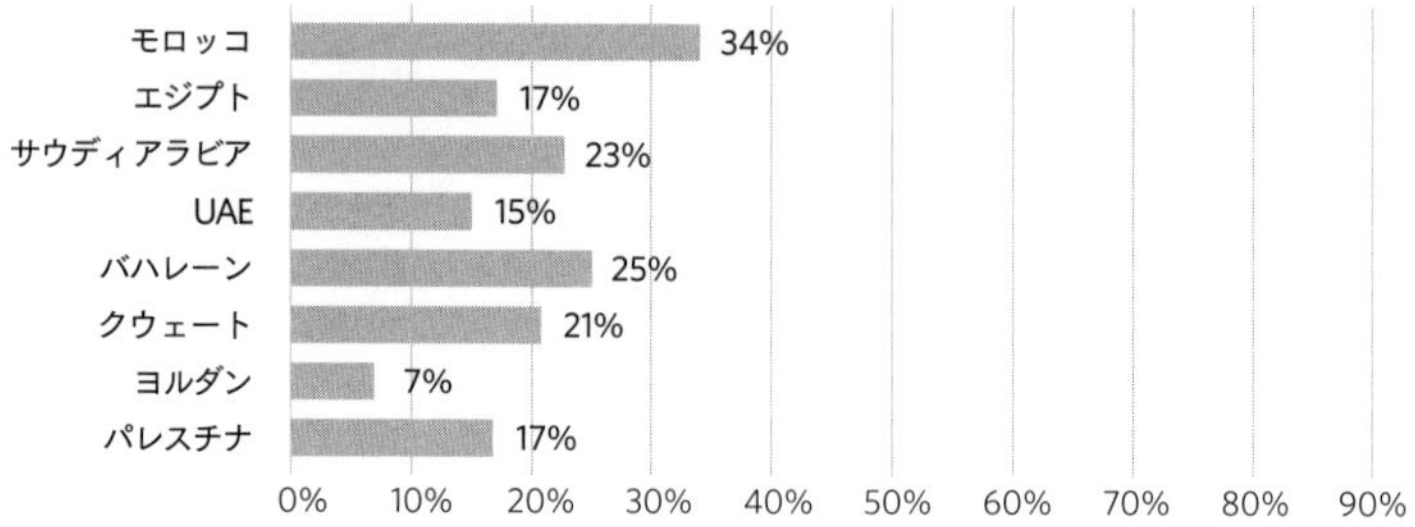

表7：すべての回答を集計したもの

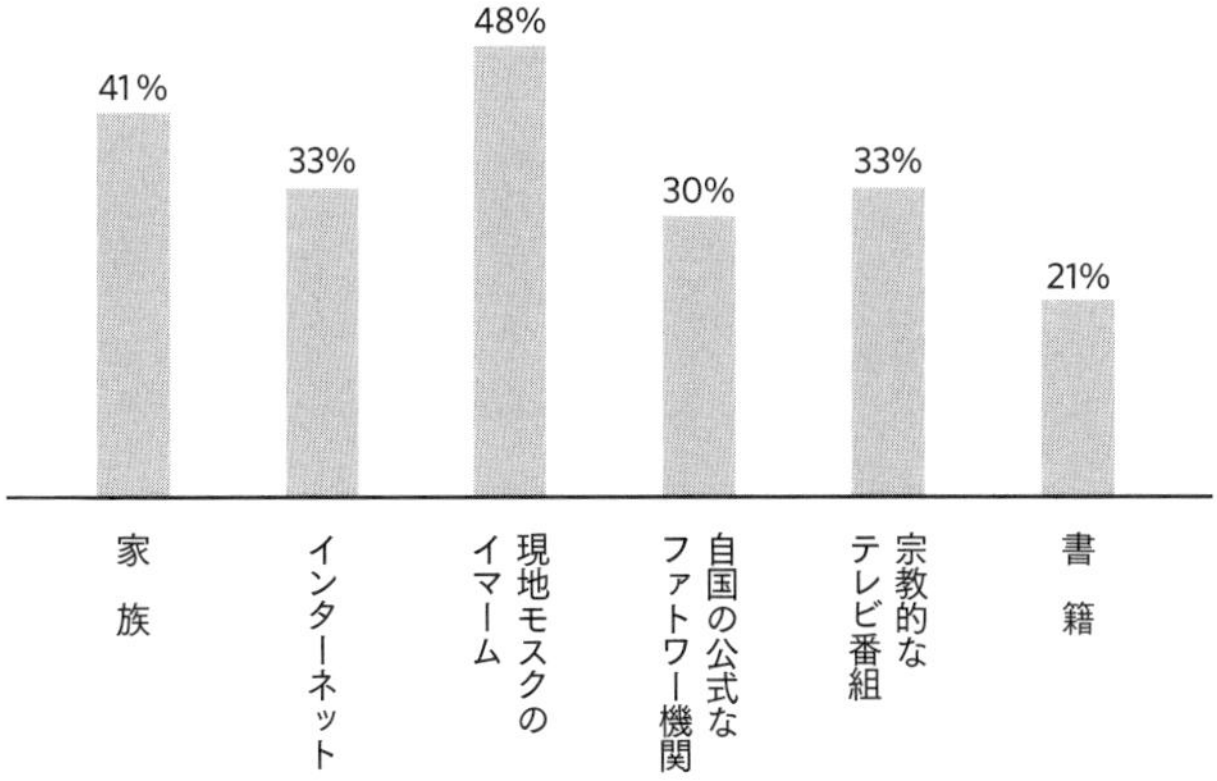

前述の状況にもかかわらず、ダーイシュやそのたぐいの集団に参加する――あるいは参加したことのある――ムスリムないし人びとは、特定の種類の者に限られる。（前述の通り）「影響の源泉」は、ムスリムの種類を変えることはあるかもしれないが、同じ種類のムスリムの行動を変えることはない。これは、微細ではあるが重要な点であり、あまりよく理解されていないことである。これが意味するもう一つのことは、特定の種類のムスリムは、決してダーイシュやそのたぐいの集団には参加しないことである。そのようなムスリムは〔ダーイシュと同じようには〕決してしないし、したこともないし、これからもしないし、たとえそうしようとしてもできない。このことも、微細ではあるが重要な点であり、あまりよく理解されていないことである。

以前にカリフォルニアのサンバーナーディーノにある地元の保健所において、パキスタンにルーツを持つアメリカ人ムスリムの夫婦が、イスラームの名の下に無差別に一四人を殺害し二二人に重傷を負わせるという事件が発生した。その五日後の二〇一五年一二月七日、当時アメリカ共和党の大統領候補として先頭を走っていた、ビジネスマンのドナルド・J・トランプ〔二〇一七年一月に大統領就任〕は、公式に次のように発表した。

> ムスリムのアメリカへの入国を、全面的かつ完全に停止することを求める。一体全体何が起こっているのか、国の代表たちが把握するまでの間は。他に選択肢はない！　他に選択肢はない！

トランプ氏の、ムスリムに関する他の声明（豚の血液に浸した銃弾でムスリムを銃撃するというアメリカの将軍の話を称賛することも含め）はさておき、彼が指摘した通り、どのような種類のムスリムがダーイシュに参加するのか、そして結果的に暴力的行為に及ぶのか、そしてどのようなムスリムはそんなことをしないのか、といったことについて、アメリカが理解していないことは確かである。この点については、内省と誠実さと率直さをもって、明らかにされなければならない。

本書の第10章と補論Ⅰで説明した通り、今日のスンナ派ムスリムは次のイデオロギー的な「陣営」に分けられる。

一、ウスール派（「伝統主義者」であり、文字通りの「原則」主義者）。スンナ派のおよそ六五パーセント。こうした人びとは、イスラームの四大法学派の偉大なイスラーム学的伝統を保持している。教義としては、アシュアリー学派・マートゥリーディー学派の神学であり、精神性としては主流のスーフィズムである（たとえばガザーリーのものなど）。エジプトのアズハル大学は典型的なウスール派の学術機関であり、世界最古の三つの大学の一つである。一九九〇年には、スンナ派の九九パーセントがウスール派であった。ウスール派は、その定義においても信仰においても、「政治志向」ではない。ただし、国が（もしムスリムが多数の国である場合に）礼拝を禁止し、「公然たる不信仰」を強制する場合は別である。このような場合に限っては、彼らには宗教的にその国家を転覆させる必要が生じる。

二、反ウスール主義。スンナ派のおよそ一〇パーセント。彼らは明白にイスラーム諸法学派の方法論を拒否するか、あるいはそれらの中から自分に合うと考えるものを「折衷」する。もし英語の「ファンダメンタリスト〔原理主義者〕」という言葉が政治的な攻撃性を示すと理解するならば、彼らを「ファンダメンタリスト」と呼んでよいであろう。

少なくともイスラームにおける「原理主義」は、「字義主義」ではない（一部の人びとはそう思っているようであるが）。むしろ、「選択的な字義主義」を意味する。たとえば、クルアーンの光節〔「アッラーは天地の光」〕（光章［二四章］三五節）や、神の美名「顕現者〔存在が顕わな者〕」（鉄章［五七章］三節）、あるいは神の言葉「われ〔アッラー〕は〔その人間の〕頸動脈よりもその者に近いのである」（カーフ章［五〇章］一六節）を文字通りに解釈するような原理主義者は存在しない。むしろ、原理主義とは、自分たちの考えが最も正統な形態の宗教であると主張するのみならず、神から受け入れられる唯一の形態であるとも主張し、そして同じ宗教のその他すべての形態に対して脅迫または暴力を通じて攻撃するものである。

今日において活発なスンナ派の原理主義には、基本的に二種類ある。それは、(a)過激なサラフィー主義・ワッハーブ主義、(b)ムスリム同胞団の考えである。

三、「わからない」。スンナ派のおよそ二五パーセント。残念ながら、反ウスール主義の台頭がイスラーム世界にあまりに大きな影響を与えたため、多くの人びとは自分がイスラーム法学派に属しているのかどうか、もしそうならどの法学派なのかがわからなくなっている。イスラーム法学派に所属している意識を持っている人でさえも、疑問を持つこともなく、サラフィー主義者が編集したハディース集（主にアルバーニーのもので、これは至る所に無償で配布されている）を採用している。さらに、「扇動的な偏見」――どんな問題に関しても、最も極端な視点が最も誠実であるとする感情――が至る所できわめて支配的になっているため、人びとは原理主義的な見方を、それを分析し理解することなく、自然と受け入れている。最後に、アズハル大学のような古くからの大学は別であるが、イスラーム世界のほとんどの大学がイスラーム法学に基づいたシャリーアを教えず、むしろ（「イスラームの団結」を口実に）「比較シャリーア学」を教えている。そしてこのことがウスール派を弱体化させている。なぜならそれが、原理主義を信頼に値する知的な語りとして、広がるがままにするからである。

四、近代主義者。スンナ派の一パーセント未満。「イスラーム的近代主義」とは、イスラーム（単にイスラームの文明や文化のみならず、イスラームの教義や法も指す）が、欧米の価値に対応するように近代化されるべきであるとする考えである。これは世界中のムスリムから嘲笑される考えである。欧米は数世紀にわたってこれを（あからさまな世俗主義と一緒に）奨励してきたが、近代主義を支持するスンナ派ムスリムでそれを信じ実行する者を探し出すのはむずかしい。いずれにせよ、スンナ派世界では一パーセントも存在せず、牽引力がないばかりか、潜在力もない。欧米の勢力、あるいは機関が近代主義を奨励しようとしても、それは原理主義の陰謀論を助けることにしかならない。

さらに、次の集団についても述べておくべきであろう。

五、初学者。私たちの定義では「初学者」は、新しい改宗者か、ムスリムとして生まれたもののその後に道を外れ、再び実践者となっている者を指す（特に、イスラーム実践の期間がまだ三年未満である者を指す）。これらの者は、スンナ派全体の○・一パーセント以上になることはありえず、おそらくは○・○○一パーセント未満である。

上記からわかる重要なことは、ダーイシュやそのたぐいの集団に（彼らの領土の外から）参加するのは、反ウスール主義者か初学者のみという点である。ダーイシュの新兵は、全員が反ウスール主義である。このことを確かなものにするために、ダーイシュに参加する時には必ず一か月に及ぶ教化コースを受けるようになっている。長年のムスリムで、シリアやイラクに〔ダーイシュに加わるために〕渡航する者は反ウスール主義者のみである。もちろん、すべての反ウスール主義者がダーイシュに参加したり共感したりするわけではなく、そうするのは少数派であるが、ダーイシュのメンバーはすべて反ウスール主義である。もし反ウスール主義でないならば、決して参加することはないし、参加しようもない。

　しかし、ダーイシュとアルカーイダは、過激なサラフィー主義・ワッハーブ主義やムスリム同胞団の運動・思想の派生形である。過激なサラフィー主義・ワッハーブ主義は、二五〇年前に伝統的なイスラームと袂《たもと》を分かった。それゆえ、ダーイシュを理由にイスラーム全体を非難することは――ダーイシュをイスラームと関連付けることも同じであるが――一八三〇年代にアメリカ先住民に対して犯した罪を理由にイギリスを非難することと同じようなものである。そのような行為を犯した者たちは、定義上〔アメリカ独立によって〕一七七六年にイギリス人であることをやめた。そしてもし彼らの祖先がイギリス人であったとしても、また彼らの一部がそのような行為を犯していたとしても、イギリスはその後数世紀にわたるアメリカの行動には何の責任も負っていない。

　これを理解することは重要である。なぜなら、これによってダーイシュの新兵になりうる人物の調査対象を、一挙に九〇パーセント減らすことになるからである。これにより、ダーイシュに対する唯一の可能で効果的なイデオロギー的対応が何であるかも明らかになる。それは、伝統的なウスール派のイスラームである。

　現地の「わからない」と答える者がダーイシュに参加するのは、実際に戦闘がおこなわれている地域か、それに直接に隣接している地域においてのみである。この理由は、「わからない」と答える者は自分に都合がいいように宗教を解釈できるので、金銭のためか圧力によって、ダーイシュに参加しうるからである。もう一つ、細かなことであるが重要な点がある。ムスリムは、その理由について一定の宗教的な疑問がある場合には、自分たちの命を投げ出す可能性は低い。このことは、彼らがダーイシュの支配下になければそれに参加する可能性が低いことも意味するし、支配下にあればそれに逆らう可能性が低いことも意味する。したがって、「わからない」と答える者は、遠方から来て参加することはない。疑いの本質を理解すること、あるいは少なくとも、不確実性の本質を理解することの中に、〔彼らを理解する〕極意はある。これが意味することは、ほとんどの人について、彼らがダーイシュに参加するのを止めるためには、ダーイシュの信仰や実践がいかにクルアーンとスンナに反しているかを示すだけでよいということである。事実として、ダーイシュを去ったほとんどの人びとがなぜ去ったかというと、この集団の現状がいかに「非イスラーム的」であるかを、美辞麗句を並べられたとしても、その内部で理解したからである。

もう一つ述べておくべきことは、興奮状態の初学者が中でも最も脆弱な集団であり、ダーイシュもアルカーイダも、特に彼らをターゲットにするということである。このことは、アブー・アーミルが記したアルカーイダのマニュアルである『新兵募集テクニック習得コース』にはっきりと述べられている。こうした新兵の多くは、怒りを抱えているか過小評価された若者たちで、社会不適応の集団や反抗的な若いサブカルチャーに属している。欧米では、こうした集団のいずれかに属する非ムスリムが、何の前兆もなく、一か月以内でダーイシュの新兵となるという事例がこれまで見られた。日本のような国の非ムスリムの大学生が、イスラームに改宗することなく、「怒れる非ムスリム」としてダーイシュに参加しようとするケースさえある！　言いかえれば、ダーイシュはイスラームの過激化を表すのみならず、過激主義の「イスラーム化」をも表すのである。四〇年前であればマルクス主義者や無政府主義者になったであろう人びとが、今日ではダーイシュになる。さらに悪いことに、「罪のイスラーム化」や「完全なる狂気のイスラーム化」まで生じてきた。たとえば、二〇一六年三月にモスクワで起きた事件では、ウズベク人の乳母が自分の夫が再婚したからといって、世話をしていた障がいを持つ子どもの首を切り落とした。彼女は後に、それは「アッラーのために」したことであると主張し、自分は「テロリスト」であると言った。ボコ・ハラムの、狂気に満ち、理不尽で、かつ気まぐれな大量殺人や、誘拐、および大規模な略奪など、そのすべては、もはや「タクフィール」運動というよりも、間違いなく「犯罪と狂気のイスラーム化」である。

19　ダーイシュに参加しないのは誰か

上記のことから明らかなのは、真面目な、あるいは知識を有するウスール派のムスリムは、決してダーイシュに参加しないし、これまでも参加したことはないし、そしてこれからも参加がありえないことである。アシュアリー神学派、あるいはマートゥリーディー神学派の神学者は、これまで一人もダーイシュに参加してこなかった。スーフィーもダーイシュに参加してこなかった。イスラーム哲学者は、ダーイシュに参加してこなかった。これまでも、これからも決して参加しない。もし参加するとすれば、彼らはウスール派でも、神学者でも、スーフィーでも、哲学者でもない。なぜなら、ダーイシュの実践や信仰は、ウスール派のものとも、神学者のものとも、スーフィーのものとも、哲学者のものとも相反するからである。何らかの理由で彼らが参加しようと試みても、その見解が相手に知られれば、ただちにその首を鋭いナイフで切って落とされるか、それと同等の恐ろしい目に遭うであろう。ダーイシュは——そして事実として、すべてのタクフィール主義者は——ウスール派、アシュアリー神学派、マートゥリーディー神学派、スーフィー、哲学者について、彼らがスンナ派の大多数を構成していて、歴史的にはスンナ派人口の九九パーセントを占めるにもかかわらず、殺すべき不信仰者とみなす。また、興味深いことに、ちゃんとしたアラビア語文法学者や啓典解釈学者がダーイシュに参加した事例も、一つも記録されていない。

以上から説明されることは、異なる国や地域からダーイシュに参加する人びとの間にある大きな違いについてである（二〇一六年六月時点）。たとえば、これまでに（ムスリム人口が六〇万人の）ベルギーから参加した外国人戦闘員の数が二〇〇〇人に達する一方で、ムスリム人口が一億六〇〇〇万人もいるインドからの参加者は二三人にとどまる。ブルガリアでは、古いムスリムの共同体が人口の一〇パーセントを占め（つまり、およそ一〇〇万人のムスリムが存在する）、共産主義の下でムスリムが猛烈に迫害された過去があり、現在でも多くの地区でムスリムが追放され、抑圧されている国であるが、ダーイシュの戦闘員を一人も出していない。スンナ派が一〇〇万人を超えるオマーンからも誰も輩出していない。ところが、チュニジアは総人口が一一〇〇万人に満たないにもかかわらず、三〇〇〇人を超す戦闘員を輩出しており、数百万人のムスリムがいるフランスやイギリスなどのヨーロッパの国々からは、それぞれ数千人ほど輩出している。インドネシアは、ムスリム人口が世界最大の国で、二億二〇〇〇万人ものスンナ派がいるが、ダーイシュやヌスラ戦線に参加した戦闘員は二〇〇人未満である。全体では、インドネシアやエジプトのような地域からは一〇万人に一人がダーイシュに参加するのに比べ、欧米のムスリムは一〇〇〇人に一人がダーイシュに参加している。これが意味することは、全体として見れば、イスラーム世界のムスリムよりも、欧米のムスリムが一〇〇倍も過激化しやすいということである。

このことはどのように説明されるであろうか？　その答えは、実は非常に単純である。ブルガリアやインドのような地域には、強力なハナフィー学派の研究教育機関があり、これに所属する学者にはハナフィー学派の法学がしっかりと根付いている。エジプトとインドネシアはシャーフィイー法学とスーフィーの実践の砦である。対照的に、ヨーロッパはこの四〇年間、ムスリム同胞団とサラフィー主義・ワッハーブ主義の活動と組織の中心であった。特に、彼らはその母国では活動する居場所が許されない勢力であった。ベルギーには、北アフリカ、特に〔モロッコ北部の〕テトゥアンからきたサラフィー主義・ワッハーブ主義の大規模なコミユニティーがある。攻撃的なほど世俗主義的であった〔チュニジアの大統領〕ハビーブ・ブルギバ（在職一九五七〜一九八七年）とザイン・アル＝アービディーン・ベン・アリー（在職一九八七〜二〇一一年）の政権は、伝統的なマーリク学派を抑圧し、その偉大な砦の一つ、世界最古の大学であるザイトゥーナ大学（ヒジュラ暦一二〇年／西暦七三七年設立）を弱体化することに専心していたが、彼らの政権下で、サラフィー主義・ワッハーブ主義がチュニジアへ浸透し、マーリク学派に取って代わる道を見つけた。言いかえれば、ウスール派の法学が強い場所であればムスリムは、ダーイシュ、ヌスラ戦線、サラフィー主義・ワッハーブ主義のタクフィール主義、あるいはムスリム同胞団の考え方に対して、全般的に免疫がある。反ウスール主義が根差す場所であれば、ダーイシュやその同類がはびこる可能性がある。

もう一つ言及すべきことがある。スンナ派のウスール派に属するアシュアリー神学派やスーフィーがダーイシュに参加することはまずありえないし（このようなことは、いまだかつて起こっていない）、ましてやシーア派ムスリムなら、もっとありえない。これが意味することは、（なぜ人びとがダーイシュに参加するかについて、前節で述べたように）ウスール派ではなく、不満を抱えているか単に退屈している、イスラームと何の関係も持たない非ムスリムのヨーロッパ人の方が、ダーイシュに参加する可能性が統計的に高いということである！これは、無意味な統計的関心事なわけではない。このことは、特にヨーロッパにとって、深刻な政治的および安全保障上の含意を持つ。実際に何百人もの非ムスリムがダーイシュに参加する結果となった。それに対して、これまでウスール派は全く参加したことがない。

しかし、ダーイシュやタクフィール主義のイデオロギーが検出不可能で不可解な力であるのかと言えば、そうではない。それは誰にでもどこででもすぐに影響を及ぼすものではないし、事前の警告もなく突然、非論理的に人間を「自己過激化」させるものでもない。しばしばメディアはあたかもそのようなもののように報じるが、誤りである。逆に、そうしたイデオロギーは、きわめて予測可能な原因とチャンネルを通じてしか働かない。そのほとんどについては、前述〔四一三頁〕の表が物語っている。すなわち、家族や友人、個人的なネットワークからの影響、インターネット、宗教的なプログラム、現地のイマームやモスク、そして書籍やパンフレットである（私たちの知る限り、国家的な大ムフティーあるいはファトワー機関がダーイシュを支持した例はない）。しかし、最も明白な（そしておそらく最も影響力のある）チャンネルについてはまだ言及していなかった。それは、教育、特に宗教教育である。この点については、ここで強調する必要はない。なぜなら、問題を抱える諸国はこの点について自覚的であり、そのために手を打っているからである。このことは、一部の有名な諸大学についても同様である。もう一つ述べておくべきことは、旅行がもう一つの影響力の源泉であり、タクフィール主義にとって新兵を募集する機会にもなっていることである。

上記のことが意味するのは、健全な判断力と十分な資料さえあれば、誰が過激化する危険性があり誰がそうではないかを判別することが可能だということである。健全な判断力と限りある資料が第一に意味するのは、オッカムの剃刀《かみそり》〔説明をスリム化すること〕である。オッカムの剃刀が意味するのは、知識あるウスール派のムスリムについてダーイシュに参加する危険性を考慮する必要はまるでないことである。つまり、ダーイシュは、イスラーム的な現象、あるいはムスリムの現象として語るべきではなく、むしろ「タクフィール主義」的なものとして語るべきである。

20 一体何が起きているのか――スンナ派の内戦

ここで次の問いに目を向けたい――「一体全体何が起こっているのか?」〔前出のトランプの言葉〕。まずは、二〇一五年初めのヨルダン国王アブドゥッラー二世の言葉から話を始めよう。国王はダーイシュに対する戦争を、「他の手段による第三次世界大戦」と呼んだ。国王がこの言葉で意味しようとしたのは、次のことである。第一に、こうした戦争が世界中で進行しているということである(シリアとイラク、リビア、ナイジェリアおよびその周辺国、ソマリア、イエメン南部、シナイ半島およびアフガニスタンでおこなわれているような、さまざまなダーイシュのフランチャイズがおこなうテロ行為もあれば、全面戦争の場合もある)。国王がもう一つ意味したことは、(上述のように)ダーイシュが自ら宣言した野望は武力で全世界を支配下に置くことであり、ダーイシュにはそのための戦略があり、それは(後述するように)その見かけほど馬鹿げたものではないことである。「第三次世界大戦」の「他の手段」とは、異なる戦争、つまりタクフィール主義者が数百年の間断続的に繰り広げてきた戦争が始まることによる。この戦争は、欧米に対する宗教戦争ではない。また、ハンチントン的な「文明の衝突」でもない。あるいは、シーア派に対する宗派戦争でもない。それはスンナ派の内戦である。あるいは、それはむしろタクフィール主義によるウスール派に対する戦争である。なぜなら、ウスール派はタクフィール主義者に対して「タクフィール」を宣言し返すことはないからである。事実として、ウスール派はタクフィール主義者に対して、少なくとも物理的には、戦争を仕掛け返すことはない。ウスール派が大多数の国々に反撃することはあっても、ウスール派の学者たちがタクフィール主義者の猛攻撃に対して「ジハード」を呼びかけたことは決してなかったし、これからもない。なぜなら、彼らは国家の権威と共同の行動の重要性を認識しているからである。

つまり、イスラームの最初の一世紀のハワーリジュ派のように、ダーイシュは——そしてタクフィール主義運動の全体が——第一義的にウスール派に対する戦争を仕掛けていた。その最初の標的は常にウスール派のムスリムであり、特にアシュアリー神学派やスーフィーであり、そのすべては「改革」と称しておこなわれる。その他の世界に対する戦争は、二次的なものにすぎない（今、これらの戦争は同時におこなわれているが）。しばしば、この第一の戦争は「熱い」戦争であり、迫害、殺害、略奪を伴う。これが「冷たい」戦争になることもある。その場合タクフィールが信じられ、宣言され、説かれるものの、実行はされない。スンナ派自身は、このことを理解している。このことをほんの少しでも疑問に思う者は、どの言語ででも、インターネット上のアシュアリー神学派やスーフィーに対して、過激なサラフィー主義・ワッハーブ主義者が絶え間なく「藁《わら》人形」を打つようにおこなっている罵倒を見ればよい。

実際に、モスルに侵攻した時にダーイシュが最初におこなったことは、モスクのイマームたちを拘束することであった。ダーイシュは、そのうえで「カリフ」に忠誠を誓うか死を選ぶかを迫った。それが馬鹿げていると考えて拒否したウスール派の学者たちは、ただちに公開処刑された。これによって、イスラームのまさに最初の時代から続いてきた由緒あるウスール派の伝統を有する都市であるモスルにおいて、ダーイシュに反対するあらゆるウスール派が排除された。

この二〇〇年間には、このような事例が各地で数多く発生している。そのすべてを紹介することもできるが、ここではその中でも最も胸を刺すものだけに言及する。それは、ロシアのチェチェン人の事例である。〔ロシア帝国がコーカサス地方に侵攻した〕一八一七年以来、チェチェンとイングーシの人びとは、ロシアからの独立を維持するため、常に苦闘してきた。チェチェンの人口はこの二〇〇年間に七回も文字通り間引きされた（その多くはシベリアへと大量に国外追放され、二度と戻ってこなかった）。それでも、一九九一年のソ連崩壊後、チェチェン人はドゥダエフ大統領とマスハドフ将軍の下、主にスーフィー教団によって組織された自由のための戦争（一九九一〜一九九六年）を有利に進めた。この戦争において、一九九七年五月一二日に調印されたハサヴ・ユルト協定の下、チェチェン人はロシアから事実上の自治を勝ち取った。この貴重な自治のために、一〇万人ものチェチェン人の命が犠牲になり、国土は荒廃した。さらに二年後、彼らは第二次チェチェン・ロシア戦争（一九九九〜二〇〇〇年）に引きずり込まれた。これはタクフィール分子（たとえばイブン・ハッターブ）がスーフィー指導部を暗殺し、自分たちとロシア人に反対するすべての者を粛清したことから始まった。不運なチェチェン人は、きわめてあっけなくこの戦争に負け、激戦の末ようやく得た独自の自治権を完全に失った。それ以来、ロシアはチェチェンの再建に懸命に努めているものの、これが示しているのは、タクフィール主義者が純粋なムスリムの大義をハイジャックしたことによって、結果として現地の荒廃と全般的な騒乱に終わったという典型的な事例である。要するに、タクフィール主義者のウスール派に対する戦争は、一般的に世界中の残虐な地域紛争を通じて仕掛けられ、そしてもしタクフィール主義者がこうした紛争に勝利し、統一された指揮系統を維持することができたなら、彼らは「攻撃」的なジハードを通し、残りの世界に対して、より大規模な「第三次世界大戦」を直接仕掛けることになる。

21　ダーイシュの大戦略

世界を征服するための、ダーイシュの「大戦略」とは、具体的に何であろうか？　前述の通り、それは「見かけほど馬鹿げたものではない」。このことは、ウスール派に対する戦争とどのように関連しているのであろうか？　実は、このことについては、近年ダーイシュ自身が親切にも、そのオンライン雑誌『ダービク』第七号の「グレーゾーンの撲滅」の中で、そのすべてを説明してくれている。大まかに言えば、ダーイシュは記事の中で、世界を「信仰者」（もちろんダーイシュの支持者を意味する）対「十字軍」（欧米を意味する）・「背教者」・「党派」（これが意味するのは、ダーイシュに反対するムスリムであるか、ダーイシュとともにいないムスリム）という二項対立で世界を定義づける。ダーイシュのメンバーが望んでいるのは、あらゆる場所で、特に欧米で罪のない市民への攻撃を増加させることにより、欧米の極右から全ムスリムに対する反動を引き起こすことである。それによって、「中立的」で「臆病」なムスリムたちは（彼らのことをダーイシュは「グレーゾーン」とみなす）、非ムスリムと平和的に共生することが不可能になり、ダーイシュに加わるしかなくなる。同時に、ダーイシュが望むことは、ムスリムが過半数を占める国々をすべて支配し、すべての「不信仰な政権」を「ドミノ倒し」で排除し、その大衆を戦列に加えることである。ダーイシュの信奉者が信じていることは、これによってダーイシュは世界人口の二〇パーセント（スンナ派だけだと世界人口の二一パーセント）という必要量を満たすことになり、それがジハードのために動員されれば、彼らの世界支配が可能になるだけの「転換点」になるという。あるいは、これが「終末」における善（彼らの意見では、彼ら自身が善である）と悪との叙事詩的な対決へとつながるかもしれない。これについては、もちろん、ダーイシュは一部の予言について、自分たちが神の助けを得られるのであって、こうした出来事の終わりにマフディー〔救世主〕、その次にイエス・キリスト自身がやって来ると解釈している。最も大規模な戦闘の一つは「ダービク」と呼ばれる場所で起こることになっており、ダーイシュはそれがシリアの地名と考えている（そのため雑誌の名前にもしている）。

上記のすべてにおいて、非常に重要な――しかし暗黙のうちの――計算は、（本書の補論Ⅰの図からわかるように）概略的に次の通りである。

・今日、およそ一五億人のスンナ派が存在する。
・このスンナ派のおよそ一〇パーセント（つまり一億五〇〇〇万人）が反ウスール主義者である。
・この反ウスール主義者のおよそ一〇パーセント（つまり一五〇〇万人）が過激なサラフィー主義・ワッハーブ主義である。
・こうした過激なサラフィー主義・ワッハーブ主義の、およそ一パーセント（つまり一五万人の戦闘員）が武器を取ったタクフィール主義・ジハード主義者である。

最終的な計画は次の通りである――もしウスール派のスンナ派を無理やりにでも、サラフィー主義・ワッハーブ主義に変えられたら、もしサラフィー主義・ワッハーブ主義の全体を過激なサラフィー主義・ワッハーブ主義に変えられたら、もし過激なサラフィー主義・ワッハーブ主義を〔戦闘的な〕タクフィール主義・ジハード主義者に変えられたら、そしてもしすべてのタクフィール主義・ジハード主義者をダーイシュのカリフ位の下に団結できたなら、これは世界にかつてない最大規模の軍事的社会を創り出すことになる。この社会は何者にも止められない、国境を越えた帝国を創り出し、それは（ムスリム人口が増加するにつれて）永遠に拡大を続け、その隣国を征服し続ける。両陣営ともどれだけ多くの人が死のうとも、最後には、世界中が必然的に征服される。それがダーイシュの「大戦略」であり、その「最終的な解決」である。

22 人びとはなぜダーイシュに参加するのか

ダーイシュに参加する者は誰でも――新兵に対してダーイシュが内部でおこなう面接の過程で――タクフィール主義者としての宗教的動機を公言しなければならない。実際に参加できるようになる前段階においてでも、そうしなければならない（一か月間の教化コースを終えるまでは、ダーイシュから「真のムスリム」としてみなされないため）。実際には、ほとんど大半の者は、確かにいくらかの宗教的な動機を持っている。人が他にどのような世俗的な動機を持っていたとしても、来世について約束されることもなく、自分の生命をなげうつことになりかねない決定を下すことは困難である。心理学的に言えば、人間は複雑であり、複数の動機を隠していたり、抱えていたりする場合も多く、それを十分に認識し自任している場合もあれば、していない場合もあり、多くの動機が組み合わされて関与している場合が多い。

多くのアナリストは、動機を「プッシュ」要因と「プル」要因（つまり、心理的に「外部」に原因がある動機と、「内部」に原因がある動機）とに分ける。これは、どのような社会的な原因なら改善されうるかを特定するためにのみ、有用である。真の宗教的な動機やイデオロギーを心理学や病理学に還元してしまうと、これは有用ではない。

以下に挙げる四二の（これがすべてではない）動機は、ヨルダンの刑務所にいるダーイシュの元メンバーとダーイシュへの潜在的参加者との面接により判明したものである。

1　暴力的な傾向とその過去。社会的なものや、家庭的なもの、または犯罪歴。（ヨルダンの刑務所にいるおよそ三〇〇人のヌスラ戦線とダーイシュの元メンバーおよび潜在的参加者の間で、実は最も共通する要因がこれであった。収監者のおよそ四〇パーセントにこうした傾向が見られた）。

2　ダーイシュの大義とタクフィール主義思想への信奉。

3　イスラーム法（と彼らが考えるもの）の下で生活したいという願望。

4　過激なサラフィー主義・ワッハーブ主義、またはムスリム同胞団に所属していた過去（収監者の三分の一にこのような背景がある）。

5　ジハードないしは殉教の美徳への素朴な信奉。そしてダーイシュに参加することによってその機会が得られること。

6　国内の政治的な理由によって怒りを抱く若者（たとえばエジプト人の場合、〔ムスリム同胞団の〕ムルシー大統領が選出された後のエジプトにおける軍事クーデタ）。

7　家庭内の個人的理由によって怒りを抱く若者（たとえば父親が再婚し、その息子や最初の妻を無視するなど）。

8　国際政治的な理由で怒りを抱く若者（たとえば欧米のパレスチナへの姿勢、アメリカの外交など）。

9　国家からの不義（たとえば警察や諜報機関による虐待、不公正な裁判など）、特に〔シリアの〕アサド政権によるもの。

10　ダーイシュの戦闘員であるか、戦闘員であった親族や友人との家族的な絆や愛情によって引き込まれた。

11　復讐――ダーイシュのために戦っていて殺された人の仇を討つため、あるいは単純にダーイシュの敵に殺された人（故意または偶然に、イエメンやパキスタンにおける無人機攻撃などで）の仇を討つために戦う場合も多い。今では、自分たちの両親の死に対して復讐をしようとする孤児たちが、訓練を受け、兵士の一群となっていることが明らかになっている。

12　貧困（特にダーイシュの支配する貧困地域において）――ダーイシュは、その一般戦闘員には比較的高額の給与を支払い、食事、衣類、装備、および住宅を支給する。

13　失業と雇用の不足――ダーイシュは、その新兵に対して何らかの仕事を提供する。

14　自分たちが育った土地での社会的な疎外（欧米で暮らすムスリムなど）。

15　愛・結婚・セックス――欧米では若者は若いうちにはなかなか結婚できず、結婚は二つの家族間での時間も費用もかかるプロセスである。ダーイシュの支配領域では、面倒な手続きもなく、若いうちに結婚でき、配偶者が死ぬか夫婦が離婚しても容易に再婚できる。
16　罪悪感――多くの若者が、イスラームの観点からは重大な罪にあたるおこないを多く犯しており、深く後悔している（ムスリム社会では、当然、同性愛行為がこれに含まれる）。それはしばしば刑務所内でおこなわれる）。ダーイシュに参加し、殉教を追い求めることで、免罪されるように思える。
17　退屈、冒険の追求――多くの若者が単純に退屈しており、ダーイシュの戦争や武器は無限の興奮と冒険を約束する。その戦闘員の多くが、武器を誇示する自分の姿を写した写真を好むことは、その証拠である。
18　「栄光」の機会、英雄になる機会、そして戦場での素早い昇進の機会。おそらくこれらはソーシャルメディアを通して宣伝されている。
19　個人的なエンパワメントの感覚。
20　世界秩序や自分の国の状況あるいは個人的な状況を変える機会があるように見えること。
21　意味の探求――ダーイシュの絶対主義は、自分たちの人生に意味があり、自分自身が重要な存在であると感じさせることによって一部の人びとに安心感を与える。ダーイシュはそうした人びとに実存的な目的を提供する。
22　カリフ制――多くのムスリムは、懐古的な思いから、統一的なカリフ位を待望しており（一九二二年のオスマン朝終焉以降、イスラーム世界には存在しない）、汎イスラーム的な（軍事的な）同胞性をも望んでおり、ダーイシュがそれを提供してくれそうである（だった）。

23 自分たちが思うところの一神教（「タウヒード」）の普及――これはもちろん、非常に皮肉である。なぜなら、すべてのムスリムは一神教徒であるのに、ダーイシュのメンバーはタクフィール主義者以外の全員を不信仰者とみなすからである。さらに、（非ムスリムの一神教徒の問題はおいておいて）彼らが刺激する恐怖と嫌悪は、人びとを一神教に引きつけるというよりも、むしろはるかに多くの人びとを一神教から遠ざけている。したがって、ダーイシュは一神教を広めるという名目の下、ムスリムの九九パーセントは一神教徒ではないとみなしており、また他の非ムスリムがほとんど一神教を受け入れないようにさせてしまっている。

24 イスラームの「名誉」のため。この点も、あまりに皮肉なことである。なぜなら、ダーイシュの残酷さや野蛮さ以上に、イスラームの名誉を汚すものはないから。

25 歴史を生み出し、重要な何かに関与する機会。

26 二〇〇三年のアメリカによるイラク侵攻〔への復讐〕。

27 イスラーム諸国間または宗派間の緊張および怨恨。特に二〇〇三年のイラク戦争後にシーア派暗殺部隊が犯したスンナ派虐殺の後に生じた、イラクにおけるシーア派に対する怨恨。

28 現実であれ、想像上のものであれ、ムスリムの土地にいる欧米軍の存在。

29　ジハード主義戦闘員として得られる尊敬とスター性。この点は、ダーイシュの魅力として重要である。なぜなら、ダーイシュの文書での語りがウスール派のイスラーム学者の解釈学的な精査に堪えない場合でも、戦士（ムジャーヒド）としての評判を得ること、投獄されたこと、苦しみと犠牲を払ったと（彼らの中で）評価されることによって、権威、および正当性さえも主張できることが、ダーイシュにとっての「最後の砦」となっているからである。つまり、彼らの「街頭における信用性」は、心情的には（少なくとも彼らが思い描くところでは）「言葉ではなく行動」にある。たとえ、彼らの行動が野蛮で、その言葉が実際のところは神の言葉（クルアーン）や預言者ムハンマドの言葉（ハディース）に適ったものではないとしても。

30　ムスリムの土地における欧米的な価値、習慣、および経済システムの明白な台頭に対する怨恨。

31　（彼らが考えるところの）イスラーム的価値が母国で抑圧されていること、あるいはムスリムが過半数を占める国の政府によって世俗的な価値観が推進されていること。

32　アラブの支配者と政府が腐敗していると思われること。

33　パレスチナおよびエルサレムの占領、そしてパレスチナ人の離散という不義への怒り。実のところ、これが世界のムスリムの中心的な不満である（あるいは、少なくとも彼らはそのように受け止めている）。なぜなら、パレスチナ人はそこで抑圧されており、彼らの土地は――あるいは、まだ残されている土地は――（国際法に照らして）違法なイスラエル人の入植によって、日常的に奪われ続けているからである。さらに、世界の他の地域が、イスラームの観点から言えば、それぞれの地域のムスリム共同体の責任であるのに対し、エルサレムは世界のムスリム全体の責任だからである。その理由は、アクサー・モスクないしはハラム・シャリーフ〔聖域〕が――現在のような構造物がまだ建設される以前から――預言者ムハンマドが奇跡によってマッカから旅をした場所であり、彼がそこから諸天に昇った場所として、クルアーンに明記されているからである。神はクルアーンの中で次のように述べている。

栄光あれ。かれ〔アッラー〕はそのしもべ〔ムハンマド〕を、〔マッカの〕ハラーム・マスジド〔聖なるモスク〕から、われ〔アッラー〕がその周囲を祝福した〔エルサレムの〕至遠のマスジドへと夜の旅をさせた。わが〔アッラーの〕徴《しるし》を彼〔ムハンマド〕に見せるためである。まことにかれ〔アッラー〕は全聴者・全視者である。

（夜の旅章〔一七章〕一節）

さらに、エルサレムは、ムスリムにとって最初の礼拝の方向（キブラ）であった（雌牛章〔二章〕一四二～一四五節）。そして預言者ムハンマドは次のように述べている。

三つのマスジド（モスク）以外は、わざわざ参拝の旅に出てはいけません。〔その三つとはマッカの〕ハラーム・モスク、〔マディーナの〕使徒のモスク〔預言者モスク〕、〔エルサレムの〕アクサー・モスクです。

（ブハーリー『真正集』）

これらの重要な点は、パレスチナにおいてパレスチナ人にとっての正義が否定されており、アクサー・モスクないしはハラム・シャリーフの占領とこれに対する干渉が、世界の一七億人のムスリムにとって、信仰に基づく当然の不満を生み出しているということである（アクサー・モスク／ハラム・シャリーフは、全部で一四万四〇〇〇平方メートルの広さがあり、西に四九一メートル、東に四六二メートル、北に三一〇メートル、南に二八一メートルとなっている。そしてその敷地内に「岩のドーム」、キブリー・モスク、マルワーニー・モスク、その他のモスクがあり、それ以外にも建物、壁、中庭、広場、散歩道、通路、図書館、博物館、貯水池および水路、洗面所、事務所、これらに付随する地上および地下のあらゆる土地の資産が含まれている。これらのすべてがアクサー・モスク／ハラム・シャリーフの一部をなす）。これが、エルサレムおよびパレスチナの問題が、イスラーム世界の他のどんな問題よりも解決されるべき重要な問題である理由であり、なかなか進まない和平プロセスが公正かつ公平な形で解決されなければならない理由である。

34　特にボスニア、コソボ、ミャンマー（ムスリムであるロヒンギャに対する）、中央アフリカ共和国におけるムスリムに対する集団虐殺への怒り。

35　タイやフィリピンなどでの、ムスリム人口やムスリム・マイノリティに対する抑圧に対する怒り。

36　強制（ダーイシュの支配領域において）――ダーイシュは自らのために戦うこと（あるいはその代わりに、多くの人が払いきれないほどの多額の金銭を支払うこと）を、その支配下にある何百万人もの人びとに強制している。

37　（親ダーイシュの）共同体における仲間からの圧力や影響。

38　狂気、あるいは精神的不安定。

39　勝利――ダーイシュによる一連の勝利は、人びとが「勝ち組」（あるいは彼らがそう信じるもの）になるためにそれに参加したことによって生じた。シリアにいる大部隊や戦闘員グループ（そして部族も同様）は、ダーイシュの勝利を理由に寝返り、それに参加した。

40　洗脳――多くの若者や子どもたちが単に、ダーイシュのメンバーから、あるいはダーイシュのプロパガンダによって、洗脳されている。

41　絶望、飢餓、および戦時下のストレスによって生じる精神障害（紛争地帯の人びとにとって）――連合軍、ロシア政府、あるいはシリア政府から絶え間なく爆撃され、いつも飢えているか奪われていれば、誰がどのような行為に及んだとしても不思議ではない。

42　「説明できない」――ダーイシュの多くの新兵が、参加した理由を説明したり言葉にしたりできないでいる。言いかえれば、彼らはただ混乱している。

これほど多くの動機を並べると、あたかもダーイシュに参加する方向に働く力が圧倒的で、ダーイシュが今後さらに多くの若者たちを魅了していくような、(誤った)印象を与える危険性がある。実際にはそうではない。何千人もの若者たちが、たとえば何らかの仕事または職業に参加した理由について、誰かが真剣に分析したならば、少なくとも四〇種類程度の動機が見つかるはずである。一人で五つから六つの動機を抱えている場合もある。したがって、ダーイシュの場合も、参加する動機が一見多いことにまどわされてはならない。長い目で見れば、こうした動機の多くが弱点となり、最終的には不満や逃亡の原因となる。

23　彼らは「邪悪」なのか

この質問は、もちろん芝居がかっているし、独善的である。実際には、ムスリムは他者の魂について判断を下さない。その理由は、そうする権利があるのは神のみであり、人びとの内面の実際の状態について本当に知っているのは神のみだからである。ただそうは言っても、ムスリムでも人びとの外面的な行為については判断を下すものであり、明らかにダーイシュには、邪悪ではないにしても完全に間違っているよく知られた罪状のリストがある(これは11で概説した通りであり、そのリストはそれ以降もかなり増えている)。

しかし、ダーイシュの新兵は――一部の犯罪者あるいは精神的に不安定な個人を除けば――一般的に、邪悪な目的から出発しているわけではない。上述の動機について検討すれば、邪悪なものはそのうちの五つ程度である。戦いを好むため、冒険のため、栄光のため、勝者の側につくために戦争に赴くということは、戦争に行く動機の明らかに基本的な動機であり、戦争というものは、結局は殺し殺されることに関わる。その他の動機、たとえば自分の家族や友人のために復讐したいと思うから、強制されたため、集団虐殺や不正への怒りなどの動機は、自然な動機である。〔イギリス出身でアメリカに移住した詩人の〕W・H・オーデン（一九七三年没）は、（彼の詩「一九三九年九月一日」の中で）次のように書いた。

ぼくも民衆も知っている――
子どもでも知っていることだ――
危害を加えられた者は
きっと仕返しをする、と。
〔『もうひとつの時代』岩崎宗治訳、国文社、一九九七年、一八八頁〕

他の動機は――世間知らずではあっても――実際には高貴でさえある。たとえば、自己犠牲と殉教への決意、カリフ制への献身、あるいは自らの考えるイスラーム法の下での生活への希望などである。ムスリムにとって、この点が何よりも悲劇的であるかもしれない。善意ある真面目な若者たちが、宗教の名の下にダーイシュの犯罪網に引き寄せられ、これに騙されて参加するのを見るのだから。

預言者ムハンマドは、人びとが宗教の名の下におこなう悪行に関して「金言」を述べ、人びとがこうした状況を理解する手助けをした。彼は次のように述べている――「信徒は、禁断の血〔他者の生命〕を侵さない限り、自らの宗教にしっかり帰属している」（ブハーリー、ムスリム）。これが意味するのは、殺人を犯してしまった場合を除き、誰にでも希望が残されているということである。もちろん、ダーイシュは、罪のない人びとの殺人や処刑に参加しない限り、新兵を全面的には信用しない。したがって、この「悪のイニシエーション」がおこなわれるまでは、新兵は一線を越えてはおらず、ダーイシュの「信頼に足る」メンバーではない。彼らは、長く、目には見えない内的な交渉と妥協という滑りやすい坂道を「よちよち歩き」する段階である。神は、クルアーンの中で、この点について正確に信徒たちに警告している。

おお、信仰する者たちよ、シャイターン〔悪魔〕の足取りに従ってはならない。あなたたちがシャイターンの足取りに従うならば、彼は醜行と悪行を〔あなたたちに〕命じるであろう。もしあなたたちの上にアッラーの恵みと慈悲がなかったならば、あなたたちの誰も清くありえなかった。しかしアッラーは、お望みの者を清める。アッラーは全聴者・全知者である。

（光章〔二四章〕二一節）

24　ダーイシュの残虐行為

後ほど、簡単にダーイシュの他の戦術に目を向けるが、まず述べておくべきことは、ダーイシュの主な戦術は恐怖、テロ、残虐行為、および脅迫であるということである。まさに、ダーイシュは『ダービク』第一二号の表紙に、誇らしげに「ただ恐怖を」と書いている。十字軍以来、そしてモンゴルが一三世紀半ばに中東（および世界）を襲った瞬間（あるいは次の世紀のティムール朝）以来、東地中海のアラブ地域でダーイシュほど国際的なテロや脅迫を多用した集団はいない。無防備な何千人もの囚人の大量処刑だけでなく、ダーイシュは次の方法でおこなった囚人の公開処刑を誇らしげに撮影した。その方法は、頭を撃ち抜き、剣で頭を切り落とし、頭をナイフで引き切り、生きたまま燃やし、磔《はりつけ》にし、鎖で数珠《じゅず》つなぎにし、爆破し、鉄製の檻に入れて溺死させ、投石で殺し、高いビルの上から押して落とし、心臓を刺し殺し、生き埋めにし、酸の浴槽に浸け、女性に女性を殺させ、子どもたちに大人を撃たせ、子どもたちに大人の首を引き切らせ、子どもたちに両親を殺させ、兄弟に自分の兄弟を殺させ、友人に友人を殺させ、そのほか無意味で、邪悪で、残忍で、非人間的なあらゆる殺人方法を使った。

その当座の目的は、テロと脅迫であるが、実際にはそれをはるかに超えており、宗教を装った血に飢え理不尽な精神障害の領域に踏み込んでいる。もちろん、ダーイシュのビデオはきわめて洗練されており（満足げで勝利感のあるアカペラの歌や、巧妙なグラフィックが用いられている）、その中でこうした行為に対しては常に偽物の宗教的な合理化、不合理の政治的合理化がおこなわれる。しかし、このような許しがたい殺人の罪とは全く異なり、誇らしげに、楽しんで加えている拷問のすべては、スンナと関係するすべてと、全く対極的である。預言者ムハンマドは次のように述べている――「〔食べるために動物を〕ほふる場合には、可能な限り完璧に〔痛みを与えないように〕しなければならない」（ブハーリー『真正集』）。ましてや、人間を（こうした殺人ではなく）正当な死罪に処す場合には、これが当てはまることは言うまでもない。つまり、残酷さという点で、ダーイシュの残酷さはサッダーム・フセインのバアス党独裁国家の最悪の時期に匹敵するものの、より恥知らずにそれを誇示しており、それと全く同じ残酷さを（そしておそらくその一部は同じ人物〔元バアス党員〕が）、現地住民を恐怖に陥れて服従させるために利用している。

前述の通り、この戦術には「収穫逓減の法則」が働き始めており、人びとがこうした恐怖にあまりにも慣れっこになってしまい、前ほど怖く感じなくなっている。そして実際には、人びとの間であまりにも大きな拒絶反応が引き起こされ、彼らに抵抗する決意を固めさせている。おそらく、これがダーイシュの遺産となるであろう。ダーイシュの信奉者が歴史上、最も暗い足跡を残したことは全くの自業自得であるが、彼らはイスラームというイメージの上に大量殺人と残虐性という消すことのできない汚点を残し、宗教に対する最悪の風刺画を裏打ちすることになるであろう。

25 ダーイシュの戦術

ダーイシュを打倒するためには、その軍事戦術について理解することが重要である。これが意味するのは、ダーイシュの軍事的成果を軽視せず、これが広大かつ強力な国際的な連合軍に対して二年間にわたり、かなりの広さの領土を保持できた事実を認めることである。結局のところ、神はクルアーンの中で次のように述べている――「人びとへの憎しみに駆られて、正義に背いてはならない」(食卓章〔五章〕八節)。さらに、ダーイシュがこれを達成した方法についても、客観的に分析する必要がある。次は、公開されている資料に基づいた一般的な所見である。それらは、機密情報でも軍事機密でもない。

a　リーダーシップと指揮

i　指揮の統一性――彼らにとって、「カリフ制」を宣言することは、統一的な指揮を意味する。それは、(ダーイシュにとっては普通の行為である)即決の処刑を通じて内部の反対者や外部の敵を殺害するという、疑問の余地のない「権利」を有する。これは明らかに、強力で統一された指揮系統を生み出す。

ii　若く柔軟な作戦司令官――ダーイシュには、無気力な官僚機構や、無能な士官の自動的な昇格が存在しない。弱いあるいは無能な士官は(軍事的な)適者生存によって、戦争で文字通り殺される。

iii 分権――ダーイシュには、十分な権限を持った地域的な首長が存在し、彼らは皆「カリフ制」の支配下にある。

b 戦略と心理操作

ダーイシュは、たくさんの「形態変化」ないしは交換可能な心理操作を組み合わせている。つまり、新世代カルトの情熱や秘密主義、絶対主義、マフィアの恐喝ビジネス、爆弾、ブービー・トラップ、不和を促し士気を低下させるテロ戦術、ゲリラ戦による暗殺とヒットエンドラン戦術、総力戦のための産業と目的、毛沢東主義がおこなったような農村部での個別訪問による強制、焦土戦術、戦争法規や宗教戦争におけるルールの蔑視、そしてバアス党員による大量殺人に見られる手段を選ばない冷酷な精神、これらを組み合わせている。

c 戦術と戦闘経験

i ダーイシュには、戦闘経験の蓄積がある。ダーイシュの戦闘員の中には、一九八〇年代のアフガニスタン以降、あるいは二〇〇三年のイラク戦争以降、継続して活動してきた者もいる。イラク人の指導者の中には、イラクでの一九九一年〔湾岸戦争〕と二〇〇三年〔イラク戦争〕の戦争だけでなく、一九八〇～八八年の八年間続いたイラン・イラク戦争にまでさかのぼる戦闘経験を積んでいる者もいる。ダーイシュの戦闘員の中には、反政府勢力である自由シリア軍の戦闘員として出発し、シリア危機の初期の二〇一一～一三年にアサド政権と戦うために連合軍〔米欧〕から訓練を受け、その後ダーイシュに参加するために「転身」した者もいる。さらに、ダーイシュの戦闘員の多くが世界中の軍隊の出身者であり、多くの戦争を経験したベテランであり、こうした過去も彼らの戦闘経験の蓄積に寄与している。今日の世界の軍隊で（欧米の軍隊も含め）ダーイシュのジハード主義者たちほど、最近の実戦経験が豊富な軍隊は少ない。さらに、ダーイシュには、ＮＡＴＯやロシアの兵器だけでなく、想像しうるあらゆる種類の兵器を扱った経験がある。

ii　連合部隊――ダーイシュは、連合部隊での攻撃方式を採用している。この方式では、多方面から多面的な攻撃ができる。また、軍服を偽装することによって不意を突いた攻撃も可能であり、それはトルコ軍の軍服も含む。

iii　経験豊富な射撃――ダーイシュのベテラン戦闘員は現在、射撃の名手であり、正確な狙撃兵である。熟練したダーイシュの戦闘員は毎年、数十万ラウンドではないにしても、数万ラウンドの射撃をしているはずであるが、一方でこの地域の正規兵は（数十ではないにしても）数百ラウンドしか射撃していない〔一ラウンドは二五発〕。

iv　即製装置――ダーイシュは、即製の安い機器、自爆ベルト、ＩＥＤ（即製爆発装置）、ＶＢＩＥＤ（車両運搬式の即製爆発装置）、トンネル爆弾、さらには遠隔操作ＩＥＤまで、製作し、修理をおこなっている。

v 市街戦――ダーイシュは、今や市街戦のプロであると誇っており、これはおそらく本当のことである。確かに、ダーイシュのトンネル爆弾の使用は、その範囲と有効性の両方において前例がない。「トンネル爆弾」とは、通常は都市型の戦場において、敵の重要な施設に到達し、その下に爆発物を設置するために、地下に一キロ、時には二キロのトンネルを掘るものである。これは準備がきわめて困難で危険で、労働集約的であり時間のかかる作業である。しかし、一度準備すれば、爆発物の使用量にはほとんど制限がないため、ダーイシュもヌスラ戦線もこれを利用し、壊滅的な効果を上げてきた。また、地下の深部であるため、当然ながら、察知することがきわめて困難である。さらに、ダーイシュは戦場での敗北を予期して、敵が将来使うであろう施設の下にトンネル爆弾を意図的に残す場合まである。その結果、（掘るのには何か月もかかるが）ダーイシュとヌスラ戦線は、空爆にかかり切りの時でさえも、敵の全部隊と街区を除去することができる。

vi ダーイシュは、商用車を改造した超高速で小型の機動車両を利用しているが、それはアフマド・シャー・マスウード〔アフガニスタンの反ソ闘争の英雄的指導者〕によってアフガニスタンで初めて開発されたヒットエンドラン戦術を実行するためである（おそらく彼らはそれをアフガニスタンのムジャーヒディーン経由で習得したのであろう）。

vii 突然の、大規模なショック――ダーイシュが長けているのは、自爆ドライバーを乗せた武装したハンヴィー〔高機動多用途装輪車両〕やＳＵＶ〔スポーツ用多目的車〕の中に、同期して作動する一〇〇〇ポンド〔約四五四キロ〕超の複数の硝酸アンモニウム爆弾を搭載して送り込み、敵の防衛、哨戒地点、および兵舎を爆破するという戦術である。また、ドローンや人間の諜報員を通じて場所を選択し、夜間や明け方に攻撃することもある。（普通の肥料である）硝酸アンモニウムは、トルコ経由で入手していると見られ、一〇〇メートル離れた地点から都市の街区全体を破壊することができる。これは、ダーイシュの最も効果的な軍事兵器である。あまりに高速であるため、実質的には空軍に等しい。街区や接近した戦線では、阻止することがほとんど不可能である。自爆トラックは、機関銃の弾丸や、あるいはロケット弾でさえ阻止できないように装甲されており、時速一〇〇マイル〔約時速一六一キロメートル〕以上で突入してくる。しかしクルド軍は、不断の警戒、沙漠や山岳地帯におけるクリアな視界、溝、スパイクストリップ、暗視装置、対戦車誘導ミサイルといった戦備を組み合わせることによって、トラックに搭載された爆弾を阻止することに成功している。

d　武器、物資、および調達

i　ダーイシュは、初めからイラク軍やシリア軍から奪った大量の武器や弾薬を有していた。それ以来、戦争を継続するのに十分な量の弾薬を購入するか、あるいは供給されている。ダーイシュの戦っている戦闘員や前線の数、経過した時間〔二〇一六年時点で〕これまでに二年間）を考えれば、ダーイシュがこの二年間で何らかの方法で小口径の弾薬だけで少なくとも一〇億ラウンド分を確保できたことになる（二万五〇〇〇人の戦闘員が一日あたり二〇〇発の弾丸を七三〇日間撃てば、三六億五〇〇〇万発の弾丸が必要になる)。ダーイシュの勢力圏には海岸線がなく、あらゆる側面から敵に取り囲まれており、さらに支配領域内には一切弾薬工場がないため、当然の疑問が生じる――ダーイシュのこれらの物資はどこから来るのか? また、ダーイシュはどのような方法でそれを受け取っているのか?

公開されている情報によれば、ダーイシュが使用する兵器には、無数の小型武器に加えて、次のものが含まれている――SA-7とスティンガー地対空ミサイル、M79ロケットランチャー、HJ-8およびAT-4スピゴット対戦車兵器、59式野砲およびM198榴弾砲、(二〇〇〇台を超える)ハンヴィー、T-54/55、T-72、M1エイブラムス主力戦車、M1117装甲車、トラック搭載式DShk38重機関銃、ZU-23-2対空砲、BM-21グラート連装ロケット砲、そして少なくとも一基のスカッドミサイル。ダーイシュは、クルド人や実際のイラク治安部隊よりも優れた兵器を備えている。さらに心配なことには、二〇一六年三月、スペインから送られてきた二万着の制服がダーイシュに届く途中で押収された。

ii ダーイシュは、自軍の重機関銃をSUV車に搭載している。軍指導部が死傷者さえ気にしないのであれば、これは装甲車よりも安く、速く、効果的な兵器となる。

iii ダーイシュは、遠隔操作爆弾から、パイプ爆弾、トンネル爆弾、自爆ベルト、迫撃砲、粗製の大砲、そして(前述の通り)一〇〇〇ポンド以上の爆弾で武装したSUVやハンヴィー、そして自爆テロ犯に至るまで、多種多様な即製爆弾を制作している。

iv ダーイシュはダムを戦争の武器として活用することも試みてきた（洪水を起こすか、下流における水の供給を断つことによって）。

e メンテナンスと修理

明らかにダーイシュは、その装備のメンテナンスや修理をおこなう能力を備えているが、それはキューバ風に、秘密物資、即製装置、廃品利用を用いる手法である。

f 軍事的な工学・産業・建設

ダーイシュは、広大な現地の工学技術や建築技術を徴用、徴兵してきた。そして、その支配領域において、ダーイシュが望む現地産業のすべてを乗っ取るか、あるいは接収した。

g 防衛

i ダーイシュは、高高度爆撃機からの空爆に対しては、依然として、基本的に無力ではあるものの、ダーイシュから奪還した町を見ると、広大な地下トンネルの存在がわかる。こうしたものには、トンネルによる防御、地下居住区、移動と補給のためのトンネル、脱出や補強のためのトンネルも含まれている。バグダーディーや彼の側近が〔二〇一六年までの〕この二年間、このようなトンネルや地下の洞窟にこもっていたことは間違いない。

ii ダーイシュは、戦闘員やその移動を守るため、民間人に偽装する戦術に頼っている。

iii ダーイシュは、自らの身を隠すために、機密保持や情報遮断（あるいは選択的遮断）に頼ることを学習した。階級の低い戦闘員は、電話やインターネットへのアクセスを認められておらず、ダーイシュ支配地域のあらゆるインターネット通信が監視されている。

iv ダーイシュが支配する地域は（シリアとイラクだけでも、減少したとはいえ）広大であり、それは明らかにその軍事力を隠すのに役立っている。

h テクノロジー・科学研究・開発

ダーイシュには、ハイテク産業や高度な科学研究はないものの、独自の研究開発用の軍事実験を継続的におこなっており、既存技術を応用したいくつかの軍用品、特に市販のドローンを改造した製品を開発することに成功しており（ダーイシュの支持者たちは、自分に買えるだけのすべてのドローンを国際市場で購入することに努めている）、それを戦場現地での諜報のために効果的に利用している。

i コミュニケーション

ダーイシュは、獲得した軍事設備、「ロー・テク」のアルカーイダ式の作戦通信、Kikや

WhatsAppなどのアプリも暗号化して、追跡不可能なソーシャルメディアのメッセンジャーサービスを（戦場でも）利用している。

j　**移動と交通**

ダーイシュの陸上の戦闘速度や機動力は速い。その主な理由は、重武装や、官僚化された兵站《へいたん》管理といったわずらわしさが戦闘員にないからである。

k　**諜報・防諜・潜入**

i　過激なサラフィー主義・ワッハーブ主義、さらにはタクフィール主義・ジハード主義の集団は、スンナ派イスラームの中でも独自のサブカルチャーを持ち、独自の規則、習慣、慣習、態度、そして言葉を用いている。これによって、カルト集団のように、外からは容易に入りこめない。この理由から、彼らとともに過ごし、スパイをおこなうことは非常に難しい。

ii　現在ではインターネットで多くの情報が利用可能なため、関心のある人がオープンソースの情報を巧みに検索すれば、良質な情報を見つけられる。ダーイシュは、ヨルダン人パイロットの殺害指示をインターネットで公開した際、パイロットの自宅を示すためにGoogleマップを利用した。

iii　ダーイシュは、バアス党出身の多くの諜報部隊を組織内に抱えており、効果的で抑圧的な国家的諜報システムを再構築した。

ー 戦場

i ダーイシュは、現地に関する広範な知識と戦闘経験を有しているため、戦場をうまく選んでいる。ダーイシュは、二〇一四年六月に、二〇〇〇人未満の戦闘員で、当時二万五〇〇〇人～三万人の軍と警察が常駐していたイラクにおける人口二〇〇〇万人の都市モスルを制圧した。

ii イラク・シリアの戦場は、トルコ経由で海路と航空会社ないしは密輸ルートを介して、リビアやソマリアの戦場とつながっていた。リビアは広大で〔内陸部は〕サハラ沙漠に面しており、そこから北アフリカやサハラ以南アフリカのあらゆる地域に通じている。言いかえれば、ダーイシュはトルコを経由し、アフリカおよび中東全体に接続している。したがって、ダーイシュにとって中東は実質的に一つの戦場であり、「一つの戦場」の中では比較的自由にどこへでも移動することができる。

26 ダーイシュの行政管理

a 占領

i アルカーイダとダーイシュの大きな違いは、ダーイシュが当初から領土を持つことを目指しており、単にその地域を自由に移動できればよいとは考えていなかったということである。これは、おそらくダーイシュが都市部に生まれたのに対し、アルカーイダが広大で天険のアフガニスタンの地方部で生まれたからであろう。

ii　ダーイシュは、恐怖による支配で領土を占領しているが、それはほとんどの独裁国家よりもたちが悪い。

b　**食料、水、衛生——医療**

i　ダーイシュは明らかに、基本的な食料、水、そして衛生を維持してきた。これまでに大規模な飢饉や飢餓は報告されていない。

ii　ダーイシュは、その地域の病院を乗っ取り、（自分たちの戦闘員優先で）営業を続けさせている。さらに、医学における独自の学位まで創設した。また、医療に関する洗練された映像をオンラインで流して外国人医療従事者のボランティアを募ってきたし、必要なあらゆる機材が揃っていると主張した。医療サービスはせいぜい初歩的なものではあるが、それはダーイシュの占領以前と同じことである。ダーイシュは、現金を得るために人の臓器販売を始め、収監者の臓器や、自分たちの負傷した戦闘員の臓器まで売っている。

c　**組　織——軍管理システムと行政管理**

i　ダーイシュは、その組織の中で、そして近代的な国民国家という装いを作り上げる上で、バアス党の専門知識を利用してきた。
ii　ダーイシュは、兵站を組織し、供給が必要な戦闘員がどこにいても物資を供給することができるようである。
iii　ダーイシュは、今では膨大な記録管理をおこなっており、その「市民」に身分証明書を発行し始めた。
iv　ダーイシュは、特にイラクにおける現地の知識から、多大な恩恵を受けている（ダーイシュの指導部がイラク人であるため）。

27　ダーイシュの弱点

一方で、ダーイシュは多くの重要な軍事的、政治的、宗教的な弱点に悩まされている。それには次のものが含まれる。
i　空軍および海軍、そして真に洗練された装備が欠けていること。
ii　すでに指摘した通り、真の研究開発が欠けていること。
iii　真の産業が欠けていること。
iv　この集団の外部に、この集団を好む者が誰もいないこと。ダーイシュが支持者の恐怖を刺激しているにもかかわらず、兵士の逃亡率が高いこと。支配地域の人びとの人生が一般的に惨めで、短命で、厳しいこと。ダーイシュの支配地域におけるサービスが劣悪で、そのメンバーは人びとに対して酷い扱いをし、奇妙かつ新しい宗教的な規則を絶えず強制している（たとえばラマダーンのタラーウィーフ礼拝〔夜の任意の礼拝〕を集団でおこなうことの禁止や、諸預言者および教友たちの墓の破壊など）。ダーイシュは、その支配下にある人びとに対して持続した、一貫した誠意を示すことができず、すでに人びとの血をあまりに多く流しすぎている。地元のメンバーは外国人戦闘員を嫌い、組織内におけるイラク人支配を嫌っている。以上のすべての点で、ヌスラ戦線とは対照的である。ヌスラ戦線はメンバーが主に現地のシリア人であり、現地の人びとを可能な限り尊重しようと試みる（その結果として、ダーイシュよりも人気があり、尊敬されている）。ダーイシュの脱走者は、組織内に腐敗とかなりの不満があることを明らかにしている。簡単に言えば、人びとはダーイシュを嫌っており、彼らが悪いことを知っている。

v

ダーイシュの宗教的な主張は、見せかけであるだけでなく、弱い。それはウスール派の観点からだけでなく、主流のサラフィー主義の観点から言ってもそうである。すでに述べたように、この集団は独自の教科書を持っているが、知識ある学者であれば容易に否定できるものであり、名のあるムスリムの学者で彼らを支持する者はいない。したがって、アズハル大学によって、またサウディアラビアからナイジェリアに至るほとんどすべての国々の大ムフティーによって、ダーイシュのメンバーは異端（「ハワーリジュ派」、すなわち「部外者」「裏切り者」）と呼ばれてきた。〔カリフ位を名乗った〕バグダーディーによる「たとえ不信仰者に見くびられても」（二〇一五年五月一五日）という演説からもわかるように、「ハワーリジュ派」と呼ばれ、自分たちの宗教的な資格に疑問を持たれていることを気にかけているようである。

vi ダーイシュの支持者は、自分たちと同じ思潮に属する多くのジハード主義者（すなわち「ムスリム同胞」）をあまりに多く、嬉々として殺害（または処刑）してきた。報告によれば、ダーイシュとヌスラ戦線の戦いで、ここ数年の間に少なくとも一万二〇〇〇人もの戦闘員が殺された。ダーイシュは、アフガニスタンにおいてタリバーンに宣戦布告した。これでは、ダーイシュの「汎ジハード主義者」という主張は、嘘になる。さらに、彼らはアブー・ムハンマド・マクディスィー〔ヨルダンのジハード主義思想家〕や、アブー・カターダ〔パレスチナ系ヨルダン人のサラフィー主義者〕、そしてアルカーイダの指導者アイマン・ザワーヒリー〔エジプト出身のビン・ラーディンの後継者〕など、ダーイシュの源流となったジハード主義者とも、イデオロギー的な戦争をおこなっている。

vii ダーイシュは、シリアとイラクにおいて、イスラエルと同じ敵（すなわちアサド政権とイラン）を攻撃しており、イスラエルには関心がないと見られている。イスラエル当局は、ダーイシュをヒズブッラー〔レバノンのシーア派系組織。ヒズボラ〕やシリア政権ほど脅威には感じていないと公言している。同時に、ダーイシュは他のムスリムやアラブ人キリスト教徒を殺害するのに忙しい。ダーイシュに関する最初の（そしておそらく）最も成功した（〔パレスチナ人コメディー・グループの〕「ワタン・ワ・ワタル」による）パロディー動画の一つが、まさにその点についてダーイシュを滑稽に描いて風刺している。さらに、およそ一〇〇〇万人のパレスチナ人が世界中に離散しており、イスラエルはさらに多くの入植地を毎週、西岸地区に建設し続けている。そのため、イスラエルに占領されているエルサレムがイスラームにおいて持つ宗教的重要性と合わさって、ダーイシュがイスラームを代表するという主張は損なわれる。

viii すでに述べた通り、ダーイシュの成功の多くは、その多数の敵同士の混乱と対立に依存している。こうした勢力（特にアメリカとロシア）の間での協調が進めば、ダーイシュを真剣に弱体化させることができる。

ix ダーイシュの領土は全方向を敵に囲まれており、供給を全面的にトルコに頼っている。トルコがその国境を本当に閉鎖し、国境パトロールを実施できれば、ダーイシュは急速に供給を断たれるであろう。

x ダーイシュの電子的な監視能力は低く、そのソーシャルメディアによるコミュニケーションは、インターネットのノードを支配するプロバイダとソーシャルメディア大企業に依存している。

xi そのプロパガンダは洗練されており、ショック効果は高いものの、ダーイシュの映像には物語性がなく、視聴者が共鳴できるような圧倒的なカリスマ性を持った人物も登場しない。また、普通の人間が関心を持っているような話題を取り上げない。皮肉なことに、ダーイシュのメンバーの「物語」について調べ、伝え、ダーイシュに関する話題に興味を持たせるように仕向けるのは、常に欧米のメディアである。ダーイシュのビデオは、基本的には「死のサーカス」に過ぎず、したがって前述の「収穫逓減の法則」に加え、それが魅力を持ち得る範囲は最終的には限られている。

xii

イラクのスンナ派部族――これらの人びとは、ダーイシュのことを新興勢力、そして野蛮な連中であると考えている。最近の世論調査によれば、イラクのスンナ派の九五パーセント（そしてイラクのシーア派全員）がダーイシュに反対している。前述の通り、彼らにとっての「悪魔」（ダーイシュ）か「海の底」（宗派主義的なシーア派が優勢のイラク政府と州）かの二者択一でなければ、人びとは現在よりもいっそう断固としてダーイシュに反対する可能性がある。言いかえれば、イラクの議会がイラクのスンナ派に対して（クルド人の場合と同様に）あらかじめ法律を制定して三つか四つの県における軍事権を伴う自治を認めれば、あるいはイラクが友好的に三つの国家の連邦になれば（特にクルド人国家も加える場合は、イラク政府がクルド人と資源共有協定を結ばなければならないが）、スンナ派はダーイシュと戦うようになる可能性が高い。

28　ダーイシュの戦略に対抗するために

ダーイシュの戦略に対抗するためには、まずそれがどのような仕組みになっているかを正しく理解する必要がある。それについては、この付録やその他の研究で説明されている。そのうえで、その成長戦略を積極的に妨害するか、あるいは補給を断つ必要がある（これは上の13と21で述べた）。これには、軍と諜報機関の活動が必要となる。これには何よりも、総合的な「ソフトパワー」が必要となる。なぜなら、ソフトパワー戦略がなければ、世界の一億五〇〇〇万人の反ウスール主義者（およびその資源）、そしてその後には世界に一五億人いる残りのスンナ派を、ダーイシュは自分たちの側に組み入れようとし続けるからである。イスラームは世界で最も急成長している宗教であるため、スンナ派の数は増え続けている。これが意味することは、グローバルな「ソフトパワー」戦略がなければ、ダーイシュやタクフィール主義・ジハード主義と戦ってもせいぜい地球規模のモグラたたきにしかならず、最悪の場合には全世界が燃えているところに吹き消そうと思って風を送る（かえって火を強める）ことになりかねない。

ダーイシュに対抗するのは、見かけほどむずかしいことではない。また、単にイスラーム世界に存在するあらゆる正当な不満を解消すれば済むという問題ではない（それは助けにはなるであろうが）。これは、反ウスール主義者の思想を排除したり、「（自分の思想が）わからない」と言う人びとを教育するという問題でもない（後者には計り知れないほど有益ではあるが）。むしろこれは、「タクフィール主義・ジハード主義」に対して、その根幹と原典から取り組むという問題である。言いかえれば、これは「ハードウェア」を破壊するという問題ではなく、むしろ、あらゆる人びとが平和にかつ正義に則って共に暮らすことを可能にする三つの重要な点について、その「ソフトウェアを微調整する」という問題である。この三つの点は、本書の補論Ⅱの中で概説しているため、ここでは繰り返さない。

　国王アブドゥッラー二世が繰り返し述べているように、これはすべてのムスリムにとっての挑戦である。特にウスール派からサラフィー主義に至るムスリムの学者にとっての挑戦である。こうした学者は、クルアーンとスンナに基づき、利用可能なあらゆる手段（「古いもの」「新しいもの」「飴」「鞭」）を通じて、タクフィール主義思想の誤りと欠陥を絶えず繰り返し指摘して、明確にしなければならない。ムスリムはこれまで、全体として、世代を超えて、関心と警戒心の欠如により、自分たちよりも明らかに熱意のある人びとによってイスラームがハイジャックされるのを許してきた。私たちは、真のイスラームがもたらす、唯一神、預言者ムハンマド、そしてその美、愛、善、真実への熱情を、彼らと同等かそれ以上に持って、自身の宗教を取り戻さなければならない。〔アイルランドのノーベル文学賞詩人の〕W・B・イェイツが（一九一九年に）その詩「再来」で表現したように。

廻りめぐる鷹、環《ガイアー》は外に延び拡がり
鷹師の声は鷹のもとまでとどかない。
ものみな離散し、中心は持ちこたえない。
混沌とした紊乱《びんらん》がこの世にぶちまかれる。
血に染った濁流が堰《せき》を切り、地上一帯、
純白の祭典は水没して、いまはない。

最高に優れた者も根っから信念を失い、
極悪人どもはすさまじい激情にたぎる。

〔『W・Bイェイツ全詩集』鈴木弘訳、北星堂書店、一九八二年、一一四頁〕

述べるべきことはもう一つある。今日の敵は、いくらかの優しさと適切なイスラーム学があれば、明日の味方になるかもしれないし、タクフィール主義思想を放棄するかもしれないし、それに対抗する大使になる可能性もある（これまで数多くの元ジハード主義者がそうなったように）。これに必要となるのは、ムスリムが多数を占める国々（特にタクフィール主義者をすでに収監している国々）が、彼らに改悔の道筋を用意することである。これを、刑務所またはモスクのいずれかにおける「脱過激化と和解」のための教育プログラムと組み合わせなければならない。そうすれば、過激主義に関与する人びとは、あるいはテロに関与する人びとでさえ、尊厳を持って社会に復帰するための魅力的な道を見つけることができ、その後の生涯にわたって社会や国家から非難され続けなくてもよくなる。アルジェリアにおける近年の経験〔一九九〇年代の内戦状態以降の和解〕が示しているように、過激化を予防することは「脱過激化」よりもはるかに容易で効果的である。とはいえ、内密にであれ、公開であれ、「脱過激化」への道もなければならない。

残りの世界にとっては、テロリストによる暴行に過剰反応したりセンセーショナルに取り上げたりしないことが大事であり、何よりもすべてのムスリムをそのような行為の標的にしないことが大事である。

これが当面する課題であり、これ以外の計画はうまくいかないであろう。

29　ダーイシュの終焉

ダーイシュのスローガンは「永続と拡大（バキーヤ・ワ・ムタマッディダ）」であるが、実際にはそうはならないであろう、インシャーアッラー〔アッラーがお望みであれば〕。ダーイシュの弱点を突き、すでに述べたような対抗戦略を用いることに加えて、さらに大きな圧力を加えれば、内部崩壊と内紛を通してダーイシュの終焉はすぐにやってきそうである。〔イギリスのノーベル文学賞詩人・劇作家の〕T・S・エリオット（一八八八～一九六五年）は（「空ろな人間たち」の中で）次のように書いた。

こんなふうに世界は終わる
こんなふうに世界は終わる
こんなふうに世界は終わる
爆発ではなく啜《すす》り泣きで。

〔『四つの四重奏』岩崎宗治訳、岩波文庫、二〇一一年、一九頁〕

こうなる理由は、ダーイシュがこれまで現地の住民に対し、そして自分たちの支持者に対してさえ、不正を犯しすぎたからであり、そのためダーイシュの内部の結束は脆く、本書で述べたように〔第12章〕、「不正は絶えず不満、抗議、反乱、革命、そして内戦を招く」。

現段階のシリアとイラクでは、大部隊の全体が離脱して、ヌスラ戦線や、アフラール・アッ＝シャーム〔シリア自由軍〕のようなサラフィー主義・ワッハーブ主義先頭集団に加わる可能性がある（アフラール・アッ＝シャームはシリア北部において独自の首長国を樹立するのに成功する可能性があるが、それはまた別の問題である）。中核の指導部（および偽のカリフという国際的な指導者）はリビアに移動する可能性がある。リビアは彼らが「プランB」を確立しようと努めてきた場所である。リビアは領土がはるかに大きく、地中海全体とアフリカ全体に面しているため、封じ込めるのはこれまでよりも困難である。そのため、そこで別な活動を展開する可能性は高い。さらに、麻薬王が取り除かれた時のメキシコの麻薬カルテルの場合と同じように、ダーイシュの中核指導部の崩壊によって、現地の司令官に自由な裁量が残される可能性もある。これは現地レベルにおける予測不可能なトラブルの増加を意味するかもしれない。このような勢力は、ギリシア神話のレルネの沼に住むヒュドラー〔多頭の怪物〕のように、その頭から系統的にかつ順番に「焼き払う」か、または「閉じ込める」必要がある。そしてもちろん、これを現地レベルで全力を挙げたソフトパワー戦略と協調しておこなわなければならない。

上記のすべてから明らかなことは、すべての宗教がグール〔モンスター〕を孕むということである〔グールはイスラーム以前のアラビア半島の伝説に由来する怪物。英語にも食屍鬼のイメージで「グール」が入った〕。そのグールは、宗教に付きまとい、自分自身の目的のために典拠を誤って引用し、それを悪用する。歴史を通じて、あらゆる宗教にこのような存在がいたし、今日でもあらゆる宗教にこのような存在がいる（たとえばウガンダにおけるジョゼフ・コニーの「神の抵抗軍」〔キリスト教系カルトのゲリラ組織〕、またはミャンマーの仏教僧アシン・ウィラトゥ〔反イスラームの暴力を扇動〕など）。しかし、ダーイシュほどメディアでの宣伝と軍事面で成功した集団はいない。

実際のところ、「グール」という言葉はきわめて雄弁に物語る。これはアラビア語起源の言葉である。本来は、共同体の守りが緩んだ時に（沙漠からやって来て）攻撃し、物や人を奪っていく「恐ろしい怪物」または「人喰い鬼」を意味する。そしてこれこそが、ダーイシュがまさにやっていることである。ウスール派の知識が弱体化し、さらに伝統的なサラフィー主義の知識さえもが弱体化した後、ムスリムたちは自分たちの「宗教的防御」を緩ませ、タクフィール主義による攻撃を許してしまった。史上最悪ではないものの（最悪な者は、間違いなくかつての〔七〜一〇世紀の〕ハワーリジュ派の運動であった）、ダーイシュは、明らかにイスラームにとってのグールの一つである。

しかしそれ以上に、ダーイシュは「黙示録詐欺」のグールである。すでに述べたように、ダーイシュは自らを待望されるマフディー軍の先駆けと称して救世主としての自負を持ち（このことは黒旗の使用によって暗示される）、そしてダービクの戦争で絶頂に達するマニ教的な〔善と悪の間の〕壮大な闘争を主導するかのように振る舞う。ここではそれを訂正するために、代わりに〔『真正集』の編纂者の〕ブハーリーの師、ヌアイム・イブン・ハンマードが（一二〇〇年前に編んだ）『内乱の書』の中に収録されているアリー・イブン・アビー・ターリブの予測を検討してみよう。

> 黒旗〔が来るのを〕を見たら、大地にしっかりとどまり、手や足を動かさずにいなさい。その後、弱くて重みのない民が現れます。彼らの心は鉄の破片のようです。彼らは王朝の輩です。彼らは契約も合意も守りません。彼らは真実を呼びかけるものの、彼らはその資格を持つ民ではありません。彼らの名前はクンヤ名〔～の父〕であり、出自名は町々に由来します。彼らの髪は、女性の髪のように自由になびきます。やがて彼らの内部で対立が生じ、その後、神は、お望みの者を通じて真実をもたらします。

前出の二〇一四年九月一九日の「バグダーディーへの公開書簡」（www.lettertobaghdadi.com を参照）の著者たちは、これについて次のような解釈を示唆している。

「黒旗を見たら」――「イスラーム国」の旗は黒である。

「大地にしっかりとどまり」――つまり、ムスリムたちよ、今いる場所にとどまり、彼らに参加してはならない。

「手や足を動かさずにいなさい」――つまり、「彼らの資金や装備を支援してはならない」。

「弱くて重みのない民が現れます」――すなわち、宗教、道徳、宗教的実践への理解という点で「弱く」、「重みがない」。

「彼らの心は鉄の破片のようです」――すなわち、彼らは無慈悲に戦争の捕虜を殺し、人びとを残酷に拷問する。

「彼らは王朝の輩です」――これまでのほぼ一世紀の間、イラクとシリアにおける現在の「イスラーム国」の他にイスラームのカリフ位を主張した者は誰もいない。

「彼らは契約も合意も守りません」――「イスラーム国」は、シャイータート部族〔シリア東部の部族〕が忠誠を誓った後も、この部族との契約を履行しなかった。事実として、「イスラーム国」は彼らを数百人規模で虐殺した。また、彼らはジャーナリストも殺した。

「彼らは真実を呼びかける」――「イスラーム国」はイスラームに訴えている。

「彼らはその資格を持つ民ではありません」――真実の人びとは本当は慈悲深い。預言者ムハンマドは次のように言った――「慈悲を持ちなさい。そうすればあなたにも慈悲が示されるでしょう」。

「彼らの名前はクンヤ名〔〜の父〕であり」――「アブー・ムサンナー」、「アブー・ムハンマド」、「アブー・ムスリム」など。

「出自名は町々に由来します」——「バグダーディー〔バグダード出身〕」、「ザルカーウィー〔ザルカー出身〕」、「トゥニスィー〔チュニジア出身〕」など。

「彼らの髪は、女性の髪のように自由になびきます」——「イスラーム国」の戦闘員の髪がまさにそうである。

「彼らの内部で対立が生じ」——「イスラーム国」とその親組織であるヌスラ戦線〔シリアにおけるアルカーイダ〕との間の違いがこれに相当する。この両者の間の戦闘で、毎年約一万人が死亡するに至っている。

「その後、神は、お望みの者を通じて真実をもたらします」——明瞭で正しいイスラームの宣言を通して〔この公開書簡のように〕。


つまり、ダーイシュはイスラームにおいて予測されている復活ではなく、単に予測されていた異常事態である。そして、神こそが最もよく知りたまう。

追記、二〇一八年六月
上述の付録の中で二年前に予測していたすべてのことが、これまでに多かれ少なかれ正しいことが証明された。二〇一八年六月においても、同じことが言える。ユーフラテス川の渓谷とシリア南部の狭い隙間に残る反乱軍を除けば、ダーイシュはシリアとイラクの全土で軍事的に敗北した。とはいえ、アブー・バクル・バグダーディーの存在は未だ大きいものであり、ダーイシュが完全に敗北したと考えることはできない。実際に国際的なテロリズムにおいても、その他のグローバルな作戦の場においても、未だ活発であり続けている。さらに、多くの元ダーイシュ戦闘員が、イドリブ〔シリア北西部〕のタクフィール主義者の仲間に加わり、その他は世界中に拡散した。たとえ、ダーイシュが軍事力、政治権力としても取り除かれたとしても、なお、燃えさしの残り火のように、世界中のどこででも燃え上がる可能性がある。タクフィール主義のイデオロギーが正しく理解され、ウスール派の原則に従ってそれに立ち向かい、それを脱構築しない限りは、その可能性が残り続ける。何よりも、このことは現在の——そしてすぐに予見できる——パレスチナとエルサレムの苦境〔がもたらす影響〕について当てはまるであろう。

アラビア語起源のイスラーム用語集

原著者の許可を得て、原著の用語集に加えて、日本の読者のための加筆をおこなった。
*はこの用語集内に収録されている語を示す。

アーヤ　創造主の存在を示唆する「徴《しるし》」、クルアーン*の節。

アクル　知性、理性、知能。「アクル」の字義は「(欲望などからの)抑制・制御」を意味する。

アシュアリー学派　アブー・ハサン・アシュアリー(ヒジュラ暦三二四年/西暦九三五年没)を名祖とする神学派で、スンナ派*の二大正統神学派の一つ。

アッラー　アラビア語での唯一神の名。アラブ人はムスリム*もキリスト教徒も、神をアッラーと呼ぶ。

アッラーの館　マッカのカアバ聖殿。

アミーン　「正直者」「誠実な人」の意。ムハンマドは若い時から、マッカ社会でこう呼ばれた。

イーマーン　信仰、信仰箇条。有名な「ハディース・ジブリール*」によれば、ムハンマドはイーマーンを「アッラー、諸天使、諸啓典、諸使徒、最後の日(終末)を信じ、定命(運命)を、それがよい定めでも悪い定めでも、信じることです」と述べている。日本語では、これら六つの信仰箇条を「六信」と呼ぶ。

イスラーム　字義的には「帰依」「服従」。イスラームの教え全体をも指す。有名な「ハディース・ジブリール*」では、ムハンマドは「イスラームとは、『アッラーのほかに神なし、ムハンマドはアッラーの使徒なり』と証言し、礼拝を確立し、ザカート*（喜捨）を支払い、ラマダーン*月の断食をおこない、できるならば聖殿（カアバ）に巡礼に行くことです」と述べている。これらの五つは信徒の基本的な義務となっており、「五行」あるいはイスラームの「五柱」と言われる。また、イスラームの語は、イスラームによって歴史の中で生み出された諸文明や文化をも含む。

イスラーム主義者　政治的なイスラーム活動をおこなう者。イスラームを現代的な政治イデオロギーとして実践する者。

イフサーン　美徳、有徳の善行。有名な「ハディース・ジブリール*」では、ムハンマドはイフサーンを「アッラーを自分が見ているかのように崇拝することです。あなたに見えなかったとしても、かれ（アッラー）は必ずあなたをご覧になっています」と述べている。

イマーム　リーダー、宗教的な指導者、（礼拝の）導師。シーア派ではウンマ全体の指導者を指す。

ウスール・アル＝フィクフ　法源学。イスラームの法解釈の理論と方法論の学問。

ウスーリー　ウスール派の人士、法源学を持つ法学派に従う信徒。

ウスール派　ウスーリーに同じ。

ウンマ　イスラーム共同体のこと。全ムスリムが単一のウンマを構成するとされる。

カアバ　「立方体」の意。マッカの中心部に建てられた石造りの聖殿で、黒い幕を掛けられている。

カリマ　言葉。

クライシュ族　預言者ムハンマドが属するアラブ部族で、イスラームの生誕時にマッカの住人であった。

クルアーン　預言者ムハンマドに下された神の最後の啓示。イスラームの聖典。「読まれる（朗誦される）もの」の意。

サラート　イスラームにおける礼拝。日に五回の礼拝は、いわゆる「五行」の一つ。

サラフ　初期世代。預言者ムハンマド時代を起点として、ムハンマド、教友、その次の世代くらいまでを指す場合と、最長で初期の三世紀を指す場合があるが、サラフィー主義者は前者の立場を取る。正統性を強調してサラフ・サーリフ（正しい初期世代）とも言う。

サラフィー　サラフィー主義者、イブン・タイミーヤの思想に従う者（「サラフ*」＝初期世代に従うことをスローガンとするため、この名がある）。

ザカート　義務の喜捨。信徒が所有する財の一部を孤児、寡婦、困窮者などのために差し出すもの。いわゆる「五行」の一つ。

シーア派　イスラームの中で枝分かれした派の一つで、預言者ムハンマドの一族出身のイマームたちに従う。現在の全ムスリムの約一〇パーセントを占める。

シャイフ　宗教的な学者、ムスリム*の長老。

シャハーダ　信仰告白。「アッラーのほかに神なし」と証言すること。

シャハーダタイン（二つのシャハーダ）　「アッラーのほかに神なし」「ムハンマドはアッラーの使徒なり」と証言すること。信徒の基本義務である「五行」の第一で、イスラームの必須条件となっている。

シャリーア　イスラーム法。いわゆる「法」と異なり、国家・社会・信徒の私的領域・信仰生活のすべてを律する。

ジハード　神のために奮闘努力すること。イスラームにおける正戦をも指す（「小ジハード」と呼ばれる）。

ジャーヒリーヤ時代　イスラーム以前の「唯一神を知らない」時代。ジャーヒル（無知な者）からの派生語。紀元五〜七世紀初頭の多神教時代のアラビア半島を指す。

ジャマール　美。多様な美を指す「フスン*」と比べて、一種類の美を指す。

ジン　幽精。物質的な世界と霊的・天使的な世界の中間界に住む不可視の知性体。人類と同様に、神を信じ、その使徒たちに従うよう命じられているが、しばしば背く。シャイターン（悪魔）は、もともとはジン。

スーフィー　神秘家・神秘主義者、通例はスンナ派*のスーフィー教団に属する者。

スーラ　（クルアーンの）章。クルアーンは一一四章から成る。

スンナ　預言者ムハンマドの慣行、彼が示した模範。

スンナ派　イスラームの主流派。預言者ムハンマドの慣行（スンナ）とジャマーア（多数派集団）に従う人びと。現在の全ムスリムの約九〇パーセントを占める。

ズィクル　（神の）唱念、神を思いおこすこと。

タクフィール　不信仰断罪。ムスリムに対して「非ムスリム」であると断罪すること。

タダッブル　熟慮すること。タファックルが能動的であるのと比べると受動的に考えることを指す。

タファックル　積極的な熟考。

タフスィール　啓典解釈、啓典解釈学。クルアーンの章句に対する解釈。

タリーカ　「道」、スーフィー教団。

ダーイシュ　いわゆる「イスラーム国」のアラビア語での通称（否定的なニュアンスがある）。アラビア語の「イラクとシャーム（シリア）におけるイスラーム国」の略。

ダイン　債務。

ディーン　教え、宗教。

ナーフィラ　任意の信仰行為。日々の五回の礼拝以外の礼拝、ラマダーン*月以外の断食など。

ナフス　魂、自我。時に、魂の我執を指す。魂には、三つの状態があるとされる――「悪を命じる魂」

「自責する魂」「安寧な魂」。

ヌール　光。

ハーシム家　預言者ムハンマドの一族（クライシュ族の支族で、ハーシムを名祖とする）。ヨルダン王家はその系譜に属する。

ハッジ　マッカへの大巡礼で、いわゆる「五行」の一つ。毎年、巡礼月（イスラーム暦一二月）に実施される。

ハディース　預言者ムハンマドの言葉。教友（ムハンマドの直弟子）によるムハンマドについての描写なども含む。

ハディース・クドゥスィー　聖なるハディース。アッラーが直接預言者ムハンマドに語りかけ、その言葉をムハンマドが伝えた言葉。クルアーンとは異なり、ハディース（ムハンマドの言葉）に含まれる。

ハディース・ジブリール　ジブリール（大天使ガブリエル）が人間の姿で現れ、預言者ムハンマドにイスラーム（帰依、信仰行為）、イーマーン（信仰）、イフサーン（美徳）について尋ねた有名なハディース。

ビドア　イスラームの教えからの逸脱、「新奇なこと」。

ファーティハ　クルアーンの冒頭の章。開扉章、開端章。

ファトワー　法学裁定。信徒からの問いに対する資格ある法学者からの回答で、信徒に対して権威を持つ。

フィクフ　法学、イスラーム法の細則。法の理論と解釈の方法論を指す「ウスール・アル＝フィクフ*」（法源学）と対比される。

フスン　美しさ。多様な美が含まれる。

フズン　悲しさ、哀しみ。

フダー　導き。

ブシュラー　神からの朗報。

マートゥリーディー学派　アブー・マンスール・マートゥリーディー（ヒジュラ暦三三三年／西暦九四四年没）を名祖とする神学派で、アシュアリー学派*と並ぶスンナ派*の二大正統神学派の一つ。

マズハブ　学派、特に法学派を指す。それぞれのマズハブは独自の法解釈の方法論を有する。

ムウタズィラ学派　アッバース朝初期に成立した理性的なイスラーム神学派（今日では存在しない）。

ムジャーヒド　ジハード（奮闘努力）する人、（戦いとしての）ジハードに従事する人、戦士。

ムスハフ　書物としてクルアーン、クルアーンをアラビア文字で書物の形に書いたもの（クルアーンの本体は「朗誦されるもの」なので、書物とは限らない）。手稿本・刊本のいずれをも指す。

ムスリム　唯一神に帰依した人、イスラーム教徒。

ムタワーティル　ハディース*の区分の一つ。ハディースの伝承経路が一〇以上あって、きわめて広汎に伝承されているものを指す。

ラフマ　慈悲。

ラフマーン　アッラーの別称、慈愛者。

ラマダーン　イスラーム暦の一〇月。ラマダーン月の断食は、信徒の基本的義務である「五行」の一つ。

リドゥワーン　神の満悦（信徒に対する）。

ワッハービー　ワッハーブ主義者。ムハンマド・イブン・アブドゥルワッハーブの教え（サウディアラビアの建国原理）に従う人。

訳者解説

イスラーム世界の中心部からのメッセージ

本書は *A Thinking Person's Guide to Islam: The Essence of Islam in 12 Verses from the Qur'an*, Revised ed., 2018を全訳したものである。原題を直訳すれば、『考える人のためのイスラーム案内――クルアーンの一二の章句におけるイスラームの真髄』となるが、日本の読者にわかりやすいように、『現代人のためのイスラーム入門――クルアーンからその真髄を解き明かす一二章』とした。

原題には、「一二の章句」とあるが、これは各章の冒頭にあげられたクルアーンの章句のことで、一読すればわかるように、それ以外にもたくさんの章句が縦横無尽に引用され、しかも、その意味に深遠かつ現代に通じる解釈が施されている。ヨルダンという、いわば中東・イスラーム世界の中心部にある国に生まれ、激動の時代を生きながら、同時に時代を超えるイスラームのあり方を探究してきた著者ならではの作品であり、優れた筆致で書かれている。

著者ガーズィー・ビン・ムハンマド王子は、ヨルダン・ハーシム王国の王家の一員として、一九六六年一〇月にヨルダンの首都アンマンで生まれた。父ムハンマドは、先代の国王であるフサイン国王の弟であり、ガーズィー王子はアブドゥッラー二世現国王とはいとこにあたる。ガーズィー王子は、高校はイギリスのハーロー校で学び、その後アメリカに渡ってプリンストン大学を主席で卒業した。本書でも、イギリスやアメリカの詩人たちの作品からたくさん引用しており、英米の文学に親しんでいることがよくわかる。大学院では、英国ケンブリッジ大学トリニティ・カレッジで文学を専攻し、『恋に落ちるとは何か——恋に落ちることの文学的原型をめぐる考察、特に「ドンキホーテ」「赤と黒」「ボヴァリー夫人」に着目して』で、一九九三年に博士号を取得した（同年にケンブリッジ大学出版から刊行）。その後、イスラーム学の最高峰とされるエジプトのアズハル大学の大学院に学び、『クルアーンにおける愛』で、二〇一〇年博士号を取得し、アーリム（イスラーム学者）資格を得た。アラビア語で書かれた博士論文の出版はアラブ・イスラーム世界の知的リーダーたちから好評で迎えられ、ただちに版を重ね、その第六版から英訳本も出版された（その後、他の諸言語にも翻訳されている）。『クルアーンにおける愛』は専門分野としては啓典解釈学（クルアーン解釈学）に属するが、イスラーム学では珍しく愛に着目した包括的な研究として傑出したものとなっている。

その一方で、若い時分からヨルダンのさまざまな国務にも就いてきた。たとえば、一九八九〜九二年には沙漠警察に勤務して、沙漠の国境地帯の警備にあたっている。フサイン国王の晩年になると、国王の顧問の仕事にも就き、さらに一九九九年にアブドゥッラー二世が新国王となって以降、国王の部族問題に関する顧問（一九九九～二〇〇三年）、国王の特別顧問（二〇〇三～一一年）、国王の宗教・文化に関する主席顧問（二〇一一年～現在）、国王の個人使節（二〇〇三年～現在）、「王立アール・アル＝バイト（預言者一族）・イスラーム思想研究所」理事長（二〇〇〇年～現在）など、さまざまな公職に就いてきた。

国王の顧問としては、ヨルダンの宗教・外交政策に深く関与し、ヨルダンの独自性を発揮した独自のイニシアティブを推進している。本書冒頭の国王による序文でも簡単に触れられているが、もう少し詳しく紹介したい。何よりも重要なのは、二〇〇四年の「アンマン・メッセージ」と、それに付随する「三点合意」であろう。これについては、補論Iで説明されているが、その意義はイスラーム内部の諸派が互いを認めていることを公文書としてイスラーム世界全体に承認させた点にある。イスラームが歴史的に他宗教に対して寛容であった（特に前近代においては、西欧キリスト教世界の非寛容と対比される寛容性を持っていた）ことは、歴史家たちがつとに指摘していることであるが、その一方で、イスラーム内部での分派については激しい対立がしばしば生じてきた。アンマン・メッセージは、それに終止符を打つべく、イスラーム学者たちの間で認められている相互承認を、政治指導者や一般信徒にも弘布する役割を担った。それをイスラーム世界のさまざまな公的な会議（イスラーム協力機構の首脳会議や指導的法学者たちの世界的な集会）で認めさせたことは、ヨルダン国王の、そしてその背景で和解創出に尽力したガーズィー王子の功績と言える。

アンマン・メッセージは、二〇〇四年に発出された後、二〇〇六年までかけてイスラーム世界全体の合意を取り付けたが、この時期は、イラク戦争（二〇〇三年）の後のイラクを中心に、いわゆる「宗派紛争」が激化していく時期でもあった。「三点合意」は、ムスリム同士で争うことがイスラームの教義に照らして許されないことを明らかにして、イスラーム学については素人である過激派が勝手な法解釈をすることも禁じている。その後の過激派の伸張に対抗する内容となっており、きわめて時宜にかなったイニシアティブであった。

また、二〇〇七年から始まった「共通のことば」イニシアティブも、大きな意義を持った。これは、特にイスラームとキリスト教の対話を図ったものである。きっかけとなったのはローマ教皇の反イスラームともとれる発言であったが、この頃は、二〇〇五年にはデンマークの新聞がムハンマドの風刺画を掲載してイスラーム諸国から猛反発を受け、欧米とイスラーム世界の宗教対立が顕在化した時期であった。面白いのは、ヨルダンが「イスラームとキリスト教の守護者」を自任していることである。イスラームとキリスト教の対話というと、欧米がキリスト教を代表するように誤解されることが多いが、ヨルダンはイエス・キリスト生誕の地として、現地のキリスト教をも援護している。

実のところ、欧米のクリスチャンは、一九六七年までヨルダン領の西岸地区に聖地巡礼をおこなっていた。キリストの聖誕教会があるベツレヘム、聖墳墓教会があるエルサレム旧市街などである。それまでは欧米のキリスト教徒から見ると、聖地の主要部分はヨルダンであったから、ヨルダンがキリスト教をも代表しようとするのは不思議なことではなかった。ところが、一九六七年の第三次中東戦争で、東エルサレムと西岸地区がイスラエル軍の占領下に入り、ヨルダンは聖地巡礼による観光収入を失うことになった。

キリスト教との関係で言えば、アラビア語で「マグタス」と呼ばれるヨルダン川でのイエス・キリストの洗礼場所の「発見」にも、ガーズィー王子が寄与している。ヨルダン川はイスラエルとヨルダンの国境地帯になっており、第一次中東戦争が停戦となった一九四九年からずっと両国が対峙する地雷原として、誰も立ち入ることができなかった。それが変わったのは、一九九四年のヨルダン・イスラエル和平条約が結ばれたためである。ヨルダン側のキリスト教会の依頼により、ガーズィー王子が地雷撤去とこの一帯の考古学的な探索を支援し、その結果として、洗礼場所が発見されることになった。ここは二〇一五年にユネスコ世界遺産に指定された。ヨルダン側にもイスラエル側にも、それぞれこの聖地で洗礼を追体験する施設が作られ、キリスト教徒が多数訪れている。

「共通のことば」イニシアティブの成果はさらに、国連を舞台に発展した。ヨルダンがモロッコやサウディアラビア、ロシア、グアテマラなど二九か国を誘って提案国となり、二〇一〇年には国連で、「国連世界諸宗教調和週間」が制定されたのである。翌年から毎年、二月第一週がこの週間となり、ヨルダンは宗教間対話に貢献する世界のNGOを顕彰している。国連は主権国家による国際機構として宗教に基づく活動はおこなわないのが慣例で、「神への愛」という文言を含む「国連世界諸宗教調和週間」の制定は前代未聞の出来事であった。それを成し遂げたヨルダンの功績は大きいと言うべきであろう。

教育に関する仕事としては、ガーズィー王子はヨルダン大学の大学院でイスラーム哲学の教鞭を執り、二〇〇五年から教授となっている。それ以上に重要なことは、二〇〇八年に「世界イスラーム諸学教育大学」（英語名を略して、WISE大学と呼ばれる）を設立し、その理事長を務めていることであろう。この大学は、WISE大学法という特別法によって設立されており、国立と私立の中間に位置する。そのミッションは、イスラーム諸学、とりわけイスラーム法源学の教育、研究をおこなうことで、まさに本書でも論じられているように、それが正統なイスラームの基礎となるような学問の拠点形成をめざしている。

さて、ガーズィー王子は、自らのイスラーム理解に基づいた宗教的・文化的活動にも熱心で、特にインターネットを活用して、非常に独創的な活動も展開している。ウェブ・サイトの「タフスィール・ドット・コム」は、世界最大のクルアーン解釈のオンライン・サイトである。古典から現代の解釈書まで徹底してオンライン化し、自由に検索できるようなっている。近年は、その後追いをするようなサイトも出てきているが、二〇〇一年四月に開始された時点では、類例を見ない先端的なサイトであった。また、フリー・イスラミック・カリグラフィー・ドット・コムは、イスラーム書道サイトである。アラビア語の書道は、イスラーム美術の重要な一部門として有名であるが、特にクルアーンの章句を芸術的に描く書道作品は多くのムスリムに好まれている。このサイトでは、ヨルダンのプロの書家たちに作品を発注し、その高画質のデータを無料で公開している。本書にもその一部が収録されているので、読者の皆さまにも、アラビア書道の美しさ、面白さを感じていただけたならば幸いである。

＊

著者の経歴を概観する中から、自ずと本書の意義や特徴が伝わる面もあったことと思う。ガーズィー王子の特徴は、王家の一員として統治の仕事に関わりながら、同時にイスラーム学者、イスラーム知識人、イスラーム思想家としての役割を果たしている点にある。しかも、知識人として見るならば、西洋の最高の学問府の一つであるケンブリッジ大学から博士号を取得するとともに、イスラーム学の最高峰であるアズハル大学からも博士号を取得し、いわば洋の東西の知を体得している点に特色がある。

著者まえがきで、本書には「クルアーン、預言者ムハンマドのことば〔ハディース〕、詩などの引用はたくさんあるが、イスラームに関する書物ではごく普通のことである」と述べているが、イスラームに関する書物で、これだけ多くの西洋の詩人・作家を引用している書は類例がない。「ごく普通のこと」ではないであろう。実は欧米諸国にもなじみが深く、その読者や彼らが属する文化圏についてよく知っていることが、「イスラーム入門」としての本書を非常にユニークなものにしている。

もともと英語で執筆されているのは、欧米の読者や、イスラーム圏でも英語で読書をするような近代派を意識してのことであろうが、おそらく欧米の読者から見ても、イスラーム入門のスタイルとしては想定外のものであるにちがいない。それは日本の読者にとっても同様で、これだけ正面からイスラームとは何か（あるいは何でないか）を堂々と説きながら、いわゆる護教的なトーンが感じられないのは珍しい。誠実なムスリムとして、神の実在を前提とした議論を展開していることは、日本の読者にとってイスラームの側の見方を示してくれるという意味で、非常に有用なことにちがいない。しかも、イスラーム世界の現実をきちんと見て、批判すべきことは徹底して批判する態度も共感を呼ぶ。

もう一つ、きわめて大事なことは、著者が「伝統的イスラーム」を継承する立場を明確にして、現代において「ウスール派」と「反ウスール派」の対立があることを明確に示す中で、争点に鋭い分析を加えていることであろう。メディアの報道や解説で、過激派を過激派と呼び、そうでないまともな人びとを穏健派と呼んでも、いったい何がその違いを生んでいるのかは判然としない。それに対して、本書は、クルアーンの解釈、預言者ムハンマドの言行を記録したハディースの解釈、神学や法学における解釈などにおいて、長い知的伝統を基礎とするイスラームと、恣意的な解釈をおこなうサラフィー主義やワッハーブ主義のイスラーム理解との違いを明確にしている。

その上、世界中のムスリム人口が、この点でどのように分かれているかを、一九〇〇年には九九パーセントを占めていた多数派＝ウスール派が、今日では六五パーセント程度まで減少している、というふうに推計による数字をあげて、はっきりと断言している。きちんと推計できる背景には、ガーズィー王子が主宰する研究所やシンクタンクの活動がある。

もう一つ、本書が重要なのは、伝統を継承するイスラームの立場を明確にするだけではなく、過激派の実態をきちんと把握した上で、彼らに対する判断や具体的な情報を提供している点にある。いわゆる「イスラーム国」は二〇一四年にシリア、イラクの領土の一部を支配して樹立され、国際的なネットワークを広げ、サイバー空間でのメンバー獲得を通じて、欧米でもテロ事件をいくつも起こした。本書の付録「『イスラーム国』という危機――その最初の二年間（二〇一四年六月～二〇一六年六月）の事例研究」は、二年間に集積されたデータと分析から「イスラーム国」の実態を明らかにしているが、さらに、二〇一八年の「追記」では、「二年前に予測していたすべてのことが、これまでに多かれ少なかれ正しいことが証明された」と明言している。さらに、本訳書出版の二〇二一年の時点では、現地におけるる「イスラーム国」は四方からの攻撃を受けて消滅し、「カリフ」を名乗った指導者のバグダーディーも二〇一九年一〇月に米軍特殊部隊の手で死に追いやられている。しかし、そのような「その後の経過」を見ても、本書の内容が正しかったことがはっきりとしている。

なぜ、そのような分析が本書で可能であったかと言えば、理由は二つある。一つは、イスラームを深く理解している著者が、およそ三世紀にわたるイスラーム世界内部での思想的な対立の今日的な局面としてこれらの現象が現れていることを、地道に客観的に分析しているからであろう。もう一つは、ヨルダンという国が「イスラーム国」に代表される過激派との戦いの最前線に立っているからである。「イスラーム国」の前身を作ったザルカーウィーは、イラクでそれを成し遂げたが、そもそもはヨルダン人である。そして、シリア、イラクに展開する「イスラーム国」と境界を接しているヨルダンは、もっと早い段階から彼らと対峙してきた。ガーズィー王子はそのヨルダンにおいて、王家の一員として国民のイスラーム理解を穏健で正しい姿に導くという役割を負い、宗教的・政治的な過激派との対峙を経験し、さらにイスラーム学者・思想家として過激派の思想をつぶさに調べ分析してきたからこそ、ここまで明言することができている。

＊

「イスラーム国」なるものは世界を震撼させたが、五年余りの「国家」としての存在を二〇二〇年にはすでに終えている。しかし、その基盤となった過激思想は世界中のあちこちで継続している。本書で、ガーズィー王子は、ムスリムたちはそのことをしっかりと理解すべきと説いている。また非ムスリム世界に対しては、いたずらに脅威を感じるのではなく、イスラームをきちんと理解して、問題が本当は何なのかを考えてもらいたいと呼びかけている。

本書を読み終わった読者は、問題が解明されて安心するであろうか。あるいは、これが五年、一〇年の問題ではなく、もっと大きなグローバルな問題であることを悟って、かえって危機感を持つであろうか。本書が説くように、イスラームの本当の「原理」に立脚する（つまり過激な「原理主義」と言われる誤った原理ではなく）「ウスール派」が再びしっかりと地に足を着けていくならば、何も心配することはないであろう。しかし、伝統を否定する潮流が二〇世紀の間ずっと広まったために、二五パーセントものムスリムたちが、自分たちのイスラームが何であるか困惑しているという指摘は、問題の根の深さを物語っている。

　思えば、急速なグローバル化やIT革命、AIがもたらす不安な未来などに翻弄されつつあるのは、イスラーム世界だけのことではない。それは私たち現代人の誰もが直面している深刻な状況である。本書が説くように、イスラーム世界はそれに対してイスラーム的な答えを必要としているが、私たちも私たちに合った答えを必要としているであろう。

＊

　最後に、今後の中東の動向にも関わるので、ヨルダン王家について述べておきたい。ヨルダンは正式名称を「ヨルダン・ハーシム王国」と言う。ハーシム家とは、もともと、預言者ムハンマドが属していたマッカのクライシュ族の中の支族の名前である。ハーシムというムハンマドの曾祖父を名祖とするが、ヨルダンではこの家名を、預言者ムハンマドの子孫を代表する名として国名に加えている。実際には、ムハンマドの子孫は非常に数が多く、家名も歴史の中でさまざまに分かれている。

　ムハンマドには三男四女が生まれたが、男児はすべて夭折し、末娘のファーティマを通じてのみ、子孫が栄えた。ファーティマには、夫アリー（第四代正統カリフ）との間にハサン、フサインの二人の男児がいて、ハサンから二人の男児、フサインからは一人の男児がその後に子孫を残した。このため、預言者一族（ヨルダンでは「アール・アル＝バイト」と呼ぶ）は、ハサン系とフサイン系に分かれ、今日のヨルダン王家とモロッコ王家はハサン系に属する。両者の系譜を合わせて、現代世界には三〇〇〇万～四〇〇〇万人の預言者ムハンマドの子孫がいると推測されている。現在のヨルダン国王アブドゥッラー二世とその従兄弟にあたるガーズィー王子は、預言者ムハンマドから数えて四一代目の子孫である。

今日のヨルダン王家の直接の祖は、二〇世紀初めまで、数世紀にわたってマッカ太守を務めていた。マッカ太守は、オスマン朝に任命された聖地の総督である。ところが、二〇世紀初めにはオスマン朝は六世紀にわたる王朝の終わりを迎えつつあり、アラビア半島でもその終わりを見据えて独立したアラブ国家をめざす運動が生まれた。アラビア半島の中央部を支配しつつあったのはサウード家で、マッカ太守から「アラブ王」を目指したのがハーシム家のフサイン・イブン・アリーであった。彼は一九一六年にマッカのみならず、マッカを含むヒジャーズ地方の王と名乗り、アラブの独立王国をめざした。そして三男ファイサル一世が、一九二〇年にシリアにアラブ王国を樹立したものの、フランス軍がシリアの植民地化のために攻め込み、王国は五か月足らずで瓦解してしまった。その代わりに、ファイサル一世はイギリスの支配下となったイラクで、一九二一年にイラク・ハーシム王国を樹立した。

他方、次男アブドゥッラー一世が同年、イギリスの後押しでトランスヨルダン首長国の首長となった。これが今日のヨルダンの王統である。その一方で、ヒジャーズ王国のほうは、一九二四年にサウド家にマッカ、マディーナを制圧されて、九年で短い歴史を終えることになった。サウド家はアラビア半島の大半を制し、一九三二年には正式にサウディアラビア王国を宣言するに至る。

イラクのハーシム王家は、その後二代続くが、一九五八年に共和革命が起きて、終焉した。それに対して、アブドゥッラー一世は三〇年にわたって首長国を統治し、次のタラール一世の代に王国となった。そして、次のフサイン国王が四七年にわたって統治を続け、一九九九年に世を去った後、現在のアブドゥッラー二世国王の時代となっている。首長国の時代からずっとパレスチナの問題と隣り合わせであり、一九四八年のイスラエル建国後はイスラエルとの軍事的対立もあり、石油も産出しない小国として、しばしば困難に遭遇してきたが、二〇二一年に建国一〇〇年を迎えた。

アラブ世界には、今日、八つの君主国がある。いずれも君主が実権を握って統治を続けているという点では、世界的にも珍しい状態である。イスラームの政治思想が君主制を支持することが、明らかにその要因の一つとなっている。その一方で、二〇世紀の中東は、イスラーム色の強い君主制が次々と崩壊する過程でもあった。君主制の終焉を時系列で見ると、中東の覇者オスマン朝(一九二二年)、エジプト王国(一九五二年)、チュニジア王国(一九五七年)、イラク王国(一九五八年)、イエメン王国(一九六二年)、リビア王国(一九六九年)、イランのパフラヴィー朝(一九七九年)と続いてきた。逆に言えば、今もある八カ国は共和革命の嵐をなんとか乗り越えることで、今日に至っている。

八カ国のうち、湾岸の六カ国の君主たちは、預言者一族とは関係がない。預言者一族なり、ムハンマドが属したマッカのクライシュ族の子孫が君主になるべきという思想は、イスラーム成立後の数世紀は優勢であったが、一〇世紀頃からは弱まり、一三世紀以降は、血統にかかわらず実権を握る君主がイスラーム法を施行するという体制が通常となった。その意味では、ハサン系の預言者一族の国王が一六世紀以来モロッコを統治しているアラウィー朝は例外的であり、二〇世紀になってから樹立されたヨルダンも例外と言うべきかもしれない。

預言者一族に対する一般信徒の敬愛は、歴史を通じてずっと存在し、それがモロッコとヨルダンの君主制の支えとなっていることは否めないが、アラブ世界の君主制は全体としては預言者一族とは関係のない時代となっている。サウディアラビアは「二聖都の守護者」を名乗っているが、ヨルダンはイスラームの第三の聖地エルサレムの守護者であり、キリスト教生誕の地の守護者として、サウディアラビアとは違う形でイスラームを主導しようとしてきた。しかし、現代のアラブ世界では、どのような王統かということよりも、君主制をすべて否定する動きも強くなっており、君主国は今後も賢明な舵取りを必要とするであろう。

最後に、ヨルダンと日本がきわめて友好な関係を長らく続けてきたことを記しておきたい。皇室・王室外交の成果もあって、両国は緊密な協力関係を維持してきた。激動の中東においてヨルダンのような親日の穏健国は、日本の中東外交にとっても重要な友人となっている。その意味では、本書も中東の友人からのメッセージとして理解することができる。

小杉　泰
池端蕗子

訳者あとがき

本書と著者については、訳者解説で詳しく紹介しましたので、あとがきでは、著者と長年の付き合いがある訳者（小杉）から翻訳の経緯を書くにとどめたいと思います。

訳者が著者ガーズィー王子と知り合ったのは、在外研究の機会を得てケンブリッジ大学に客員研究員として滞在した三〇年前のことでした。当時の著者はケンブリッジ大学のキングズカレッジで博士論文を執筆していた頃で、互いに若手の学究として意気投合したことを昨日のように思い出します。沙漠の国境地帯での厳しい勤務の話を聞いたのも、ケンブリッジ時代のことでした。

それぞれ自国に戻ってからは、互いに風の頼りを聞き合うだけで顔を合わせることはありませんでした。二〇一八年に再会する機会に恵まれ、あっというまに離れていた年月を忘れてイスラームとイスラーム世界について（もちろん互いの友人たちのことなどについても）熱く語り合うことができたのは、嬉しい限りでした。その際に本書の翻訳についても合意ができ、「日本語訳については、すべておまかせする」というありがたい一言をいただきました。ただし、原書の文体を活かしてもらいたいというご希望でしたので、本書では訳注などで読者の注意を削ぐようなことにならないように工夫をしました。

実際の翻訳作業にあたっては、若い共訳者（池端）といっしょに作業をすることになりました。共訳者は地域研究の博士号を取得してまもなくの気鋭の若手研究者で、研究テーマもヨルダンやイスラーム協力機構の宗教政策ということで、本書の訳者としてはうってつけでした。翻訳の際は、各章毎に二人で徹底して議論をして、訳業を進めました。著者のさりげない一言にも、背景にイスラーム学における長い論争がひそんでいたりするので、気を使う一方、刺激的で楽しい訳業となりました。出版にあたっては、中央公論新社編集部の郡司典夫氏にお世話になりました。厚く御礼申し上げます。ここではお名前をあげませんが、そのほかにも多くの皆さまのご高配をいただきました。心より深謝申し上げます。

最後に今一度まとめるならば、本書の著者ガーズィー王子は、預言者ムハンマドの子孫の一人であり、現代のアラブ君主制の一つであるヨルダンの中枢におり、ケンブリッジ出の文学の専門家であるとともに正統なイスラーム学者であり、欧米文明もよくわかっている現代的なイスラーム思想家です。そして、本書は、そのような人物がイスラーム世界の中心部にあたる地域から発している心の底からのメッセージと言えます。そのような本書との出会いが、現代世界を生きる日本人にとって有意義なものであることを、切に願ってやみません。

小杉　泰

二〇二一年五月

ヤ・ラ行

ハ行

マ行

タ・ナ行

カ行

サ行

人　名

ア行

や・ら・わ行

ま行

は行

た・な行

さ行

か行

索　引

3ページ以上連続する場合、最初と最後のノンブルを「-」で結んだ。
また、項目に関係する記述の全体を「-」で結んだ場合もある。

事　項

あ行

著 者

ガーズィー・ビン・ムハンマド王子 Prince Ghazi bin Muhammad

1966年生まれ。預言者ムハンマドの直系の子孫(41代目)で、ヨルダン・ハーシム王国の王子。父は、現国王アブドゥッラー2世の叔父ムハンマド・ビン・タラール。現在、ヨルダン国王宗教・文化問題主席顧問、世界イスラーム諸学教育大学(2008年設立)理事長、アール・アル=バイト・イスラーム思想財団理事長。アズハル大学とケンブリッジ大学で博士号を取得。王族でウラマー(イスラーム学者)をかねる稀有な存在。穏健派イスラーム思想家として、インターネットを用いた啓蒙・教育活動でも重要な役割を果たしている。主な著書『クルアーンにおける愛』(2010年)は多くの版を重ね、英語のほかいくつもの言語に翻訳されている。

訳 者

小杉 泰 こすぎ・やすし

1953年、北海道生まれ。1983年、エジプト・アズハル大学卒業。1999年、京都大学法学博士。1985年、国際大学中東研究所主任研究員・主幹、1990年ケンブリッジ大学中東研究センター客員研究員、1997年国際大教授、1998年、京都大学大学院アジア・アフリカ地域研究研究科教授。2019年から、立命館大学立命館アジア・日本研究機構教授、アジア・日本研究所所長。『現代中東とイスラーム政治』(昭和堂)で、1994年度サントリー学芸賞(思想・歴史部門)を受賞。2012年、紫綬褒章受章。『イスラームとは何か:その宗教・文化・社会』講談社現代新書、1994年、『現代イスラーム世界論』名古屋大学出版会、2006年など著書多数。主な編訳書に『ムハンマドのことば:ハディース』岩波文庫、2019年。

池端蕗子 いけはた・ふきこ

1990年、石川県生まれ。2014年、京都大学文学部西南アジア史学科卒、2019年、京都大学大学院アジア・アフリカ地域研究研究科博士課程修了、京都大学博士(地域研究)。現在、日本学術振興会特別研究員(PD)、立命館大学衣笠総合研究機構・プロジェクト研究員。著書に『宗教復興と国際政治:ヨルダンとイスラーム協力機構の挑戦』晃洋書房、2021年、主な論文に「現代中東における宗派紛争とヨルダンの宗派和合戦略:アンマン・メッセージの解析を中心として」『日本中東学会年報』33-1号、2017年。

PRINCE GHAZI BIN MUHAMMAD
A Thinking Person's Guide to Islam: The Essence of Islam in 12 Verses from the Qur'an

現代人《げんだいじん》のためのイスラーム入門《にゅうもん》
クルアーンからその真髄《しんずい》を解《と》き明《あ》かす一二章《じゅうにしょう》

2021年7月25日　初版発行

著者　ガーズィー・ビン・ムハンマド王子
訳者　小杉 泰
　　　池端蕗子
発行者　松田陽三
発行所　中央公論新社
〒一〇〇-八一五二
東京都千代田区大手町一-七-一
電話　販売 〇三(五二九九)一七三〇
　　　編集 〇三(五二九九)一七四〇
印刷　図書印刷
製本　大口製本印刷

定価はカバーに表示してあります。落丁本・乱丁本はお手数ですが小社販売部宛お送り下さい。送料小社負担にてお取り替えいたします。

Published by CHUOKORON-SHINSHA, INC.　Printed in Japan　ISBN978-4-12-005304-7　C0014
http://www.chuko.co.jp/